广东经济普查年鉴

Guangdong Economic Census Yearbook 2008

第二产业卷｜上册

广东省第二次全国经济普查
领导小组办公室 编
广东省统计局

中国统计出版社
China Statistics Press

(京)新登字041号

图书在版编目（CIP）数据

广东经济普查年鉴. 2008/广东省第二次全国经济普查领导小组办公室，广东省统计局编
—北京：中国统计出版社，2010.10

ISBN 978-7-5037-6076-1

Ⅰ.①广… Ⅱ.①广… ②广… Ⅲ.①经济-普查-广东省-2008-年鉴 Ⅳ.①127.65-54

中国版本图书馆CIP数据核字（2010）第176754号

广东经济普查年鉴—2008（第二产业卷｜上册）

作　　者/广东省第二次全国经济普查领导小组办公室
　　　　　广东省统计局
责任编辑/马　平
装帧设计/黄俊杰　李雪燕
出版发行/中国统计出版社
通信地址/北京市西城区月坛南街57号
邮政编码/100826
办公地址/北京市丰台区西三环南路甲6号
网　　址/www.stats.gov.cn/tjshujia
电　　话/邮购（010）63376907　书店（010）68783172
印　　刷/广州市恒远彩印有限公司
经　　销/新华书店
开　　本/880×1230毫米　1/16
字　　数/2850千字
印　　张/92.5
版　　别/2010年12月第1版
版　　次/2010年12月第1次印刷
书　　号/ISBN 978-7-5037-6076-1/F·2938
定　　价/880.00元　（全四册　附光盘）

本书附同版光盘一张，内容以纸质图书为准。

《广东经济普查年鉴—2008》编辑机构名单

一、顾问委员会

二、编辑委员会

三、编辑部

编者说明

根据国务院决定，2008年进行了第二次全国经济普查。为满足政府管理部门制定宏观经济政策和编制社会经济发展规划的需要以及社会各界的相关信息需求，我们按现行国家统计分类标准对广东省第二次全国经济普查基础数据进行加工整理，汇编而成《广东经济普查年鉴——2008》一书。

本年鉴通过大量数据，详尽诠释了广东省第二产业和第三产业发展的基本情况。内容系统全面，资料丰富。不仅涵盖了第二产业和第三产业各类单位的数量、就业人员、财务状况、生产经营活动、生产能力、能源消耗、信息化和科技活动等情况，以及个体经营户的分类数据；还全面反映了广东省各类单位的组织形式、规模、结构，以及地区分布、行业分布和生产要素配置等情况。本年鉴共分三卷四册出版，即综合卷、第二产业卷（上、下册）和第三产业卷，并随书配送同版本电子光盘一张。《综合卷》为单位基本情况资料，卷中分综合篇、企业篇、机关事业单位社团民办非企业篇、信息化状况以及附录五个部分，其中附录部分包含了通过经济普查资料核算的全省及分市的GDP情况。《第二产业卷》分为四篇（按内容分为上、下两册）。上册为：第一篇“工业企业生产经营及财务状况”，第二篇“能源”；下册为：第三篇“规模以上工业企业科技情况”，第四篇“建筑业企业生产经营及财务状况”。《第三产业卷》分为六篇：第一篇“交通运输、仓储和邮政业生产经营及财务状况”，第二篇“批发和零售业商品销售和财务状况”，第三篇“住宿和餐饮业生产经营及财务状况”，第四篇“房地产业生产经营及财务状况”，第五篇“其他服务业企业生产经营及财务状况”，第六篇“行政事业单位财务状况”。

为使读者能够更好地阅读和使用本年鉴，特对有关问题说明如下：

一、《广东经济普查年鉴—2008》的调查年度为2008年。第二次全国经济普查的标准时点为2008年12月31日，时期资料为2008年度。

二、经济普查的对象是广东省辖区内从事第二、第三产业活动的全部法人单位、产业活动单位和个体经营户。

三、经济普查的行业范围包括：采矿业，制造业，电力、燃气及水的生产和供应业，建筑业，交通运输、仓储和邮政业，信息传输、计算机服务和软件业，批发和零售业，住宿和餐饮业，金融业，房地产业，租赁和商务服务业，科学研究、技术服务和地质勘查业，水利、环境和公共设施管理业，居民服务和其他服务业，教育，卫生、社会保障和社会福利业，文化、体育和娱乐业，以及公共管理与社会组织等行业。

四、经济普查的主要内容包括：单位基本属性、就业人员、财务状况、生产经营活动、生产能力、能源消耗、信息化和科技活动情况等。

五、经济普查对法人单位、产业活动单位采用全面调查的方法，对个体经营户采用全面清查登记的方法。

六、本《年鉴》综合篇所有单位按单位实际所在地进行汇总。批发零售业、住宿餐饮业企业按法人在地原则统计。

七、综合卷的单位数和人数是按法人单位和产业活动单位普查表汇总而成，第二产业卷和第三产业卷的单位数是按有填报财务表的单位汇总，故综合卷与各卷相关的数据存在一定差异。

八、建筑业产业活动单位按行业和按地区分组的各分项之和不等于总计数，原因是建筑业的产业活动单位有一部分为外地或外省的单位，也存在跨行业的现象。

九、综合篇中的单位数包括银行业及其他金融活动、证券、保险三个行业数据。根据《第二次全国经济普查部门实施普查的办法》规定，银行及其他金融业、证券业、保险业的财务状况普查分别由中国人民银行、中国银行业监督管理委员会、中国证券监督管理委员会、中国保险监督管理委员会组织实施。因此，其他服务业财务状况表中则没有包括银行业及其他金融活动、证券业、保险业的财务指标数据。

十、根据铁路运输业《第二次全国经济普查部门实施普查的办法》规定，铁路运输业普查由铁道部统一组织实施。广东省铁路运输业使用铁道部反馈数据（个别指标缺的用年报数据代替）。因反馈资料缺乏铁路运输企业基本单位情况，故综合卷中单位基本情况资料不含铁路运输业，行政事业和社团财务状况表中也不包括铁路运输业数据。铁路系统的非铁路运输业单位已汇总在相应行业之中。

十一、因个别交通运输辅助业和仓储业单位执行行政事业单位会计制度，故这部分单位数据相应归入第三卷第六篇“行政事业单位财务状况”汇总。

十二、规模以上工业增加值按生产法计算。

十三、能源平衡表中，电力折算标准煤系数按平均发电煤耗计算。

十四、能源加工转换表中的电力折算标准煤系数采用当量值计算，每千瓦小时电力折0.1229千克标准煤。

十五、个体经营户资料按专业汇总统计，不单独成篇。

十六、每篇（卷）后附有该篇的指标解释，使用时请仔细阅读。

十七、由于计量单位小数位取舍原因，统计表中个别分项数据相加之和与总数不完全相等。

十八、本年鉴中，“…”表示数据少于本表最小计量单位，空格表示该项统计指标无普查数据，“#”表示其中的主要项。

十九、为使版面整齐、美观，我们将韶关市的乳源瑶族自治县和清远市的连山壮族瑶族自治县、连南瑶族自治县分别简称为乳源县、连山县、连南县。

《广东经济普查年鉴——2008》是全省普查工作者共同辛勤工作的成果，也是广大普查对象积极支持配合的结果。在此，我们谨向全省普查工作者、普查对象和所有参与和支持经济普查工作的人员表示衷心的感谢!

由于时间仓促及汇总程序原因，差错和纰漏在所难免，如有不妥之处，恳请提出宝贵意见，敬请指正。

编　者

二〇一〇年十月

第二产业卷（上册）　目录

第1篇　工业企业生产经营和财务状况

第2篇　能源

附　录

第1篇

工业企业生产经营和财务状况

1-1 全部工业企业

项目	企业数(个)	工业总产值	固定资产原价	所有者权益	实收资本
总计	**194329**	**688672195**	**266058307**	**216601464**	**142261110**
一、按登记注册类型分组					
内资企业	159370	305260191	127552291	101122841	57504229
国有企业	1543	28992444	33278982	15731627	9259420
集体企业	4996	6513381	3478097	2148590	1228301
股份合作企业	1320	1401936	433410	332243	233804
联营企业	338	906781	298091	731828	155526
有限责任公司	21427	86485124	37658165	34614652	19572955
股份有限公司	1528	48385573	15031586	15162050	8711889
私营企业	124487	130284232	36715163	31860676	17881477
其他企业	3731	2290722	658797	541175	460858
港、澳、台商投资企业	25608	190784049	79030827	63856752	49132809
外商投资企业	9351	192627955	59475190	51621871	35624072
二、按企业控股情况分组					
国有及国有控股	2895	111778391	84211350	54392392	34788463
三、按轻重工分组					
轻工业	106100	269149544	88745051	81196225	54734068
重工业	88229	419522651	177313256	135405239	87527042
四、按企业规模分组					
大型企业	423	214377437	71846533	61018326	33527749
中型企业	6140	224289055	92928713	73722038	46817538
小型企业	187766	250005703	101283061	81861100	61915824
五、按工业行业大中小类分组					
采矿业	2184	11653482	6266747	4305605	2431409
煤炭开采和洗选业					
烟煤和无烟煤的开采洗选					
烟煤和无烟煤的开采洗选					
褐煤的开采洗选					
褐煤的开采洗选					
其他煤炭采选					
其他煤炭采选					
石油和天然气开采业	17	7745110	4873686	2736451	1553637
天然原油和天然气开采	7	7670242	4735553	2649192	1507600
天然原油和天然气开采	7	7670242	4735553	2649192	1507600
与石油和天然气开采有关的服务活动	10	74867	138133	87259	46037
与石油和天然气开采有关的服务活动	10	74867	138133	87259	46037
黑色金属矿采选业	274	1057451	242827	554001	319492
铁矿采选	262	1037399	236548	547842	314599
铁矿采选	262	1037399	236548	547842	314599
其他黑色金属矿采选	12	20052	6279	6159	4894
其他黑色金属矿采选	12	20052	6279	6159	4894
有色金属矿采选业	184	955467	325843	303476	147713
常用有色金属矿采选	126	657571	243190	246727	103856
铜矿采选	15	62534	23805	32663	8120
铅锌矿采选	79	456289	159647	180200	57555
镍钴矿采选	1	289	499	80	50
锡矿采选	3	4368	42797	18268	32637
锑矿采选	3	982	1034	20	20

主要经济指标

单位：万元

						主营业务收　　入	主营业务成　　本	主营业务税金及附加
国家资本	集体资本	法人资本	个人资本	港澳台资本	外商资本			
14287732	**2092589**	**37222965**	**18121873**	**40587361**	**29948590**	**668628387**	**568371300**	**7158344**
11245853	1596508	26631278	16761662	718282	550647	298497136	250179630	3929326
2913196	16397	6267354	30763	18310	13399	28706401	25894836	282245
16658	816422	152176	96856	119587	26605	6291415	5194174	186694
1364	55664	101145	63726	9549	2356	1386013	1187859	15870
39271	30116	50459	28307	3033	4340	1009458	868538	4014
7679342	384710	8441341	2786140	120015	161408	85065639	68940409	1909640
565633	141288	5876237	1694367	184002	250362	47183185	39180975	424044
27947	139562	5584567	11839855	203032	86514	126620369	107016052	1078387
2443	12348	158000	221649	60755	5663	2234656	1896787	28433
2256081	287522	5375730	782032	37162462	3268981	183690299	156228943	1363835
785798	208559	5215957	578179	2706617	26128963	186440952	161962727	1865183
13776154	77691	16698782	684524	843053	2708260	110796102	90524607	2635877
1692136	1096564	11196460	8678020	21480813	10590075	260756376	218321653	3104447
12595596	996025	26026506	9443853	19106548	19358515	407872011	350049647	4053897
6503078	211643	13467973	996028	6468614	5880414	211011864	180771917	2636006
4555560	384820	10450346	3050833	15321264	13054715	215472676	181800054	2320170
3229094	1496127	13304646	14075013	18797483	11013461	242143847	205799329	2202168
1153671	15273	470395	296133	471928	24010	11507553	4917182	523928
1077378		31570	2010	440907	1773	7670094	2220555	405485
1075340			1700	430560		7595245	2172474	402941
1075340			1700	430560		7595245	2172474	402941
2038		31570	310	10347	1773	74849	48081	2544
2038		31570	310	10347	1773	74849	48081	2544
3035	2465	246394	64958	2568	72	993404	631543	17140
3035	2003	243123	63798	2568	72	975191	619409	17055
3035	2003	243123	63798	2568	72	975191	619409	17055
	463	3271	1160			18213	12134	85
	463	3271	1160			18213	12134	85
54931	572	47181	42714	100	2215	1032855	713816	10883
32385	562	30450	38145	100	2215	631836	352308	9767
1847		1949	2109		2215	74028	56916	163
30537	562	11704	14752			426985	212120	9144
			50			212	219	0
		16000	16637			4368	2710	80
			20			985	599	35

1-1 续表 1-1

项　　目	企业数(个)	工业总产值	固定资产原　　价	所有者权益	实收资本
铝矿采选					
镁矿采选	1	400	823	838	50
其他常用有色金属矿采选	24	132709	14585	14659	5424
贵金属矿采选	15	159932	38748	26735	14739
金矿采选	10	157460	30327	21190	8112
银矿采选	3	2353	7886	5000	6082
其他贵金属矿采选	2	120	535	545	545
稀有稀土金属矿采选	43	137964	43905	30014	29118
钨钼矿采选	14	18450	5478	4478	1816
稀土金属矿采选	13	50062	2639	8840	1800
放射性金属矿采选	3	20827	30576	11726	22514
其他稀有金属矿采选	13	48625	5213	4970	2988
非金属矿采选业	1680	1887747	819374	707648	406895
土砂石开采	1484	1648503	657450	601358	312011
石灰石、石膏开采	253	191588	93217	71441	48304
建筑装饰用石开采	435	312797	149495	122204	88407
耐火土石开采	33	8488	4743	2594	2149
粘土及其他土砂石开采	763	1135631	409994	405118	173151
化学矿采选	4	133707	76377	60485	51764
化学矿采选	4	133707	76377	60485	51764
采盐	43	25238	43173	13223	14199
采盐	43	25238	43173	13223	14199
石棉及其他非金属矿采选	149	80300	42374	32582	28921
石棉、云母矿采选	1	498	120	50	50
石墨、滑石采选	5	1259	135	227	207
宝石、玉石开采					
其他非金属矿采选	143	78543	42120	32306	28664
其他采矿业	29	7707	5017	4030	3672
其他采矿业	29	7707	5017	4030	3672
其他采矿业	29	7707	5017	4030	3672
制造业	185066	634409967	193749902	174983815	117071162
农副食品加工业	3328	15553870	3386808	2757276	1851443
谷物磨制	385	703893	242243	171700	136726
谷物磨制	385	703893	242243	171700	136726
饲料加工	514	5160232	845189	680025	360790
饲料加工	514	5160232	845189	680025	360790
植物油加工	274	4267345	533894	409742	304988
食用植物油加工	234	4251241	527267	406610	303490
非食用植物油加工	40	16104	6627	3132	1498
制糖	78	768227	465421	261938	138777
制糖	78	768227	465421	261938	138777
屠宰及肉类加工	673	1110067	305064	241632	200644
畜禽屠宰	424	605181	163703	99054	73741
肉制品及副产品加工	249	504886	141361	142579	126903
水产品加工	626	2058712	541485	563969	405708
水产品冷冻加工	341	1294210	357816	349458	247063
鱼糜制品及水产品干腌制加工	142	294571	84157	94270	68648
水产饲料制造	79	360606	70661	103934	63306
鱼油提取及制品的制造					
其他水产品加工	64	109325	28852	16307	26691

单位：万元

国家资本	集体资本	法人资本	个人资本	港澳台资本	外商资本	主营业务收　入	主营业务成　本	主营业务税金及附加
			50			425	395	3
		798	4526	100		124834	79351	342
3230		9967	1542			271085	256180	279
3230		4000	882			268641	253922	252
		5422	660			2323	2198	26
		545				120	60	1
19317	10	6764	3027			129935	105327	838
335		590	891			14317	9879	293
		1150	650			49557	39010	263
18676		3838				21057	14880	5
306	10	1186	1486			45003	41558	277
18296	12038	144861	183396	28353	19951	1803683	1345535	90179
6980	10103	87498	160566	28250	18614	1570918	1203883	85815
2574	2791	8768	28095	1738	4339	186872	133628	7259
617	859	13920	51923	8537	12550	292925	237746	5361
200		90	1859			8479	5545	177
3589	6453	64720	78689	17974	1725	1082643	826965	73019
		51702	62			128194	65855	1514
		51702	62			128194	65855	1514
11295	1518	570	816			24911	19066	511
11295	1518	570	816			24911	19066	511
21	417	5091	21953	104	1336	79660	56731	2339
			50			474	380	25
	8	50	149			1259	877	49
21	409	5041	21754	104	1336	77927	55474	2264
30	198	388	3056			7517	5733	241
30	198	388	3056			7517	5733	241
30	198	388	3056			7517	5733	241
3443737	1635048	27784694	16762882	39043317	28401484	614618725	525835770	6388828
81148	50763	603864	390800	303897	420971	15050731	13092347	253576
12027	2156	25092	40002	19918	37531	705639	627316	2995
12027	2156	25092	40002	19918	37531	705639	627316	2995
2732	20188	118179	84708	62853	72130	5011762	4425025	135151
2732	20188	118179	84708	62853	72130	5011762	4425025	135151
25319	2241	91039	24697	10827	150865	4125746	3652007	72676
25319	2173	90930	23376	10827	150865	4110560	3639811	72579
	68	109	1321			15185	12196	97
6617	1226	72405	44487	8327	5715	755289	626953	5109
6617	1226	72405	44487	8327	5715	755289	626953	5109
19873	12385	69809	38097	35948	24533	1104765	939129	6125
16838	9252	24372	19686	3094	500	610749	498497	3469
3035	3133	45437	18411	32854	24033	494016	440632	2656
10066	8401	133298	93670	119766	40506	1901453	1602848	22024
8362	3579	79806	53692	65813	35812	1173017	978044	10167
100	755	19574	15945	30186	2087	283313	245541	1804
1605	3638	29162	14213	12380	2310	345141	283699	9505
	429	4757	9820	11386	298	99983	95565	548

1-1 续表 1-2

项　　目	企业数(个)	工业总产值	固定资产原　价	所有者权益	
					实收资本
蔬菜、水果和坚果加工	403	660469	216996	225464	126678
蔬菜、水果和坚果加工	403	660469	216996	225464	126678
其他农副食品加工	375	824924	236517	202807	177132
淀粉及淀粉制品的制造	85	189637	84667	56550	49149
豆制品制造	129	468531	72771	77492	70380
蛋品加工	22	32001	10294	5412	4330
其他未列明的农副食品加工	139	134755	68785	63353	53274
食品制造业	3362	8083009	2937433	2835830	1847210
焙烤食品制造	805	906838	374627	326583	265620
糕点、面包制造	359	243993	121701	104297	96632
饼干及其他焙烤食品制造	446	662845	252926	222286	168988
糖果、巧克力及蜜饯制造	914	1732253	692949	609876	395789
糖果、巧克力制造	492	1393217	565828	480687	306407
蜜饯制作	422	339036	127121	129189	89382
方便食品制造	329	1127246	500763	344073	258091
米、面制品制造	205	246722	75445	62596	48622
速冻食品制造	69	187686	78567	48302	33154
方便面及其他方便食品制造	55	692838	346750	233175	176315
液体乳及乳制品制造	52	861450	198170	208099	146670
液体乳及乳制品制造	52	861450	198170	208099	146670
罐头制造	139	272216	87465	82786	83457
肉、禽类罐头制造	30	33915	26338	9936	27303
水产品罐头制造	21	83386	24941	38120	28080
蔬菜、水果罐头制造	58	103744	27812	24622	21708
其他罐头食品制造	30	51172	8374	10107	6367
调味品、发酵制品制造	442	1427174	613583	588383	296448
味精制造	35	91575	99485	43726	37834
酱油、食醋及类似制品的制造	221	1044800	376866	380195	160135
其他调味品、发酵制品制造	186	290799	137232	164462	98479
其他食品制造	681	1755832	469877	676031	401133
营养、保健食品制造	185	1167525	234938	471598	202802
冷冻饮品及食用冰制造	117	95716	81959	28555	53557
盐加工	9	2150	1379	1049	609
食品及饲料添加剂制造	202	307902	82655	96676	79681
其他未列明的食品制造	168	182539	68946	78153	64484
饮料制造业	1367	5110008	2887589	2257471	1572583
酒精制造	22	49599	21183	10204	5816
酒精制造	22	49599	21183	10204	5816
酒的制造	426	1268748	1270105	1061369	676602
白酒制造	296	215787	110469	89273	47135
啤酒制造	31	986263	1111520	917356	583602
黄酒制造	23	6690	7010	8113	6468
葡萄酒制造	13	4021	2343	4739	4233
其他酒制造	63	55988	38763	41889	35165
软饮料制造	771	3704244	1539900	1137377	853944
碳酸饮料制造	60	993133	322775	277887	146837
瓶(罐)装饮用水制造	446	566929	277445	229575	185770
果菜汁及果菜汁饮料制造	65	744471	328963	153875	157136

单位：万元

						主营业务收　入	主营业务成　本	主营业务税金及附加
国家资本	集体资本	法人资本	个人资本	港澳台资本	外商资本			
574	3239	31193	25355	34338	31979	631986	479491	6259
574	3239	31193	25355	34338	31979	631986	479491	6259
3939	928	62849	39785	11921	57710	814091	739577	3237
1973	35	15517	12261	5340	14024	184966	158957	1008
1808	252	5555	17521	1557	43687	475610	454095	1356
		360	3228	742		30523	21870	359
158	641	41417	6775	4282		122992	104655	514
43264	18630	363377	371575	440683	609680	7833333	5391124	76229
3388	3038	35532	63658	96748	63257	892680	730107	4833
454	1234	12094	16050	59181	7618	244227	197930	1531
2934	1804	23437	47608	37566	55639	648453	532176	3302
139	2010	45730	93400	49362	205148	1684158	1117044	5007
60	504	32230	41122	34650	197841	1354254	843096	2428
79	1506	13500	52279	14713	7306	329903	273948	2579
20899	2102	30652	20915	129009	54513	1121985	876517	6555
5555	1339	11329	13294	15481	1625	245942	211746	3517
588	664	7023	3874	18815	2190	187189	147664	1311
14756	100	12300	3747	94713	50698	688854	517107	1727
2488	300	58573	11109	5997	68204	821907	463843	2121
2488	300	58573	11109	5997	68204	821907	463843	2121
2817	611	34507	13890	5481	26151	270781	225526	1546
	52	4744	954	412	21141	32100	28980	276
	240	23691	3380	769		86990	77627	276
880	319	5239	7634	3158	4479	103234	79808	774
1937		833	1922	1143	532	48459	39111	219
10550	3205	84003	53264	75360	70067	1452624	1192533	3244
	1331	18434	3219	2449	12401	94180	73695	145
7012	1441	39828	20551	61149	30154	1086202	908859	1881
3538	433	25741	29494	11762	27512	272242	209979	1218
2983	7364	74380	115339	78726	122341	1589198	785555	52923
13	4807	45424	46312	58125	48121	1017732	322704	49781
520	2365	7868	18763	4920	19121	89799	76267	733
420		69	121			2198	1820	33
1381	20	12194	38888	10044	17155	307973	244439	1569
651	172	8826	11255	5637	37943	171496	140325	807
78810	16055	314645	150061	445061	567951	5092590	3578890	124308
		2302	3514			46002	36994	1930
		2302	3514			46002	36994	1930
57911	1729	147934	46858	153052	269118	1206198	845443	115376
2304	1575	8277	33309	1669		205948	129873	41140
55348		111010	1952	151065	264227	939234	670693	71962
		3548	2920			6397	4902	169
200		1075	1304	318	1336	4412	3424	112
58	154	24025	7373		3555	50208	36552	1992
19939	13541	151435	80212	290120	298697	3754546	2628305	5233
4446		50177	5894	32020	54301	1155158	722403	731
9362	3313	40501	31900	97237	3457	524906	385802	2537
	4332	15206	4582	72162	60853	744291	664793	516

1-1 续表 1-3

项目	企业数（个）	工业总产值	固定资产原价	所有者权益	实收资本
含乳饮料和植物蛋白饮料制造	50	428858	173062	72679	103811
固体饮料制造	66	293320	156416	152439	121988
茶饮料及其他软饮料制造	84	677534	281240	250924	138401
精制茶加工	148	87417	56402	48521	36221
精制茶加工	148	87417	56402	48521	36221
烟草制品业	33	2565703	790938	2086548	1519911
烟叶复烤	6	14052	33469	27632	27185
烟叶复烤	6	14052	33469	27632	27185
卷烟制造	8	2502817	697803	1988573	1460162
卷烟制造	8	2502817	697803	1988573	1460162
其他烟草制品加工	19	48835	59666	70343	32565
其他烟草制品加工	19	48835	59666	70343	32565
纺织业	8370	18962079	9294340	6783821	5304938
棉、化纤纺织及印染精加工	2323	7853612	4392978	2891707	2083481
棉、化纤纺织加工	1403	4211234	2313462	1419363	1114693
棉、化纤印染精加工	920	3642377	2079516	1472345	968788
毛纺织和染整精加工	535	1379005	861118	486458	513293
毛条加工	48	71807	34797	17079	24086
毛纺织	352	497420	347736	88708	156543
毛染整精加工	135	809779	478585	380671	332664
麻纺织	21	10699	5097	4085	3903
麻纺织	21	10699	5097	4085	3903
丝绢纺织及精加工	159	206470	124470	78301	68910
缫丝加工	26	44901	14453	10830	11657
绢纺和丝织加工	26	29675	13573	12610	9032
丝印染精加工	107	131895	96444	54861	48222
纺织制成品制造	1867	2454674	1070134	1000253	769509
棉及化纤制品制造	534	926816	339598	350667	218944
毛制品制造	54	64751	25712	25118	27938
麻制品制造	35	24044	7750	6478	4099
丝制品制造	50	37874	24263	15255	16103
绳、索、缆的制造	221	134009	65850	70113	49706
纺织带和帘子布制造	379	304884	171124	174564	146265
无纺布制造	200	411153	234777	169518	142510
其他纺织制成品制造	394	551145	201062	188541	163945
针织品、编织品及其制品制造	3465	7057618	2840545	2323017	1865843
棉、化纤针织品及编织品制造	1462	3079902	1294440	1008514	802611
毛针织品及编织品制造	1109	2548990	789602	670948	607511
丝针织品及编织品制造	323	583094	260092	239505	155510
其他针织品及编织品制造	571	845632	496411	404050	300211
纺织服装、鞋、帽制造业	13475	19655722	5526680	5453310	4001186
纺织服装制造	12845	18768858	5259242	5200735	3734929
纺织服装制造	12845	18768858	5259242	5200735	3734929
纺织面料鞋的制造	422	627213	169177	160304	166899
纺织面料鞋的制造	422	627213	169177	160304	166899
制帽	208	259651	98262	92271	99358
制帽	208	259651	98262	92271	99358
皮革、毛皮、羽毛(绒)及其制品业	6828	13122839	3305777	3338067	2650395
皮革鞣制加工	391	1080064	292537	226807	198676
皮革鞣制加工	391	1080064	292537	226807	198676

单位：万元

						主营业务收入	主营业务成本	主营业务税金及附加
国家资本	集体资本	法人资本	个人资本	港澳台资本	外商资本			
5750	759	14907	26299	22918	33177	411145	284132	640
381	2930	3183	2871	4077	108547	280713	149871	275
	2208	27461	8666	61705	38361	638334	421305	534
961	784	12973	19477	1888	137	85845	68148	1768
961	784	12973	19477	1888	137	85845	68148	1768
38504	199	1472499	8709			2513991	804005	977152
18004		9150	30			14141	9271	194
18004		9150	30			14141	9271	194
20500	56	1439565	41			2453082	760312	976647
20500	56	1439565	41			2453082	760312	976647
	143	23784	8638			46767	34423	311
	143	23784	8638			46767	34423	311
61903	97852	638224	738551	3017647	750761	18140065	15861182	91091
31337	10550	303194	252842	1119390	366167	7461774	6659087	31934
27522	4956	213217	151558	482430	235010	3966642	3530851	21334
3815	5594	89977	101284	636961	131157	3495131	3128236	10601
7719	2197	35365	76725	380681	10607	1335233	1213553	5210
	50	2737	10240	6885	4174	71624	61873	283
7519	1566	23879	52824	64492	6263	482926	422878	3366
200	581	8749	13661	309304	170	780683	728802	1561
		310	2256	538	798	10697	8146	68
		310	2256	538	798	10697	8146	68
2037	618	19579	10884	25249	10543	187163	169134	1377
1927		4409	5321			38364	35453	282
110	389	1245	846	5384	1057	26917	23022	158
	229	13924	4717	19865	9486	121882	110659	937
2202	61664	80256	98422	374642	152324	2403646	2046201	17816
1365	45468	37615	31828	82857	19812	906331	760896	3722
	99	969	3041	20188	3641	61872	55214	202
90	25	1049	1206	1729		28821	24070	82
	207	1644	3295	6296	4661	36473	31588	241
50	1919	4677	6474	24651	11937	136634	116611	1648
	2469	7284	17171	90819	28523	295954	248725	1363
5	8360	15659	11795	56898	49793	413318	365391	3828
692	3118	11359	23612	91205	33958	524243	443705	6730
18608	22823	199522	297422	1117147	210322	6741553	5765062	34686
6193	9220	81758	90041	540139	75261	2865400	2509560	17544
12049	12366	72142	70993	366673	73288	2484786	2146367	8924
	378	22318	67579	50745	14490	564602	452733	3124
366	858	23304	68809	159590	47284	826765	656402	5095
49984	39426	512149	774035	2039739	585852	18871400	16030863	135085
49884	38397	499198	732377	1925848	489225	18016920	15287896	132325
49884	38397	499198	732377	1925848	489225	18016920	15287896	132325
100	476	10449	14500	59480	81895	598583	526504	1901
100	476	10449	14500	59480	81895	598583	526504	1901
	554	2503	27158	54412	14731	255898	216463	859
	554	2503	27158	54412	14731	255898	216463	859
4023	41389	232296	292727	1422997	656964	12788917	11166506	77802
30	4565	10778	18673	86896	77735	1061101	924323	6824
30	4565	10778	18673	86896	77735	1061101	924323	6824

1-1 续表 1-4

项　目	企业数(个)	工业总产值	固定资产原价	所有者权益	实收资本
皮革制品制造	6208	11647289	2888480	2994657	2362362
皮鞋制造	2514	7192359	1874284	1913067	1525270
皮革服装制造	130	264531	31540	74510	30350
皮箱、包(袋)制造	2572	3101767	714608	731983	575693
皮手套及皮装饰制品制造	391	517379	91410	99338	81493
其他皮革制品制造	601	571254	176639	175759	149555
毛皮鞣制及制品加工	121	125877	51301	44632	41704
毛皮鞣制加工	19	15637	6341	4179	3497
毛皮服装加工	54	53473	30338	26230	22418
其他毛皮制品加工	48	56768	14621	14223	15789
羽毛(绒)加工及制品制造	108	269608	73459	71972	47653
羽毛(绒)加工	50	124107	30778	30108	23161
羽毛(绒)制品加工	58	145501	42682	41864	24492
木材加工及木、竹、藤、棕、草制品业	2998	4389352	1495225	2039687	923782
锯材、木片加工	847	614589	181884	161810	106190
锯材加工	433	223199	52230	58753	41122
木片加工	414	391390	129655	103057	65069
人造板制造	831	2555314	954244	1528160	558242
胶合板制造	286	535762	163759	139259	101791
纤维板制造	83	620425	341830	774571	177799
刨花板制造	93	140344	134771	65707	63653
其他人造板、材制造	369	1258783	313884	548623	215000
木制品制造	985	898698	294302	278458	204689
建筑用木料及木材组件加工	346	354710	128495	112212	80855
木容器制造	158	153247	35755	35500	27781
软木制品及其他木制品制造	481	390741	130051	130747	96052
竹、藤、棕、草制品制造	335	320751	64795	71260	54661
竹、藤、棕、草制品制造	335	320751	64795	71260	54661
家具制造业	5629	9318602	2335476	2532163	1890126
木质家具制造	3313	4994695	1453295	1598434	1229192
木质家具制造	3313	4994695	1453295	1598434	1229192
竹、藤家具制造	113	195246	51511	34850	29271
竹、藤家具制造	113	195246	51511	34850	29271
金属家具制造	868	2128464	455676	411325	283844
金属家具制造	868	2128464	455676	411325	283844
塑料家具制造	128	223311	49256	44617	37464
塑料家具制造	128	223311	49256	44617	37464
其他家具制造	1207	1776886	325738	442937	310355
其他家具制造	1207	1776886	325738	442937	310355
造纸及纸制品业	7391	14611610	7882564	5420136	4183861
纸浆制造	144	1127753	978517	726200	616353
纸浆制造	144	1127753	978517	726200	616353
造纸	1635	5685653	4091065	2275683	1786700
机制纸及纸板制造	570	4563739	3576974	1898518	1409961
手工纸制造	35	19205	4953	3900	2625
加工纸制造	1030	1102709	509139	373265	374114
纸制品制造	5612	7798205	2812981	2418253	1780808
纸和纸板容器的制造	3328	4674754	1732627	1401195	1044380
其他纸制品制造	2284	3123451	1080355	1017059	736428

单位：万元

国家资本	集体资本	法人资本	个人资本	港澳台资本	外商资本	主营业务收入	主营业务成本	主营业务税金及附加
3310	33204	190411	257540	1313800	564096	11358080	9926151	66413
1340	14918	76056	118317	874838	439802	7049549	6235046	33781
	558	5597	7635	14199	2362	257773	219753	666
1009	6004	81250	82064	321991	83375	3016337	2587642	24196
62	2393	13122	19143	38392	8381	494199	427438	3746
899	9332	14386	30382	64380	30176	540222	456273	4024
162	460	17155	5951	9700	8276	121619	109304	2366
	200	60	1924	1314		13832	10906	1654
	100	14136	2590	3066	2526	51920	47494	154
162	160	2959	1437	5321	5751	55867	50904	558
520	3160	13951	10563	12602	6857	248116	206728	2199
	1160	12348	4467	5186		114925	87161	1276
520	2000	1603	6096	7416	6857	133192	119566	923
4337	6476	259126	230269	207798	215777	4186542	3512121	37610
442	3018	26325	56456	10251	9698	589568	482623	7719
72	958	5167	28866	5900	159	218821	182907	3168
370	2060	21159	27591	4351	9539	370747	299716	4551
1877	794	191155	106218	77227	180970	2416713	2026648	17592
	392	28652	27089	28006	17652	515940	451596	3231
1289		85909	42192	8376	40033	536967	454378	2427
535	32	14222	11153	25495	12216	136491	114500	677
53	370	62373	25784	15351	111069	1227315	1006175	11257
216	1525	34916	49259	95137	23636	869911	742883	8402
203	849	9605	22217	35817	12165	342358	289046	3898
4	58	5354	6886	12367	3113	148934	130146	719
10	618	19957	20157	46953	8358	378619	323691	3785
1801	1139	6730	18335	25183	1474	310350	259967	3898
1801	1139	6730	18335	25183	1474	310350	259967	3898
4293	12345	291814	378019	820261	383393	9173942	7942689	61299
2427	9038	198932	248804	525558	244433	4864708	4194897	22116
2427	9038	198932	248804	525558	244433	4864708	4194897	22116
1164	1223	6661	4348	10288	5587	195278	172605	2186
1164	1223	6661	4348	10288	5587	195278	172605	2186
281	608	34679	53877	131427	62973	2120006	1864038	16617
281	608	34679	53877	131427	62973	2120006	1864038	16617
	56	5700	6534	15894	9280	219308	192354	1863
	56	5700	6534	15894	9280	219308	192354	1863
422	1421	45843	64457	137093	61120	1774642	1518794	18518
422	1421	45843	64457	137093	61120	1774642	1518794	18518
202271	96121	897801	619315	1589004	779350	14039166	12549668	81957
6826	802	60644	34299	386407	127375	1096663	1020226	2375
6826	802	60644	34299	386407	127375	1096663	1020226	2375
146193	62166	567314	164521	555900	290606	5454628	4970947	29011
119161	59520	521572	99062	453728	156917	4353413	4021298	22147
	70	715	1685	105	50	18172	15965	159
27032	2576	45026	63775	102067	133639	1083044	933684	6705
49252	33153	269843	420494	646696	361369	7487875	6558496	50572
28109	23640	137110	214306	354631	286584	4463725	3876559	27713
21143	9513	132733	206188	292065	74785	3024149	2681937	22859

1-1 续表 1-5

项 目	企业数（个）	工业总产值	固定资产原价	所有者权益	实收资本
印刷业和记录媒介的复制	8379	8119764	4886855	4027656	2850564
印刷	7803	7559768	4312361	3628804	2542206
书、报、刊印刷	953	1487519	1134293	822514	603096
本册印制	450	370295	215491	170956	128149
包装装潢及其他印刷	6400	5701954	2962577	2635334	1810962
装订及其他印刷服务活动	518	397110	229965	241719	131193
装订及其他印刷服务活动	518	397110	229965	241719	131193
记录媒介的复制	58	162886	344529	157133	177164
记录媒介的复制	58	162886	344529	157133	177164
文教体育用品制造业	3776	9388589	3191663	2948613	2456546
文化用品制造	596	1115565	341291	376272	225129
文具制造	413	918601	280430	313328	172459
笔的制造	62	61202	21531	22573	20007
教学用模型及教具制造	28	25316	9240	9115	7975
墨水、墨汁制造	19	35924	3363	6788	3539
其他文化用品制造	74	74522	26728	24469	21150
体育用品制造	691	1907393	618948	636160	593218
球类制造	77	206376	68848	81405	77389
体育器材及配件制造	244	817284	253595	244176	222530
训练健身器材制造	85	244941	69589	74138	66613
运动防护用具制造	118	290208	102380	67739	84411
其他体育用品制造	167	348583	124537	168701	142275
乐器制造	192	495259	141814	148348	108217
中乐器制造	16	15781	3817	4912	3167
西乐器制造	71	263295	100598	112716	79553
电子乐器制造	33	124940	11186	14505	13823
其他乐器及零件制造	72	91243	26212	16215	11675
玩具制造	2122	5662902	2024081	1724845	1487455
玩具制造	2122	5662902	2024081	1724845	1487455
游艺器材及娱乐用品制造	175	207470	65530	62988	42528
露天游乐场所游乐设备制造	32	69011	9843	17392	8112
游艺用品及室内游艺器材制造	143	138460	55687	45596	34415
石油加工、炼焦及核燃料加工业	313	19078236	5808696	2156847	2892849
精炼石油产品的制造	293	18959576	5790006	2119037	2858869
原油加工及石油制品制造	288	18950888	5789723	2118695	2858614
人造原油生产	5	8688	283	342	255
炼焦	16	117651	17863	37345	33666
炼焦	16	117651	17863	37345	33666
核燃料加工	4	1010	827	465	315
核燃料加工	4	1010	827	465	315
化学原料及化学制品制造业	7781	32455233	12914900	11320288	7405980
基础化学原料制造	467	5184803	4442882	2106727	2049223
无机酸制造	44	216896	55904	37024	20684
无机碱制造	15	205837	186683	106664	64746
无机盐制造	87	532175	259106	202878	77379
有机化学原料制造	121	3656255	3455418	1466321	1662185
其他基础化学原料制造	200	573641	485771	293841	224228

单位：万元

国家资本	集体资本	法人资本	个人资本	港澳台资本	外商资本	主营业务收　　入	主营业务成　　本	主营业务税金及附加
117044	81192	578403	784239	1091029	198657	7830554	6645845	46153
89074	75817	485861	724048	1003759	163649	7287653	6204541	44185
35555	12822	86215	92520	346364	29620	1461494	1277246	10266
993	2958	18773	40355	47936	17135	362488	310659	2162
52526	60036	380873	591174	609459	116894	5463671	4616636	31757
6458	2462	32585	39604	42276	7809	389893	306976	1553
6458	2462	32585	39604	42276	7809	389893	306976	1553
21513	2914	59957	20587	44994	27199	153009	134328	415
21513	2914	59957	20587	44994	27199	153009	134328	415
87669	35842	233194	193577	1462244	444020	9079781	7998602	144460
774	3257	49945	41545	105841	23767	1090619	923730	7383
74	1974	37507	31042	84643	17219	897203	755705	4460
	191	9569	1630	4091	4527	59780	50134	261
700	671	540	1684	3085	1294	25150	21661	95
		1527	381	1004	627	33586	29362	2349
	420	803	6809	13018	100	74900	66868	218
27108	7949	45908	19975	283717	208562	1850049	1681205	4002
3316	70	1166	1943	28081	42813	204636	186254	445
8579	5507	26116	6751	80297	95280	778519	710998	1837
		2812	4436	44067	15298	239570	219817	343
	2255	3940	2184	54910	21122	278943	259397	552
15213	117	11874	4662	76361	34049	348381	304738	825
59113	393	14012	8230	13073	13396	492028	418036	3223
		200	483		2484	15909	13271	41
59113	23	7843	2783	4391	5401	261847	220977	944
	110	3872	2121	4101	3620	116118	96639	1836
	260	2098	2844	4581	1892	98154	87149	402
674	24233	119004	114119	1047386	182039	5440127	4801457	127019
674	24233	119004	114119	1047386	182039	5440127	4801457	127019
	11	4324	9709	12228	16256	206957	174175	2834
		1854	2036	3843	380	65957	54139	2410
	11	2470	7673	8385	15877	141001	120036	424
609606	5515	2001771	48241	13083	214633	19196712	18016534	362795
609606	5515	1997971	38835	12783	194158	19069330	17911005	359291
609606	5485	1997971	38610	12783	194158	19060849	17903657	359257
	30		225			8481	7349	34
		3750	9141	300	20475	126352	105030	3458
		3750	9141	300	20475	126352	105030	3458
		50	265			1030	499	47
		50	265			1030	499	47
316579	45783	1749316	1142496	1638715	2513090	31652333	23535487	349786
171955	6279	800400	106014	118307	846268	5172885	4342965	12473
311	1207	7147	4451	6699	869	207642	169781	2510
31136	386	26033	1891	5300		210214	163014	2281
14656	2193	6265	19776	11619	22871	588136	504575	3179
91006	1203	705862	57602	63096	743416	3597283	3046438	2226
34847	1289	55092	22294	31594	79112	569610	459157	2277

1-1 续表 1-6

项　　目	企业数（个）	工业总产值	固定资产原　价	所有者权益	实收资本
肥料制造	241	747863	286160	269798	128408
氮肥制造	12	35066	18765	8478	3674
磷肥制造	14	138904	78952	51024	17043
钾肥制造	81	146274	105786	81796	40810
复混肥料制造	100	364317	66486	107796	55284
有机肥料及微生物肥料制造	13	47549	13313	18254	10117
其他肥料制造	21	15752	2857	2451	1480
农药制造	80	244514	97249	141660	81647
化学农药制造	55	191817	86788	126177	75024
生物化学农药及微生物农药制造	25	52697	10462	15483	6623
涂料、油墨、颜料及类似产品制造	2447	6495290	1777818	2027177	1162277
涂料制造	1561	4502205	1123068	1372782	724301
油墨及类似产品制造	391	824505	247398	304415	230433
颜料制造	222	510340	212959	153519	97619
染料制造	66	182119	64605	59712	38098
密封用填料及类似品制造	207	476121	129788	136748	71827
合成材料制造	609	5611925	2570822	1921588	1398073
初级形态的塑料及合成树脂制造	332	4003725	1348068	1422092	828142
合成橡胶制造	161	381622	174462	119818	139285
合成纤维单(聚合)体的制造	36	987300	942481	248645	367514
其他合成材料制造	80	239279	105812	131033	63132
专用化学产品制造	1793	5346192	1678998	2043948	1101805
化学试剂和助剂制造	558	1497242	489248	656863	332558
专项化学用品制造	455	1144950	341552	556976	215410
林产化学产品制造	137	497528	112171	99016	73776
炸药及火工产品制造	18	80866	41070	28014	14541
信息化学品制造	90	579027	344255	365322	254783
环境污染处理专用药剂材料制造	82	77885	25279	30072	15001
动物胶制造	20	7145	1802	1908	1086
其他专用化学产品制造	433	1461549	323622	305778	194650
日用化学产品制造	2144	8824645	2060972	2809390	1484547
肥皂及合成洗涤剂制造	484	5455049	1023795	1602929	743804
化妆品制造	1061	1642038	442131	596277	402131
口腔清洁用品制造	38	615396	258330	195790	104585
香料、香精制造	213	720579	240285	291051	162062
其他日用化学产品制造	348	391583	96430	123342	71965
医药制造业	872	5107634	2466261	3291492	1790368
化学药品原药制造	57	460270	387429	293638	216090
化学药品原药制造	57	460270	387429	293638	216090
化学药品制剂制造	149	2085770	894292	1287159	569580
化学药品制剂制造	149	2085770	894292	1287159	569580
中药饮片加工	125	314291	126848	92811	65788
中药饮片加工	125	314291	126848	92811	65788
中成药制造	190	1083533	617929	982365	527717
中成药制造	190	1083533	617929	982365	527717
兽用药品制造	80	250917	67986	67671	54177
兽用药品制造	80	250917	67986	67671	54177
生物、生化制品的制造	146	521096	208140	370488	243294
生物、生化制品的制造	146	521096	208140	370488	243294

单位：万元

国家资本	集体资本	法人资本	个人资本	港澳台资本	外商资本	主营业务收入	主营业务成本	主营业务税金及附加
9086	1345	38575	54088	12741	12572	725834	611348	5037
2074		651	949			34032	30217	252
5358	531	7954	3200			122362	100526	2810
954	20	8634	7733	11197	12272	143487	119516	453
	724	18344	34422	1494	300	356490	303758	947
700		2500	6917			52830	43054	536
	70	492	867	51		16633	14277	41
14351	1666	25823	28389	3134	8284	224155	177465	1545
14001	1166	24423	24099	3134	8201	172211	136054	1318
350	500	1400	4290		83	51944	41412	227
5146	17455	169625	231613	431613	306826	6351902	5228887	37283
4585	11951	117032	115721	269457	205555	4424244	3594732	24557
35	1456	21526	74158	88359	44899	788571	660555	3259
	1799	15233	16813	37455	26319	500621	430352	4868
	60	2971	5529	19849	9689	176666	149144	949
526	2189	12862	19393	16493	20364	461801	394103	3649
78295	3339	247032	264519	147098	657791	5644391	4968136	36721
472	1906	158153	245066	94727	327818	4069238	3521281	32811
	1403	9642	9298	15424	103518	358244	298076	758
77822	30	66222	3204	20847	199388	976383	951643	329
		13016	6950	16100	27067	240526	197137	2822
27073	10695	269307	227004	267460	300266	5100044	4110267	27110
76	2479	96628	43086	81843	108446	1420665	1172143	8458
15865	1347	36423	42975	39033	79767	1080014	840865	4302
3277	82	30604	18032	3093	18689	455613	368662	3711
4773	3135	5024	1609			73014	55385	816
2705	3231	58858	73294	69280	47416	555154	411201	2557
	75	4461	9696	146	623	73823	61814	2061
		255	831			6293	4962	96
378	346	37055	37481	74065	45325	1435469	1195235	5108
10674	5005	198554	230869	658362	381084	8433123	4096419	229617
9535	590	36415	53602	500973	142689	5244054	1924424	204176
412	1751	92919	104577	117170	85302	1517728	985549	18009
576	60	25548	15166	5957	57279	604335	366444	425
103	647	21583	34631	21064	84034	693657	510081	3211
48	1957	22089	22893	13199	11781	373348	309922	3796
147347	51628	647589	322261	278181	343361	4661467	3187101	24875
15948	3189	55291	50520	23008	68133	410281	325661	2340
15948	3189	55291	50520	23008	68133	410281	325661	2340
12444	9146	221924	110285	105940	109842	1892192	1318980	6258
12444	9146	221924	110285	105940	109842	1892192	1318980	6258
365	593	29525	16988	17811	507	293491	232975	1351
365	593	29525	16988	17811	507	293491	232975	1351
93379	6665	209104	66120	88568	63881	1035712	605052	6755
93379	6665	209104	66120	88568	63881	1035712	605052	6755
971	5815	22607	16586	4837	3363	235013	189956	3811
971	5815	22607	16586	4837	3363	235013	189956	3811
7917	26221	93397	39449	23376	52935	421969	232058	3015
7917	26221	93397	39449	23376	52935	421969	232058	3015

1-1 续表 1-7

项　目	企业数(个)	工业总产值	固定资产原　价	所有者权益	实收资本
卫生材料及医药用品制造	125	391758	163638	197361	113723
卫生材料及医药用品制造	125	391758	163638	197361	113723
化学纤维制造业	247	1589255	1173084	630828	468705
纤维素纤维原料及纤维制造	66	190826	86340	91288	66686
化纤浆粕制造	26	22988	5733	9344	5940
人造纤维(纤维素纤维)制造	40	167838	80607	81944	60746
合成纤维制造	181	1398429	1086744	539540	402018
锦纶纤维制造	28	394578	287584	161340	114468
涤纶纤维制造	58	502135	375563	173026	134690
腈纶纤维制造	1	257	54	50	50
维纶纤维制造	4	41595	14127	10155	9776
其他合成纤维制造	90	459863	409417	194970	143034
橡胶制品业	2302	3706896	1655039	1463877	1206999
轮胎制造	76	689798	622613	379047	392684
车辆、飞机及工程机械轮胎制造	37	600823	547673	305959	339069
力车胎制造	15	77721	70748	68456	48397
轮胎翻新加工	24	11254	4192	4633	5218
橡胶板、管、带的制造	275	332337	171010	111068	77404
橡胶板、管、带的制造	275	332337	171010	111068	77404
橡胶零件制造	483	568197	203388	194395	149964
橡胶零件制造	483	568197	203388	194395	149964
再生橡胶制造	103	48720	13840	11971	10074
再生橡胶制造	103	48720	13840	11971	10074
日用及医用橡胶制品制造	133	209556	68864	62124	63402
日用及医用橡胶制品制造	133	209556	68864	62124	63402
橡胶靴鞋制造	382	772564	241807	283976	226197
橡胶靴鞋制造	382	772564	241807	283976	226197
其他橡胶制品制造	850	1085724	333517	421297	287274
其他橡胶制品制造	850	1085724	333517	421297	287274
塑料制品业	16562	27431789	10764165	9076934	7010189
塑料薄膜制造	1596	3452231	1717233	1226132	947199
塑料薄膜制造	1596	3452231	1717233	1226132	947199
塑料板、管、型材的制造	1222	4314363	1271224	1341056	868081
塑料板、管、型材的制造	1222	4314363	1271224	1341056	868081
塑料丝、绳及编织品的制造	454	681325	252276	199322	138885
塑料丝、绳及编织品的制造	454	681325	252276	199322	138885
泡沫塑料制造	726	1354140	398568	333727	271475
泡沫塑料制造	726	1354140	398568	333727	271475
塑料人造革、合成革制造	182	786930	467133	265871	191416
塑料人造革、合成革制造	182	786930	467133	265871	191416
塑料包装箱及容器制造	1646	2273613	1006029	970313	691804
塑料包装箱及容器制造	1646	2273613	1006029	970313	691804
塑料零件制造	2510	3394376	1501732	1244555	1045011
塑料零件制造	2510	3394376	1501732	1244555	1045011
日用塑料制造	2876	4430230	1455280	1124236	949746
塑料鞋制造	806	1437320	409664	314809	273289
日用塑料杂品制造	2070	2992910	1045617	809428	676458
其他塑料制品制造	5350	6744582	2694690	2371722	1906572
其他塑料制品制造	5350	6744582	2694690	2371722	1906572

单位：万元

国家资本	集体资本	法人资本	个人资本	港澳台资本	外商资本	主营业务收入	主营业务成本	主营业务税金及附加
16324		15743	22314	14642	44701	372809	282420	1345
16324		15743	22314	14642	44701	372809	282420	1345
31287	3056	104266	126222	51703	152171	1609289	1507839	6787
30637		5047	6007	8375	16621	189042	152854	631
		330	1791	1455	2364	23559	18516	269
30637		4717	4216	6920	14256	165483	134338	363
650	3056	99219	120215	43328	135550	1420247	1354985	6156
	289	59005	45272	8132	1771	448456	445926	789
650	1083	22798	67621	17436	25102	484563	466506	1785
		50				257	192	12
		2345	58	7373		40958	37053	1008
	1685	15021	7264	10387	108678	446013	405309	2562
40198	23977	302146	103403	468474	268801	3661765	3199112	17548
35122	3829	176510	4001	52006	121216	719445	668403	4234
35000	3829	134248	2097	43001	120895	630215	586019	3244
		40326	955	7116		78243	72987	894
122		1936	949	1889	322	10986	9397	96
1361	1076	22557	14441	24989	12981	324896	272655	1361
1361	1076	22557	14441	24989	12981	324896	272655	1361
1190	574	23055	21949	76569	26627	556119	474798	2742
1190	574	23055	21949	76569	26627	556119	474798	2742
50	280	3007	4782	1796	160	48025	39533	431
50	280	3007	4782	1796	160	48025	39533	431
236	409	2241	8807	44539	7169	212201	183007	621
236	409	2241	8807	44539	7169	212201	183007	621
277	503	19174	13314	150364	42565	722882	643469	2893
277	503	19174	13314	150364	42565	722882	643469	2893
1962	17305	55603	36109	118211	58084	1078198	917247	5266
1962	17305	55603	36109	118211	58084	1078198	917247	5266
52502	110749	1161057	1149741	3094413	1441727	26789984	23135445	176966
5386	14692	202327	172551	367673	184572	3389804	3004324	18682
5386	14692	202327	172551	367673	184572	3389804	3004324	18682
27713	13377	281083	91843	367081	86984	4274429	3566723	37672
27713	13377	281083	91843	367081	86984	4274429	3566723	37672
1294	1445	37807	40445	37276	20619	666439	564679	6255
1294	1445	37807	40445	37276	20619	666439	564679	6255
1856	1681	33045	39298	143586	52009	1235618	1110034	9501
1856	1681	33045	39298	143586	52009	1235618	1110034	9501
	6745	34769	15591	90632	43679	772997	680367	5318
	6745	34769	15591	90632	43679	772997	680367	5318
979	7131	134242	174579	236316	138556	2249453	1901337	11020
979	7131	134242	174579	236316	138556	2249453	1901337	11020
3599	9081	90185	129055	571924	241167	3282596	2846391	14521
3599	9081	90185	129055	571924	241167	3282596	2846391	14521
8480	10830	148138	165009	425201	192089	4299313	3775472	19024
3524	3870	72030	58459	96852	38555	1433366	1276178	7890
4956	6960	76109	106551	328349	153534	2865947	2499294	11134
3196	45768	199460	321370	854725	482052	6619336	5686118	54975
3196	45768	199460	321370	854725	482052	6619336	5686118	54975

1-1 续表 1-8

项　　目	企业数（个）	工业总产值	固定资产原　价	所有者权益	实收资本
非金属矿物制品业	9338	23936814	13085517	8286932	5285628
水泥、石灰和石膏的制造	662	3841149	3205029	1666290	1116842
水泥制造	491	3744632	3164044	1631179	1095295
石灰和石膏制造	171	96517	40985	35111	21547
水泥及石膏制品制造	924	2443209	1193139	1302534	902360
水泥制品制造	605	1915564	914076	1087033	715588
砼结构构件制造	87	204902	104381	70743	54964
石棉水泥制品制造	14	22632	12922	8254	1332
轻质建筑材料制造	126	173520	98949	81886	92691
其他水泥制品制造	92	126592	62811	54618	37785
砖瓦、石材及其他建筑材料制造	3221	8835343	4141944	1988205	1086474
粘土砖瓦及建筑砌块制造	1423	507779	257998	216759	175221
建筑陶瓷制品制造	602	7206621	3429548	1330729	519615
建筑用石加工	831	718324	282940	288739	230302
防水建筑材料制造	51	48059	31510	15286	27590
隔热和隔音材料制造	80	112154	29514	39893	31329
其他建筑材料制造	234	242406	110436	96800	102417
玻璃及玻璃制品制造	1419	3971548	2786542	1839400	1254578
平板玻璃制造	139	694247	826193	334040	295082
技术玻璃制品制造	229	1018513	622445	547125	342173
光学玻璃制造	72	159708	130618	97075	84160
玻璃仪器制造	20	7038	3667	1862	939
日用玻璃制品及玻璃包装容器制造	454	1003592	466124	278416	177335
玻璃保温容器制造	29	43670	6542	7072	3575
玻璃纤维及制品制造	76	376983	256256	136542	139890
玻璃纤维增强塑料制品制造	116	235272	163360	121507	72475
其他玻璃制品制造	284	432525	311338	315761	138951
陶瓷制品制造	2362	4007698	1443317	1197423	721964
卫生陶瓷制品制造	622	1405999	752362	454587	207887
特种陶瓷制品制造	81	302099	85778	80909	79003
日用陶瓷制品制造	1153	1873889	458992	511712	321656
园林、陈设艺术及其他陶瓷制品制造	506	425711	146185	150215	113418
耐火材料制品制造	128	172669	46008	24093	27139
石棉制品制造	12	5120	3246	1644	1351
云母制品制造	10	16192	4464	9153	7121
耐火陶瓷制品及其他耐火材料制造	106	151357	38299	13295	18667
石墨及其他非金属矿物制品制造	622	665199	269539	268987	176271
石墨及碳素制品制造	41	80952	29236	35783	26105
其他非金属矿物制品制造	581	584247	240303	233204	150166
黑色金属冶炼及压延加工业	848	15056251	6236892	3014195	1788183
炼铁	51	108722	33493	22776	20493
炼铁	51	108722	33493	22776	20493
炼钢	43	2927935	1329363	483081	457679
炼钢	43	2927935	1329363	483081	457679
钢压延加工	725	11849131	4747189	2356230	1103502
钢压延加工	725	11849131	4747189	2356230	1103502
铁合金冶炼	29	170463	126847	152108	206510
铁合金冶炼	29	170463	126847	152108	206510
有色金属冶炼及压延加工业	1892	18446958	4467401	2942969	1706622
常用有色金属冶炼	226	2061277	454042	218719	217582

单位：万元

国家资本	集体资本	法人资本	个人资本	港澳台资本	外商资本	主营业务收入	主营业务成本	主营业务税金及附加
234382	165502	1396579	1400485	1481880	606800	22853219	19410425	229807
112263	56956	218016	282886	426984	19736	3677235	3146984	36678
111619	56065	211704	273266	423194	19447	3582968	3073179	35093
644	891	6312	9621	3790	289	94267	73805	1585
72519	47944	263858	266934	129013	122093	2386224	2057775	17011
66614	42081	213404	220497	106293	66699	1876624	1631785	12476
3830	5369	14289	15562	3613	12301	201414	176133	2395
		639	603		90	20465	17930	231
800	110	18491	19248	14851	39192	160973	127430	1082
1275	384	17036	11024	4257	3811	126749	104498	828
12092	24442	308195	362774	280430	98542	8309479	7042384	109363
6563	9080	33601	123195	2274	509	497900	391918	8763
958	4956	144762	138438	179049	51453	6730882	5764545	85025
3250	9826	60111	71877	61822	23415	685284	562057	7393
110	140	9497	4755	2377	10711	53888	43538	876
	84	13171	7172	6578	4324	107686	86535	591
1211	357	47053	17337	28329	8131	233839	193792	6716
33200	29182	409051	171425	406925	204795	3780852	3164075	25210
	19420	134491	43018	63100	35054	650458	605394	1503
2155	1415	91374	39922	178148	29158	993655	807416	6072
2216		4321	1778	27189	48655	137349	121179	221
	133	130	627	48		6889	5644	97
503	7746	40146	54283	56952	17704	952700	802329	5400
	116	427	711	1089	1231	41823	37340	106
27786	159	14021	2361	59199	36364	358139	272424	3847
540	46	49155	11025	5093	6616	218843	185917	1079
	146	74985	17699	16107	30013	420998	326433	6885
2097	4592	161506	251248	174555	127967	3873837	3321079	34219
188	2000	43665	42757	45002	74276	1329970	1123581	21278
	5	7931	48320	9021	13727	285602	246943	1754
801	2265	96482	119592	76535	25981	1832277	1578605	9116
1108	323	13429	40579	43998	13982	425989	371950	2071
228	989	3123	10936	4108	7755	168085	142809	3331
128	336	160	728			5062	3900	38
		161	1410		5550	16336	13575	17
100	653	2802	8799	4108	2206	146687	125334	3276
1983	1397	32831	54282	59866	25912	657506	535319	3995
1033	67	7099	3065	10764	4077	85044	67092	278
951	1330	25732	51217	49102	21835	572462	468228	3717
131096	2794	581735	230074	328612	513873	14335190	13220974	92880
	735	2572	13088	957	3142	109911	99642	440
	735	2572	13088	957	3142	109911	99642	440
300		122520	35656	126384	172819	2810702	2675707	14686
300		122520	35656	126384	172819	2810702	2675707	14686
121762	1809	261883	179275	200861	337912	11235153	10280749	77083
121762	1809	261883	179275	200861	337912	11235153	10280749	77083
9034	250	194760	2055	411		179424	164876	671
9034	250	194760	2055	411		179424	164876	671
24843	7745	495894	250758	552213	375170	17361456	15543280	199220
6879	3107	142340	19752	27429	18075	1771954	1684837	6904

1-1 续表 1-9

项 目	企业数(个)	工业总产值	固定资产原 价	所有者权益	实收资本
铜冶炼	55	1029983	113774	83873	37597
铅锌冶炼	25	694806	255952	71517	129962
镍钴冶炼	10	20287	12595	738	3194
锡冶炼	27	58183	12872	16295	8724
锑冶炼	6	21492	11169	10638	7516
铝冶炼	70	94307	25189	21185	16102
镁冶炼	1	24636	7961	8266	8397
其他常用有色金属冶炼	32	117583	14530	6206	6090
贵金属冶炼	19	231815	12794	38324	17733
金冶炼	5	165858	2502	20787	1585
银冶炼	6	56046	7824	9060	9268
其他贵金属冶炼	8	9911	2468	8478	6880
稀有稀土金属冶炼	43	406247	70652	101767	55703
钨钼冶炼	8	90406	8606	7758	2208
稀土金属冶炼	19	103840	26528	27220	23394
其他稀有金属冶炼	16	212001	35518	66789	30102
有色金属合金制造	160	637275	128662	156719	130843
有色金属合金制造	160	637275	128662	156719	130843
有色金属压延加工	1444	15110345	3801252	2427440	1284761
常用有色金属压延加工	1400	15023960	3787708	2398820	1269409
贵金属压延加工	22	56496	8523	23161	11153
稀有稀土金属压延加工	22	29889	5020	5459	4199
金属制品业	19950	34644359	10017797	8978275	5864324
结构性金属制品制造	4418	6534310	1903689	1906711	1238152
金属结构制造	3591	5708473	1692924	1668087	1055017
金属门窗制造	827	825837	210765	238624	183134
金属工具制造	2597	3001057	1219182	1062823	495384
切削工具制造	185	332340	177497	149629	97274
手工具制造	184	173862	50722	39700	28908
农用及园林用金属工具制造	67	83851	19132	12492	9212
刀剪及类似日用金属工具制造	911	1261477	447624	434873	90968
其他金属工具制造	1250	1149526	524207	426128	269023
集装箱及金属包装容器制造	633	3415510	1017178	804998	540124
集装箱制造	59	1811763	418046	338234	215323
金属压力容器制造	89	250343	59844	31220	25558
金属包装容器制造	485	1353404	539288	435544	299243
金属丝绳及其制品的制造	439	833601	225340	202367	184553
金属丝绳及其制品的制造	439	833601	225340	202367	184553
建筑、安全用金属制品制造	2308	4750915	1248233	1036980	719863
建筑、家具用金属配件制造	1581	3106324	743892	639886	440692
建筑装饰及水暖管道零件制造	532	1302100	318838	304010	182867
安全、消防用金属制品制造	103	67739	23121	25324	17758
其他建筑、安全用金属制品制造	92	274752	162382	67760	78546
金属表面处理及热处理加工	1532	2886335	844497	678917	468502
金属表面处理及热处理加工	1532	2886335	844497	678917	468502
搪瓷制品制造	154	477939	125473	100236	60947
工业生产配套用搪瓷制品制造	13	55770	6427	11911	4628
搪瓷卫生洁具制造	81	258720	46937	51013	39524
搪瓷日用品及其他搪瓷制品制造	60	163450	72109	37311	16795

单位：万元

国家资本	集体资本	法人资本	个人资本	港澳台资本	外商资本	主营业务收　入	主营业务成　本	主营业务税金及附加
2350	616	12837	8409	9470	3915	991461	927756	2442
	102	123104	2621	4135		455577	465953	2843
1000		1175	635		384	16895	14937	95
1729		535	983	496	4982	58842	52572	192
1800		546	170		5000	16572	15349	233
	2329	3683	4480	3402	2208	92268	78814	937
				8397		24636	20595	2
	60	460	2454	1530	1586	115704	108861	160
		870	10504		6358	227320	214178	159
		20	1565			165591	157719	32
		850	8418			51900	49247	41
			522		6358	9829	7211	86
1330	233	17204	17919	5525	13493	379062	332738	953
		1328	840	40		84646	79475	347
		12799	9731	864		94850	78782	391
1330	233	3077	7348	4621	13493	199566	174481	214
11596	726	26753	18795	21498	51476	592293	537626	1782
11596	726	26753	18795	21498	51476	592293	537626	1782
5039	3678	308727	183789	497760	285768	14390827	12773903	189423
5039	3595	307893	181633	485587	285662	14306942	12704390	188710
		606	581	9966		55047	45595	470
	83	228	1575	2207	106	28839	23917	243
59453	93449	1141976	1119120	2232620	1217706	33524539	29212635	320901
16189	38020	251090	279215	416314	237324	6313842	5481761	77319
16071	34781	204801	220264	350843	228257	5517959	4814520	65408
117	3239	46289	58951	65472	9067	795883	667240	11911
844	4550	90959	110181	232226	56625	2944171	2468679	18968
	1281	19470	9534	48463	18527	321377	255907	1716
13	104	5181	8845	10141	4624	166040	145258	667
279	1388	1560	1714	4271		80287	68889	350
30	119	34927	26501	20720	8671	1230811	1032289	5780
523	1659	29821	63587	148630	24803	1145657	966336	10454
11870	11428	106308	47341	224850	138328	3295560	2956429	23276
	50	49298	1465	65815	98695	1747055	1625375	13850
59	2584	3438	8324	10969	184	230291	174036	642
11811	8794	53572	37553	148066	39449	1318214	1157019	8785
1978	1571	19776	24836	48367	88025	821945	714118	7158
1978	1571	19776	24836	48367	88025	821945	714118	7158
3057	11346	123128	117201	263998	201132	4532324	3931859	29963
791	9403	62061	73839	185901	108698	2894674	2539598	17305
819	1043	50797	29463	66671	34075	1299555	1107891	11164
1394	751	1566	7436	3625	2987	64963	50985	693
53	150	8704	6464	7802	55373	273132	233385	801
10929	5801	96965	85419	159905	109484	2744815	2408147	51675
10929	5801	96965	85419	159905	109484	2744815	2408147	51675
	300	13117	9575	9938	28019	474653	406613	20477
		3684	394	550		55661	46860	85
	300	5952	2934	4684	25654	258985	221778	19838
		3480	6246	4704	2365	160007	137974	553

1-1 续表 1-10

项　目	企业数(个)	工业总产值	固定资产原　价	所有者权益	实收资本
不锈钢及类似日用金属制品制造	4394	8511678	2339597	2148572	1468431
金属制厨房调理及卫生器具制造	561	1692547	364862	386299	283722
金属制厨用器皿及餐具制造	1215	3263758	868769	860855	614084
其他日用金属制品制造	2618	3555373	1105966	901418	570625
其他金属制品制造	3475	4233015	1094608	1036671	688367
铸币及贵金属制实验室用品制造	15	76064	10145	20119	13771
其他未列明的金属制品制造	3460	4156951	1084463	1016552	674596
通用设备制造业	8119	16729111	5171652	5047106	3172407
锅炉及原动机制造	162	370729	169237	149088	130114
锅炉及辅助设备制造	92	197459	83711	69971	69925
内燃机及配件制造	32	128184	44703	51488	20937
汽轮机及辅机制造	6	19687	20286	11641	26870
水轮机及辅机制造	10	5608	9248	6210	4424
其他原动机制造	22	19792	11289	9778	7958
金属加工机械制造	1612	1701009	569747	606924	371732
金属切削机床制造	188	197306	80310	78805	56558
金属成形机床制造	192	244515	98096	95300	46649
铸造机械制造	164	200872	86429	92945	53398
金属切割及焊接设备制造	232	178512	48023	57752	43224
机床附件制造	86	52632	32332	48097	31010
其他金属加工机械制造	750	827172	224557	234026	140893
起重运输设备制造	251	1752429	348206	494623	266720
起重运输设备制造	251	1752429	348206	494623	266720
泵、阀门、压缩机及类似机械的制造	621	2651750	1093182	836373	516019
泵及真空设备制造	189	594697	117243	167345	83758
气体压缩机械制造	59	1029154	684623	362639	256463
阀门和旋塞的制造	143	513288	136519	141567	94762
液压和气压动力机械及元件制造	230	514610	154797	164821	81036
轴承、齿轮、传动和驱动部件的制造	329	975417	350887	383811	195125
轴承制造	190	757870	253511	300534	136588
齿轮、传动和驱动部件制造	139	217547	97377	83277	58537
烘炉、熔炉及电炉制造	85	127734	17718	18677	16238
烘炉、熔炉及电炉制造	85	127734	17718	18677	16238
风机、衡器、包装设备等通用设备制造	1523	4053942	1019361	1134140	679094
风机、风扇制造	300	735138	184706	148869	115920
气体、液体分离及纯净设备制造	140	186255	28407	52988	39484
制冷、空调设备制造	374	2065937	509650	564781	281548
风动和电动工具制造	62	241498	46124	73126	41643
喷枪及类似器具制造	49	27155	10726	8316	7571
包装专用设备制造	214	315808	82556	98017	56084
衡器制造	66	148974	48136	53129	41575
其他通用设备制造	318	333177	109056	134915	95269
通用零部件制造及机械修理	2626	2262968	928631	819437	664091
金属密封件制造	74	78986	34555	24373	19610
紧固件、弹簧制造	1110	957459	545769	432985	376548
机械零部件加工及设备修理	974	577848	189051	221302	148886
其他通用零部件制造	468	648676	159256	140778	119047
金属铸、锻加工	910	2833133	674685	604033	333274
钢铁铸件制造	669	2363185	492465	424405	209495
锻件及粉末冶金制品制造	241	469948	182220	179629	123779

单位：万元

国家资本	集体资本	法人资本	个人资本	港澳台资本	外商资本	主营业务收入	主营业务成本	主营业务税金及附加
8330	11578	335156	298531	580710	234126	8277077	7206602	51659
531	1161	55109	61119	130258	35545	1628641	1416089	12477
5628	4668	145434	126026	227946	104383	3194992	2759492	16790
2172	5749	134613	111386	222507	94198	3453443	3031021	22391
6258	8856	105478	146820	296313	124644	4120154	3638429	40407
6000		4030	732	3010		76265	70354	28
258	8856	101449	146088	293303	124644	4043888	3568075	40379
121308	51990	601527	632674	862711	902197	16042842	13485236	204838
18300	2757	40016	23540	5843	39659	372717	310783	850
6658	983	25696	11654	4694	20241	206046	176556	344
1775	1774	7131	5848	1000	3410	120385	99345	297
9867		4595	517		11891	19672	12234	102
		586	3838			4877	3539	34
		2008	1683	149	4118	21737	19109	73
3493	4548	70339	107115	112550	73688	1621062	1377302	11675
	219	15746	10613	21855	8126	198616	167113	1192
	604	15674	11703	17997	671	234827	197526	2181
850	219	7092	9776	14050	21410	197760	163137	1583
1601	442	5752	20370	10138	4921	165082	127012	1976
317	155	9524	4412	12583	4020	49118	41308	281
725	2908	16551	50241	35927	34541	775659	681206	4462
5167	2675	87904	57630	22922	90422	1696919	1302482	111753
5167	2675	87904	57630	22922	90422	1696919	1302482	111753
7841	10875	76693	78248	67745	274616	2523349	2175855	10965
180	3983	9302	27243	14301	28748	565841	449440	1739
7290	6208	43382	12965	25117	161502	1016135	928711	825
271		12505	14898	16502	50587	436526	377512	2651
100	684	11505	23142	11825	33780	504847	420193	5749
4743	2545	23229	25339	76638	62632	847692	706578	7631
3943	2335	13841	17004	39856	59609	638228	519170	1486
800	210	9388	8335	36782	3023	209463	187408	6145
	75	1933	8325	2417	3488	122859	91346	470
	75	1933	8325	2417	3488	122859	91346	470
50338	8828	138380	168014	148663	164871	3818928	3152988	35540
113	2620	13784	27275	49669	22459	708504	614140	3918
165	56	8768	18422	5441	6631	184017	111986	415
10173	1459	64396	61334	57018	87168	1913462	1587035	14169
	1552	2697	10829	4732	21834	243180	201336	537
		1612	3179	1840	940	26498	21444	282
	2349	22382	16606	3359	11388	287169	231389	4152
	131	9987	6863	14220	10374	137126	120076	275
39887	661	14755	23506	12384	4077	318972	265581	11792
10336	10023	71433	109028	323964	139307	2235774	1884055	13010
2071		2616	6215	4963	3745	84158	69098	474
1773	5542	24540	38446	214337	91910	967688	816392	5021
4216	3787	17959	40660	70712	11552	564357	457109	4998
2276	694	26319	23706	33952	32100	619572	541455	2518
21091	9663	91600	55436	101970	53514	2803542	2483848	12945
21091	8597	53690	43300	57877	24941	2330041	2067066	10209
	1066	37910	12136	44094	28574	473501	416782	2736

1-1 续表 1-11

项　　目	企业数(个)	工业总产值	固定资产原　价	所有者权益	实收资本
专用设备制造业	8596	12917833	6049369	6438933	3815764
矿山、冶金、建筑专用设备制造	285	916579	248759	299389	142705
采矿、采石设备制造	41	105639	35691	26527	16289
石油钻采专用设备制造	16	179897	85564	136852	52564
建筑工程用机械制造	108	448201	74350	93284	44459
建筑材料生产专用机械制造	91	159197	43209	36503	23330
冶金专用设备制造	29	23646	9944	6223	6062
化工、木材、非金属加工专用设备制造	4490	5217596	3669081	3050835	1754517
炼油、化工生产专用设备制造	60	189104	46697	56854	25522
橡胶加工专用设备制造	69	94028	47864	32366	39895
塑料加工专用设备制造	382	717504	266015	283012	165133
木材加工机械制造	144	138393	54262	42352	35288
模具制造	3767	3939844	3207257	2600777	1471438
其他非金属加工专用设备制造	68	138724	46987	35474	17242
食品、饮料、烟草及饲料生产专用设备制造	247	340620	108553	98019	69695
食品、饮料、烟草工业专用设备制造	182	283312	93722	82802	53881
农副食品加工专用设备制造	46	34007	9867	11001	12272
饲料生产专用设备制造	19	23300	4965	4216	3542
印刷、制药、日化生产专用设备制造	713	902723	272238	328858	219241
制浆和造纸专用设备制造	56	86721	33861	25233	19867
印刷专用设备制造	221	227632	93843	90062	81113
日用化工专用设备制造	63	48422	20458	22912	15121
制药专用设备制造	14	13364	1544	2569	2017
照明器具生产专用设备制造	134	156483	33227	45777	52348
玻璃、陶瓷和搪瓷制品生产专用设备制造	144	322638	76564	127868	38359
其他日用品生产专用设备制造	81	47464	12742	14436	10416
纺织、服装和皮革工业专用设备制造	370	711243	290914	265030	160566
纺织专用设备制造	151	323111	153232	131431	67259
皮革、毛皮及其制品加工专用设备制造	53	46462	22568	17284	9911
缝纫机械制造	98	282047	88668	92663	67891
其他服装加工专用设备制造	68	59624	26445	23651	15505
电子和电工机械专用设备制造	978	1952234	707446	957710	632335
电工机械专用设备制造	266	468050	103111	143190	102953
电子工业专用设备制造	697	1440073	593804	802811	516541
武器弹药制造	1	591	70	128	513
航空、航天及其他专用设备制造	14	43520	10461	11582	12329
农、林、牧、渔专用机械制造	145	212841	65426	71563	54031
拖拉机制造	11	22341	2123	1700	1278
机械化农业及园艺机具制造	38	121681	36314	43840	35795
营林及木竹采伐机械制造	1	8393	2347	3131	678
畜牧机械制造	7	2254	1278	336	687
渔业机械制造	31	35413	8286	12776	7893
农林牧渔机械配件制造	18	8430	4416	2832	2410
其他农林牧渔业机械制造及机械修理	39	14329	10663	6948	5290
医疗仪器设备及器械制造	546	1506738	413215	858350	442179
医疗诊断、监护及治疗设备制造	164	663604	158449	508094	220028
口腔科用设备及器具制造	36	55581	23091	11398	11179
实验室及医用消毒设备和器具的制造	21	48765	33763	12171	9833

单位：万元

国家资本	集体资本	法人资本	个人资本	港澳台资本	外商资本	主营业务收入	主营业务成本	主营业务税金及附加
48565	27226	675685	730559	1317272	1016457	12328548	10074506	94284
21577	1076	50398	27125	20224	22305	882570	748855	16146
2994	130	8561	2477	2128		102012	87112	595
10686	645	26960	178	2106	11990	172140	159135	1857
200	34	9998	13303	12257	8666	432050	360360	8765
7698	202	4339	7113	2329	1649	155851	123893	4877
	65	540	4054	1403		20516	18355	53
6974	11622	202659	242473	847966	442823	4982120	4137345	23337
2147	48	4894	9792	6084	2558	180432	150688	625
225	256	14434	2892	17745	4343	90894	76180	377
542	2636	23437	33418	61395	43705	663448	541781	2423
	89	5758	4904	19476	5061	137470	115596	515
4060	8531	150528	187706	735451	385163	3784115	3146746	18511
	62	3609	3763	7815	1994	125760	106355	887
2133	1006	32847	25689	5102	2918	328156	268876	2639
585	938	26062	21837	4117	343	267379	218607	2245
686	68	5796	3017	130	2575	35616	29679	261
862		989	836	855		25162	20590	133
1845	3064	39783	61145	82550	30855	821463	681585	25652
153	250	9587	3468	4974	1435	84816	75291	3519
477	2143	15143	16281	43213	3855	213581	173592	2465
	85	3510	4170	2670	4686	45049	37121	644
		33	1779	205		12705	11177	64
88	241	6619	9944	25130	10328	158480	142802	9763
1128	95	2663	20697	4228	9548	260056	205906	8718
	250	2228	4806	2129	1003	46776	35697	479
733	690	9405	23424	53931	72385	699532	609736	4660
	131	4270	13524	29027	20306	308554	261672	1696
50	406	680	1237	2379	5160	45415	38570	280
683	3	2990	6309	16931	40975	290831	262487	2482
	150	1465	2354	5594	5943	54732	47008	201
3555	3864	137774	112901	173627	200615	1839081	1559179	9910
300	2353	20965	29239	20241	29855	458406	382508	2305
3255	511	116657	78872	152774	164472	1331225	1132740	7564
				513		412	575	0
	1000	151	4790	100	6288	49037	43356	40
1176	1052	4528	16132	16459	14684	204083	168195	1088
238		20	1020			21979	19550	323
	173	1505	5101	14747	14269	112882	96429	125
			678			7566	6426	206
		110	162		415	2261	1828	22
	253	1208	4988	1444		35341	23655	152
	44	254	2112			8840	7219	73
938	582	1431	2071	269		15214	13088	188
7023	1356	118145	112851	66598	136207	1466878	1033119	4480
4208	709	73290	63052	17556	61215	647929	367931	1751
		1492	2502	2681	4504	53554	45775	557
		6757	1625		1451	47753	39816	64

1-1 续表 1-12

项　目	企业数(个)	工业总产值	固定资产原　价	所有者权益	实收资本
医疗、外科及兽医用器械制造	85	204609	58406	89762	62855
机械治疗及病房护理设备制造	57	148499	33119	46876	24644
假肢、人工器官及植(介)入器械制造	79	74770	27071	48638	34540
其他医疗设备及器械制造	104	310910	79317	141411	79100
环保、社会公共安全及其他专用设备制造	822	1157259	273736	509179	340495
环境污染防治专用设备制造	216	196931	36849	113437	76729
地质勘查专用设备制造	2	1551	1769	1029	937
邮政专用机械及器材制造	2	1273	173	202	202
商业、饮食、服务业专用设备制造	30	28630	7595	11665	13476
社会公共安全设备及器材制造	127	387631	97066	176238	98948
交通安全及管制专用设备制造	28	13551	3848	4473	4804
水资源专用机械制造	44	22721	6562	12688	6848
其他专用设备制造	373	504972	119877	189449	138551
交通运输设备制造业	3989	35138459	10890762	9884059	5497435
铁路运输设备制造	19	73026	77815	93437	77158
铁路机车车辆及动车组制造	1	316	250	150	100
工矿有轨专用车辆制造	2	440	242	53	53
铁路机车车辆配件制造	1	5928	692	5455	1568
铁路专用设备及器材、配件制造	10	16022	8542	29048	20907
其他铁路设备制造及设备修理	5	50321	68089	58731	54530
汽车制造	2510	24477031	7537068	7059846	3862499
汽车整车制造	32	14227639	3217925	3058087	1222476
改装汽车制造	17	339586	237733	143870	85351
电车制造	7	16803	5106	8372	7818
汽车车身、挂车的制造	16	158500	36450	56296	30251
汽车零部件及配件制造	1152	9416228	3889455	3640291	2381855
汽车修理	1286	318275	150400	152928	134749
摩托车制造	460	5271564	1013138	973942	420267
摩托车整车制造	65	3641677	540743	560197	204078
摩托车零部件及配件制造	395	1629887	472395	413745	216189
自行车制造	338	1577084	430304	414399	344042
脚踏自行车及残疾人座车制造	252	1373690	373195	379069	276223
助动自行车制造	86	203394	57110	35330	67820
船舶及浮动装置制造	577	3191621	1607557	1134102	656771
金属船舶制造	102	2148388	931050	643877	322392
非金属船舶制造	48	54390	33705	30582	21758
娱乐船和运动船的建造和修理	38	41045	28308	54709	58236
船用配套设备制造	60	86117	28887	16253	17078
船舶修理及拆船	319	858175	584411	386840	235914
航标器材及其他浮动装置的制造	10	3504	1196	1840	1394
航空航天器制造	12	453367	191670	176861	113680
飞机制造及修理	8	452713	191399	175732	112523
航天器制造	1	102	15	12	60
其他飞行器制造	3	552	257	1118	1097
交通器材及其他交通运输设备制造	73	94767	33211	31473	23018
潜水及水下救捞装备制造	7	25098	7361	7064	7852
交通管理用金属标志及设施制造	40	43654	19462	15345	7803
其他交通运输设备制造	26	26016	6388	9064	7363

单位：万元

国家资本	集体资本	法人资本	个人资本	港澳台资本	外商资本	主营业务收入	主营业务成本	主营业务税金及附加
345	100	16842	18173	7550	19846	212349	158237	514
	50	2800	9702	3259	8833	139071	120277	631
1258	129	2016	2813	14684	13639	67109	50322	188
1212	369	14948	14984	20868	26719	299113	250761	775
3550	3497	80148	108819	50816	93665	1104666	867615	6372
849	464	26282	22224	20037	6874	191498	138988	1119
733	20	184				887	729	3
		152	50			1274	1245	3
	20	3370	2729	2235	5122	26969	23258	171
906	1100	22241	25778	9278	39646	367562	283989	821
24		1553	3227			13133	10171	145
10	33	1052	4524	634	595	20310	15031	209
1028	1860	25315	50288	18632	41428	483034	394204	3903
317120	93944	1456335	376066	829930	2424040	34789050	28012419	1182048
2365	238	63891	2453	8212		77482	62855	387
	100					316	204	6
		53				440	334	4
157			1411			5039	2756	18
2208		9866	622	8212		19891	13520	101
	138	53972	420			51797	46041	257
187532	62223	922607	191649	301338	2197150	24472058	19303582	1048292
115265	29389	498907	15023	22731	541161	14261411	10749392	920011
3026	10000	54375	17945		5	304623	285880	316
		4547	2763		508	15667	11318	78
		16597	2430	1183	10041	174437	157044	142
51088	15645	307599	98489	266436	1642598	9394043	7862917	122784
18154	7189	40581	54999	10988	2839	321878	237032	4961
10823	17576	178587	70549	93168	49564	5120825	4340267	79123
3929	11990	84172	22395	57358	24235	3529174	2958488	68327
6893	5587	94415	48154	35811	25329	1591651	1381779	10797
3189	1453	42794	29246	206057	61305	1502361	1358793	2177
3189	1353	13225	17564	181372	59520	1304145	1181993	1860
	100	29569	11681	24685	1785	198216	176800	317
110901	12154	217418	76506	183126	56666	3112746	2512998	50823
42444	4536	182497	46420	34660	11836	2122371	1731356	46317
562	170	2035	9687	8459	845	57452	48989	441
	500	10478	1822	12240	33195	38867	31678	352
328	85	2100	3623	1447	9495	82201	74643	160
67567	6835	20158	14123	125935	1295	808074	623367	3475
	28	150	831	385		3781	2965	78
2111		26703	1089	29521	54257	410740	355320	280
2111		26653	210	29292	54257	410079	354854	276
			60			102	67	1
		50	819	228		559	399	3
200	301	4336	4575	8509	5098	92839	78603	967
		350	140	7362		25062	20980	31
200	281	433	3989	1128	1773	42662	36213	758
	20	3553	446	20	3325	25116	21410	177

1-1 续表 1-13

项　目	企业数(个)	工业总产值	固定资产原　价	所有者权益	实收资本
电气机械及器材制造业	15818	73818580	16686012	17247643	10214049
电机制造	834	2505747	767656	777689	534316
发电机及发电机组制造	158	444218	191171	157163	114859
电动机制造	253	597258	121006	152448	123987
微电机及其他电机制造	423	1464271	455480	468078	295470
输配电及控制设备制造	3827	11595258	2783746	4041773	2354360
变压器、整流器和电感器制造	1011	3983008	832528	1133276	707989
电容器及其配套设备制造	227	523850	232878	780593	174563
配电开关控制设备制造	739	3196216	591890	834705	556035
电力电子元器件制造	1510	3176599	980758	1072769	754067
其他输配电及控制设备制造	340	715584	145693	220430	161705
电线、电缆、光缆及电工器材制造	2599	12151588	2376053	2904479	1714696
电线电缆制造	2067	10649765	1882455	2327807	1291448
光纤、光缆制造	65	266200	124688	178587	109064
绝缘制品制造	261	786323	218214	245647	175194
其他电工器材制造	206	449300	150697	152438	138990
电池制造	800	5678762	1660972	1761205	1099170
电池制造	800	5678762	1660972	1761205	1099170
家用电力器具制造	3635	32113703	6663136	5230430	2836777
家用制冷电器具制造	142	1835977	701013	9399	180060
家用空气调节器制造	144	14169383	2069138	2403443	641170
家用通风电器具制造	359	2470890	624882	414608	282395
家用厨房电器具制造	1444	8879640	1984278	1333349	882697
家用清洁卫生电器具制造	140	959263	265036	178388	165637
家用美容、保健电器具制造	164	909919	164453	231076	128549
家用电力器具专用配件制造	520	784726	292924	166074	144377
其他家用电力器具制造	722	2103905	561412	494093	411893
非电力家用器具制造	507	1551872	353810	251636	209394
燃气、太阳能及类似能源的器具制造	423	1423583	311401	231348	187884
其他非电力家用器具制造	84	128290	42409	20288	21510
照明器具制造	3213	7559975	1916035	2104319	1347506
电光源制造	323	1153222	435536	513266	219567
照明灯具制造	1969	4326839	1040687	1180376	816561
灯用电器附件及其他照明器具制造	921	2079913	439812	410678	311378
其他电气机械及器材制造	403	661675	164604	176112	117832
车辆专用照明及电气信号设备装置制造	117	399763	99243	88714	59635
其他未列明的电气机械制造	286	261912	65361	87399	58197
通信设备、计算机及其他电子设备制造业	13864	156389544	32232889	35458667	23044465
通信设备制造	1104	33873799	5025810	9419673	5390437
通信传输设备制造	189	1133965	370506	647631	318864
通信交换设备制造	78	16144677	2239911	5325376	3213580
通信终端设备制造	248	4025981	634418	883682	444456
移动通信及终端设备制造	345	11058003	1481117	2119442	1144856
其他通信设备制造	244	1511172	299858	443541	268682
雷达及配套设备制造	14	9624	840	-406	901
雷达及配套设备制造	14	9624	840	-406	901
广播电视设备制造	393	1451498	285760	389110	274634
广播电视节目制作及发射设备制造	15	12400	4883	9661	9244
广播电视接收设备及器材制造	303	1198742	238149	295582	206928
应用电视设备及其他广播电视设备制造	75	240356	42728	83868	58462

单位：万元

						主营业务收　　入	主营业务成　　本	主营业务税金及附加
国家资本	集体资本	法人资本	个人资本	港澳台资本	外商资本			
191342	256615	2330607	1720932	3380624	2333929	72239482	62141887	392100
77476	7170	62846	96543	133067	157213	2450971	2128126	9631
55295	2915	8617	27830	10377	9824	419939	356620	1877
18894	723	10033	29631	21829	42877	554948	486348	2011
3287	3532	44196	39082	100861	104512	1476084	1285158	5744
27145	29700	444006	447431	763375	642702	11224219	9574476	60545
13192	15263	124309	102197	274968	178060	3878699	3368410	23449
	340	31532	14878	25123	102690	486469	426081	1885
10356	5734	174384	152031	113972	99559	3088591	2521563	16519
3005	5701	76793	127899	301322	239347	3080426	2689283	8205
593	2661	36989	50426	47991	23046	690035	569139	10488
42690	22981	344629	440296	488637	375463	11746694	10450231	49687
7653	21569	279144	404422	353222	225438	10285582	9173084	43219
34054		24283	6432	11216	33080	264789	219940	538
478	430	30264	18478	67955	57589	764330	681403	1144
505	981	10939	10964	56243	59357	431994	375805	4785
4684	4729	407385	118468	347093	216812	5504167	4884282	29175
4684	4729	407385	118468	347093	216812	5504167	4884282	29175
6104	179312	794048	245404	1006262	605648	31917844	27157705	180165
3402	42500	30414	6697	68348	28699	1813546	1597968	2069
828	358	390210	9959	106423	133393	15098674	12462233	91951
20	779	93263	32841	113861	41630	2253722	1942879	16436
1251	125175	177439	106680	299738	172416	8324595	7287134	40751
344	6593	11293	10572	32862	103974	862567	751128	1917
	50	13191	8735	65971	40603	821585	654535	1922
161	601	40976	29221	66473	6945	768962	669058	10426
99	3256	37262	40700	252587	77989	1974193	1792770	14694
11450	1118	64274	78905	35496	18150	1426322	1193998	4281
11450	578	62847	74693	20699	17618	1296365	1077619	3994
	540	1428	4212	14797	532	129958	116379	287
21042	8860	199414	260610	562452	295128	7317738	6205054	55380
641	1108	18705	32709	81237	85165	1168958	986662	22617
472	5145	145054	173886	362993	129011	4114494	3453688	18872
19929	2606	35655	54016	118221	80952	2034286	1764704	13891
750	2746	14006	33273	44243	22814	651526	548016	3236
		3770	14775	28337	12752	392583	330310	733
750	2746	10235	18498	15906	10062	258943	217706	2503
312855	148180	5974013	1768961	7548302	7292155	150394309	132178318	424939
128295	35407	3597209	308412	471932	849183	32521441	25363840	131974
53382	2238	111396	40033	69169	42644	1079006	895538	2763
56060	12676	3038158	20805	17689	68192	15296534	9861591	100804
1126	4753	99474	48149	135481	155473	3797951	3408368	8066
16055	15448	271969	138748	138487	564150	10930443	9955558	11126
1672	292	76212	60677	111105	18724	1417508	1242785	9214
		255	410	235		8939	7546	29
		255	410	235		8939	7546	29
4152	303	87733	68220	49189	65036	1350602	1191148	3028
2881		143	3448	2440	332	18460	15202	51
1271	193	67897	59591	32831	45144	1101623	964834	2781
	110	19693	5181	13918	19560	230519	211112	196

1-1 续表 1-14

项　　目	企业数（个）	工业总产值	固定资产原　　价	所有者权益	实收资本
电子计算机制造	1577	52651641	5774400	6276810	3512755
电子计算机整机制造	116	29197347	1521631	1887109	692840
计算机网络设备制造	135	1640217	268204	251607	139496
电子计算机外部设备制造	1326	21814077	3984565	4138094	2680419
电子器件制造	1696	16602159	6187374	5177075	4216797
电子真空器件制造	82	1315463	886801	532451	311225
半导体分立器件制造	122	802200	711182	543118	483866
集成电路制造	280	6990117	2219368	1652969	1269857
光电子器件及其他电子器件制造	1212	7494381	2370022	2448537	2151849
电子元件制造	5586	31569206	10749190	8723697	6584383
电子元件及组件制造	4694	20059191	6132227	5301052	3861383
印制电路板制造	892	11510015	4616963	3422645	2723000
家用视听设备制造	1978	15856228	2475809	3257355	1931932
家用影视设备制造	596	8315920	1199795	2049783	995751
家用音响设备制造	1382	7540307	1276013	1207572	936181
其他电子设备制造	1516	4375390	1733708	2215353	1132627
其他电子设备制造	1516	4375390	1733708	2215353	1132627
仪器仪表及文化、办公用机械制造业	2687	13920244	3195737	3818657	2434796
通用仪器仪表制造	540	970379	280247	625734	321144
工业自动控制系统装置制造	209	275524	93873	193497	93959
电工仪器仪表制造	151	347154	66022	149483	87619
绘图、计算及测量仪器制造	35	72095	29774	30636	26013
实验分析仪器制造	50	84421	24034	39818	35050
试验机制造	31	80305	46498	170779	51917
供应用仪表及其他通用仪器制造	64	110880	20047	41521	26587
专用仪器仪表制造	301	692242	188419	293436	153596
环境监测专用仪器仪表制造	34	19729	5168	15862	12437
汽车及其他用计数仪表制造	36	182407	66694	97629	44170
导航、气象及海洋专用仪器制造	30	101561	31841	31217	11824
农林牧渔专用仪器仪表制造	4	9007	3531	3327	1003
地质勘探和地震专用仪器制造	1	1360	265	1351	200
教学专用仪器制造	27	164419	13730	31832	18361
核子及核辐射测量仪器制造	1	2287	645	791	238
电子测量仪器制造	101	144073	49902	78991	43531
其他专用仪器制造	67	67400	16644	32437	21831
钟表与计时仪器制造	908	1233236	475192	474891	409070
钟表与计时仪器制造	908	1233236	475192	474891	409070
光学仪器及眼镜制造	454	2359998	899647	669677	545845
光学仪器制造	112	1908041	553969	468425	335752
眼镜制造	342	451957	345678	201252	210093
文化、办公用机械制造	423	8605670	1331107	1728173	986821
电影机械制造	15	14722	12046	12784	4509
幻灯及投影设备制造	21	154969	7817	13286	11409
照相机及器材制造	143	4112674	715064	750000	459578
复印和胶印设备制造	78	2937114	332221	529806	257543
计算器及货币专用设备制造	91	1152652	173059	337152	191335
其他文化、办公用机械制造	75	233540	90900	85145	62448
其他仪器仪表的制造及修理	61	58719	21125	26747	18320
其他仪器仪表的制造及修理	61	58719	21125	26747	18320

单位：万元

						主营业务收　入	主营业务成　本	主营业务税金及附加
国家资本	集体资本	法人资本	个人资本	港澳台资本	外商资本			
70789	49126	399620	272678	1095144	1625398	51532847	46895137	77946
21923	22130	96848	74373	142687	334878	28782551	25810325	17594
4022	10667	10915	34692	47810	31391	1615700	1463555	3662
44844	16329	291856	163613	904648	1259129	21134596	19621257	56690
44955	25051	604836	229203	1789424	1523329	15604363	14078325	112746
135	1626	189841	46784	9347	63493	1299335	1149088	648
22949	68	19615	25310	315337	100587	784094	670310	3646
694	9485	141032	25711	488018	604918	6237590	5838529	46930
21176	13873	254348	131398	976723	754331	7283344	6420399	61522
43452	30431	788222	450225	2930099	2341953	30788384	28186746	56741
36955	27404	484983	343006	1427796	1541239	19648190	17828968	42137
6497	3027	303239	107218	1502303	800715	11140194	10357778	14604
18601	5952	293858	318602	881970	412950	14561333	12990960	30198
1677	959	184421	217222	459261	132212	7284055	6353075	20679
16924	4993	109438	101380	422709	280738	7277278	6637886	9519
2611	1910	202279	121212	330309	474306	4026400	3464614	12276
2611	1910	202279	121212	330309	474306	4026400	3464614	12276
15044	16793	377602	276036	938702	810619	13555639	12195562	67309
6993	487	120101	104244	58650	30671	941888	713870	4625
2432	130	51865	21150	11819	6562	252561	189719	1655
3852	67	33102	31515	14328	4755	349612	268492	934
	15	1797	3319	13041	7840	70852	53981	94
		5417	8802	14316	6515	84100	63253	456
	50	19410	28683	418	3356	74353	58561	330
709	225	8511	10774	4727	1642	110410	79864	1156
993	298	40050	29401	37355	45500	715662	581300	2720
		674	2721	8723	319	19494	14546	116
70	2	20442	3748	3302	16606	179621	142307	265
		3065	4073	4265	422	93727	79288	949
			600	403		6578	4980	21
		200				1360	492	3
833	68	1538	2261	110	13551	161986	153100	62
		40	198			1999	1454	14
50	228	9710	8399	16409	8735	172828	125254	1053
40		4382	7401	4142	5867	78070	59880	239
3160	3970	36899	46594	250562	67885	1120734	977889	3845
3160	3970	36899	46594	250562	67885	1120734	977889	3845
786	2370	39445	47086	268237	187921	2288925	2085909	2156
	1506	32187	16853	190400	94806	1839749	1692206	355
786	864	7258	30233	77837	93114	449175	393703	1800
3111	9577	138113	40640	320378	475002	8434359	7798236	53516
		3631	480	298	100	13288	8568	327
	50	7563	727	1013	2056	144955	140720	38
861	9266	63090	5390	127571	253401	4033778	3754193	50513
	100	17345	2179	82333	155587	2875082	2674892	568
2250		35202	23664	103075	27144	1139308	1019994	1658
	161	11283	8201	6088	36715	227947	199870	413
	92	2994	8073	3521	3640	54071	38358	448
	92	2994	8073	3521	3640	54071	38358	448

1-1 续表 1-15

项目	企业数(个)	工业总产值	固定资产原价	所有者权益	实收资本
工艺品及其他制造业	6056	11678172	2505293	3146833	2250677
工艺美术品制造	4504	9254341	1724480	2350665	1500125
雕塑工艺品制造	469	263800	135507	159483	152148
金属工艺品制造	609	497920	157061	147309	133658
漆器工艺品制造	69	32365	18598	17260	13775
花画工艺品制造	409	416902	216487	143395	117859
天然植物纤维编织工艺品制造	337	501208	92355	75968	55980
抽纱刺绣工艺品制造	557	260103	181581	173067	144966
地毯、挂毯制造	79	231751	94088	66903	56112
珠宝首饰及有关物品的制造	868	5988353	526512	1271788	589955
其他工艺美术品制造	1107	1061940	302292	295492	235670
日用杂品制造	933	1296743	405128	438270	390840
制镜及类似品加工	93	90875	44727	46531	44470
鬃毛加工、制刷及清扫工具的制造	98	124489	34527	29658	24772
其他日用杂品制造	742	1081379	325874	362081	321598
煤制品制造	32	18998	5325	13844	3778
煤制品制造	32	18998	5325	13844	3778
核辐射加工					
核辐射加工					
其他未列明的制造业	587	1108091	370360	344055	355935
其他未列明的制造业	587	1108091	370360	344055	355935
废弃资源和废旧材料回收加工业	896	3483453	507090	298706	169182
金属废料和碎屑的加工处理	432	3117947	368652	204844	107746
金属废料和碎屑的加工处理	432	3117947	368652	204844	107746
非金属废料和碎屑的加工处理	464	365507	138438	93861	61436
非金属废料和碎屑的加工处理	464	365507	138438	93861	61436
电力、燃气及水的生产和供应业	7079	42608746	66041658	37312043	22758539
电力、热力的生产和供应业	5757	37353326	57486155	32097022	19972621
电力生产	5573	12268180	28927358	12016189	8877256
火力发电	137	9567623	17859123	7723272	5786936
水力发电	5388	1431555	4967848	2751591	2223945
核力发电	2	1170704	5608062	1350063	665038
其他能源发电	46	98299	492326	191263	201337
电力供应	160	25010911	28495010	20004127	11026025
电力供应	160	25010911	28495010	20004127	11026025
热力生产和供应	24	74236	63787	76705	69340
热力生产和供应	24	74236	63787	76705	69340
燃气生产和供应业	175	2955074	1638525	979210	827286
燃气生产和供应业	175	2955074	1638525	979210	827286
燃气生产和供应业	175	2955074	1638525	979210	827286
水的生产和供应业	1147	2300347	6916978	4235812	1958631
自来水的生产和供应	970	1853860	5922150	3306201	1280946
自来水的生产和供应	970	1853860	5922150	3306201	1280946
污水处理及其再生利用	154	130762	326097	197043	138389
污水处理及其再生利用	154	130762	326097	197043	138389
其他水的处理、利用与分配	23	315724	668731	732567	539296
其他水的处理、利用与分配	23	315724	668731	732567	539296

单位：万元

						主营业务收　入	主营业务成　本	主营业务税金及附加
国家资本	集体资本	法人资本	个人资本	港澳台资本	外商资本			
11365	28439	327440	371629	1168691	343113	11639808	10272201	86057
5944	20859	249429	296168	710862	216863	9287233	8154407	75760
540	6513	9498	24813	101667	9118	252291	202784	1943
742	2542	14953	24089	52953	38380	472392	395502	4677
	120	517	1441	10925	772	32028	26931	326
983	894	12527	19581	76414	7461	407762	354019	3530
	1196	9058	36145	6824	2758	487745	391313	4952
1836	334	9746	23875	69495	39681	254277	201365	3026
243	1794	16971	3537	16109	17458	214190	192170	731
995	3476	143258	107620	263116	71491	6148311	5518718	49775
605	3991	32901	55067	113361	29746	1018238	871604	6800
612	4538	38194	38439	253093	55964	1271164	1133849	5183
199	210	7509	11508	25044		88838	79505	462
107	115	5339	5753	11490	1968	123417	108632	429
306	4214	25346	21178	216559	53996	1058908	945712	4293
		1474	1511	793		15832	11886	305
		1474	1511	793		15832	11886	305
4809	3042	38343	35512	203943	70287	1065579	972060	4809
4809	3042	38343	35512	203943	70287	1065579	972060	4809
5595	5373	61766	61347	16832	18268	3382082	2932972	48969
5560	4484	41506	34475	5491	16230	3022307	2626878	44070
5560	4484	41506	34475	5491	16230	3022307	2626878	44070
35	890	20261	26872	11341	2037	359775	306094	4899
35	890	20261	26872	11341	2037	359775	306094	4899
9690324	442268	8967877	1062858	1072116	1523096	42502109	37618349	245588
8928851	244546	8338215	914940	879837	666233	37450605	33620966	220428
2769554	236315	3458697	897818	852313	662559	12059608	9895604	78648
1500595	46615	2825123	126778	652407	635418	9404838	8425247	49039
642052	186958	544876	756358	78755	14946	1394377	803829	25586
581859				83179		1170704	597609	3565
45048	2741	88698	14682	37972	12195	89689	68919	457
6132740	8220	4878276	6689	101		25321345	23659622	141695
6132740	8220	4878276	6689	101		25321345	23659622	141695
26556	11	1242	10433	27423	3674	69652	65739	85
26556	11	1242	10433	27423	3674	69652	65739	85
115518	9904	286994	29563	148094	237213	2818306	2524916	5245
115518	9904	286994	29563	148094	237213	2818306	2524916	5245
115518	9904	286994	29563	148094	237213	2818306	2524916	5245
645955	187819	342668	118356	44185	619650	2233198	1472467	19915
602194	178469	291418	92887	34062	81916	1787843	1298029	19351
602194	178469	291418	92887	34062	81916	1787843	1298029	19351
43761	9349	47784	24772	10123	2600	131036	92847	462
43761	9349	47784	24772	10123	2600	131036	92847	462
		3466	697		535133	314319	81591	101
		3466	697		535133	314319	81591	101

1-1 续表 2-1 单位：万元

项　　目	其他业务利　　润	营业费用、管理费用、财务费用合计	税金	利息支出	营业利润	全部从业人　　数（人）
总　　计	**2111721**	**54860045**	**1055443**	**4259294**	**40495985**	**18833181**
一、按登记注册类型分组						
内资企业	858963	26832231	524883	2513503	17117441	8752735
国有企业	88391	1501088	31801	508953	1110382	298936
集体企业	15582	634010	20939	43233	350118	537415
股份合作企业	4232	123147	4505	9446	67422	59580
联营企业	5911	78259	1649	5491	66704	33010
有限责任公司	395807	9597548	133186	1098224	5272642	1831882
股份有限公司	142165	4537604	35676	328506	2118588	471231
私营企业	206616	10161181	289920	510980	7991901	5363477
其他企业	260	199396	7208	8669	139685	157204
港、澳、台商投资企业	623961	14034133	300918	903393	13309398	6640682
外商投资企业	628796	13993681	229643	842397	10069147	3439764
二、按企业控股情况分组						
国有及国有控股	453229	7396862	130803	1670187	9451229	820225
三、按轻重工分组						
轻工业	717930	26064022	502676	1154158	14161103	10640514
重工业	1393791	28796023	552767	3105136	26334882	8192667
四、按企业规模分组						
大型企业	744396	17485246	129084	1181603	9912989	2569630
中型企业	742634	17123465	328753	1721509	16040832	5699213
小型企业	624691	20251334	597607	1356181	14542163	10564338
五、按工业行业大中小类分组						
采矿业	36641	497849	11307	27584	5498959	98074
煤炭开采和洗选业						
烟煤和无烟煤的开采洗选						
烟煤和无烟煤的开采洗选						
褐煤的开采洗选						
褐煤的开采洗选						
其他煤炭采选						
其他煤炭采选						
石油和天然气开采业	32344	122980	209	853	4800180	3709
天然原油和天然气开采	32344	119181	138	19	4782371	1411
天然原油和天然气开采	32344	119181	138	19	4782371	1411
与石油和天然气开采有关的服务活动		3798	70	834	17810	2298
与石油和天然气开采有关的服务活动		3798	70	834	17810	2298
黑色金属矿采选业	604	111722	2597	15932	236622	15755
铁矿采选	570	108549	2595	15377	233766	15212
铁矿采选	570	108549	2595	15377	233766	15212
其他黑色金属矿采选	34	3174	2	554	2856	543
其他黑色金属矿采选	34	3174	2	554	2856	543
有色金属矿采选业	5382	67134	2550	5004	241535	16824
常用有色金属矿采选	4706	47428	2027	4207	219382	10303
铜矿采选	4449	7084	845	1643	14294	1062
铅锌矿采选	257	34736	837	1908	165608	6297
镍钴矿采选		46			-54	40
锡矿采选		1260	9	158	318	565
锑矿采选		78		·	273	85
铝矿采选						
镁矿采选		73	2	29	-46	43
其他常用有色金属矿采选		4152	334	469	38988	2211

1-1　续表 2-2

单位：万元

项　　目	其他业务利润	营业费用、管理费用、财务费用合计	税金	利息支出	营业利润	全部从业人数（人）
贵金属矿采选	10	8986	91	270	5355	1453
金矿采选	10	8322	63	270	5860	1200
银矿采选		663	28		-564	242
其他贵金属矿采选		1			59	11
稀有稀土金属矿采选	666	10720	433	526	16798	5068
钨钼矿采选	380	3642	332	81	1109	2246
稀土金属矿采选		1216	21	138	12411	396
放射性金属矿采选	296	3907	20	156	2053	1468
其他稀有金属矿采选	-10	1955	60	151	1225	958
非金属矿采选业	-1694	195432	5905	5794	219637	61197
土砂石开采	836	148299	4585	5033	172683	48893
石灰石、石膏开采	124	22466	370	1023	21288	7442
建筑装饰用石开采	186	24869	1049	1409	28984	13979
耐火土石开采	5	1685	37	143	1516	634
粘土及其他土砂石开采	522	99278	3130	2458	120895	26838
化学矿采选	-3175	28494	360	37	37601	4658
化学矿采选	-3175	28494	360	37	37601	4658
采盐	505	6707	93	332	158	4169
采盐	505	6707	93	332	158	4169
石棉及其他非金属矿采选	140	11933	868	393	9196	3477
石棉、云母矿采选		12		8	57	35
石墨、滑石采选		114	14	7	218	118
宝石、玉石开采						
其他非金属矿采选	140	11806	854	378	8921	3324
其他采矿业	5	581	47	2	985	589
其他采矿业	5	581	47	2	985	589
其他采矿业	5	581	47	2	985	589
制造业	1869381	51760225	995415	2852183	32514077	18422357
农副食品加工业	31023	728251	22384	96768	1017405	207266
谷物磨制	1886	46138	1258	3513	31848	8018
谷物磨制	1886	46138	1258	3513	31848	8018
饲料加工	2842	191568	4676	16871	260466	34660
饲料加工	2842	191568	4676	16871	260466	34660
植物油加工	6081	107073	4045	20290	323253	10925
食用植物油加工	6081	105895	4029	20240	321529	10511
非食用植物油加工		1178	16	50	1724	414
制糖	5023	79364	1447	22673	55214	21572
制糖	5023	79364	1447	22673	55214	21572
屠宰及肉类加工	4703	73204	1541	4300	88214	28398
畜禽屠宰	3671	39955	1057	2050	66654	14308
肉制品及副产品加工	1032	33249	485	2250	21560	14090
水产品加工	8124	126315	3995	17661	165296	66330
水产品冷冻加工	6344	78364	2173	14936	113847	48336
鱼糜制品及水产品干腌制加工	920	17271	802	1038	22726	9627
水产饲料制造	621	26750	900	2983	24726	4599
鱼油提取及制品的制造						
其他水产品加工	238	3930	120	-1296	3997	3768

1-1 续表 2-3 单位：万元

项目	其他业务利润	营业费用、管理费用、财务费用合计	税金	利息支出	营业利润	全部从业人数（人）
蔬菜、水果和坚果加工	693	54939	1242	2746	72033	21891
蔬菜、水果和坚果加工	693	54939	1242	2746	72033	21891
其他农副食品加工	1671	49649	4180	8715	21082	15472
淀粉及淀粉制品的制造	1107	16054	540	2003	11750	3929
豆制品制造	465	21562	939	5195	-931	7236
蛋品加工	7	2307	22	51	3149	1063
其他未列明的农副食品加工	93	9726	2679	1466	7113	3244
食品制造业	17785	1454506	18136	27387	846032	216311
焙烤食品制造	2517	100825	2522	2239	53167	41173
糕点、面包制造	1314	36853	898	83	9946	14999
饼干及其他焙烤食品制造	1202	63971	1624	2156	43222	26174
糖果、巧克力及蜜饯制造	2747	332969	3573	4875	229117	55391
糖果、巧克力制造	2375	305505	2063	3473	203329	37445
蜜饯制作	372	27463	1510	1402	25788	17946
方便食品制造	1961	186007	1596	5218	54883	35230
米、面制品制造	216	20982	772	1222	11441	10242
速冻食品制造	447	33121	440	1180	5950	12474
方便面及其他方便食品制造	1298	131904	384	2817	37492	12514
液体乳及乳制品制造	1765	243310	830	2047	107028	11458
液体乳及乳制品制造	1765	243310	830	2047	107028	11458
罐头制造	806	24240	545	852	18285	12513
肉、禽类罐头制造	104	4046	58	206	74	1600
水产品罐头制造	646	8801	208	-102	720	2989
蔬菜、水果罐头制造	35	8770	220	732	11136	6239
其他罐头食品制造	21	2624	60	16	6356	1685
调味品、发酵制品制造	3690	152651	4862	6548	101151	26743
味精制造	493	12846	223	1403	6430	2214
酱油、食醋及类似制品的制造	2562	100803	4090	4498	73826	16726
其他调味品、发酵制品制造	635	39001	549	647	20895	7803
其他食品制造	4300	414504	4208	5608	282401	33803
营养、保健食品制造	1616	332511	2822	2224	249482	16044
冷冻饮品及食用冰制造	308	18050	386	1168	-3852	4841
盐加工	218	636	32	9	-73	217
食品及饲料添加剂制造	1692	45105	686	1522	25216	7087
其他未列明的食品制造	466	18203	282	685	11628	5614
饮料制造业	17777	1030067	10184	37343	328266	91317
酒精制造	13	4465	201	829	3108	996
酒精制造	13	4465	201	829	3108	996
酒的制造	7508	186601	3751	12307	49712	23805
白酒制造	419	17192	649	983	21226	7453
啤酒制造	6344	161198	2874	10614	22860	12783
黄酒制造	147	1070	103	3	469	614
葡萄酒制造	1	555	6	16	327	544
其他酒制造	597	6586	119	691	4831	2411
软饮料制造	10185	830120	5776	23116	268662	61779
碳酸饮料制造	5925	328331	1739	13398	90592	15090
瓶(罐)装饮用水制造	1490	99812	1737	1052	39718	20959
果菜汁及果菜汁饮料制造	812	75398	838	5649	13195	4395
含乳饮料和植物蛋白饮料制造	1068	83113	715	1096	23322	8650
固体饮料制造	493	86834	308	-170	44375	2883
茶饮料及其他软饮料制造	396	156633	439	2091	57461	9802

1-1　续表 2-4

单位：万元

项　目	其他业务利润	营业费用、管理费用、财务费用合计	税金	利息支出	营业利润	全部从业人数（人）
精制茶加工	70	8881	456	1091	6783	4737
精制茶加工	70	8881	456	1091	6783	4737
烟草制品业	13805	310558	4705	-3453	431279	7373
烟叶复烤	832	5319	281	-5	190	512
烟叶复烤	832	5319	281	-5	190	512
卷烟制造	11764	301000	4372	-4221	426888	5910
卷烟制造	11764	301000	4372	-4221	426888	5910
其他烟草制品加工	1209	4239	51	774	4201	951
其他烟草制品加工	1209	4239	51	774	4201	951
纺织业	17435	1329343	43741	79856	777229	902234
棉、化纤纺织及印染精加工	6443	448135	18202	35116	286356	261080
棉、化纤纺织加工	671	261934	10910	20400	142000	136849
棉、化纤印染精加工	5772	186201	7293	14716	144356	124231
毛纺织和染整精加工	1402	71645	2494	9924	43862	68292
毛条加工	165	4181	234	698	5253	4156
毛纺织	954	41666	1070	7534	14044	38084
毛染整精加工	284	25798	1190	1693	24565	26052
麻纺织		803	25	37	1107	610
麻纺织		803	25	37	1107	610
丝绢纺织及精加工	994	14181	575	1611	4072	11395
缫丝加工	243	3728	214	1189	552	3332
绢纺和丝织加工	378	3170	77	134	1068	1580
丝印染精加工	373	7283	284	288	2453	6483
纺织制成品制造	6174	227541	6151	9200	115940	119711
棉及化纤制品制造	2262	78194	1582	2071	54007	39811
毛制品制造	115	5063	152	272	1551	4581
麻制品制造	2	3792	39	61	1002	2564
丝制品制造	134	3395	76	143	1934	2799
绳、索、缆的制造	323	13143	462	741	5116	9210
纺织带和帘子布制造	1274	31659	1027	1462	14121	19546
无纺布制造	1349	34982	1231	1763	16197	13564
其他纺织制成品制造	715	57313	1583	2686	22012	27636
针织品、编织品及其制品制造	2422	567039	16294	23968	325892	441146
棉、化纤针织品及编织品制造	2612	255644	7386	13220	115869	162473
毛针织品及编织品制造	1552	184997	5303	6343	98821	200346
丝针织品及编织品制造	359	53702	1615	3447	41284	32405
其他针织品及编织品制造	-2101	72696	1990	960	69918	45922
纺织服装、鞋、帽制造业	20934	1827323	42143	49197	835305	1460958
纺织服装制造	20236	1749070	40354	48527	811466	1368506
纺织服装制造	20236	1749070	40354	48527	811466	1368506
纺织面料鞋的制造	520	48974	1202	575	14297	61791
纺织面料鞋的制造	520	48974	1202	575	14297	61791
制帽	178	29280	586	95	9543	30661
制帽	178	29280	586	95	9543	30661
皮革、毛皮、羽毛(绒)及其制品业	16760	1057903	30482	20011	515462	1180340
皮革鞣制加工	2439	67685	2517	1921	47917	77083
皮革鞣制加工	2439	67685	2517	1921	47917	77083

1-1 续表 2-5

单位：万元

项　　目	其他业务利　润	营业费用、管理费用、财务费用合计	税金	利息支出	营业利润	全部从业人　数（人）
皮革制品制造	13788	964306	27032	16675	441831	1086399
皮鞋制造	8933	571879	14798	9545	248317	696411
皮革服装制造	77	22740	930	416	13862	13005
皮箱、包(袋)制造	3022	291478	8009	5656	122067	283787
皮手套及皮装饰制品制造	716	20565	747	382	40009	39457
其他皮革制品制造	1040	57644	2548	676	17576	53739
毛皮鞣制及制品加工	171	9240	353	371	184	7358
毛皮鞣制加工	63	1643	54	11	403	1269
毛皮服装加工	42	5025	167	330	-711	3951
其他毛皮制品加工	66	2572	133	31	492	2138
羽毛(绒)加工及制品制造	362	16672	580	1044	25531	9500
羽毛(绒)加工	65	8485	99	522	20160	3662
羽毛(绒)制品加工	298	8187	480	522	5371	5838
木材加工及木、竹、藤、棕、草制品业	4448	298024	9623	20971	334888	161332
锯材、木片加工	685	37907	2035	2278	60561	25907
锯材加工	358	15410	1259	679	22085	10816
木片加工	326	22497	776	1599	38476	15091
人造板制造	1981	165528	4352	14058	195404	65008
胶合板制造	657	34084	1083	2949	31408	20589
纤维板制造	-194	37353	974	3389	25515	13990
刨花板制造	892	15111	457	1026	10621	4646
其他人造板、材制造	627	78979	1838	6694	127860	25783
木制品制造	1387	74641	2740	3905	47681	51398
建筑用木料及木材组件加工	294	27606	801	1598	24214	16852
木容器制造	74	12177	328	1566	6479	7744
软木制品及其他木制品制造	1019	34858	1612	741	16987	26802
竹、藤、棕、草制品制造	396	19948	497	729	31243	19019
竹、藤、棕、草制品制造	396	19948	497	729	31243	19019
家具制造业	18545	809576	19378	28354	386180	480086
木质家具制造	9271	454752	10954	17342	199439	292291
木质家具制造	9271	454752	10954	17342	199439	292291
竹、藤家具制造	170	15938	628	1684	8091	9988
竹、藤家具制造	170	15938	628	1684	8091	9988
金属家具制造	3917	154991	3563	4674	86186	84941
金属家具制造	3917	154991	3563	4674	86186	84941
塑料家具制造	48	19455	1200	1066	7480	10377
塑料家具制造	48	19455	1200	1066	7480	10377
其他家具制造	5139	164441	3033	3588	84984	82489
其他家具制造	5139	164441	3033	3588	84984	82489
造纸及纸制品业	51276	976096	33775	142617	533563	426510
纸浆制造	1568	54087	2269	19245	27362	15246
纸浆制造	1568	54087	2269	19245	27362	15246
造纸	20312	334364	12278	92645	154093	109638
机制纸及纸板制造	14832	247053	8214	85899	93698	68553
手工纸制造	67	922	48	43	1166	923
加工纸制造	5413	86390	4016	6703	59229	40162
纸制品制造	29397	587645	19228	30727	352109	301626
纸和纸板容器的制造	17017	356098	12435	16655	227891	187062
其他纸制品制造	12379	231547	6793	14072	124218	114564

1-1　续表 2-6

单位：万元

项　　目	其他业务利　润	营业费用、管理费用、财务费用合计	税金	利息支出	营业利润	全部从业人　数（人）
印刷业和记录媒介的复制	42237	717767	22149	38835	475477	396833
印刷	40632	661285	20402	34866	434530	368766
书、报、刊印刷	16334	128188	2733	5307	64203	76123
本册印制	1892	35686	1030	2502	17115	22755
包装装潢及其他印刷	22406	497410	16639	27057	353212	269888
装订及其他印刷服务活动	629	36027	1279	720	46946	22639
装订及其他印刷服务活动	629	36027	1279	720	46946	22639
记录媒介的复制	976	20455	468	3249	-5999	5428
记录媒介的复制	976	20455	468	3249	-5999	5428
文教体育用品制造业	18987	759783	22128	19141	235413	793895
文化用品制造	3286	97591	2354	2521	37789	62224
文具制造	2820	76953	1782	1906	32849	49009
笔的制造	9	9116	239	542	483	5724
教学用模型及教具制造	31	2925	71	8	506	1788
墨水、墨汁制造	190	2968	96	1	1730	605
其他文化用品制造	235	5628	167	64	2221	5098
体育用品制造	5056	149791	3482	4099	26322	146850
球类制造	223	16546	403	219	2022	16622
体育器材及配件制造	945	53597	1348	2641	11616	55219
训练健身器材制造	3040	19457	283	561	7481	10504
运动防护用具制造	272	23168	338	257	-4452	30579
其他体育用品制造	576	37024	1112	420	9655	33926
乐器制造	834	42763	1567	1387	20715	26318
中乐器制造		1334	37	52	1263	403
西乐器制造	982	28048	985	1069	12539	13738
电子乐器制造	11	5788	47	135	4166	7070
其他乐器及零件制造	-159	7594	497	132	2746	5107
玩具制造	9361	443965	14263	10311	145511	543354
玩具制造	9361	443965	14263	10311	145511	543354
游艺器材及娱乐用品制造	450	25673	462	824	5076	15149
露天游乐场所游乐设备制造	248	7288	111	578	2518	2757
游艺用品及室内游艺器材制造	202	18385	351	246	2558	12392
石油加工、炼焦及核燃料加工业	15599	432928	8081	111309	354451	30945
精炼石油产品的制造	15278	428108	7997	110940	341542	30263
原油加工及石油制品制造	14982	427285	7996	110932	340970	30011
人造原油生产	296	823	2	8	572	252
炼焦	321	4677	72	368	12568	642
炼焦	321	4677	72	368	12568	642
核燃料加工		143	13	1	341	40
核燃料加工		143	13	1	341	40
化学原料及化学制品制造业	85214	4694633	57371	186718	3255006	404923
基础化学原料制造	15959	300414	6436	121391	541008	30578
无机酸制造	2179	19676	520	1028	15592	3375
无机碱制造	644	26617	1307	2544	18964	4337
无机盐制造	518	37755	702	5197	55736	6250
有机化学原料制造	10859	151948	2800	107656	408519	8366
其他基础化学原料制造	1759	64419	1106	4968	42197	8250
肥料制造	1532	53539	886	4027	56183	14601
氮肥制造	810	4149	57	301	578	1688

1-1 续表 2-7 单位：万元

项目	其他业务利润	营业费用、管理费用、财务费用合计	税金	利息支出	营业利润	全部从业人数（人）
磷肥制造	5	5865	274	598	14412	1936
钾肥制造	458	7203	240	450	11080	2129
复混肥料制造	270	28121	267	2527	25295	6958
有机肥料及微生物肥料制造	-36	6387	17	151	4280	1473
其他肥料制造	26	1815	32	0	538	417
农药制造	3892	39355	493	3020	14051	5494
化学农药制造	3815	33377	425	2879	9445	3924
生物化学农药及微生物农药制造	76	5978	69	141	4606	1570
涂料、油墨、颜料及类似产品制造	9739	722603	13009	18967	408293	112907
涂料制造	6070	533169	8566	12732	305831	72295
油墨及类似产品制造	1993	86912	2370	2988	45960	18185
颜料制造	190	45535	797	1623	27705	11114
染料制造	293	17888	611	117	8434	3238
密封用填料及类似品制造	1193	39099	666	1507	20364	8075
合成材料制造	5813	332358	7047	31716	390608	41151
初级形态的塑料及合成树脂制造	1660	244898	4723	21826	295270	26647
合成橡胶制造	773	36000	911	2636	22008	7177
合成纤维单(聚合)体的制造	2508	30144	930	6493	50744	2262
其他合成材料制造	871	21315	482	762	22586	5065
专用化学产品制造	11004	513787	13074	27569	460571	84599
化学试剂和助剂制造	4025	137627	4410	8239	114066	19996
专项化学用品制造	3562	125586	2688	7723	114686	16685
林产化学产品制造	333	27960	1648	2712	54973	5572
炸药及火工产品制造	855	11917	72	656	3203	3402
信息化学品制造	3847	60032	1694	2522	81363	15522
环境污染处理专用药剂材料制造	861	7949	644	732	5099	2066
动物胶制造	5	693	4		558	391
其他专用化学产品制造	-2483	142023	1914	4986	86624	20965
日用化学产品制造	37276	2732576	16426	-19973	1384292	115593
肥皂及合成洗涤剂制造	21745	2054199	9196	-28801	1085265	34859
化妆品制造	13477	391386	4071	4021	136814	48529
口腔清洁用品制造	470	168308	997	1512	69845	6600
香料、香精制造	1270	77884	1221	1403	70219	10735
其他日用化学产品制造	315	40800	941	1893	22149	14870
医药制造业	24045	1044504	15021	52609	538036	100466
化学药品原药制造	5736	62751	1128	6240	56846	8441
化学药品原药制造	5736	62751	1128	6240	56846	8441
化学药品制剂制造	9837	426907	5363	25160	209210	33638
化学药品制剂制造	9837	426907	5363	25160	209210	33638
中药饮片加工	240	42959	595	3133	22383	8122
中药饮片加工	240	42959	595	3133	22383	8122
中成药制造	5677	300848	6407	6609	127824	27025
中成药制造	5677	300848	6407	6609	127824	27025
兽用药品制造	183	21131	300	1539	23679	4373
兽用药品制造	183	21131	300	1539	23679	4373
生物、生化制品的制造	1800	132290	832	7853	62753	7857
生物、生化制品的制造	1800	132290	832	7853	62753	7857
卫生材料及医药用品制造	571	57619	397	2075	35340	11010
卫生材料及医药用品制造	571	57619	397	2075	35340	11010

1-1　续表 2-8　　　　单位：万元

项　　目	其他业务利　润	营业费用、管理费用、财务费用合计	税金	利息支出	营业利润	全部从业人　数（人）
化学纤维制造业	4033	96996	3374	21378	10574	23870
纤维素纤维原料及纤维制造	64	9047	429	-88	27063	3991
化纤浆粕制造	13	1742	73	2	2692	901
人造纤维(纤维素纤维)制造	52	7305	356	-90	24371	3090
合成纤维制造	3969	87950	2946	21466	-16488	19879
锦纶纤维制造	350	16328	737	7077	-15162	4777
涤纶纤维制造	1447	36743	1335	7970	-11651	8176
腈纶纤维制造		29			24	30
维纶纤维制造		2510	1	914	1236	250
其他合成纤维制造	2172	32339	873	5505	9065	6646
橡胶制品业	11862	359966	9583	29031	110470	209813
轮胎制造	3811	78419	1890	18387	-19624	17925
车辆、飞机及工程机械轮胎制造	2072	64294	1199	17274	-17287	13968
力车胎制造	1724	13255	671	1097	-2975	3178
轮胎翻新加工	14	871	20	16	638	779
橡胶板、管、带的制造	2148	39890	906	1424	17076	12949
橡胶板、管、带的制造	2148	39890	906	1424	17076	12949
橡胶零件制造	915	56442	1404	2198	23100	35231
橡胶零件制造	915	56442	1404	2198	23100	35231
再生橡胶制造	19	3661	104	195	4539	2681
再生橡胶制造	19	3661	104	195	4539	2681
日用及医用橡胶制品制造	533	18105	592	900	13159	11023
日用及医用橡胶制品制造	533	18105	592	900	13159	11023
橡胶靴鞋制造	1060	59697	1895	-7	16655	73844
橡胶靴鞋制造	1060	59697	1895	-7	16655	73844
其他橡胶制品制造	3378	103752	2792	5934	55565	56160
其他橡胶制品制造	3378	103752	2792	5934	55565	56160
塑料制品业	71620	2136846	64040	138314	1291330	1247283
塑料薄膜制造	11062	247649	7486	30974	131285	99320
塑料薄膜制造	11062	247649	7486	30974	131285	99320
塑料板、管、型材的制造	11259	297702	6346	23814	330815	116482
塑料板、管、型材的制造	11259	297702	6346	23814	330815	116482
塑料丝、绳及编织品的制造	1061	46308	1930	3550	44845	27304
塑料丝、绳及编织品的制造	1061	46308	1930	3550	44845	27304
泡沫塑料制造	1460	93332	3360	3798	24952	40891
泡沫塑料制造	1460	93332	3360	3798	24952	40891
塑料人造革、合成革制造	-52	48032	1446	5843	37810	29106
塑料人造革、合成革制造	-52	48032	1446	5843	37810	29106
塑料包装箱及容器制造	15289	205579	7126	21780	101640	91610
塑料包装箱及容器制造	15289	205579	7126	21780	101640	91610
塑料零件制造	9014	298003	9086	10372	135227	199556
塑料零件制造	9014	298003	9086	10372	135227	199556
日用塑料制造	5518	341763	9419	10188	188038	278153
塑料鞋制造	806	100284	3039	3071	66188	135961
日用塑料杂品制造	4713	241478	6380	7116	121851	142192
其他塑料制品制造	17008	558479	17842	27995	296720	364861
其他塑料制品制造	17008	558479	17842	27995	296720	364861
非金属矿物制品业	44198	1804828	59274	153870	1492547	734584
水泥、石灰和石膏的制造	2788	246221	9771	50564	254165	83670
水泥制造	2695	237994	9489	50339	243835	79493
石灰和石膏制造	93	8227	282	224	10329	4177

1-1 续表 2-9 单位：万元

项　　目	其他业务利润	营业费用、管理费用、财务费用合计	税金	利息支出	营业利润	全部从业人数（人）
水泥及石膏制品制造	4575	216763	5075	16068	123916	57633
水泥制品制造	2266	158503	3635	12874	99011	40773
砼结构构件制造	717	13891	577	1675	10387	5907
石棉水泥制品制造	1	369	24	36	1936	321
轻质建筑材料制造	624	29135	509	1237	3310	5783
其他水泥制品制造	968	14865	331	248	9272	4849
砖瓦、石材及其他建筑材料制造	14101	685413	23247	41240	515908	247644
粘土砖瓦及建筑砌块制造	410	40706	2419	2246	56966	44762
建筑陶瓷制品制造	11715	530251	16742	29230	406756	160423
建筑用石加工	906	72668	2916	8089	41889	29492
防水建筑材料制造	167	8171	171	749	1296	2035
隔热和隔音材料制造	134	11914	306	96	7315	3951
其他建筑材料制造	770	21702	693	831	1687	6981
玻璃及玻璃制品制造	14102	311282	8975	30153	295124	129046
平板玻璃制造	1179	48920	2069	17686	15353	12686
技术玻璃制品制造	8293	69981	1183	2938	116070	25300
光学玻璃制造	51	12748	848	42	3477	15637
玻璃仪器制造	51	840	17	31	630	439
日用玻璃制品及玻璃包装容器制造	1197	85979	2636	4091	39668	38015
玻璃保温容器制造	20	2907	61	5	935	1864
玻璃纤维及制品制造	-348	24411	483	1338	60430	6031
玻璃纤维增强塑料制品制造	637	24618	604	438	7690	12029
其他玻璃制品制造	3022	40879	1073	3585	50870	17045
陶瓷制品制造	2433	274380	9596	12889	229786	185429
卫生陶瓷制品制造	857	99199	2868	3214	99920	44295
特种陶瓷制品制造	272	38847	393	426	13895	8110
日用陶瓷制品制造	452	107856	5102	7514	95183	100902
园林、陈设艺术及其他陶瓷制品制造	852	28479	1233	1735	20787	32122
耐火材料制品制造	307	11761	302	441	12177	6930
石棉制品制造	26	366	13	9	711	347
云母制品制造	11	2015	48	-14	746	1283
耐火陶瓷制品及其他耐火材料制造	270	9381	241	446	10719	5300
石墨及其他非金属矿物制品制造	5893	59007	2309	2515	61472	24232
石墨及碳素制品制造	48	9084	115	588	8339	2885
其他非金属矿物制品制造	5845	49924	2194	1927	53133	21347
黑色金属冶炼及压延加工业	23162	615503	21538	244740	369376	94687
炼铁	65	5832	275	949	6387	2343
炼铁	65	5832	275	949	6387	2343
炼钢	7301	110407	4739	36211	38373	15276
炼钢	7301	110407	4739	36211	38373	15276
钢压延加工	15518	483767	16051	200157	326232	75207
钢压延加工	15518	483767	16051	200157	326232	75207
铁合金冶炼	279	15498	473	7423	-1616	1861
铁合金冶炼	279	15498	473	7423	-1616	1861
有色金属冶炼及压延加工业	22615	739147	20310	102680	1338460	182252
常用有色金属冶炼	4608	63506	3427	9168	114934	19704
铜冶炼	120	18123	326	3385	123149	4928

1-1 续表 2-10　　单位：万元

项　目	其他业务利　润	营业费用、管理费用、财务费用合计	税金	利息支出	营业利润	全部从业人　数（人）
铅锌冶炼	4148	23883	1698	4509	-21015	6161
镍钴冶炼	31	1165	20	32	112	714
锡冶炼	4	3866	99	744	2235	1212
锑冶炼	29	778	31	6	135	670
铝冶炼	136	7217	1161	381	5606	3203
镁冶炼		2809	64		1231	1500
其他常用有色金属冶炼	139	5666	29	111	3481	1316
贵金属冶炼	103	5765	661	1407	7344	1591
金冶炼	19	2530	304	822	5331	697
银冶炼	84	1665	324	544	1001	621
其他贵金属冶炼		1570	34	41	1012	273
稀有稀土金属冶炼	201	14502	640	3314	28818	4009
钨钼冶炼	0	3176	73	561	2899	545
稀土金属冶炼	37	4845	354	1967	7430	1717
其他稀有金属冶炼	163	6481	212	787	18489	1747
有色金属合金制造	1304	30434	659	3409	31875	9802
有色金属合金制造	1304	30434	659	3409	31875	9802
有色金属压延加工	16400	624939	14923	85381	1155490	147146
常用有色金属压延加工	7867	618374	14671	85261	1139257	143792
贵金属压延加工	8504	4909	72	43	12576	2667
稀有稀土金属压延加工	29	1656	179	76	3657	687
金属制品业	119485	2512805	74265	161000	1798470	1258002
结构性金属制品制造	33553	505794	12466	32707	333585	227923
金属结构制造	32169	426398	10731	30244	294471	194052
金属门窗制造	1384	79397	1735	2463	39114	33871
金属工具制造	10144	227687	6373	17838	240673	137276
切削工具制造	678	34516	655	2815	30714	13276
手工具制造	757	11640	250	276	6805	9430
农用及园林用金属工具制造	43	6529	86	728	6383	3763
刀剪及类似日用金属工具制造	6331	73819	2343	5023	127389	59364
其他金属工具制造	2335	101183	3039	8996	69383	51443
集装箱及金属包装容器制造	12121	206064	6194	22654	163088	65223
集装箱制造	8726	108863	3892	14721	60308	21124
金属压力容器制造	801	10213	177	651	17108	5585
金属包装容器制造	2594	86988	2125	7282	85673	38514
金属丝绳及其制品的制造	1065	54688	1982	3566	45950	22431
金属丝绳及其制品的制造	1065	54688	1982	3566	45950	22431
建筑、安全用金属制品制造	8642	374903	9888	14703	184302	186788
建筑、家具用金属配件制造	4352	234764	5373	9727	120780	137784
建筑装饰及水暖管道零件制造	4142	111536	3578	3261	56413	41184
安全、消防用金属制品制造	-270	10465	324	375	2772	3729
其他建筑、安全用金属制品制造	418	18138	614	1340	4337	4091
金属表面处理及热处理加工	6415	180997	6875	16326	135830	101431
金属表面处理及热处理加工	6415	180997	6875	16326	135830	101431
搪瓷制品制造	1374	35023	714	2750	33894	12806
工业生产配套用搪瓷制品制造	5	2893	5	37	5956	664
搪瓷卫生洁具制造	1047	22429	175	1968	15210	5452
搪瓷日用品及其他搪瓷制品制造	323	9701	534	745	12729	6690

1-1 续表 2-11

单位：万元

项目	其他业务利润	营业费用、管理费用、财务费用合计	税金	利息支出	营业利润	全部从业人数（人）
不锈钢及类似日用金属制品制造	25136	636686	20581	40180	441370	332240
金属制厨房调理及卫生器具制造	5590	131703	4451	7836	79028	44237
金属制厨用器皿及餐具制造	10442	241416	7342	21003	184501	131745
其他日用金属制品制造	9104	263567	8788	11341	177841	156258
其他金属制品制造	21036	290964	9192	10277	219778	171884
铸币及贵金属制实验室用品制造	225	2523	58	1	3975	611
其他未列明的金属制品制造	20812	288442	9134	10275	215803	171273
通用设备制造业	83295	1452610	30823	77842	981182	474439
锅炉及原动机制造	2686	43677	1105	3202	20719	9807
锅炉及辅助设备制造	1382	20241	516	2469	10358	4593
内燃机及配件制造	1104	14581	443	426	7922	3045
汽轮机及辅机制造		4981	8	-30	2355	242
水轮机及辅机制造	107	1061	44	132	251	672
其他原动机制造	93	2812	94	205	-167	1255
金属加工机械制造	6459	168824	3911	6092	75389	68084
金属切削机床制造	861	27286	402	1284	5171	9267
金属成形机床制造	883	21698	934	1754	9983	9054
铸造机械制造	749	24080	382	1114	10258	7520
金属切割及焊接设备制造	1235	24107	429	239	15120	8358
机床附件制造	455	9900	232	383	747	3713
其他金属加工机械制造	2276	61753	1533	1318	34109	30172
起重运输设备制造	9295	204564	2914	2439	83630	26691
起重运输设备制造	9295	204564	2914	2439	83630	26691
泵、阀门、压缩机及类似机械的制造	21642	227325	3720	15912	122470	62265
泵及真空设备制造	2386	58103	755	1842	42004	14943
气体压缩机械制造	12610	80872	1603	10348	16000	17667
阀门和旋塞的制造	493	36484	871	2310	30772	15854
液压和气压动力机械及元件制造	6153	51867	492	1412	33694	13801
轴承、齿轮、传动和驱动部件的制造	5405	97782	2021	2403	85503	32176
轴承制造	3964	77408	1545	982	82436	23078
齿轮、传动和驱动部件制造	1441	20375	476	1422	3066	9098
烘炉、熔炉及电炉制造	254	8574	267	107	4280	4376
烘炉、熔炉及电炉制造	254	8574	267	107	4280	4376
风机、衡器、包装设备等通用设备制造	21057	354911	7459	25144	301657	114133
风机、风扇制造	794	59581	1040	6491	29688	31082
气体、液体分离及纯净设备制造	449	14399	801	252	3558	4945
制冷、空调设备制造	15031	156042	3152	10531	212859	36043
风动和电动工具制造	188	27794	290	223	14123	7516
喷枪及类似器具制造	368	5290	156	48	49	1685
包装专用设备制造	850	42872	1083	3108	17324	10136
衡器制造	862	12681	107	203	5191	7839
其他通用设备制造	2514	36252	831	4290	18865	14887
通用零部件制造及机械修理	13620	214117	6307	7874	118219	103231
金属密封件制造	288	13487	114	1147	1260	3756
紧固件、弹簧制造	6966	103381	3229	4560	45850	44939
机械零部件加工及设备修理	2990	52038	1711	937	53530	27633
其他通用零部件制造	3376	45210	1254	1231	17580	26903
金属铸、锻加工	2878	132836	3118	14669	169316	53676
钢铁铸件制造	4580	95860	2306	11431	141234	39986
锻件及粉末冶金制品制造	-1702	36976	812	3238	28082	13690

1-1　续表 2-12　　　　单位：万元

项　目	其他业务利　润	营业费用、管理费用、财务费用合计	税金	利息支出	营业利润	全部从业人　数（人）
专用设备制造业	74926	1404004	34688	49321	857474	557503
矿山、冶金、建筑专用设备制造	10248	66157	1416	4676	61776	18101
采矿、采石设备制造	483	8116	155	183	6999	2844
石油钻采专用设备制造	4199	11958	194	558	7476	3278
建筑工程用机械制造	5353	30859	732	2780	44337	5952
建筑材料生产专用机械制造	195	13353	291	1070	2660	5218
冶金专用设备制造	19	1873	44	85	304	809
化工、木材、非金属加工专用设备制造	28557	523169	14773	21833	350141	269761
炼油、化工生产专用设备制造	1909	15815	180	331	18250	3872
橡胶加工专用设备制造	367	10398	397	200	4311	4011
塑料加工专用设备制造	4980	89284	2013	4954	35743	22642
木材加工机械制造	240	15806	279	1206	5837	5616
模具制造	20853	381199	11526	14798	273317	228081
其他非金属加工专用设备制造	208	10667	378	342	12683	5539
食品、饮料、烟草及饲料生产专用设备制造	1738	32723	1413	1141	26613	12640
食品、饮料、烟草工业专用设备制造	1614	25493	1155	884	23663	10032
农副食品加工专用设备制造	82	4305	188	169	1417	1682
饲料生产专用设备制造	42	2925	71	88	1532	926
印刷、制药、日化生产专用设备制造	1771	89072	2413	2650	33184	35742
制浆和造纸专用设备制造	199	6984	100	147	2899	2547
印刷专用设备制造	784	31024	632	580	5875	10387
日用化工专用设备制造	63	4091	405	51	2948	1928
制药专用设备制造	10	1581	28	155	-12	467
照明器具生产专用设备制造	412	13531	374	266	3069	10249
玻璃、陶瓷和搪瓷制品生产专用设备制造	122	26825	715	1286	14539	7499
其他日用品生产专用设备制造	182	5037	160	164	3867	2665
纺织、服装和皮革工业专用设备制造	3354	57736	1254	870	31219	22780
纺织专用设备制造	2340	28378	628	260	18341	8871
皮革、毛皮及其制品加工专用设备制造	260	3346	51	-14	3443	2345
缝纫机械制造	634	19006	465	343	7435	8498
其他服装加工专用设备制造	120	7006	110	281	2000	3066
电子和电工机械专用设备制造	9075	216238	4757	9002	67552	100375
电工机械专用设备制造	797	46029	1243	2388	25541	17189
电子工业专用设备制造	8258	165044	3335	6587	41677	80658
武器弹药制造		67	2		-230	26
航空、航天及其他专用设备制造	20	5097	178	27	564	2502
农、林、牧、渔专用机械制造	1430	20676	456	1147	9748	9864
拖拉机制造	82	2011	74	73	400	1021
机械化农业及园艺机具制造	947	10966	129	1018	6326	5233
营林及木竹采伐机械制造		690			302	61
畜牧机械制造		187	9		224	92
渔业机械制造	19	3885	28	11	1437	1655
农林牧渔机械配件制造	26	982	70	14	688	796
其他农林牧渔业机械制造及机械修理	357	1955	147	30	371	1006
医疗仪器设备及器械制造	5943	238805	3081	4048	166921	51366
医疗诊断、监护及治疗设备制造	1612	136234	1759	1380	109154	14388
口腔科用设备及器具制造	96	4641	72	14	2509	3617
实验室及医用消毒设备和器具的制造		4319	59	197	3553	626
医疗、外科及兽医用器械制造	235	40005	267	1041	14681	8812

1-1 续表 2-13 单位：万元

项　目	其他业务利　润	营业费用、管理费用、财务费用合计	税金	利息支出	营业利润	全部从业人数（人）
机械治疗及病房护理设备制造	549	12110	160	334	10464	4679
假肢、人工器官及植(介)入器械制造	308	11675	209	187	5278	7200
其他医疗设备及器械制造	3143	29821	555	895	21281	12044
环保、社会公共安全及其他专用设备制造	12811	159429	5124	3956	110320	36874
环境污染防治专用设备制造	1069	30398	434	1082	22471	6824
地质勘查专用设备制造	100	250	4		4	221
邮政专用机械及器材制造		109	12	2	-84	70
商业、饮食、服务业专用设备制造	39	3274	19	98	236	1148
社会公共安全设备及器材制造	7880	62198	559	1843	55310	10478
交通安全及管制专用设备制造	57	2411	186	40	82	801
水资源专用机械制造	340	3581	91	9	1836	903
其他专用设备制造	3326	57207	3820	882	30465	16429
交通运输设备制造业	210222	2798013	72194	89849	2984580	467165
铁路运输设备制造	219	14242	129	-88	233	3532
铁路机车车辆及动车组制造	80	183	1		3	108
工矿有轨专用车辆制造		51	1		52	41
铁路机车车辆配件制造	138	1586	6		818	126
铁路专用设备及器材、配件制造	1	3537	8	-36	2713	482
其他铁路设备制造及设备修理		8885	113	-52	-3353	2775
汽车制造	118331	2050046	51095	54976	2234679	253607
汽车整车制造	35959	1140857	14412	-15035	1490667	30590
改装汽车制造	4334	56666	528	15476	-34627	19210
电车制造	121	4159	16	353	149	623
汽车车身、挂车的制造	580	13215	309	4019	5055	3139
汽车零部件及配件制造	74265	771532	33236	48815	753206	175462
汽车修理	3073	63616	2594	1349	20230	24583
摩托车制造	29881	417797	11150	26650	302252	80730
摩托车整车制造	22815	285356	7182	20163	222910	30912
摩托车零部件及配件制造	7066	132441	3968	6487	79342	49818
自行车制造	2175	110338	1496	5996	39733	61988
脚踏自行车及残疾人座车制造	2127	97345	1364	2339	31093	55886
助动自行车制造	48	12993	132	3656	8639	6102
船舶及浮动装置制造	48478	168554	7024	-804	361458	55289
金属船舶制造	22635	91019	4972	-3932	275871	22936
非金属船舶制造	440	6126	206	58	2400	2964
娱乐船和运动船的建造和修理	66	4614	254	135	1818	2587
船用配套设备制造	474	5457	128	45	1134	3152
船舶修理及拆船	24863	60755	1460	2891	80080	23433
航标器材及其他浮动装置的制造		585	4		156	217
航空航天器制造	10796	27527	1029	3104	41739	8124
飞机制造及修理	10796	27373	1027	3104	41703	8056
航天器制造		34	1		1	26
其他飞行器制造		121	1		36	42
交通器材及其他交通运输设备制造	342	9509	271	15	4486	3895
潜水及水下救捞装备制造		2053	33		985	1166
交通管理用金属标志及设施制造	131	4237	62	20	2142	1931
其他交通运输设备制造	211	3219	176	-5	1358	798
电气机械及器材制造业	246064	6690148	84307	329932	3621491	2081947
电机制造	15643	224317	4986	15349	113301	108455

1-1　续表 2-14　　　　单位：万元

项　目	其他业务利　润	营业费用、管理费用、财务费用合计	税金	利息支出	营业利润	全部从业人　数（人）
发电机及发电机组制造	2989	46402	1436	5856	16829	10665
电动机制造	5250	42895	1164	2506	29928	21127
微电机及其他电机制造	7405	135020	2386	6987	66545	76663
输配电及控制设备制造	53291	1035167	17048	46857	642331	451649
变压器、整流器和电感器制造	17774	354100	5039	15466	161243	171959
电容器及其配套设备制造	1026	50654	874	2713	6005	22384
配电开关控制设备制造	11610	281751	4665	18162	292633	82452
电力电子元器件制造	20399	277210	4619	8691	130050	144483
其他输配电及控制设备制造	2482	71453	1851	1827	52401	30371
电线、电缆、光缆及电工器材制造	18402	656689	12824	70253	660246	256264
电线电缆制造	13881	516666	10121	67361	605553	203436
光纤、光缆制造	1523	31003	504	352	14700	6034
绝缘制品制造	1670	53600	1098	1330	31090	26517
其他电工器材制造	1328	55421	1102	1211	8904	20277
电池制造	14950	458344	6535	69877	197070	198936
电池制造	14950	458344	6535	69877	197070	198936
家用电力器具制造	100420	3358383	26384	99378	1512550	657569
家用制冷电器具制造	9222	245005	770	-22569	19052	36130
家用空气调节器制造	67954	1873689	9007	62731	855426	122887
家用通风电器具制造	5452	194247	2729	8219	101858	79609
家用厨房电器具制造	6076	685561	7374	41908	330679	243316
家用清洁卫生电器具制造	3745	86429	835	2258	33729	20352
家用美容、保健电器具制造	436	83115	1580	-510	92242	31953
家用电力器具专用配件制造	3769	57580	1764	4206	37018	33385
其他家用电力器具制造	3765	132757	2326	3136	42545	89937
非电力家用器具制造	25397	192411	2666	8554	76958	39880
燃气、太阳能及类似能源的器具制造	25173	181248	2306	7397	75220	34191
其他非电力家用器具制造	224	11163	360	1157	1739	5689
照明器具制造	15738	703426	12588	18863	388892	339258
电光源制造	1733	110909	1819	3060	59743	49416
照明灯具制造	7151	422060	6925	9454	219947	203637
灯用电器附件及其他照明器具制造	6854	170458	3845	6349	109202	86205
其他电气机械及器材制造	2222	61411	1276	802	30142	29936
车辆专用照明及电气信号设备装置制造	1080	33265	729	506	16986	12382
其他未列明的电气机械制造	1142	28146	548	296	13156	17554
通信设备、计算机及其他电子设备制造业	494768	11863117	120515	479698	5402344	3220330
通信设备制造	204475	5970041	20682	175370	1886201	456793
通信传输设备制造	6462	123826	1810	5866	65716	31867
通信交换设备制造	127227	4649481	472	127489	1362688	129474
通信终端设备制造	8485	325377	4004	2925	52464	85343
移动通信及终端设备制造	58290	728665	6534	35221	368342	169329
其他通信设备制造	4012	142692	7864	3869	36991	40780
雷达及配套设备制造		1077	16	3	294	678
雷达及配套设备制造		1077	16	3	294	678
广播电视设备制造	1896	129041	2603	12358	35015	58535
广播电视节目制作及发射设备制造		3064	242	3	144	1299
广播电视接收设备及器材制造	1468	105700	2126	8557	35334	49103
应用电视设备及其他广播电视设备制造	429	20277	235	3798	-463	8133

1-1 续表 2-15 单位：万元

项目	其他业务利润	营业费用、管理费用、财务费用合计	税金	利息支出	营业利润	全部从业人数（人）
电子计算机制造	82165	1658915	26061	97881	1286237	698254
电子计算机整机制造	39145	649009	7805	39776	502856	254407
计算机网络设备制造	-366	111798	2134	779	98668	19488
电子计算机外部设备制造	43386	898108	16122	57326	684713	424359
电子器件制造	41844	899015	16466	39117	626647	366646
电子真空器件制造	404	111096	1567	11090	42217	15416
半导体分立器件制造	15089	106264	1109	4868	21595	24848
集成电路制造	18249	246596	4886	4796	196183	114679
光电子器件及其他电子器件制造	8103	435059	8904	18363	366653	211703
电子元件制造	113245	1733062	37031	85339	1017244	1055447
电子元件及组件制造	47343	1250653	26879	45895	645728	800552
印制电路板制造	65902	482409	10153	39444	371516	254895
家用视听设备制造	41632	1152427	11700	61616	415229	406139
家用影视设备制造	28797	759078	5714	45472	158487	137003
家用音响设备制造	12834	393348	5986	16144	256742	269136
其他电子设备制造	9510	319540	5954	8013	135477	177838
其他电子设备制造	9510	319540	5954	8013	135477	177838
仪器仪表及文化、办公用机械制造业	33113	874598	17463	14902	508626	446101
通用仪器仪表制造	8072	164109	2021	8161	73082	31851
工业自动控制系统装置制造	5127	51456	520	5169	29646	9790
电工仪器仪表制造	1627	55741	892	1416	27543	9839
绘图、计算及测量仪器制造	61	8974	74	54	2989	2889
实验分析仪器制造	476	18328	124	1157	2915	3204
试验机制造	269	12275	243	-175	2556	1800
供应用仪表及其他通用仪器制造	512	17336	169	540	7433	4329
专用仪器仪表制造	6306	103727	1197	4936	51010	21042
环境监测专用仪器仪表制造	-32	4559	44	456	326	1245
汽车及其他用计数仪表制造	3577	31484	249	3081	25841	4270
导航、气象及海洋专用仪器制造	17	8160	167	276	4921	2386
农林牧渔专用仪器仪表制造		1273	29	8	304	427
地质勘探和地震专用仪器制造	64	741	22		188	26
教学专用仪器制造	97	7227	37	15	1895	1339
核子及核辐射测量仪器制造		342	1	4	187	76
电子测量仪器制造	2247	34087	501	483	14866	7807
其他专用仪器制造	336	15854	150	614	2482	3466
钟表与计时仪器制造	5558	136159	6218	1194	22935	115019
钟表与计时仪器制造	5558	136159	6218	1194	22935	115019
光学仪器及眼镜制造	3417	140656	3073	2596	78879	110842
光学仪器制造	1426	83897	1912	1622	83867	42538
眼镜制造	1991	56758	1161	974	-4988	68304
文化、办公用机械制造	8681	317027	4854	-2220	279326	164042
电影机械制造	76	3211	39	241	1465	841
幻灯及投影设备制造	16	5458	53	51	-1343	2368
照相机及器材制造	4299	111159	2527	-1572	128773	84232
复印和胶印设备制造	1761	106321	1390	-1841	94208	42744
计算器及货币专用设备制造	1281	64102	440	-671	54364	23689
其他文化、办公用机械制造	1249	26776	406	1572	1859	10168

1-1　续表 2-16

单位：万元

项　目	其他业务利润	营业费用、管理费用、财务费用合计	税金	利息支出	营业利润	全部从业人数(人)
其他仪器仪表的制造及修理	1079	12921	100	237	3394	3305
其他仪器仪表的制造及修理	1079	12921	100	237	3394	3305
工艺品及其他制造业	32709	795848	19750	42767	551346	524806
工艺美术品制造	26649	603195	13362	35898	494100	401272
雕塑工艺品制造	1091	30927	1231	1199	12418	28435
金属工艺品制造	2408	49192	2194	2245	20363	41047
漆器工艺品制造	197	4721	138	404	685	3766
花画工艺品制造	337	35638	1115	816	14355	37239
天然植物纤维编织工艺品制造	132	50593	923	5257	41506	39218
抽纱刺绣工艺品制造	464	26772	1304	397	20816	21479
地毯、挂毯制造	526	18797	312	1568	2585	9101
珠宝首饰及有关物品的制造	20191	292282	3262	21759	336875	136632
其他工艺美术品制造	1304	94275	2884	2254	44498	84355
日用杂品制造	2990	106398	3684	3830	38012	77715
制镜及类似品加工	284	8465	336	551	1491	4881
鬃毛加工、制刷及清扫工具的制造	11	11931	197	404	2363	7160
其他日用杂品制造	2695	86002	3152	2875	34158	65674
煤制品制造	-919	2849	45	213	488	890
煤制品制造	-919	2849	45	213	488	890
核辐射加工						
核辐射加工						
其他未列明的制造业	3989	83406	2658	2826	18746	44929
其他未列明的制造业	3989	83406	2658	2826	18746	44929
废弃资源和废旧材料回收加工业	1441	144536	3992	9198	331817	38786
金属废料和碎屑的加工处理	1109	121064	2842	7995	307015	26323
金属废料和碎屑的加工处理	1109	121064	2842	7995	307015	26323
非金属废料和碎屑的加工处理	331	23472	1150	1202	24802	12463
非金属废料和碎屑的加工处理	331	23472	1150	1202	24802	12463
电力、燃气及水的生产和供应业	205698	2601972	48721	1379527	2482950	312750
电力、热力的生产和供应业	176629	1871463	34284	1126566	2092264	236719
电力生产	51597	1145855	30911	639400	1195670	112814
火力发电	48333	851085	19506	451504	290417	35324
水力发电	1349	261557	9209	78488	317085	75389
核力发电	-292	8232	914	100923	588459	27
其他能源发电	2208	24982	1283	8486	-292	2074
电力供应	124756	720129	3188	486927	897969	121926
电力供应	124756	720129	3188	486927	897969	121926
热力生产和供应	276	5479	185	239	-1375	1979
热力生产和供应	276	5479	185	239	-1375	1979
燃气生产和供应业	10406	168943	4363	52824	177238	11690
燃气生产和供应业	10406	168943	4363	52824	177238	11690
燃气生产和供应业	10406	168943	4363	52824	177238	11690
水的生产和供应业	18664	561565	10074	200137	213448	64341
自来水的生产和供应	16613	399967	8899	84733	102177	59424
自来水的生产和供应	16613	399967	8899	84733	102177	59424
污水处理及其再生利用	728	23392	446	7361	15666	4156
污水处理及其再生利用	728	23392	446	7361	15666	4156
其他水的处理、利用与分配	1322	138206	729	108043	95605	761
其他水的处理、利用与分配	1322	138206	729	108043	95605	761

1-2 规模以上工业

项目	企业单位数(个)	亏损企业	工业总产值(当年价格)	工业销售产值(当年价格)	出口交货值
总计	**52603**	**10856**	**654246120**	**635472287**	**238963063**
总计中：亏损企业	10856	10856	98314149	95126383	34561123
一、按登记注册类型分组					
内资企业	32345	4561	276288948	269198860	42232962
国有企业	631	192	28773112	28372874	327557
集体企业	1024	159	5659492	5490835	2019021
股份合作企业	252	40	1179583	1143097	192357
联营企业	105	16	856297	846692	139561
有限责任公司	7723	1043	82997790	80820219	16632656
股份有限公司	551	91	48152121	47739316	9644396
私营企业	21658	2974	107050765	103219617	13025182
其他企业	401	46	1619788	1566211	252232
港、澳、台商投资企业	14141	4446	186908772	180847094	93119567
外商投资企业	6117	1849	191048400	185426333	103610535
二、按经济组织类型分组					
独资企业	22506	5773	310887345	301663659	161155821
合作、合伙企业	2669	458	20565410	20173022	6716589
股份有限公司	1259	233	59908445	59330538	13898550
有限责任公司	26169	4392	262884920	254305069	57192104
三、按企业控股情况分组					
国有控股企业	1516	405	111444979	110090933	13138954
四、按轻重工分组					
轻工业	29147	5908	250358555	242536213	91534509
重工业	23456	4948	403887565	392936075	147428554
五、按企业规模分组					
大型企业	423	68	214377437	211585015	108109539
中型企业	6140	1371	224289055	214944721	86322932
小型企业	46040	9417	215579628	208942552	44530591
六、按照工业行业大中小类分组					
采矿业	438	46	11167318	10652060	930525
煤炭开采和洗选业					
烟煤和无烟煤的开采洗选					
烟煤和无烟煤的开采洗选					
褐煤的开采洗选					
褐煤的开采洗选					
其他煤炭采选					
其他煤炭采选					
石油和天然气开采业	9		7742941	7436264	910888
天然原油和天然气开采	2		7668344	7361667	910888
天然原油和天然气开采	2		7668344	7361667	910888
与石油和天然气开采有关的服务活动	7		74597	74597	
与石油和天然气开采有关的服务活动	7		74597	74597	
黑色金属矿采选业	83	14	996085	929422	6348
铁矿采选	81	14	979446	914652	6348
铁矿采选	81	14	979446	914652	6348

企业主要经济指标

单位：万元

工业增加值	资产总计	流动资产合计	#应收帐款	#存货	产成品	流动资产年平均余额	固定资产合计	固定资产原价
176129398	**457501482**	**247532876**	**74662178**	**69610723**	**22892056**	**237195865**	**160020916**	**245291724**
24085498	84724822	39924347	10705581	14522064	3976903	39898751	37164847	54260101
74217764	206556899	101066782	26657231	27512841	10594637	95882934	75273594	112669042
7818734	33706821	7160817	1035651	1908405	207287	6923359	22485649	32738712
1685677	3801533	1552821	391129	321842	122227	1527272	1604968	2592498
321117	686939	424404	119933	145479	89473	398211	206082	337841
212332	1030935	410682	99201	97883	28742	375032	126257	226328
23618641	77221237	37446964	10549684	9699449	3361322	35376755	24501063	35968786
11458078	35764154	20941606	4746444	5558519	2969957	20746680	9328787	14700621
28657369	53563792	32669703	9585623	9638433	3771269	30153358	16770189	25792615
445817	781488	459785	129566	142832	44361	382267	250600	311642
54502450	133346486	77276108	24465775	23799114	6897187	74861895	46452709	74916029
47409183	117598097	69189985	23539173	18298767	5400232	66451036	38294613	57706652
83885079	205251505	112312710	39141083	32943848	8933335	108275403	77608372	116829819
5616590	15482436	7579402	1932949	2033208	583124	7434818	5215664	9108912
14644792	46313457	26804223	5943410	7085725	3417507	26213804	12213405	19503407
71982937	190454084	100836541	27644736	27547943	9958090	95271841	64983476	99849586
33476582	118979582	41359039	7980500	9864334	3376836	41946020	54518365	83270963
72086580	159537729	96622945	26358648	30070576	10480588	92595627	48848400	78668721
104042818	297963753	150909931	48303530	39540147	12411468	144600238	111172517	166623003
52042787	148536943	79064825	25229036	19449826	6786708	77618700	46741689	71846533
63763341	165857460	88917808	26308103	26813207	8502688	85219110	60166031	92928713
60323269	143107079	79550243	23125039	23347691	7602660	74358055	53113197	80516478
8455244	6296395	1820101	243616	339943	140685	1731368	3976330	5907753
7026440	4109782	727061	42437	176123	44156	693205	3213376	4871185
6993016	3982997	694987	30979	173864	43752	663995	3118933	4733933
6993016	3982997	694987	30979	173864	43752	663995	3118933	4733933
33424	126785	32073	11458	2259	404	29210	94443	137251
33424	126785	32073	11458	2259	404	29210	94443	137251
497459	831645	509422	38061	55203	32548	475862	164468	196892
492693	821846	501793	37133	51891	30540	470594	162522	194410
492693	821846	501793	37133	51891	30540	470594	162522	194410

1-2 续表 1-1

项　　目	企业单位数(个)	亏损企业	工业总产值(当年价格)	工业销售产值(当年价格)	出口交货值
其他黑色金属矿采选	2		16639	14770	
其他黑色金属矿采选	2		16639	14770	
有色金属矿采选业	59	6	925032	886417	458
常用有色金属矿采选	36	4	638020	607811	458
铜矿采选	4		58673	50266	302
铅锌矿采选	17	2	444687	442262	
镍钴矿采选					
锡矿采选	2		4368	4368	
锑矿采选					
铝矿采选					
镁矿采选					
其他常用有色金属矿采选	13	2	130293	110915	156
贵金属矿采选	3	1	155624	155615	
金矿采选	2		153921	153912	
银矿采选	1	1	1703	1703	
其他贵金属矿采选					
稀有稀土金属矿采选	20	1	131389	122992	
钨钼矿采选	6	1	16795	12639	
稀土金属矿采选	5		47949	47477	
放射性金属矿采选	3		20827	21057	
其他稀有金属矿采选	6		45817	41819	
非金属矿采选业	287	26	1503260	1399957	12830
土砂石开采	269	20	1310951	1218691	11313
石灰石、石膏开采	43	6	139906	138399	3
建筑装饰用石开采	75	5	204194	187997	3086
耐火土石开采	2		3123	3265	
粘土及其他土砂石开采	149	9	963728	889031	8224
化学矿采选	1		133280	126924	1434
化学矿采选	1		133280	126924	1434
采盐	7	4	18051	17268	
采盐	7	4	18051	17268	
石棉及其他非金属矿采选	10	2	40977	37074	83
石棉、云母矿采选					
石墨、滑石采选					
宝石、玉石开采					
其他非金属矿采选	10	2	40977	37074	83
其他采矿业					
其他采矿业					
其他采矿业					
制造业	51348	10589	601490178	583629489	237225728
农副食品加工业	911	169	14943073	14308294	1236333
谷物磨制	55	6	641144	635844	39941
谷物磨制	55	6	641144	635844	39941
饲料加工	255	35	5093734	4867796	32645
饲料加工	255	35	5093734	4867796	32645
植物油加工	59	9	4217932	4059019	40905
食用植物油加工	58	9	4211083	4052507	40905
非食用植物油加工	1		6849	6512	

单位：万元

工业增加值	资产总计	流动资产合　计	#应收帐款	#存货	产成品	流动资产年平均余额	固定资产合　计	固定资产原　价
4766	9799	7629	928	3311	2008	5267	1946	2482
4766	9799	7629	928	3311	2008	5267	1946	2482
445636	575382	268403	90992	30736	14751	278958	226632	289042
392634	404760	201651	73974	13864	6312	204122	171749	223283
36107	62078	32313	11958	4187	549	30187	21953	21798
273658	256723	151358	57538	8199	5204	156070	92721	146698
2688	57860	930	116			930	48000	42160
80182	28099	17050	4363	1478	558	16936	9075	12628
13847	57347	24050	10145	812		22002	10976	25664
13695	33415	23482	10095	694		21510	4907	19260
152	23932	569	50	118		492	6069	6404
39156	113276	42702	6873	16060	8439	52833	43907	40095
5005	13429	8225	603	4278	3237	8623	3500	3816
14290	17496	6255	2612	1871	1543	14756	1540	1699
6207	64690	14114	910	3416	775	16794	36435	30576
13654	17661	14108	2747	6496	2884	12660	2432	4004
485709	779586	315216	72127	77881	49231	283344	371854	550634
398458	647729	247036	63792	67386	43679	228543	322015	437590
42524	90321	33815	12035	3194	1753	35553	43931	56323
62064	95262	43956	11573	15176	12236	44322	47117	61868
949	4700	2001	272	223	132	649	2137	1301
292921	457446	167264	39912	48793	29557	148019	228831	318098
71051	91682	51986	1244	7157	4263	37698	26565	76108
71051	91682	51986	1244	7157	4263	37698	26565	76108
6767	21193	8095	2598	1448	499	9957	13004	25963
6767	21193	8095	2598	1448	499	9957	13004	25963
9433	18983	8100	4493	1891	790	7146	10269	10974
9433	18983	8100	4493	1891	790	7146	10269	10974
154946857	376348944	231099748	72080550	67011703	22669434	221084751	114384445	175738967
3297995	6563900	3987673	723674	1168315	518696	3949140	1944046	2993303
144324	349637	211611	43934	88327	22551	189121	116645	209460
144324	349637	211611	43934	88327	22551	189121	116645	209460
1213745	1598187	926692	213566	259096	63415	936431	487935	788149
1213745	1598187	926692	213566	259096	63415	936431	487935	788149
738509	1164550	716933	48530	250498	101429	780873	373410	513901
737310	1161222	716003	48203	250224	101414	779940	371013	510066
1199	3328	931	326	274	15	933	2397	3835

1-2 续表 1-2

项　　目	企业单位数(个)	亏损企业	工业总产值(当年价格)	工业销售产值(当年价格)	出口交货值
制糖	48	16	761973	677614	10729
制糖	48	16	761973	677614	10729
屠宰及肉类加工	128	30	973869	950036	128548
畜禽屠宰	71	17	510757	495673	56790
肉制品及副产品加工	57	13	463112	454364	71758
水产品加工	204	41	1935605	1827164	849751
水产品冷冻加工	118	27	1226306	1137938	671650
鱼糜制品及水产品干腌制加工	36	5	264166	257919	140884
水产饲料制造	33	5	349338	344492	2978
鱼油提取及制品的制造					
其他水产品加工	17	4	95795	86816	34239
蔬菜、水果和坚果加工	85	12	577415	562165	117928
蔬菜、水果和坚果加工	85	12	577415	562165	117928
其他农副食品加工	77	20	741400	728656	15886
淀粉及淀粉制品的制造	36	7	176076	172212	15
豆制品制造	18	8	431056	433503	6136
蛋品加工	6		28325	27051	500
其他未列明的农副食品加工	17	5	105943	95891	9235
食品制造业	788	144	7462113	7277286	536913
焙烤食品制造	145	29	745883	741060	80942
糕点、面包制造	49	11	178355	187844	20579
饼干及其他焙烤食品制造	96	18	567528	553216	60363
糖果、巧克力及蜜饯制造	177	17	1540123	1497475	200502
糖果、巧克力制造	101	13	1283470	1253615	129981
蜜饯制作	76	4	256653	243860	70521
方便食品制造	104	24	1075623	1040007	109830
米、面制品制造	52	8	211105	209643	31667
速冻食品制造	24	9	176968	169085	34500
方便面及其他方便食品制造	28	7	687550	661279	43663
液体乳及乳制品制造	26	7	856318	829601	233
液体乳及乳制品制造	26	7	856318	829601	233
罐头制造	61	14	253640	249057	29886
肉、禽类罐头制造	8	2	30088	28001	3492
水产品罐头制造	9	2	80078	79865	1906
蔬菜、水果罐头制造	31	7	95923	94342	20706
其他罐头食品制造	13	3	47552	46849	3781
调味品、发酵制品制造	106	12	1340266	1316731	79259
味精制造	7	1	79515	83049	1677
酱油、食醋及类似制品的制造	56	5	1001034	999061	52194
其他调味品、发酵制品制造	43	6	259717	234621	25388
其他食品制造	169	41	1650261	1603355	36261
营养、保健食品制造	52	11	1142748	1107660	12941
冷冻饮品及食用冰制造	19	7	72245	68518	1902
盐加工	1	1	871	845	
食品及饲料添加剂制造	71	16	280870	278146	11649
其他未列明的食品制造	26	6	153527	148186	9770

单位：万元

工业增加值	资产总计	流动资产合计	#应收帐款	#存货	产成品	流动资产年平均余额	固定资产合计	固定资产原价
					产成品			
205502	893104	420639	41324	77133	56885	428194	303159	461870
205502	893104	420639	41324	77133	56885	428194	303159	461870
209488	374292	228509	64655	54523	22081	214960	115332	182129
109869	119160	57801	13340	3523	2212	53429	49877	69801
99620	255132	170709	51315	51000	19868	161531	65455	112329
500288	1224754	813946	232740	292481	188382	754578	321948	463537
316958	816589	549812	155084	229650	147057	506739	222566	305066
68278	150172	94564	21060	30041	24536	88201	52100	74354
90292	211824	135615	47549	19162	4779	130905	35764	62967
24760	46169	33956	9046	13628	12011	28734	11519	21150
177087	413081	293358	49330	57396	28920	278255	105393	170773
177087	413081	293358	49330	57396	28920	278255	105393	170773
109052	546295	375985	29596	88861	35033	366729	120224	203484
25899	130093	67730	13831	17916	8983	65569	47717	78584
63404	292829	223663	6060	43735	5421	219023	36384	56668
4166	6912	4361	1491	1067	961	3751	2113	9532
15583	116460	80231	8214	26143	19668	78386	34010	58701
2728004	5174000	3200505	729354	795617	309909	2962962	1519142	2598037
210487	539242	344104	85217	98649	22536	313770	155151	296598
50332	147644	94370	38655	19338	4513	83418	49302	91638
160155	391598	249734	46562	79311	18022	230352	105849	204959
672250	1023180	607905	181190	152408	75023	529354	357088	587512
560223	879953	529234	159722	127622	63466	452897	305773	503449
112027	143227	78671	21468	24785	11557	76456	51315	84064
334896	684649	375011	90104	100530	31567	344675	262054	472796
65728	111805	65753	12289	25930	10353	64632	37820	58738
55099	130411	73478	20384	25654	12892	70388	45157	72233
214069	442433	235780	57430	48946	8322	209655	179077	341825
361485	509800	310218	53277	98873	24758	299470	112130	184226
361485	509800	310218	53277	98873	24758	299470	112130	184226
70633	193909	126153	11416	41308	23202	106090	48709	76341
8379	17449	8965	987	3962	1501	5511	7912	24205
22300	100813	66896	2095	16608	9349	61881	21290	21820
26712	57075	34892	6890	18071	10319	27425	17409	23716
13242	18572	15399	1445	2667	2033	11274	2097	6601
419608	1028261	633662	122827	141252	49723	627819	337956	575226
24894	86327	41131	13726	14233	9859	40447	35874	97561
313402	733754	452702	72432	94179	24614	450314	248192	352885
81312	208181	139830	36669	32840	15250	137058	53890	124780
658645	1194959	803451	185324	162597	83100	741784	246056	405339
456089	809832	556579	87796	108166	63576	523037	150359	217954
28834	64556	29161	4872	9084	2150	27566	28216	64586
348	1121	795	157	226	40	908	310	843
112100	175966	111547	35009	28500	8425	102819	46374	68734
61275	143485	105368	57490	16622	8910	87454	20797	53222

1-2 续表 1-3

项 目	企业单位数(个)	亏损企业	工业总产值(当年价格)	工业销售产值(当年价格)	出口交货值
饮料制造业	244	50	4890807	4826136	152636
酒精制造	7	4	45893	42471	
酒精制造	7	4	45893	42471	
酒的制造	69	17	1199540	1169139	43161
白酒制造	26	1	167555	161538	3154
啤酒制造	27	14	986128	963982	39813
黄酒制造	2	1	1057	1002	194
葡萄酒制造	1		712	670	
其他酒制造	13	1	44089	41946	
软饮料制造	151	28	3585301	3554819	100835
碳酸饮料制造	19	4	984457	968485	15346
瓶(罐)装饮用水制造	64	11	499570	489799	4611
果菜汁及果菜汁饮料制造	19	6	734870	729628	31061
含乳饮料和植物蛋白饮料制造	19	2	422521	410743	17309
固体饮料制造	12	2	280307	316811	24412
茶饮料及其他软饮料制造	18	3	663577	639352	8096
精制茶加工	17	1	60074	59707	8640
精制茶加工	17	1	60074	59707	8640
烟草制品业	14	2	2561200	2747297	31434
烟叶复烤	3	1	13500	13639	
烟叶复烤	3	1	13500	13639	
卷烟制造	6		2502768	2690917	31434
卷烟制造	6		2502768	2690917	31434
其他烟草制品加工	5	1	44933	42741	
其他烟草制品加工	5	1	44933	42741	
纺织业	2965	505	17467670	16881177	6227060
棉、化纤纺织及印染精加工	976	165	7484786	7181608	2236862
棉、化纤纺织加工	522	93	3968529	3780717	1232863
棉、化纤印染精加工	454	72	3516257	3400891	1003999
毛纺织和染整精加工	160	36	1255625	1215058	572876
毛条加工	10	2	61435	61230	7678
毛纺织	83	22	403389	390900	96385
毛染整精加工	67	12	790801	762928	468813
麻纺织	3		5873	5670	
麻纺织	3		5873	5670	
丝绢纺织及精加工	52	17	181181	172467	34970
缫丝加工	16	8	42284	36511	5262
绢纺和丝织加工	8	2	23840	23649	8596
丝印染精加工	28	7	115057	112307	21112
纺织制成品制造	512	104	2127910	2096330	705923
棉及化纤制品制造	180	30	844799	860765	207650
毛制品制造	13	4	53512	51129	28841
麻制品制造	9	3	17385	22401	4299
丝制品制造	9	2	29600	26513	13303
绳、索、缆的制造	35	6	91346	91048	32943
纺织带和帘子布制造	85	17	232010	225425	77199
无纺布制造	84	18	385802	383043	161115
其他纺织制成品制造	97	24	473457	436008	180572

单位：万元

工业增加值	资产总计	流动资产合计	#应收帐款	#存货	产成品	流动资产年平均余额	固定资产合计	固定资产原价
1577718	4236241	2178542	499584	530140	165880	2059347	1654454	2652460
12991	43782	19270	1590	10961	1498	18595	12269	18813
12991	43782	19270	1590	10961	1498	18595	12269	18813
467083	1665305	648659	183028	212602	40859	630767	804413	1210313
65243	108719	60043	7107	29990	10314	49602	41047	77064
383983	1499477	564656	174264	168097	24912	560954	730256	1101901
412	1511	1062	37	580	39	1073	445	678
277	782	320	166	133	115	275	462	584
17168	54817	22578	1455	13803	5479	18863	32204	30086
1082284	2470448	1482024	306523	293728	118988	1380739	812006	1390526
297175	777435	532090	62925	87924	35406	468457	187131	308081
150803	357820	207498	26680	39509	10242	204586	130153	218312
221833	483289	232737	94602	70829	27213	225630	217481	322013
127545	228557	149136	25287	32930	12447	137283	68725	167239
84616	231693	173224	33550	17181	2121	172842	57528	149732
200312	391655	187339	63479	45355	31560	171942	150989	225149
15359	56706	28590	8442	12848	4535	29247	25766	32809
15359	56706	28590	8442	12848	4535	29247	25766	32809
1949349	2369919	1661637	96175	680318	52872	1602564	473059	788318
9625	31482	11149	5373	1504	591	10288	18746	33168
9625	31482	11149	5373	1504	591	10288	18746	33168
1929491	2231910	1603787	85196	676306	51348	1549685	408297	697742
1929491	2231910	1603787	85196	676306	51348	1549685	408297	697742
10233	106528	46701	5605	2508	933	42591	46016	57408
10233	106528	46701	5605	2508	933	42591	46016	57408
4736799	12363854	6435241	1674186	2346564	827783	6190627	5082080	8443998
1944900	5565369	2646423	628662	1041264	359134	2550616	2436977	4134330
1031210	2883991	1438357	325313	614030	223421	1431938	1266542	2154862
913690	2681378	1208066	303349	427234	135713	1118679	1170436	1979468
234680	922845	485828	99006	206100	68217	551769	403624	780586
11482	34527	10296	1077	1653	629	10002	13435	30305
75395	284260	155940	28225	52360	18989	154240	119441	286171
147803	604058	319593	69704	152087	48599	387528	270748	464110
1513	2513	1087	176	71	52	1027	1396	2128
1513	2513	1087	176	71	52	1027	1396	2128
44781	177447	81439	18977	34172	12910	80169	81499	114043
10451	39551	23917	1100	13208	7511	21830	11455	13502
5892	17029	9241	2053	6203	1524	8885	6833	9753
28438	120867	48282	15824	14761	3875	49454	63212	90788
620280	1634596	952707	241059	371632	152690	883103	561316	898044
246257	565926	352025	76734	142294	63624	312905	175480	296159
15599	31728	20274	5944	5130	1932	18296	11110	17122
5068	10106	6716	2499	2575	2150	6509	3357	4390
8628	21133	12387	2614	5075	1801	12769	7468	12859
26627	82287	40342	14272	12587	3296	37258	36017	47863
67630	237524	122266	31378	45053	17702	113846	88744	133745
112460	309198	156582	48432	43825	16696	156468	123715	221950
138011	376694	242116	59187	115094	45490	225051	115425	163959

1-2 续表 1-4

项 目	企业单位数（个）	亏损企业	工业总产值（当年价格）	工业销售产值（当年价格）	出口交货值
针织品、编织品及其制品制造	1262	183	6412296	6210045	2676429
棉、化纤针织品及编织品制造	518	78	2837310	2718174	1036895
毛针织品及编织品制造	409	76	2317613	2266181	1354543
丝针织品及编织品制造	176	8	528963	515672	85109
其他针织品及编织品制造	159	21	728411	710019	199882
纺织服装、鞋、帽制造业	3563	757	17252791	16692620	6848857
纺织服装制造	3375	702	16483632	15939525	6366943
纺织服装制造	3375	702	16483632	15939525	6366943
纺织面料鞋的制造	114	29	546179	531075	318373
纺织面料鞋的制造	114	29	546179	531075	318373
制帽	74	26	222980	222021	163540
制帽	74	26	222980	222021	163540
皮革、毛皮、羽毛(绒)及其制品业	1845	435	11744446	11490946	6619094
皮革鞣制加工	134	24	1013302	989920	535680
皮革鞣制加工	134	24	1013302	989920	535680
皮革制品制造	1652	396	10378673	10164269	5986732
皮鞋制造	778	202	6637438	6517483	4052108
皮革服装制造	44	12	246056	239401	165495
皮箱、包(袋)制造	619	154	2607508	2539337	1265318
皮手套及皮装饰制品制造	106	7	433578	421961	279769
其他皮革制品制造	105	21	454093	446088	224041
毛皮鞣制及制品加工	21	10	102177	99304	35385
毛皮鞣制加工	4	1	12103	12103	4353
毛皮服装加工	8	5	43438	42291	19605
其他毛皮制品加工	9	4	46635	44910	11427
羽毛(绒)加工及制品制造	38	5	250294	237453	61297
羽毛(绒)加工	18	1	114778	104568	5883
羽毛(绒)制品加工	20	4	135516	132886	55414
木材加工及木、竹、藤、棕、草制品业	625	130	3815375	3600485	921286
锯材、木片加工	93	22	429509	400016	73208
锯材加工	28	5	131746	125837	13894
木片加工	65	17	297763	274178	59313
人造板制造	242	49	2404161	2251363	549226
胶合板制造	98	24	482910	465454	32755
纤维板制造	45	11	611109	539494	9518
刨花板制造	32	5	125901	126028	624
其他人造板、材制造	67	9	1184241	1120388	506329
木制品制造	208	53	715839	693097	193200
建筑用木料及木材组件加工	73	24	296711	284274	51517
木容器制造	42	7	129769	127004	47585
软木制品及其他木制品制造	93	22	289359	281820	94097
竹、藤、棕、草制品制造	82	6	265866	256009	105652
竹、藤、棕、草制品制造	82	6	265866	256009	105652
家具制造业	1417	318	8311658	8138398	3806015
木质家具制造	766	189	4377522	4262093	1927446
木质家具制造	766	189	4377522	4262093	1927446

单位：万元

工业增加值	资产总计	流动资产合计	#应收帐款	#存货	产成品	流动资产年平均余额	固定资产合计	固定资产原价
1890646	4061084	2267755	686306	693325	234781	2123943	1597268	2514867
836573	1785354	990254	306681	319883	128678	918677	709627	1165176
683342	1388014	887847	266699	267014	72259	834595	437487	676002
155962	333871	137017	31875	39436	15868	131662	173925	238544
214769	553845	252638	81052	66993	17976	239009	276229	435145
5245479	9933406	6406648	1797677	2131342	707011	6084367	2893706	4556924
4998809	9507648	6146810	1724230	2010292	680548	5837762	2753783	4346637
4998809	9507648	6146810	1724230	2010292	680548	5837762	2753783	4346637
165813	307444	186182	50551	90290	21637	168704	97283	134588
165813	307444	186182	50551	90290	21637	168704	97283	134588
80857	118314	73656	22896	30760	4826	77900	42640	75699
80857	118314	73656	22896	30760	4826	77900	42640	75699
3662440	6445500	4106221	1190725	1660959	344372	3903529	1763174	2838376
315717	529731	348179	96155	152609	48924	335755	146949	262359
315717	529731	348179	96155	152609	48924	335755	146949	262359
3248898	5725723	3630189	1057492	1451963	283935	3442406	1561921	2476667
2077756	3781783	2281527	690501	903393	151534	2186854	1072874	1704423
77025	111578	92546	14757	20200	6968	86631	15256	23203
816245	1394412	968295	274914	412866	95171	907207	362274	567952
135726	157347	116784	25858	42079	10219	109962	32071	58803
142147	280604	171038	51462	73426	20043	151752	79447	122286
34600	69794	49974	17028	24989	3598	47598	17717	39926
4099	5203	3718	1878	236	71	3673	1236	3491
14709	41720	32720	10394	18115	2822	31426	8329	26272
15792	22871	13536	4756	6638	705	12499	8152	10164
63226	120252	77878	20051	31397	7915	77770	36587	59424
28994	55344	34913	10322	12731	4077	35184	17838	25283
34232	64908	42965	9728	18667	3838	42586	18749	34141
978136	3195515	1507801	204791	615885	220254	1416885	850304	1252061
109715	204908	121541	21241	43986	20097	115994	77342	105027
33653	46202	36042	8419	14301	6351	36764	9145	11310
76061	158706	85499	12822	29685	13746	79229	68197	93717
594049	2415432	1021843	108621	413653	166254	967099	592376	879188
119323	263982	151059	25609	71662	29785	141768	95431	139607
151000	1151542	296801	26440	84372	35736	284717	270917	331962
31109	172894	52102	6431	17621	7140	50604	91354	125331
292617	827015	521881	50141	239997	93593	490011	134674	282288
200984	476045	302847	62177	137908	29672	275250	148521	224513
83307	215310	139773	26624	68569	15840	122665	64554	103017
36435	70149	45426	15651	16418	2767	43505	21280	29982
81242	190586	117648	19902	52921	11065	109080	62686	91514
73389	99129	61570	12752	20338	4231	58542	32065	43333
73389	99129	61570	12752	20338	4231	58542	32065	43333
2270760	4642279	2962638	645142	1247027	345309	2733273	1369385	1966241
1246100	2767846	1725628	357442	747384	220712	1576735	859814	1216230
1246100	2767846	1725628	357442	747384	220712	1576735	859814	1216230

1-2 续表 1-5

项　　目	企业单位数（个）	亏损企业	工业总产值（当年价格）	工业销售产值（当年价格）	出口交货值
竹、藤家具制造	38	7	176808	174000	69733
竹、藤家具制造	38	7	176808	174000	69733
金属家具制造	308	65	1997955	1963393	991493
金属家具制造	308	65	1997955	1963393	991493
塑料家具制造	36	9	202153	196709	44796
塑料家具制造	36	9	202153	196709	44796
其他家具制造	269	48	1557220	1542203	772547
其他家具制造	269	48	1557220	1542203	772547
造纸及纸制品业	1858	364	13243489	12839029	2679077
纸浆制造	35	7	1096580	1064646	329342
纸浆制造	35	7	1096580	1064646	329342
造纸	469	103	5376196	5198659	885284
机制纸及纸板制造	302	72	4473087	4312952	731702
手工纸制造	3		10142	9922	362
加工纸制造	164	31	892967	875786	153220
纸制品制造	1354	254	6770714	6575724	1464451
纸和纸板容器的制造	822	149	4038443	3924005	868653
其他纸制品制造	532	105	2732271	2651719	595798
印刷业和记录媒介的复制	1447	259	6526199	6305641	1528092
印刷	1344	237	6078609	5851904	1406133
书、报、刊印刷	200	46	1326550	1315930	538556
本册印制	62	14	292190	285241	141037
包装装潢及其他印刷	1082	177	4459869	4250733	726540
装订及其他印刷服务活动	70	10	292556	305722	79337
装订及其他印刷服务活动	70	10	292556	305722	79337
记录媒介的复制	33	12	155034	148015	42623
记录媒介的复制	33	12	155034	148015	42623
文教体育用品制造业	1266	351	8733797	8469942	6191365
文化用品制造	174	42	1014662	963138	582167
文具制造	125	30	845575	799179	484544
笔的制造	19	5	49464	48526	27767
教学用模型及教具制造	8	3	21403	21151	13444
墨水、墨汁制造	5		32900	30741	12636
其他文化用品制造	17	4	65320	63541	43775
体育用品制造	270	86	1790072	1749328	1397623
球类制造	30	6	192330	189737	173266
体育器材及配件制造	87	32	771982	752933	644202
训练健身器材制造	39	10	234571	230554	152053
运动防护用具制造	52	19	267187	258943	209133
其他体育用品制造	62	19	324004	317162	218969
乐器制造	71	13	467915	472489	179078
中乐器制造	2		12837	12859	9688
西乐器制造	31	8	253019	255372	91329
电子乐器制造	12	1	119936	118766	65986
其他乐器及零件制造	26	4	82124	85492	12075
玩具制造	717	203	5275820	5104051	3904927
玩具制造	717	203	5275820	5104051	3904927

单位：万元

工业增加值	资产总计	流动资产合计				流动资产年平均余额	固定资产合计	固定资产原价
			#应收帐款	#存货	产成品			
44339	84938	55744	12312	25315	15495	53522	23664	41184
44339	84938	55744	12312	25315	15495	53522	23664	41184
525919	857862	534002	117793	238941	45812	519818	276734	408519
525919	857862	534002	117793	238941	45812	519818	276734	408519
51013	93633	65227	24469	27298	7065	58495	25042	41666
51013	93633	65227	24469	27298	7065	58495	25042	41666
403389	838000	582038	133126	208089	56225	524704	184132	258642
403389	838000	582038	133126	208089	56225	524704	184132	258642
3453264	11610494	5394692	1664256	1643340	636635	5587192	5091686	7293212
302180	1387370	512428	86456	290118	147162	553855	784481	965486
302180	1387370	512428	86456	290118	147162	553855	784481	965486
1351698	5519369	2121610	490263	659463	246692	2095365	2951870	3929356
1124636	4892938	1813588	396785	581594	222142	1812388	2658216	3517406
2550	4171	2692	1891	406	74	2711	1479	2070
224512	622261	305331	91587	77463	24477	280266	292176	409880
1799386	4703756	2760654	1087538	693759	242781	2937972	1355335	2398370
1073259	2932020	1727106	695420	410790	144928	1942040	790355	1511692
726128	1771735	1033548	392118	282969	97853	995932	564980	886677
2023506	6178813	3420456	1118764	866156	230144	3289209	2252793	3692434
1842665	5524003	3127450	1029548	808827	205086	3025071	1926615	3185109
402129	1355818	740429	226529	200923	20790	701787	562901	982371
88574	310766	170289	55113	64443	10316	171302	110886	169639
1351961	3857420	2216733	747906	543460	173981	2151982	1252828	2033100
137754	286054	157661	44619	36561	17634	133706	118439	178126
137754	286054	157661	44619	36561	17634	133706	118439	178126
43088	368755	135345	44597	20769	7425	130432	207738	329199
43088	368755	135345	44597	20769	7425	130432	207738	329199
2551709	5412394	3340269	1001068	1443619	333385	3107357	1675926	2790405
273008	586451	369843	104011	146183	40821	347877	191400	295183
227513	481676	304182	85669	113831	32221	282206	156971	246495
13309	35814	21092	4970	12307	2013	22965	13004	18164
5759	17849	12408	2988	6035	2071	11700	5163	7910
8852	10165	6609	2031	2773	1148	7159	1729	2822
17575	40947	25552	8353	11237	3367	23848	14533	19792
516221	1246764	819890	219744	420978	75686	748804	359501	567485
55464	125249	84050	23094	47368	7395	81928	38440	63223
222624	487366	318387	74955	160860	38022	307961	146106	232776
67646	147057	95250	27870	47100	6182	88115	44971	63238
77051	214723	151897	50304	78787	12939	132643	54009	93526
93436	272370	170306	43520	86863	11149	138158	75974	114723
133250	300402	201033	48472	95397	29817	198641	70918	130710
3656	6282	3996	211	1698	31	3428	2269	3119
72053	223419	144661	31578	70616	23646	144682	53060	95426
34155	33861	25850	8561	13784	3718	24006	7057	9740
23387	36840	26527	8122	9299	2423	26526	8532	22427
1572396	3129752	1843056	577050	749609	179147	1715380	1015884	1740937
1572396	3129752	1843056	577050	749609	179147	1715380	1015884	1740937

1-2 续表 1-6

项 目	企业单位数(个)	亏损企业	工业总产值(当年价格)	工业销售产值(当年价格)	出口交货值
游艺器材及娱乐用品制造	34	7	185327	180936	127570
露天游乐场所游乐设备制造	8	2	66289	63907	49582
游艺用品及室内游艺器材制造	26	5	119038	117030	77988
石油加工、炼焦及核燃料加工业	110	14	18979973	18885919	21734
精炼石油产品的制造	102	13	18863441	18777745	21734
原油加工及石油制品制造	100	13	18861650	18775954	21734
人造原油生产	2		1791	1791	
炼焦	8	1	116532	108174	
炼焦	8	1	116532	108174	
核燃料加工					
核燃料加工					
化学原料及化学制品制造业	2669	425	31239121	30062196	3462887
基础化学原料制造	209	35	5109859	4959166	204146
无机酸制造	26	6	209381	197693	11862
无机碱制造	12	3	205340	205788	3972
无机盐制造	40	3	517652	561571	75519
有机化学原料制造	51	13	3640897	3468208	90683
其他基础化学原料制造	80	10	536589	525906	22111
肥料制造	75	6	707467	686727	190
氮肥制造	3	1	32284	31201	
磷肥制造	7		137041	134295	190
钾肥制造	5		126217	123485	
复混肥料制造	45	3	353567	342331	
有机肥料及微生物肥料制造	13	1	47549	44395	
其他肥料制造	2	1	10809	11020	
农药制造	28	3	230563	212100	5692
化学农药制造	23	3	183458	165421	5692
生物化学农药及微生物农药制造	5		47105	46679	
涂料、油墨、颜料及类似产品制造	927	139	6117374	5929868	876798
涂料制造	566	81	4255015	4119453	607626
油墨及类似产品制造	166	30	760978	731334	105339
颜料制造	89	12	481489	476580	64063
染料制造	21	3	171708	165323	56031
密封用填料及类似品制造	85	13	448184	437179	43740
合成材料制造	271	43	5530445	5424134	1105571
初级形态的塑料及合成树脂制造	178	28	3968489	3893899	984967
合成橡胶制造	53	8	353078	328862	35137
合成纤维单(聚合)体的制造	13	6	981018	974838	44176
其他合成材料制造	27	1	227860	226535	41291
专用化学产品制造	688	115	5075177	4907232	681065
化学试剂和助剂制造	210	38	1416693	1384589	146190
专项化学用品制造	167	27	1075146	1038586	64108
林产化学产品制造	68	10	479316	469224	64940
炸药及火工产品制造	11	2	80241	78788	
信息化学品制造	52	14	570735	543659	186431
环境污染处理专用药剂材料制造	17	3	54935	50271	1546
动物胶制造	2		4646	4581	1172
其他专用化学产品制造	161	21	1393463	1337534	216679

单位：万元

工业增加值	资产总计	流动资产合计	#应收帐款	#存货		流动资产年平均余额	固定资产合计	固定资产原价
					产成品			
56834	149025	106447	51791	31452	7915	96655	38223	56090
20329	56152	43085	19739	12481	4819	37418	10953	8920
36505	92873	63362	32052	18972	3095	59237	27269	47170
3257860	5494534	1898050	326063	949569	155910	2305817	3340251	5751997
3233005	5410173	1855337	318489	942237	153817	2261144	3329312	5738244
3232698	5409643	1854911	318235	942116	153758	2260797	3329213	5738111
307	530	426	254	120	60	347	99	133
24855	84361	42713	7574	7332	2092	44672	10939	13753
24855	84361	42713	7574	7332	2092	44672	10939	13753
11089082	22547614	11838276	3252185	3093522	1310243	11756292	8627496	12258658
1658983	5158270	1338109	256474	340214	129968	1489773	3476425	4395314
67978	104194	67330	17895	18517	5761	58593	27069	48757
66666	217430	94295	15943	15352	5698	90763	92501	183677
168063	450877	243045	33142	48658	28949	219405	117971	249420
1182064	3878440	751280	122566	224193	76858	948192	2936025	3447615
174211	507328	182158	66928	33494	12703	172820	302860	465845
168003	482366	266904	45021	107370	38404	250175	166116	264974
7667	21476	11755	2283	3881	2757	11591	5135	17985
32543	85515	24384	1075	15066	4376	20867	60233	78403
29973	131430	66958	13562	21192	13396	55210	56174	93940
83962	193911	127579	16165	58542	15575	127388	34706	60144
11292	43907	33071	10678	7490	2068	32288	9414	13313
2567	6127	3158	1258	1200	233	2831	453	1187
49801	220045	144740	12233	50386	29257	142482	37899	86110
39627	196297	130242	10890	43747	25052	127664	31491	78430
10175	23747	14498	1342	6639	4204	14819	6408	7680
1696054	3869244	2538659	1025319	595090	219513	2471635	969523	1620887
1179711	2672420	1760984	703986	389714	151069	1735811	639383	1023732
210983	582809	412277	181478	99644	33237	383325	134018	220030
133494	274553	158170	60681	48608	20930	153875	89095	202278
47607	111605	68968	31824	17960	3635	67110	35898	60956
124260	227858	138260	47350	39164	10641	131513	71129	113892
1177884	4061914	1998309	533498	672583	254623	2173455	1707942	2444006
845216	2771859	1511593	428549	527707	179639	1560866	952662	1328868
75199	266613	129844	42306	36343	14427	122539	126651	159582
208939	841923	239253	24615	82056	56411	363600	574242	870135
48530	181519	117619	38028	26477	4145	126450	54386	85421
1508007	3662646	2054905	748704	537078	192646	1991837	1130455	1551146
420947	1115029	585927	225582	145852	51834	555584	283577	456708
319463	914837	452006	175514	101362	39823	453601	370908	315684
142421	206250	115099	18600	43841	19939	108586	66077	103662
23842	63721	26944	3765	5857	2462	24796	24448	40810
169585	505752	250400	83237	73341	29287	251527	204648	322809
16323	26932	15523	4930	2993	784	14128	9330	13191
1381	2708	1839	784	478	212	1256	859	1019
414046	827417	607167	236291	163353	48305	582359	170609	297265

1-2 续表 1-7

项　　目	企业单位数（个）	亏损企业	工业总产值（当年价格）	工业销售产值（当年价格）	出口交货值
日用化学产品制造	471	84	8468236	7942970	589425
肥皂及合成洗涤剂制造	108	22	5376001	5047205	112993
化妆品制造	188	41	1470340	1357216	241559
口腔清洁用品制造	16	1	612088	562383	100271
香料、香精制造	89	9	686281	657376	82191
其他日用化学产品制造	70	11	323527	318791	52411
医药制造业	377	82	4986535	4576713	419343
化学药品原药制造	24	4	454046	404099	81870
化学药品原药制造	24	4	454046	404099	81870
化学药品制剂制造	88	23	2065578	1838425	131934
化学药品制剂制造	88	23	2065578	1838425	131934
中药饮片加工	41	9	288067	280554	9620
中药饮片加工	41	9	288067	280554	9620
中成药制造	105	28	1061217	1021058	28381
中成药制造	105	28	1061217	1021058	28381
兽用药品制造	31	7	242513	233449	93
兽用药品制造	31	7	242513	233449	93
生物、生化制品的制造	52	3	506022	439336	39037
生物、生化制品的制造	52	3	506022	439336	39037
卫生材料及医药用品制造	36	8	369092	359792	128408
卫生材料及医药用品制造	36	8	369092	359792	128408
化学纤维制造业	92	19	1543623	1502054	315792
纤维素纤维原料及纤维制造	23	5	177821	177437	6786
化纤浆粕制造	9	1	18246	17544	406
人造纤维(纤维素纤维)制造	14	4	159575	159893	6380
合成纤维制造	69	14	1365802	1324617	309006
锦纶纤维制造	13	1	388727	389336	108274
涤纶纤维制造	30	7	493848	471304	66814
腈纶纤维制造					
维纶纤维制造	1		41051	40414	30369
其他合成纤维制造	25	6	442176	423564	103549
橡胶制品业	605	163	3236297	3177259	1582137
轮胎制造	27	11	678350	672138	332609
车辆、飞机及工程机械轮胎制造	17	9	594968	588690	305877
力车胎制造	6	2	76206	76233	26733
轮胎翻新加工	4		7176	7215	
橡胶板、管、带的制造	82	23	284551	270485	40325
橡胶板、管、带的制造	82	23	284551	270485	40325
橡胶零件制造	123	27	469158	460216	171345
橡胶零件制造	123	27	469158	460216	171345
再生橡胶制造	11	1	22762	22328	588
再生橡胶制造	11	1	22762	22328	588
日用及医用橡胶制品制造	45	13	188371	189778	102348
日用及医用橡胶制品制造	45	13	188371	189778	102348
橡胶靴鞋制造	129	40	686661	683432	521605
橡胶靴鞋制造	129	40	686661	683432	521605

单位：万元

工业增加值	资产总计	流动资产合　计	#应收帐款	#存货	产成品	流动资产年平均余额	固定资产合　计	固定资产原　价
4830350	5093129	3496650	630937	790802	445833	3236935	1139136	1896222
3066514	2992500	2178856	266314	434085	284683	2059613	557609	985173
838694	1135070	748511	196752	201019	82524	687899	259323	367162
349140	377093	177515	51850	51966	30123	162100	172420	257029
391460	400986	252562	75918	71863	33018	211704	108493	220019
184542	187480	139207	40103	31869	15486	115619	41291	66838
1682623	5325947	2793267	666322	779554	324686	2840940	1635824	2301305
147791	494962	197796	48154	76044	35921	182773	257930	354941
147791	494962	197796	48154	76044	35921	182773	257930	354941
618102	2171314	1169402	262197	301543	132958	1126534	628330	851078
618102	2171314	1169402	262197	301543	132958	1126534	628330	851078
82637	212010	104126	21222	40275	7618	100619	87210	112750
82637	212010	104126	21222	40275	7618	100619	87210	112750
419022	1405883	729015	174895	176312	66364	885940	391615	577208
419022	1405883	729015	174895	176312	66364	885940	391615	577208
79610	124522	68238	13363	28499	12784	65647	40109	61627
79610	124522	68238	13363	28499	12784	65647	40109	61627
225023	578224	325660	92709	102566	49292	289385	118029	196991
225023	578224	325660	92709	102566	49292	289385	118029	196991
110439	339032	199032	53782	54314	19750	190043	112602	146709
110439	339032	199032	53782	54314	19750	190043	112602	146709
339607	1270914	582852	89474	193265	84089	597824	643547	1149304
53476	115691	77611	5533	14556	5268	68319	34850	78971
5487	9444	6112	1744	807	287	3072	1891	2803
47988	106247	71499	3789	13750	4981	65247	32959	76168
286131	1155222	505240	83941	178709	78821	529505	608697	1070333
81437	297983	106502	13006	27763	14965	137640	176505	285934
103460	368965	189096	31840	69018	30107	160387	167893	370410
8600	31116	20105	3350	1687	457	17267	6453	13742
92634	457158	189537	35745	80242	33291	214211	257845	400248
863672	2940731	1594449	538313	533858	185725	1515872	1007623	1455301
115450	916365	391005	127806	129108	63976	368434	424922	609711
101259	784937	334077	119565	115926	57599	303670	382452	538376
12970	129142	55393	7300	12963	6176	62961	41720	70249
1221	2286	1536	942	219	201	1803	751	1086
81425	272045	134477	32196	30161	10587	125931	111538	151068
81425	272045	134477	32196	30161	10587	125931	111538	151068
141752	343926	227920	82699	69570	20483	222672	102952	161210
141752	343926	227920	82699	69570	20483	222672	102952	161210
5133	9715	4632	1840	713	337	4889	3528	5264
5133	9715	4632	1840	713	337	4889	3528	5264
49655	116247	62367	17841	29267	12342	58456	42087	58911
49655	116247	62367	17841	29267	12342	58456	42087	58911
195232	498619	285311	85581	136535	27697	269724	114811	204380
195232	498619	285311	85581	136535	27697	269724	114811	204380

1-2 续表 1-8

项　　目	企业单位数（个）	亏损企业	工业总产值（当年价格）	工业销售产值（当年价格）	出口交货值
其他橡胶制品制造	188	48	906444	878884	413318
其他橡胶制品制造	188	48	906444	878884	413318
塑料制品业	4244	904	24231310	23630812	8852796
塑料薄膜制造	403	75	3145560	3037097	976818
塑料薄膜制造	403	75	3145560	3037097	976818
塑料板、管、型材的制造	415	92	4116522	4069723	925317
塑料板、管、型材的制造	415	92	4116522	4069723	925317
塑料丝、绳及编织品的制造	129	22	590126	579537	98283
塑料丝、绳及编织品的制造	129	22	590126	579537	98283
泡沫塑料制造	275	56	1215270	1182184	269530
泡沫塑料制造	275	56	1215270	1182184	269530
塑料人造革、合成革制造	79	15	751351	736441	208313
塑料人造革、合成革制造	79	15	751351	736441	208313
塑料包装箱及容器制造	423	89	1982296	1896099	400758
塑料包装箱及容器制造	423	89	1982296	1896099	400758
塑料零件制造	583	159	2931507	2820288	1385969
塑料零件制造	583	159	2931507	2820288	1385969
日用塑料制造	811	139	3877756	3799490	2047329
塑料鞋制造	258	22	1254583	1252036	778735
日用塑料杂品制造	553	117	2623173	2547454	1268595
其他塑料制品制造	1126	257	5620923	5509953	2540478
其他塑料制品制造	1126	257	5620923	5509953	2540478
非金属矿物制品业	2692	475	22205996	21121039	2840738
水泥、石灰和石膏的制造	407	127	3769140	3636756	17337
水泥制造	390	124	3718098	3586932	17337
石灰和石膏制造	17	3	51042	49824	
水泥及石膏制品制造	383	104	2287090	2209977	84910
水泥制品制造	290	78	1811698	1749119	28834
砼结构构件制造	31	8	190834	187615	9195
石棉水泥制品制造	3		20352	18411	
轻质建筑材料制造	38	12	153994	143502	24058
其他水泥制品制造	21	6	110212	111330	22824
砖瓦、石材及其他建筑材料制造	668	83	8169728	7648151	718042
粘土砖瓦及建筑砌块制造	60	5	135091	129031	3075
建筑陶瓷制品制造	389	30	7141376	6665514	577324
建筑用石加工	135	24	547495	524698	97739
防水建筑材料制造	8	2	40198	40104	15844
隔热和隔音材料制造	25	5	100158	91276	13329
其他建筑材料制造	51	17	205411	197529	10730
玻璃及玻璃制品制造	433	85	3757132	3567464	828877
平板玻璃制造	35	9	672482	629884	63928
技术玻璃制品制造	90	13	982237	956742	299317
光学玻璃制造	21	7	148032	129614	87715
玻璃仪器制造	2		3502	3432	
日用玻璃制品及玻璃包装容器制造	148	24	935027	890811	117821
玻璃保温容器制造	12	2	40559	38680	17095

单位：万元

工业增加值	资产总计	流动资产合计	#应收帐款	#存货	产成品	流动资产年平均余额	固定资产合计	固定资产原价
275026	783814	488737	190350	138503	50304	465766	207787	264757
275026	783814	488737	190350	138503	50304	465766	207787	264757
6417233	16450844	9622096	3466415	2998923	953732	9288310	5470702	9098150
803923	2400620	1295118	423266	362230	108015	1297639	891616	1582090
803923	2400620	1295118	423266	362230	108015	1297639	891616	1582090
1117491	2475014	1463725	505818	517085	155499	1438950	747523	1165719
1117491	2475014	1463725	505818	517085	155499	1438950	747523	1165719
166891	336423	171980	59861	50795	19380	164656	133260	218038
166891	336423	171980	59861	50795	19380	164656	133260	218038
268083	781304	511949	200150	137708	61523	464906	199425	351333
268083	781304	511949	200150	137708	61523	464906	199425	351333
202552	504998	203590	60554	67404	18438	188354	277134	452387
202552	504998	203590	60554	67404	18438	188354	277134	452387
537281	1738721	957589	351314	224583	87003	937822	511429	891665
537281	1738721	957589	351314	224583	87003	937822	511429	891665
837716	2283161	1426178	564756	419824	144177	1334193	730531	1174753
837716	2283161	1426178	564756	419824	144177	1334193	730531	1174753
1061613	2088379	1248450	433296	458261	130857	1213540	693661	1176429
343467	595692	364312	137922	107064	27224	350558	202904	331033
718147	1492687	884139	295374	351197	103633	862982	490757	845395
1421683	3842223	2343517	867401	761034	228841	2248250	1286124	2085736
1421683	3842223	2343517	867401	761034	228841	2248250	1286124	2085736
6830806	17316738	8059842	1837910	2665803	1245953	7403659	8093596	11973077
1224439	3956867	1263944	209566	325366	106786	1303140	2433716	3100621
1207858	3927364	1250055	204343	322444	105574	1290693	2419553	3081155
16581	29503	13889	5223	2922	1212	12447	14162	19465
617780	2439547	1473333	452857	357813	201040	1127940	836173	1022212
489369	1972551	1225498	378236	283902	158568	885725	645186	795068
51547	198672	105315	30656	35212	24554	100337	87870	86550
5498	9507	2461	130	542	298	2375	6917	11307
41596	169869	93952	31981	22782	12254	92710	60859	79182
29770	88948	46107	11854	15375	5367	46793	35341	50104
2446393	4744208	2432808	460158	1107475	594098	2206914	2008601	3755288
40452	90229	51906	8658	8173	3141	49803	31733	50069
2138457	3806420	1829256	329725	928030	550692	1661183	1743174	3388142
163946	565244	391418	64972	124329	24522	363339	131896	176561
12037	33864	18596	5241	5461	1976	16759	14349	27437
29992	84114	61743	25419	17757	2943	48153	20869	22486
61510	164336	79889	26143	23725	10824	67679	66580	90595
1299434	3841364	1567467	361973	430500	176590	1479510	1929780	2664809
232583	936058	242797	26785	72389	29774	232122	623844	818239
339715	1073577	505872	105856	124952	54599	494554	473742	600955
51198	207892	88404	42918	27996	6542	65321	101807	120307
1211	1410	793	542	75	67	993	617	1001
323386	593460	341114	62186	99140	42481	312456	230651	431479
14028	15458	11825	4435	4522	1592	10569	2945	5182

1-2 续表 1-9

项目	企业单位数(个)	亏损企业	工业总产值(当年价格)	工业销售产值(当年价格)	出口交货值
玻璃纤维及制品制造	26	10	366344	346242	24031
玻璃纤维增强塑料制品制造	38	6	218478	204564	112590
其他玻璃制品制造	61	14	390472	367495	106380
陶瓷制品制造	614	59	3529056	3381630	1112733
卫生陶瓷制品制造	148	10	1264088	1194020	299493
特种陶瓷制品制造	32	3	288868	271146	28326
日用陶瓷制品制造	318	27	1656169	1598419	617512
园林、陈设艺术及其他陶瓷制品制造	116	19	319931	318045	167401
耐火材料制品制造	33	2	151263	146917	7936
石棉制品制造	2		3127	3116	
云母制品制造	4		15003	13385	3572
耐火陶瓷制品及其他耐火材料制造	27	2	133134	130417	4364
石墨及其他非金属矿物制品制造	154	15	542586	530143	70903
石墨及碳素制品制造	14	3	75398	71431	22104
其他非金属矿物制品制造	140	12	467188	458713	48799
黑色金属冶炼及压延加工业	404	70	14934453	14367088	1077052
炼铁	10	2	95750	94727	
炼铁	10	2	95750	94727	
炼钢	33	7	2924267	2822894	255596
炼钢	33	7	2924267	2822894	255596
钢压延加工	353	59	11749276	11303753	770119
钢压延加工	353	59	11749276	11303753	770119
铁合金冶炼	8	2	165160	145714	51337
铁合金冶炼	8	2	165160	145714	51337
有色金属冶炼及压延加工业	761	129	18171404	17411322	2244096
常用有色金属冶炼	91	22	2020942	1930077	125972
铜冶炼	30	3	1023954	990701	6771
铅锌冶炼	12	8	691327	641290	45420
镍钴冶炼	6	4	18489	15025	
锡冶炼	12	2	50894	51341	801
锑冶炼	4	1	21006	20591	12155
铝冶炼	15	2	78174	76293	3333
镁冶炼	1		24636	24636	21751
其他常用有色金属冶炼	11	2	112461	110201	35741
贵金属冶炼	7	1	228036	223608	14593
金冶炼	1		165272	165005	
银冶炼	4	1	55201	51055	14593
其他贵金属冶炼	2		7563	7548	
稀有稀土金属冶炼	21	6	400911	385042	76022
钨钼冶炼	5	1	89897	84137	40508
稀土金属冶炼	6	1	100181	96856	6226
其他稀有金属冶炼	10	4	210833	204048	29288
有色金属合金制造	53	13	612125	581155	83948
有色金属合金制造	53	13	612125	581155	83948
有色金属压延加工	589	87	14909390	14291440	1943561
常用有色金属压延加工	576	85	14830514	14214093	1930768
贵金属压延加工	7	1	53115	53146	8462
稀有稀土金属压延加工	6	1	25761	24200	4331

单位：万元

工业增加值	资产总计	流动资产合计	#应收帐款	#存货	产成品	流动资产年平均余额	固定资产合计	固定资产原价
126703	299022	90911	33109	35486	16299	106217	182222	247845
75562	201306	98312	44791	22697	9841	104328	95667	153653
135048	513181	187439	41351	43244	15394	152950	218286	286148
1022075	1836257	992942	219000	350753	133680	974391	743805	1201144
366101	766209	336121	66817	103158	40935	325692	395699	677194
83661	157367	72098	23101	27197	4709	88944	51543	79779
479654	726719	465506	101000	178301	72036	447348	233722	348925
92658	185962	119217	28082	42098	16000	112407	62841	95247
43570	93059	60616	15843	18860	9979	56774	21992	35661
901	2720	785	304	379	255	1811	601	2852
4321	12836	9781	3278	3023	690	7613	2113	4114
38347	77503	50051	12262	15459	9034	47350	19278	28695
177115	405437	268733	118513	75036	23780	254991	119529	193343
24612	120390	100269	65732	21595	4200	95243	17818	26186
152503	285046	168464	52781	53441	19580	159748	101710	167157
2759985	9734555	4196608	560064	1652725	380716	4263518	4810720	6174914
18004	54981	33599	3568	7230	1918	29480	19862	23271
18004	54981	33599	3568	7230	1918	29480	19862	23271
374765	2146848	892310	53901	468609	77063	945849	1125902	1327350
374765	2146848	892310	53901	468609	77063	945849	1125902	1327350
2322151	7210410	3078017	491086	1129136	283657	3139612	3564414	4699673
2322151	7210410	3078017	491086	1129136	283657	3139612	3564414	4699673
45065	322316	192682	11509	47751	18078	148577	100541	124620
45065	322316	192682	11509	47751	18078	148577	100541	124620
4292464	7267060	4456930	1085698	1288047	470412	4257301	2278568	4293822
441948	874738	488781	108751	215649	52007	481990	316336	423051
223923	318295	216179	18455	91220	17016	218438	92076	107356
151182	429428	192760	51171	98110	25684	189502	181068	253845
4043	17168	6662	915	4331	1955	5636	9912	11429
11130	24007	18782	9695	5876	2284	17472	4651	6359
4594	12731	6324	2338	3416	696	6453	6363	9283
17095	34080	21357	12419	3505	1097	21754	12361	14839
5388	13022	6804	4916	863	263	6171	4894	7961
24593	26006	19913	8843	8328	3012	16565	5011	11980
15997	69765	55911	3470	28224	24190	51311	9626	12311
11594	33967	32242	1583	19388	18989	28971	1207	2363
3872	27062	17409	1634	7828	5112	16321	6201	7589
531	8735	6260	253	1008	89	6019	2218	2360
73228	186271	128408	20088	54825	20104	121244	51766	65771
16420	33143	26793	7254	12374	3139	23681	5515	8560
18298	61852	43571	5269	22423	10995	38149	17746	23605
38509	91277	58044	7565	20028	5970	59413	28505	33606
150342	270815	178762	50506	54791	16697	157044	76685	90624
150342	270815	178762	50506	54791	16697	157044	76685	90624
3610950	5865471	3605067	902884	934557	357414	3445712	1824155	3702066
3591847	5827842	3578352	900770	919383	345082	3423893	1815961	3692191
12864	31118	24599	1475	14861	12195	19646	5961	6507
6239	6511	2116	639	314	137	2174	2233	3368

1-2 续表 1-10

项　　目	企业单位数（个）	亏损企业	工业总产值（当年价格）	工业销售产值（当年价格）	出口交货值
金属制品业	4764	769	30953413	29952572	10259185
结构性金属制品制造	943	186	5717049	5490294	1465840
金属结构制造	799	156	5027969	4830962	1271782
金属门窗制造	144	30	689080	659332	194058
金属工具制造	452	50	2444301	2399435	1317343
切削工具制造	48	15	302455	292703	99709
手工具制造	40	4	143369	140796	92171
农用及园林用金属工具制造	12	2	72067	70173	47105
刀剪及类似日用金属工具制造	198	5	1050593	1031674	730129
其他金属工具制造	154	24	875817	864088	348229
集装箱及金属包装容器制造	235	41	3311192	3195823	1719687
集装箱制造	25	5	1803748	1739443	1593400
金属压力容器制造	27	5	233220	226221	21697
金属包装容器制造	183	31	1274224	1230159	104590
金属丝绳及其制品的制造	142	24	769145	759578	191971
金属丝绳及其制品的制造	142	24	769145	759578	191971
建筑、安全用金属制品制造	681	104	4338084	4186477	1589251
建筑、家具用金属配件制造	491	74	2855399	2763828	1220827
建筑装饰及水暖管道零件制造	151	22	1175361	1122788	335736
安全、消防用金属制品制造	20	4	51505	49888	4373
其他建筑、安全用金属制品制造	19	4	255820	249973	28315
金属表面处理及热处理加工	378	56	2608724	2526938	229838
金属表面处理及热处理加工	378	56	2608724	2526938	229838
搪瓷制品制造	56	3	451760	449108	151109
工业生产配套用搪瓷制品制造	4	2	53832	53701	
搪瓷卫生洁具制造	23	1	244715	243037	73262
搪瓷日用品及其他搪瓷制品制造	29		153213	152370	77847
不锈钢及类似日用金属制品制造	1307	195	7722759	7458011	2730215
金属制厨房调理及卫生器具制造	197	37	1620123	1564934	540390
金属制厨用器皿及餐具制造	475	68	3038612	2956119	1364578
其他日用金属制品制造	635	90	3064024	2936958	825247
其他金属制品制造	570	110	3590399	3486909	863931
铸币及贵金属制实验室用品制造	3		74232	74462	
其他未列明的金属制品制造	567	110	3516167	3412448	863931
通用设备制造业	1952	336	15303224	14717146	3465399
锅炉及原动机制造	49	12	342827	347196	86585
锅炉及辅助设备制造	26	5	180053	189446	74212
内燃机及配件制造	12	2	123676	118610	4224
汽轮机及辅机制造	2	1	18596	18596	1314
水轮机及辅机制造	4	2	3940	3621	
其他原动机制造	5	2	16563	16923	6836
金属加工机械制造	277	51	1423522	1345472	248616
金属切削机床制造	45	14	164782	160679	23998
金属成形机床制造	48	8	212006	205890	12540

单位：万元

工业增加值	资产总计	流动资产合计	#应收帐款	#存货	产成品	流动资产年平均余额	固定资产合计	固定资产原价
8154341	17049162	10652059	3258531	3415106	934702	10052215	5168997	8367400
1536429	3813646	2541515	738103	772819	240600	2258291	1037154	1547043
1351242	3422203	2263430	664232	671825	211486	2004590	949970	1421699
185187	391443	278085	73872	100995	29114	253700	87184	125344
714753	1516971	827214	258584	258965	85042	817601	604383	937060
88443	276388	164706	59263	60900	28511	164684	94833	160008
41923	73849	54389	22434	17638	4269	52440	17242	34004
21073	27130	17664	3977	7920	657	17597	7031	14099
307211	498156	243808	60816	42323	10319	245916	227148	337149
256103	641448	346647	112094	130183	41287	336965	258130	391800
816640	2008608	1210040	357687	372355	57660	1235570	566763	979825
444858	1008048	585553	148250	171939	6362	637952	298509	415458
57519	102398	72540	9194	22989	4618	68383	27239	50216
314262	898162	551947	200243	177427	46681	529235	241015	514151
182318	345006	196503	65886	57907	20379	186967	133655	193626
182318	345006	196503	65886	57907	20379	186967	133655	193626
1177647	2188733	1407298	481973	488119	118712	1351389	666630	1087450
775147	1426206	936582	344045	345559	69595	900134	423188	659730
319071	587992	388121	123142	110174	36518	355462	168284	258599
13982	33562	22568	5767	7454	2406	16756	7698	14289
69447	140973	60027	9019	24932	10194	79037	67459	154832
697009	1395344	868407	249215	214879	68531	821067	419125	696444
697009	1395344	868407	249215	214879	68531	821067	419125	696444
141852	261376	161102	31183	41171	11295	155652	71868	115983
16903	14237	11101	2576	1581	1179	11776	3124	5433
76840	157384	105966	15442	24048	3447	102600	31155	43722
48109	89755	44035	13165	15542	6669	41276	37589	66828
2034135	3760956	2285286	679233	839407	227339	2187197	1192810	1978999
426732	674396	400908	110805	147081	42813	359223	209907	329327
800355	1522839	922316	276997	353070	89174	903586	492009	773187
807048	1563722	962062	291431	339257	95353	924387	490893	876484
853559	1758523	1154694	396666	369484	105144	1038481	476612	830972
17648	26405	20227	2920	7453	1778	24922	5209	9414
835912	1732118	1134467	393746	362031	103366	1013558	471403	821557
3775042	10058180	6648674	2171149	2080660	767442	6395616	2710826	4442446
98177	355267	230050	49618	76999	22188	207364	100566	147616
51563	154190	97938	30093	25446	8094	97576	47635	68198
35417	125518	88117	9238	35937	10663	76398	26241	41272
5326	44273	25606	7266	6876	1646	15068	15803	19979
1128	14181	9610	467	5477	505	9324	3771	8858
4743	17104	8780	2555	3263	1281	8998	7117	9310
363602	1110508	738628	262847	249596	81983	697143	306654	438461
42089	172059	113754	36998	47588	15284	105384	44698	64766
54152	218549	133781	33657	49900	17013	122803	61067	85451

1-2 续表 1-11

项 目	企业单位数（个）	亏损企业	工业总产值（当年价格）	工业销售产值（当年价格）	出口交货值
铸造机械制造	33	6	171507	171396	25807
金属切割及焊接设备制造	46	8	144139	134055	29363
机床附件制造	12	3	39117	36300	5752
其他金属加工机械制造	93	12	691972	637153	151156
起重运输设备制造	111	20	1691060	1640355	121660
起重运输设备制造	111	20	1691060	1640355	121660
泵、阀门、压缩机及类似机械的制造	201	34	2558856	2439129	796250
泵及真空设备制造	59	8	566275	541818	215576
气体压缩机械制造	18	5	1019774	984248	239620
阀门和旋塞的制造	66	9	492707	445079	136501
液压和气压动力机械及元件制造	58	12	480099	467985	204553
轴承、齿轮、传动和驱动部件的制造	113	23	908952	852235	268267
轴承制造	77	13	712337	663700	215913
齿轮、传动和驱动部件制造	36	10	196615	188535	52354
烘炉、熔炉及电炉制造	19	5	110839	109321	23036
烘炉、熔炉及电炉制造	19	5	110839	109321	23036
风机、衡器、包装设备等通用设备制造	462	92	3808940	3607718	946507
风机、风扇制造	96	14	682453	651221	324482
气体、液体分离及纯净设备制造	36	12	165214	162003	22140
制冷、空调设备制造	150	35	2017995	1892310	242230
风动和电动工具制造	22	4	230746	230814	182943
喷枪及类似器具制造	8	2	14913	14677	113
包装专用设备制造	51	9	277161	249492	31658
衡器制造	26	4	140922	139619	101819
其他通用设备制造	73	12	279537	267582	41121
通用零部件制造及机械修理	422	62	1783366	1741427	550669
金属密封件制造	18	4	66772	65492	1470
紧固件、弹簧制造	209	30	745484	732163	223185
机械零部件加工及设备修理	102	10	395660	381549	114304
其他通用零部件制造	93	18	575451	562222	211710
金属铸、锻加工	298	37	2674863	2634292	423810
钢铁铸件制造	220	28	2241877	2198045	317881
锻件及粉末冶金制品制造	78	9	432985	436248	105929
专用设备制造业	1888	390	11511141	10988675	3492226
矿山、冶金、建筑专用设备制造	96	14	878209	865884	72505
采矿、采石设备制造	14	2	100398	95175	15987
石油钻采专用设备制造	10	1	178452	178050	383
建筑工程用机械制造	31	5	432908	431626	50213
建筑材料生产专用机械制造	36	5	146848	143256	5922
冶金专用设备制造	5	1	19603	17778	
化工、木材、非金属加工专用设备制造	867	205	4474657	4308710	1021875
炼油、化工生产专用设备制造	24	7	181963	172754	37857
橡胶加工专用设备制造	25	6	83778	83380	10749
塑料加工专用设备制造	106	24	653534	612573	113094
木材加工机械制造	32	6	120474	122028	15746
模具制造	663	158	3309922	3207762	819776
其他非金属加工专用设备制造	17	4	124986	110214	24654

单位：万元

工业增加值	资产总计	流动资产合计				流动资产年平均余额	固定资产合计	固定资产原价
			#应收帐款	#存货				
					产成品			
43807	166411	107520	36322	41473	11935	107024	53057	70780
36817	114401	84198	17543	37090	10540	73305	26327	34742
9991	49535	33522	9786	8530	1170	22934	9744	15750
176747	389553	265854	128540	65016	26040	265694	111761	166972
523762	1254079	944140	291453	319039	67386	893792	189366	326534
523762	1254079	944140	291453	319039	67386	893792	189366	326534
582194	1764388	1091615	406798	336645	171398	1135990	552357	1046596
128840	387432	307591	126450	74030	29693	279193	59978	102449
232020	802524	411674	156807	131750	91183	483076	322712	680672
112101	266719	171367	50100	70014	29992	172787	85103	124058
109233	307713	200983	73441	60851	20531	200935	84564	139418
252788	634680	430519	130223	139281	61836	418485	179756	313116
198108	488963	335525	96819	108791	48437	326346	136742	225399
54681	145717	94994	33404	30491	13399	92138	43015	87718
24180	33768	26510	5544	10317	1934	25406	6923	11819
24180	33768	26510	5544	10317	1934	25406	6923	11819
954025	2374109	1610275	499145	483846	192277	1533946	565040	916759
170934	357339	228759	90397	76078	26093	213785	104599	164126
41381	63575	42374	13853	14650	6537	37641	12599	20418
505447	1167257	799047	254397	210960	85612	758683	284386	489032
57795	138958	103476	36008	27692	5189	93744	22696	41657
3735	12699	8739	3102	3503	1026	8125	3357	4891
69420	270948	189519	45089	79285	50318	188557	56076	67763
35297	96073	66714	15729	20808	5594	66063	24901	46499
70015	267262	171648	40571	50869	11906	167349	56427	82374
461622	1260085	820671	285291	250382	88570	756260	381166	620875
17284	58534	38971	10726	7640	2419	35153	18027	28910
192968	611049	396493	124772	120184	43888	370963	190618	337858
102416	286071	175553	59074	42313	17320	161001	87263	120847
148954	304431	209655	90718	80244	24943	189143	85257	133260
514692	1271298	756267	240231	214557	79870	727230	428997	620669
431378	916205	573441	182532	161553	48438	549658	300962	450533
83315	355093	182826	57699	53004	31432	177572	128035	170136
3678607	10694689	6356502	1908777	2159521	601853	5881875	3514312	4822283
261197	713943	477329	180140	155184	32348	405312	158814	223204
29860	73406	50090	14936	19954	5091	49910	20193	30885
53075	190324	79167	38104	19028	1565	89891	56137	80385
128756	336781	276457	105244	96455	19526	201100	51789	67363
43676	104259	67831	21029	18068	4739	60682	26043	38580
5830	9172	3784	827	1679	1427	3729	4653	5991
1474835	4883941	2620335	793273	922817	239159	2444215	2060562	2761144
59974	146979	107214	22650	53968	8001	98870	34297	44244
27613	90516	47794	13331	21958	6072	47590	35205	42346
215403	810915	617453	155372	213018	74300	570736	153915	224069
39708	90877	46841	4728	24498	6958	45303	34120	46544
1090942	3667878	1736530	562375	592303	137717	1618874	1791961	2361422
41195	76776	64504	34818	17072	6111	62843	11065	42519

1-2 续表 1-12

项　目	企业单位数(个)	亏损企业	工业总产值(当年价格)	工业销售产值(当年价格)	出口交货值
食品、饮料、烟草及饲料生产专用设备制造	79	10	291000	280653	36074
食品、饮料、烟草工业专用设备制造	60	6	246004	235595	26561
农副食品加工专用设备制造	12	2	24866	24689	9354
饲料生产专用设备制造	7	2	20129	20368	158
印刷、制药、日化生产专用设备制造	166	33	778723	690576	164313
制浆和造纸专用设备制造	24	3	79219	77993	337
印刷专用设备制造	47	16	190997	176520	72553
日用化工专用设备制造	11		36446	33238	804
制药专用设备制造	2		10038	9696	3394
照明器具生产专用设备制造	32	7	134814	133372	49206
玻璃、陶瓷和搪瓷制品生产专用设备制造	38	7	296218	229875	33616
其他日用品生产专用设备制造	12		30990	29882	4403
纺织、服装和皮革工业专用设备制造	92	23	653764	638532	319046
纺织专用设备制造	41	11	297514	283287	105940
皮革、毛皮及其制品加工专用设备制造	9	1	37326	35727	617
缝纫机械制造	28	7	270000	272068	200076
其他服装加工专用设备制造	14	4	48924	47450	12414
电子和电工机械专用设备制造	217	48	1776693	1680998	800663
电工机械专用设备制造	67	14	415935	396472	62930
电子工业专用设备制造	147	32	1322161	1240690	698757
武器弹药制造					
航空、航天及其他专用设备制造	3	2	38597	43836	38976
农、林、牧、渔专用机械制造	26	4	184325	172783	102466
拖拉机制造	7		21414	21288	2941
机械化农业及园艺机具制造	8	2	115563	104742	99524
营林及木竹采伐机械制造	1		8393	7566	
畜牧机械制造					
渔业机械制造	4	1	26817	26266	
农林牧渔机械配件制造	3		4766	4969	
其他农林牧渔业机械制造及机械修理	3	1	7371	7952	
医疗仪器设备及器械制造	160	20	1434896	1385108	706520
医疗诊断、监护及治疗设备制造	50	6	645041	624939	327684
口腔科用设备及器具制造	12	2	51893	49641	10496
实验室及医用消毒设备和器具的制造	1		45120	43836	
医疗、外科及兽医用器械制造	28	4	193620	187579	76797
机械治疗及病房护理设备制造	19	1	140280	132797	55879
假肢、人工器官及植(介)入器械制造	14	1	63079	59581	40444
其他医疗设备及器械制造	36	6	295865	286734	195221
环保、社会公共安全及其他专用设备制造	185	33	1038875	965432	268765
环境污染防治专用设备制造	33	5	164610	148047	12827
地质勘查专用设备制造	1		1501	837	
邮政专用机械及器材制造	1		950	950	
商业、饮食、服务业专用设备制造	9	2	25607	23282	10970
社会公共安全设备及器材制造	37	5	370014	339286	160688
交通安全及管制专用设备制造	7	1	8911	8162	1161
水资源专用机械制造	8	1	18317	16730	744
其他专用设备制造	89	19	448966	428138	82375

单位：万元

工业增加值	资产总计	流动资产合计	#应收帐款	#存货	产成品	流动资产年平均余额	固定资产合计	固定资产原价
73035	201483	129459	39734	51964	25941	124234	56352	90472
61742	179537	112797	35893	44291	22951	108290	51452	82573
6241	11209	8101	1491	3118	824	7586	2947	4994
5052	10737	8561	2350	4555	2167	8358	1953	2905
235868	534174	323517	77116	130539	37399	309077	154106	218454
23995	64443	36220	9308	14620	3442	34172	25754	29848
57851	132647	81964	16673	33735	6578	75892	40750	72485
11039	27811	15853	5063	5359	3438	15633	10685	15337
3040	5366	4865	4025	754	751	4860	502	628
40834	66693	47223	19166	15104	3848	48182	15735	23527
89722	221677	127951	20950	57124	19133	121215	55104	69753
9387	15537	9442	1931	3844	210	9124	5576	6876
148467	464293	302316	77756	138555	42368	299431	145359	252135
67564	210324	121777	24316	62523	21555	123369	81850	135792
8477	22703	11262	2767	2043	360	10581	11389	18071
61316	192371	145020	42313	65474	18723	142850	38918	78522
11110	38896	24256	8361	8515	1731	22630	13203	19751
525891	1597104	939493	342195	295613	97959	918452	441283	634819
123114	332767	214857	74808	68460	27360	201709	75810	89035
391352	1247534	713931	264167	222345	69816	706457	359765	538194
11425	16802	10705	3219	4807	783	10287	5708	7590
38531	131454	89689	19647	51850	11597	82604	37797	49286
4476	6945	5264	559	2994	1115	5202	1000	1504
24157	96187	67548	14037	39596	7814	60481	26344	32956
1755	3932	1740	485	685	685	1740	2192	2347
5606	7528	4231	2242	1460	450	5183	2487	4092
996	5411	3726	279	3394	642	2671	1685	3171
1541	11452	7180	2045	3720	892	7326	4088	5216
625065	1316110	839293	184842	223098	65695	753937	289553	365739
280991	711827	466648	84793	95712	27690	401817	126992	146523
22605	34437	19209	4722	4821	1750	17989	13886	17047
19655	25842	8026	1671	2502	972	8216	11816	32600
84344	165121	109732	30192	36641	10484	102839	42831	50853
61108	72766	39920	12050	14172	2038	35005	24693	29916
27478	56194	35132	11006	12129	8992	32529	16835	18226
128884	249924	160626	40409	57122	13771	155543	52500	70574
295719	852187	635071	194075	189903	49388	544612	170487	227031
46857	156493	135961	51106	39319	6266	117845	14628	25847
427	2208	957	118	487	255	872	1251	1739
270	767	631	175	17	17	600	95	128
7289	24788	15693	5960	7320	1512	16207	5487	6860
105325	297080	206977	58190	79366	17658	155067	72156	90852
2537	6207	4352	1296	1690	641	3848	745	1967
5214	18809	15838	2892	4767	3348	14656	2859	4299
127799	345835	254663	74339	56937	19692	235517	73265	95340

1-2 续表 1-13

项　目	企业单位数(个)	亏损企业	工业总产值(当年价格)	工业销售产值(当年价格)	出口交货值
交通运输设备制造业	1285	259	34531715	33807132	6682139
铁路运输设备制造	6	1	69903	71097	
铁路机车车辆及动车组制造					
工矿有轨专用车辆制造					
铁路机车车辆配件制造	1		5928	5039	
铁路专用设备及器材、配件制造	4		15642	19253	
其他铁路设备制造及设备修理	1	1	48333	46805	
汽车制造	658	145	24087865	23654232	2624153
汽车整车制造	23	6	14226156	14021650	618953
改装汽车制造	14	6	339373	330828	7817
电车制造	3	1	16484	15505	1780
汽车车身、挂车的制造	10	3	157618	187886	114626
汽车零部件及配件制造	545	111	9256179	9007108	1880977
汽车修理	63	18	92055	91255	
摩托车制造	269	47	5213489	5125251	1153423
摩托车整车制造	56	15	3639702	3583649	1035122
摩托车零部件及配件制造	213	32	1573787	1541602	118301
自行车制造	163	38	1534625	1492143	1160182
脚踏自行车及残疾人座车制造	141	34	1342741	1301323	1060680
助动自行车制造	22	4	191884	190819	99502
船舶及浮动装置制造	164	22	3090283	2987734	1523974
金属船舶制造	48	5	2131616	2082720	1166198
非金属船舶制造	10	2	45574	45508	20962
娱乐船和运动船的建造和修理	14	3	33060	30758	16000
船用配套设备制造	19	1	77890	74412	9539
船舶修理及拆船	71	11	800663	752963	311275
航标器材及其他浮动装置的制造	2		1481	1373	
航空航天器制造	6		452161	394572	204480
飞机制造及修理	6		452161	394572	204480
航天器制造					
其他飞行器制造					
交通器材及其他交通运输设备制造	19	6	83388	82104	15928
潜水及水下救捞装备制造	2	2	23784	23784	
交通管理用金属标志及设施制造	12	4	38365	37143	13734
其他交通运输设备制造	5		21238	21177	2195
电气机械及器材制造业	5469	1122	71451906	69641670	26924876
电机制造	329	69	2374412	2300435	839688
发电机及发电机组制造	53	10	415242	394266	49242
电动机制造	92	17	555069	514773	104257
微电机及其他电机制造	184	42	1404102	1391397	686188
输配电及控制设备制造	1216	284	11007484	10687865	4267577
变压器、整流器和电感器制造	395	99	3835813	3738867	1903691
电容器及其配套设备制造	85	23	492713	480551	125421
配电开关控制设备制造	271	43	3088657	2954153	517560
电力电子元器件制造	355	96	2937748	2864924	1489363
其他输配电及控制设备制造	110	23	652554	649371	231541

单位：万元

工业增加值	资产总计	流动资产合计	#应收帐款	#存货	产成品	流动资产年平均余额	固定资产合计	固定资产原价
9818873	25393116	15416922	3011427	3302830	988785	14138407	7877128	10534697
18264	121699	64544	17214	21148	5230	66942	50564	76187
1549	11179	10652	3333	1481	767	10388	447	692
4087	26937	19824	7112	5230	2561	21818	4794	8204
12629	83583	34068	6769	14437	1902	34736	45323	67290
7020554	16003903	8928469	1950105	1917062	625562	8533151	5694570	7282132
4146298	7923561	4705891	470194	711284	349024	4659981	2479670	3193993
98912	791270	290729	58495	122521	12395	258419	215990	237632
4804	21758	13023	5619	4601	1208	13800	4233	4946
45939	124562	86771	15678	39377	8602	87061	28578	36292
2697770	7060584	3781076	1384487	1030181	253882	3468450	2942320	3763613
26830	82168	50980	15633	9099	451	45440	23779	45656
1235737	2679567	1873206	441207	376156	138112	1603563	537142	997843
862707	1685917	1261805	280816	230561	82906	978290	242240	538456
373029	993650	611402	160390	145596	55205	625273	294902	459386
358636	974342	690267	265919	274016	84202	677500	218638	407166
313794	861223	616895	233140	247797	76129	604567	193859	352616
44843	113119	73373	32779	26219	8073	72934	24779	54551
1010501	5203768	3589843	201569	630709	133592	3005982	1240086	1553362
697024	4011991	3020674	99197	436885	87854	2547990	728178	919867
14902	72497	46851	4748	13596	4246	39973	18453	25170
10810	49532	31818	3979	19956	1657	28714	16467	17095
25469	43654	17046	4522	7006	2109	15698	15861	24172
261811	1025508	473183	89021	153133	37639	373352	460812	566714
484	586	271	102	133	86	256	316	344
150012	365312	248268	130129	77927		230594	115618	190137
150012	365312	248268	130129	77927		230594	115618	190137
25169	44525	22324	5285	5811	2088	20675	20510	27870
7179	8053	1743	322	1135	97	1232	5867	6673
11580	27797	15950	4260	3663	1771	15022	10702	16977
6411	8675	4632	703	1013	221	4421	3942	4221
18767740	42062736	28688763	8910472	8332050	3177821	27406913	9287703	15603053
645459	1700206	1119473	294882	360490	107051	1018878	458566	713344
112879	529523	330188	53666	107698	19992	270673	141451	180889
150890	316349	228582	66786	82304	35439	225575	73404	102533
381690	854334	560704	174430	170488	51620	522630	243711	429923
3140897	7786617	5038849	1993740	1553796	510772	4732983	1640992	2514400
1094518	2641370	1981450	790933	614258	180950	1793103	471515	762178
140591	1015270	315519	131141	113458	43022	307694	150359	209592
881324	1860155	1301422	498263	391761	148079	1171580	380600	550872
838263	1874678	1163808	471177	357351	115037	1190766	546707	870752
186200	395144	276649	102227	76968	23684	269841	91811	121008

1-2 续表 1-14

项　　目	企业单位数(个)	亏损企业	工业总产值(当年价格)	工业销售产值(当年价格)	出口交货值
电线、电缆、光缆及电工器材制造	925	213	11705757	11381621	3197761
电线电缆制造	755	181	10296367	10004490	2627773
光纤、光缆制造	25	3	256524	264228	31776
绝缘制品制造	83	14	743530	719508	338983
其他电工器材制造	62	15	409336	393395	199230
电池制造	386	85	5573657	5346113	2596339
电池制造	386	85	5573657	5346113	2596339
家用电力器具制造	1298	215	31600377	31032686	12200545
家用制冷电器具制造	59	12	1817787	1754589	567497
家用空气调节器制造	67	16	14152958	14321036	4928812
家用通风电器具制造	167	22	2431718	2293889	1256240
家用厨房电器具制造	535	67	8709059	8448878	3192427
家用清洁卫生电器具制造	56	8	939811	879233	486183
家用美容、保健电器具制造	53	15	866111	779981	510491
家用电力器具专用配件制造	128	15	691689	666796	96552
其他家用电力器具制造	233	60	1991244	1888283	1162343
非电力家用器具制造	154	22	1492078	1430984	421282
燃气、太阳能及类似能源的器具制造	132	17	1376901	1315911	361857
其他非电力家用器具制造	22	5	115177	115073	59425
照明器具制造	1064	213	7107239	6879524	3214628
电光源制造	112	31	1102880	1111220	431974
照明灯具制造	710	144	4073425	3900345	1817964
灯用电器附件及其他照明器具制造	242	38	1930935	1867959	964690
其他电气机械及器材制造	97	21	590901	582442	187056
车辆专用照明及电气信号设备装置制造	44	9	382940	375468	103157
其他未列明的电气机械制造	53	12	207961	206974	83899
通信设备、计算机及其他电子设备制造业	4819	1340	153738068	149563614	113623190
通信设备制造	433	97	33708245	33171893	23003352
通信传输设备制造	71	14	1102312	1033476	538303
通信交换设备制造	40	8	16135953	16075770	10784141
通信终端设备制造	113	38	3997930	3784864	2900554
移动通信及终端设备制造	114	24	10996936	10836029	8173495
其他通信设备制造	95	13	1475114	1441754	606858
雷达及配套设备制造	3	1	5660	5143	1392
雷达及配套设备制造	3	1	5660	5143	1392
广播电视设备制造	145	30	1378325	1264780	778637
广播电视节目制作及发射设备制造	6		10310	9985	2564
广播电视接收设备及器材制造	120	22	1137559	1036291	651858
应用电视设备及其他广播电视设备制造	19	8	230456	218504	124215
电子计算机制造	625	183	52233968	51113086	43273675
电子计算机整机制造	56	13	29186733	28750823	24467249
计算机网络设备制造	42	5	1613214	1580013	972062
电子计算机外部设备制造	527	165	21434022	20782249	17834364

单位：万元

工业增加值	资产总计	流动资产合计	#应收帐款	#存货	产成品	流动资产年平均余额	固定资产合计	固定资产原价
2539554	5958144	4037628	1691072	960595	369905	3868794	1295670	2153955
2233788	4920061	3395457	1408952	790465	310589	3265705	1006932	1693359
55653	281398	195553	82628	38167	17341	177824	64614	119378
161308	434922	296413	136236	87582	27052	286426	120914	201060
88805	321762	150205	63257	44381	14924	138839	103210	140158
1485368	4438077	2864743	774621	788647	275270	2824379	1055236	1595020
1485368	4438077	2864743	774621	788647	275270	2824379	1055236	1595020
8490958	17149170	12310978	3144486	3532448	1587495	11850081	3506892	6443425
488436	835588	474996	139584	143765	39986	442305	329384	694854
3802872	8426734	6581499	1094631	1834930	1067185	6356033	1164630	2063499
653397	1172080	728550	203535	302850	99504	713054	343493	612540
2340107	4383737	3028753	1282728	775730	263990	2927203	993100	1903899
252525	451069	291959	52320	93233	26476	251338	131856	259927
232722	391491	265626	70936	80194	14424	241367	82356	149816
185856	446377	250394	83551	64638	23801	245590	160966	248723
535043	1042094	689201	217201	237108	52130	673190	301107	510169
363861	646974	403919	113224	139924	54379	385528	201451	332207
335774	576187	358578	95989	127259	52329	344996	177997	294669
28088	70787	45341	17236	12665	2050	40532	23454	37537
1935103	4068275	2707712	839636	906332	235380	2532585	1035182	1712618
300284	807043	516377	150700	150433	45763	477099	219266	408376
1109080	2376735	1601464	536368	496470	117129	1480613	584244	941981
525740	884497	589871	152568	259430	72487	574872	231672	362261
166540	315274	205461	58811	89817	37571	193686	93714	138083
107928	184461	110839	22604	53898	28304	101611	67427	94465
58612	130813	94622	36206	35919	9266	92075	26287	43618
32280118	91348894	64410057	26616218	15522946	5321697	61414082	20259249	30541458
9139654	29028283	23460989	9285438	5359317	2281159	21721968	3200529	4862247
298881	1077248	666926	233490	203344	72646	657297	171678	312308
4375102	17876624	15452777	5804864	3457059	1877124	14590151	1501833	2235153
1083999	2823589	2093908	781823	390165	62862	1857025	293823	603388
2981709	6076927	4330719	2040057	1064067	198900	3816799	1041823	1435096
399963	1173895	916659	425203	244682	69627	800696	191373	276302
	1714	1416	412	179	165	952	259	266
	1714	1416	412	179	165	952	259	266
364913	989804	696177	319320	199023	81471	659172	175333	261062
2730	9722	5358	1712	1759	138	4997	1681	2388
301170	753075	541220	244532	154186	61837	516134	147088	218830
61013	227007	149599	73076	43077	19496	138041	26564	39844
8063567	17011152	11976269	5545002	3163051	775569	13374112	3718240	5605112
4505673	6763945	4790356	2427555	1478213	348463	6119282	1148112	1511473
249038	698339	535864	225650	135774	24542	526180	128308	258495
3308856	9548869	6650048	2891797	1549064	402564	6728650	2441820	3835144

1-2 续表 1-15

项　目	企业单位数(个)	亏损企业	工业总产值(当年价格)	工业销售产值(当年价格)	出口交货值
电子器件制造	598	161	16287738	15777983	12947072
电子真空器件制造	26	6	1292026	1285924	835562
半导体分立器件制造	52	11	785641	708671	393896
集成电路制造	146	40	6952903	6762999	6205644
光电子器件及其他电子器件制造	374	104	7257168	7020389	5511971
电子元件制造	1947	551	30488838	29822476	22186816
电子元件及组件制造	1441	402	19131751	18678291	13826750
印制电路板制造	506	149	11357087	11144185	8360066
家用视听设备制造	718	234	15545046	14716460	9236490
家用影视设备制造	258	82	8241321	7703422	3633357
家用音响设备制造	460	152	7303725	7013038	5603133
其他电子设备制造	350	83	4090251	3691794	2195757
其他电子设备制造	350	83	4090251	3691794	2195757
仪器仪表及文化、办公用机械制造业	770	227	13515835	13162168	10763669
通用仪器仪表制造	159	33	886517	842331	204901
工业自动控制系统装置制造	49	10	240915	220337	22073
电工仪器仪表制造	43	9	321963	324375	75674
绘图、计算及测量仪器制造	17	2	68083	67098	31161
实验分析仪器制造	18	3	76630	71192	23532
试验机制造	7	4	76408	69550	19427
供应用仪表及其他通用仪器制造	25	5	102517	89780	33035
专用仪器仪表制造	88	18	640728	633976	345757
环境监测专用仪器仪表制造	5	2	14398	14348	5155
汽车及其他用计数仪表制造	14		178524	173324	93512
导航、气象及海洋专用仪器制造	9	4	91769	87857	23366
农林牧渔专用仪器仪表制造	1		8858	7083	1723
地质勘探和地震专用仪器制造	1		1360	1360	
教学专用仪器制造	5		157123	154780	142126
核子及核辐射测量仪器制造	1		2287	2287	
电子测量仪器制造	34	7	129478	132176	55509
其他专用仪器制造	18	5	56931	60762	24367
钟表与计时仪器制造	217	81	1100396	1070614	828836
钟表与计时仪器制造	217	81	1100396	1070614	828836
光学仪器及眼镜制造	115	36	2292391	2213707	1863327
光学仪器制造	47	17	1891587	1835479	1548365
眼镜制造	68	19	400805	378228	314962
文化、办公用机械制造	178	55	8550205	8357572	7506229
电影机械制造	4	1	11858	13129	2000
幻灯及投影设备制造	11	5	153517	150745	129941
照相机及器材制造	64	21	4093978	3987502	3728906
复印和胶印设备制造	35	8	2929642	2862322	2629063
计算器及货币专用设备制造	33	7	1139860	1125719	857122
其他文化、办公用机械制造	31	13	221351	218156	159199
其他仪器仪表的制造及修理	13	4	45598	43968	14619
其他仪器仪表的制造及修理	13	4	45598	43968	14619
工艺品及其他制造业	1332	332	10666466	10247514	4406901
工艺美术品制造	975	239	8516975	8154898	3136141

单位：万元

工业增加值	资产总计	流动资产合　计	#应收帐款	#存货	产成品	流动资产年平均余额	固定资产合　计	固定资产原　价
3874152	10237178	5451568	2283734	1455028	390801	4901196	3844646	5950081
307318	779007	415065	132099	77407	28122	441813	314135	880617
186870	1348262	405978	109712	96216	28789	392710	527557	679149
1653797	3385728	1851282	952218	485988	117657	1673927	1352290	2160766
1726167	4724180	2779242	1089705	795417	216233	2392745	1650664	2229550
6294788	23075302	15465476	6616265	3029249	886041	13787424	6684762	10105885
3949981	12000095	7855767	3940824	2013015	595161	7927039	3563592	5607597
2344807	11075208	7609709	2675440	1016235	290880	5860385	3121170	4498288
3474348	7991727	5642163	1831955	1852441	778181	5412936	1491034	2285287
1841952	5061034	3554561	1107559	1086828	550758	3370415	766565	1107132
1632397	2930693	2087603	724397	765613	227423	2042522	724470	1178155
1068697	3013735	1716000	734093	464658	128310	1556323	1144447	1471518
1068697	3013735	1716000	734093	464658	128310	1556323	1144447	1471518
3012527	6929637	4725444	1685833	1322421	361068	4456013	1722170	2870078
321828	1110836	779977	198444	206598	61799	718732	180643	252490
87458	378255	276994	51330	64173	16247	251342	56473	82950
116881	313317	242367	81949	76149	28081	217018	44054	58716
24716	58577	38415	10879	16573	2238	32052	16475	28879
27819	71899	49133	10418	22146	4879	42660	16584	20306
27738	214940	114421	21668	11251	5482	121225	36358	45251
37216	73848	58647	22201	16307	4871	54436	10698	16390
185512	585302	430390	168655	98539	32426	391971	114971	173357
4169	26934	20963	3036	7189	208	19114	3463	3672
51689	207743	142231	45114	28284	10893	135178	51105	64898
26570	56821	37911	16449	11378	2195	27192	16955	30137
2565	3780	245		235	235	225	2417	3421
394	2070	1886	180	170		1886	75	265
45492	52522	47758	33623	9336	3511	43682	3653	12053
662	965	526	255	45	12	561	439	645
37488	167439	122786	43248	23791	11276	104279	27760	45122
16484	67028	56084	26750	18111	4096	59856	9105	13144
340932	804757	498699	121925	233888	65179	454450	196871	370264
340932	804757	498699	121925	233888	65179	454450	196871	370264
520217	1090868	523432	198643	161716	32587	558723	528585	800179
429261	752744	373228	151860	104854	23847	410581	354845	542158
90956	338124	150204	46783	56862	8740	148141	173739	258021
1625574	3291768	2461606	991225	608927	166394	2303913	687465	1259456
2254	25661	14554	5497	1956	464	15566	6534	11121
29187	44318	38072	18843	6281	1216	35621	4546	7092
778351	1294313	900814	320036	202780	37824	868087	344181	675568
556987	974484	760763	361478	170777	47473	730440	170839	320013
216711	765547	618596	244476	187976	66931	534832	110759	163493
42084	187446	128809	40895	39157	12486	119368	50605	82171
18463	46106	31340	6941	12753	2683	28224	13637	14332
18463	46106	31340	6941	12753	2683	28224	13637	14332
2578500	5338238	3830041	1182123	1396668	626521	3574790	1158000	1800544
2093915	3871819	2803368	783141	1036153	536453	2632410	782091	1184020

1-2 续表 1-16

项　　目	企业单位数(个)		工业总产值(当年价格)	工业销售产值(当年价格)	
		亏损企业			出口交货值
雕塑工艺品制造	80	24	186160	179117	92626
金属工艺品制造	111	33	403067	391206	204440
漆器工艺品制造	7	3	20227	20187	14718
花画工艺品制造	99	27	340601	334645	221277
天然植物纤维编织工艺品制造	120	6	423026	410243	297419
抽纱刺绣工艺品制造	48	7	164816	161488	51643
地毯、挂毯制造	30	9	216963	203037	66878
珠宝首饰及有关物品的制造	239	65	5883790	5611887	1710241
其他工艺美术品制造	241	65	878326	843090	476901
日用杂品制造	246	59	1142367	1127321	681505
制镜及类似品加工	19	4	79455	78082	40588
鬃毛加工、制刷及清扫工具的制造	32	8	110336	109528	53710
其他日用杂品制造	195	47	952576	939711	587207
煤制品制造	4	1	13167	12365	
煤制品制造	4	1	13167	12365	
核辐射加工					
核辐射加工					
其他未列明的制造业	107	33	993957	952929	589255
其他未列明的制造业	107	33	993957	952929	589255
废弃资源和废旧材料回收加工业	172	49	3337081	3237346	13409
金属废料和碎屑的加工处理	106	28	3055130	2963640	3982
金属废料和碎屑的加工处理	106	28	3055130	2963640	3982
非金属废料和碎屑的加工处理	66	21	281950	273706	9427
非金属废料和碎屑的加工处理	66	21	281950	273706	9427
电力、燃气及水的生产和供应业	817	221	41588624	41190738	806811
电力、热力的生产和供应业	434	119	36534055	36318718	449060
电力生产	319	78	11467075	11257151	449060
火力发电	107	45	9559197	9359884	
水力发电	187	28	654922	646267	
核力发电	2		1170704	1170704	444246
其他能源发电	23	5	82253	80297	4814
电力供应	105	37	24997758	24994202	
电力供应	105	37	24997758	24994202	
热力生产和供应	10	4	69222	67365	
热力生产和供应	10	4	69222	67365	
燃气生产和供应业	79	17	2924166	2801729	125267
燃气生产和供应业	79	17	2924166	2801729	125267
燃气生产和供应业	79	17	2924166	2801729	125267
水的生产和供应业	304	85	2130402	2070291	232484
自来水的生产和供应	269	83	1727100	1671229	10340
自来水的生产和供应	269	83	1727100	1671229	10340
污水处理及其再生利用	33	2	91233	88298	
污水处理及其再生利用	33	2	91233	88298	
其他水的处理、利用与分配	2		312069	310764	222144
其他水的处理、利用与分配	2		312069	310764	222144

单位：万元

工业增加值	资产总计	流动资产合计	#应收帐款	#存货	产成品	流动资产年平均余额	固定资产合计	固定资产原价
45768	160854	70795	18368	22601	6112	67455	78997	84551
99095	231994	152027	32785	60833	11575	140362	72416	105347
4973	33188	23038	4543	13275	9028	21089	8366	12224
83737	203982	99227	21366	34532	9706	96383	88420	175514
104002	118181	65412	20760	13610	6600	65634	44688	58075
40520	143151	59636	15026	16813	3816	62900	72329	106549
53341	170607	92317	38788	34051	13359	87691	57989	88125
1446542	2323744	1926311	558220	724170	433745	1791461	239356	359708
215938	486118	314603	73284	116269	42512	299435	119530	193929
271139	769920	516958	162912	207604	41083	470636	218884	324744
18858	71590	37103	9009	13475	2673	34643	29085	38601
26188	57156	34744	12365	11397	4159	34398	17955	25881
226093	641174	445110	141538	182732	34251	401595	171845	260262
4648	15908	12340	1579	564	102	11340	1983	2937
4648	15908	12340	1579	564	102	11340	1983	2937
208797	680591	497376	234492	152347	48882	460404	155042	288844
208797	680591	497376	234492	152347	48882	460404	155042	288844
872619	999044	726595	168184	194955	85833	648861	207978	434712
792877	842632	641287	133223	180790	79410	568817	143542	340727
792877	842632	641287	133223	180790	79410	568817	143542	340727
79742	156413	85308	34961	14165	6422	80044	64437	93985
79742	156413	85308	34961	14165	6422	80044	64437	93985
12727298	74856143	14613026	2338012	2259078	81936	14379746	41660142	63645004
10804960	63614740	11716220	1984446	2125297	66429	11589342	36037400	55487013
4650517	25914738	6525113	1425429	954670	33630	6407032	16857360	26982654
3876770	18275982	4790934	1212207	520282	32474	4563908	11353874	17701569
265606	3328016	528811	100192	4591	548	525170	2536431	3263294
474784	3901235	1152330	103568	426029		1271630	2645566	5608062
33358	409506	53037	9461	3768	608	46324	321488	409731
6119976	37506013	5092053	551069	1168766	32799	5086641	19108763	28448438
6119976	37506013	5092053	551069	1168766	32799	5086641	19108763	28448438
34466	193990	99055	7948	1862		95670	71278	55921
34466	193990	99055	7948	1862		95670	71278	55921
851584	2620314	936773	104664	83893	8215	829060	1405048	1605243
851584	2620314	936773	104664	83893	8215	829060	1405048	1605243
851584	2620314	936773	104664	83893	8215	829060	1405048	1605243
1070753	8621088	1960033	248902	49887	7291	1961344	4217694	6552748
884656	6023680	1498633	219023	46544	7047	1429921	3584892	5663497
884656	6023680	1498633	219023	46544	7047	1429921	3584892	5663497
35137	300078	77308	24714	1367	245	68381	179126	223460
35137	300078	77308	24714	1367	245	68381	179126	223460
150961	2297330	384091	5165	1976		463043	453676	665791
150961	2297330	384091	5165	1976		463043	453676	665791

1-2 续表 2-1

项 目	累计折旧	固定资产净 值	固定资产净 值 年平均余额	负债合计	流动负债合 计
总 计	**102272278**	**143019446**	**145277274**	**262782024**	**217870034**
总计中：亏损企业	21545008	32715093	33070114	55794092	45240922
一、按登记注册类型分组					
内资企业	45444332	67224710	67361043	120580568	93948744
国有企业	11161984	21576728	21011244	19273697	11667752
集体企业	1186901	1405597	1377076	2262426	1781600
股份合作企业	150240	187601	186511	444867	377373
联营企业	119647	106681	105572	355418	268811
有限责任公司	14745927	21222858	21253926	44573714	32845610
股份有限公司	7446995	7253626	7919453	20707868	17687760
私营企业	10521462	15271154	15280882	32476387	28913293
其他企业	111177	200465	226379	486191	406546
港、澳、台商投资企业	33372314	41543715	43255627	73859989	64120208
外商投资企业	23455631	34251021	34660605	68341466	59801082
二、按经济组织类型分组					
独资企业	46529396	70300423	71849515	116563178	100143775
合作、合伙企业	4451073	4657838	4779634	8611784	5553908
股份有限公司	9666759	9836648	10532700	26092607	22211088
有限责任公司	41625049	58224537	58115425	111514454	89961263
三、按企业控股情况分组					
国有控股企业	32638848	50632115	50513242	66168450	42109002
四、按轻重工分组					
轻工业	35243702	43425019	44281129	88581038	79068739
重工业	67028575	99594427	100996145	174200985	138801294
五、按企业规模分组					
大型企业	30554860	41291673	42484127	87518617	73375360
中型企业	38064253	54864460	55290113	92135423	76492718
小型企业	33653164	46863314	47503034	83127985	68001956
六、按照工业行业大中小类分组					
采矿业	2818595	3089158	3874589	2401473	1469187
煤炭开采和洗选业					
烟煤和无烟煤的开采洗选					
烟煤和无烟煤的开采洗选					
褐煤的开采洗选					
褐煤的开采洗选					
其他煤炭采选					
其他煤炭采选					
石油和天然气开采业	2435108	2436076	3210703	1377112	709825
天然原油和天然气开采	2385000	2348933	3119875	1337325	676636
天然原油和天然气开采	2385000	2348933	3119875	1337325	676636
与石油和天然气开采有关的服务活动	50108	87143	90828	39786	33189
与石油和天然气开采有关的服务活动	50108	87143	90828	39786	33189
黑色金属矿采选业	75448	121444	136869	444897	335675
铁矿采选	74913	119498	135784	437338	328115
铁矿采选	74913	119498	135784	437338	328115

单位：万元

应付账款	长期负债合计	所有者权益合计	实收资本	国家资本	集体资本	法人资本	个人资本	港澳台资本
82848562	**40046654**	**194719458**	**121779809**	**13100515**	**1405130**	**33537344**	**10430756**	**35551406**
16236334	9564636	28930730	30792385	1197889	264844	8150570	1510997	11158919
27799552	23896031	85976330	44979312	10138421	961139	23505062	9358571	518569
2960028	7485204	14433124	8137285	1925363	10406	6157149	13546	17422
332876	361008	1539107	668301	4156	405823	108332	42245	87122
109615	61812	242072	157109	60	29683	79314	36848	9139
101097	79782	675517	96763	25884	11321	36678	17021	1650
9248979	10280363	32647523	17831662	7628886	306208	7625187	2012666	106723
5634187	2924874	15056286	8410386	537043	129082	5734656	1580029	182945
9273950	2638636	21087405	9519419	16370	67344	3665521	5616119	97153
138821	64353	295297	158388	660	1273	98224	40096	16417
28762875	8129961	59486497	43827135	2226235	256735	5057539	570545	32641049
26286135	8020663	49256631	32973362	735860	187256	4974743	501641	2391788
45292727	14409758	88688327	61298069	3042328	506120	9340146	1388702	27645861
2020938	2757461	6870652	4754649	371056	86068	968621	292739	1767242
6900990	3746911	20220850	11036372	779586	144327	6253500	2133812	617325
28633906	19132525	78939630	44690718	8907546	668615	16975078	6615503	5520979
11532563	23730174	52811132	33228716	12660506	65695	16345587	637689	821223
31809417	7991163	70956690	45112835	1492356	771629	9574030	4916086	18622736
51039145	32055491	123762768	76666974	11608159	633501	23963314	5514671	16928670
29752057	13929729	61018326	33527749	6503078	211643	13467973	996028	6468614
29025960	14019480	73722038	46817538	4555560	384820	10450346	3050833	15321264
24070545	12097445	59979094	41434522	2041877	808667	9619025	6383896	13761528
283109	501331	3894922	2063803	1147926	6942	312773	116952	469212
126908	257018	2732671	1551697	1077378		31370	300	440907
121755	250440	2645672	1505900	1075340				430560
121755	250440	2645672	1505900	1075340				430560
5153	6579	86999	45797	2038		31370	300	10347
5153	6579	86999	45797	2038		31370	300	10347
52780	104305	386748	158925	2920	71	118361	35145	2428
49675	104305	384508	156134	2920	71	115570	35145	2428
49675	104305	384508	156134	2920	71	115570	35145	2428

1-2 续表 2-2

项　　目	累计折旧	固定资产净　值	固定资产净 值 年平均余额	负债合计	流动负债合　计
其他黑色金属矿采选	536	1946	1085	7559	7559
其他黑色金属矿采选	536	1946	1085	7559	7559
有色金属矿采选业	109215	179826	172793	298556	196727
常用有色金属矿采选	82289	140994	141726	175177	116840
铜矿采选	4739	17059	17345	31366	23153
铅锌矿采选	69925	76773	76028	88171	78999
镍钴矿采选					
锡矿采选	3600	38560	39560	40229	229
锑矿采选					
铝矿采选					
镁矿采选					
其他常用有色金属矿采选	4025	8603	8793	15411	14459
贵金属矿采选	16341	9323	9435	37517	36445
金矿采选	15217	4043	3864	17925	16853
银矿采选	1124	5280	5571	19592	19592
其他贵金属矿采选					
稀有稀土金属矿采选	10585	29510	21632	85862	43442
钨钼矿采选	1766	2050	1907	9132	8010
稀土金属矿采选	159	1540	1576	9386	8202
放射性金属矿采选	6871	23705	16218	52964	14062
其他稀有金属矿采选	1789	2215	1931	14380	13168
非金属矿采选业	198823	351811	354225	280908	226961
土砂石开采	130847	306743	303061	219400	174146
石灰石、石膏开采	18064	38259	41499	47453	38422
建筑装饰用石开采	19284	42584	42319	39921	29237
耐火土石开采	252	1049	1134	4246	1227
粘土及其他土砂石开采	93246	224852	218109	127780	105260
化学矿采选	52433	23675	29091	31268	30477
化学矿采选	52433	23675	29091	31268	30477
采盐	13093	12869	12807	16387	11640
采盐	13093	12869	12807	16387	11640
石棉及其他非金属矿采选	2450	8523	9266	13853	10699
石棉、云母矿采选					
石墨、滑石采选					
宝石、玉石开采					
其他非金属矿采选	2450	8523	9266	13853	10699
其他采矿业					
其他采矿业					
其他采矿业					
制造业	75302323	100436644	102658602	220957324	197653349
农副食品加工业	1289700	1703603	1740993	4141757	3637425
谷物磨制	103066	106394	107535	207386	186461
谷物磨制	103066	106394	107535	207386	186461
饲料加工	348645	439504	480982	975024	824583
饲料加工	348645	439504	480982	975024	824583
植物油加工	180467	333434	292861	774358	667522
食用植物油加工	179029	331037	290703	772530	665694
非食用植物油加工	1438	2397	2157	1828	1828

单位：万元

应付账款	长期负债合计	所有者权益合计	实收资本	国家资本	集体资本	法人资本	个人资本	港澳台资本
3105		2239	2791			2791		
3105		2239	2791			2791		
44300	91689	276826	124020	54931		41415	25359	100
26532	49326	229583	88032	32385		29319	24014	100
5498	1056	30711	6293	1847		1731	500	
14609	8405	168552	46089	30537		11208	4344	
123	38930	17631	32000			16000	16000	
6302	936	12688	3650			380	3170	100
-1085	1072	19830	8652	3230		5422		
-1772	1072	15490	3230	3230				
687		4340	5422			5422		
18853	41291	27414	27336	19317		6674	1345	
941	508	4297	1226	335		590	301	
6452	1181	8110	1310			1060	250	
2119	38702	11726	22514	18676		3838		
9340	900	3281	2286	306		1186	794	
59120	48319	498678	229161	12696	6871	121627	56149	25778
50764	41566	428328	165097	4956	6651	67114	54559	25778
6784	8607	42868	24105	2574	1881	5574	8023	1738
8073	9916	55341	32802	167	100	7372	18146	7017
42	3019	454	445				445	
35865	20024	329666	107745	2216	4670	54167	27945	17022
2988	791	60414	51692			51692		
2988	791	60414	51692			51692		
1771	4747	4806	8081	7740	220	121		
1771	4747	4806	8081	7740	220	121		
3597	1214	5130	4290			2700	1590	
3597	1214	5130	4290			2700	1590	
78683194	19107111	155391620	98706488	2533939	1203201	24622634	10034216	34076426
928982	391873	2422142	1546571	61012	38047	550521	240385	272183
53254	17769	142251	110568	11164	1028	21119	21038	18688
53254	17769	142251	110568	11164	1028	21119	21038	18688
205437	112997	623164	315611	1259	19938	113540	64091	57476
205437	112997	623164	315611	1259	19938	113540	64091	57476
222561	55392	390192	288303	25301	2086	86366	15783	10577
222027	55392	388692	288243	25301	2086	86366	15723	10577
534		1500	60				60	

1-2 续表 2-3

项 目	累计折旧	固定资产净值	固定资产净值年平均余额	负债合计	流动负债合计
制糖	214323	247548	272842	634238	536929
制糖	214323	247548	272842	634238	536929
屠宰及肉类加工	76332	105797	108115	201348	179357
畜禽屠宰	28298	41502	42966	68550	61095
肉制品及副产品加工	48034	64295	65149	132798	118262
水产品加工	203266	260271	260791	747379	678916
水产品冷冻加工	121806	183260	164870	518182	460607
鱼糜制品及水产品干腌制加工	37476	36878	39949	66417	62706
水产饲料制造	30921	32046	45631	119787	114775
鱼油提取及制品的制造					
其他水产品加工	13063	8087	10341	42992	40828
蔬菜、水果和坚果加工	71501	99272	108423	225294	209838
蔬菜、水果和坚果加工	71501	99272	108423	225294	209838
其他农副食品加工	92100	111384	109443	376730	353819
淀粉及淀粉制品的制造	37705	40879	37271	81393	69179
豆制品制造	20678	35989	36860	227066	225637
蛋品加工	7449	2083	2100	2551	1648
其他未列明的农副食品加工	26268	32433	33213	65720	57356
食品制造业	1237168	1360870	1391429	2720259	2454321
焙烤食品制造	147259	149339	144476	286009	260485
糕点、面包制造	42876	48762	47464	77120	63164
饼干及其他焙烤食品制造	104383	100577	97012	208889	197321
糖果、巧克力及蜜饯制造	291773	295739	309379	511540	489829
糖果、巧克力制造	255362	248087	260663	452955	441076
蜜饯制作	36411	47652	48715	58585	48753
方便食品制造	225588	247208	230907	377726	323428
米、面制品制造	23184	35554	38689	73863	64113
速冻食品制造	28811	43423	43455	88870	79513
方便面及其他方便食品制造	173593	168231	148763	214993	179802
液体乳及乳制品制造	76154	108071	108377	319262	312321
液体乳及乳制品制造	76154	108071	108377	319262	312321
罐头制造	39931	36410	37306	122667	82048
肉、禽类罐头制造	16472	7733	4548	9548	4679
水产品罐头制造	10674	11146	14625	66182	36125
蔬菜、水果罐头制造	8223	15493	16361	36957	32067
其他罐头食品制造	4562	2038	1772	9980	9178
调味品、发酵制品制造	269948	305277	350032	511769	441641
味精制造	62257	35303	37752	50429	49629
酱油、食醋及类似制品的制造	134708	218177	258878	379928	316021
其他调味品、发酵制品制造	72982	51797	53402	81411	75991
其他食品制造	186513	218825	210951	591288	544569
营养、保健食品制造	88281	129673	120903	362840	342361
冷冻饮品及食用冰制造	37735	26851	27930	51458	46179
盐加工	533	310	312	481	481
食品及饲料添加剂制造	26006	42728	42674	96063	93319
其他未列明的食品制造	33958	19265	19131	80445	62229

单位：万元

应付账款	长期负债合计	所有者权益合计	实收资本					
				国家资本	集体资本	法人资本	个人资本	港澳台资本
55241	93803	258866	134921	5859	1006	71127	42986	8227
55241	93803	258866	134921	5859	1006	71127	42986	8227
42530	19743	172944	134282	7819	4336	55239	10902	32808
8344	6707	50610	33042	7511	1950	16613	3894	3074
34186	13035	122334	101240	308	2386	38625	7009	29734
168464	59747	477375	329012	6092	6801	124386	53402	105101
108888	54520	298407	202525	4392	3326	74102	33563	58077
25689	662	83754	59581	100	463	18012	11948	27188
25444	4181	92037	52165	1600	2900	28175	6262	11231
8443	384	3177	14741		112	4097	1630	8605
128544	12290	187786	85662		2837	25206	8088	29971
128544	12290	187786	85662		2837	25206	8088	29971
52951	20133	169565	148213	3518	15	53540	24095	9336
11480	12141	48700	42461	1818		13839	7641	5140
35007	25	65763	59924	1700		1171	12400	967
348		4362	3417			190	2800	427
6116	7967	50740	42411		15	38340	1255	2802
769483	239635	2453740	1527991	36381	9067	318711	207706	379174
94622	21854	253234	195836	1565	1284	23642	26566	82652
33019	11574	70524	65328	80		6681	4038	47432
61603	10279	182710	130508	1485	1284	16961	22527	35220
188530	15016	511640	313358	60	855	37866	38244	34073
176048	6674	426998	258514	60		27743	12474	23153
12482	8343	84641	54844		855	10123	25770	10920
110402	53223	306923	222678	19912	862	26667	9278	112881
16141	9085	37942	26391	4656	98	8871	5485	6256
26965	9323	41541	27030	500	664	6181	1996	16334
67296	34816	227440	169257	14756	100	11615	1797	90291
115179	6923	190538	129526	2368	300	57836	8173	5997
115179	6923	190538	129526	2368	300	57836	8173	5997
21018	40218	71242	73008	2680	30	32770	6388	4989
2367	4870	7901	25425			3772	400	112
5667	29846	34631	24673			23604	300	769
9896	4822	20118	17973	880	30	4611	4866	3108
3088	681	8592	4937	1800		783	822	1001
146901	69466	516492	260134	7485	2089	78015	34988	69889
27852	482	35897	34695		1231	17592	1796	1675
95023	63650	353826	143276	6182	625	36025	11902	58387
24026	5334	126769	82164	1303	233	24398	21291	9826
92831	32935	603672	333450	2311	3648	61915	84070	68694
46363	11809	446992	180148		3648	38631	39289	53994
6714	4182	13098	42660			5995	13498	4046
151		640	374	374				
27026	2383	79902	61197	1331		9800	27008	8728
12578	14561	63039	49071	607		7490	4276	1925

1-2 续表 2-4

项目	累计折旧	固定资产净值	固定资产净值年平均余额	负债合计	流动负债合计
饮料制造业	1188772	1463688	1496647	2348086	2107658
酒精制造	7382	11432	12059	35699	34295
酒精制造	7382	11432	12059	35699	34295
酒的制造	554066	656247	701760	826662	729994
白酒制造	45476	31588	32567	45580	39098
啤酒制造	499130	602771	641140	755831	667132
黄酒制造	233	445	475	1211	1121
葡萄酒制造	122	462	456	299	119
其他酒制造	9104	20982	27123	23742	22523
软饮料制造	617831	772694	758789	1455836	1318264
碳酸饮料制造	129257	178824	170586	509022	483633
瓶(罐)装饮用水制造	98509	119804	114369	180053	163203
果菜汁及果菜汁饮料制造	118360	203654	204192	335824	273089
含乳饮料和植物蛋白饮料制造	100889	66350	65975	163663	144504
固体饮料制造	93099	56633	57899	81785	81153
茶饮料及其他软饮料制造	77718	147431	145767	185489	172682
精制茶加工	9494	23315	24039	29889	25106
精制茶加工	9494	23315	24039	29889	25106
烟草制品业	447101	341217	355637	285478	245309
烟叶复烤	14603	18565	19053	4211	4200
烟叶复烤	14603	18565	19053	4211	4200
卷烟制造	419873	277869	300649	243436	228435
卷烟制造	419873	277869	300649	243436	228435
其他烟草制品加工	12625	44783	35935	37832	12674
其他烟草制品加工	12625	44783	35935	37832	12674
纺织业	3890778	4553220	4630123	6354918	5569140
棉、化纤纺织及印染精加工	1964849	2169481	2320636	2907102	2566276
棉、化纤纺织加工	1038996	1115867	1219234	1620016	1441606
棉、化纤印染精加工	925854	1053614	1101402	1287086	1124671
毛纺织和染整精加工	407996	372590	364862	485529	429718
毛条加工	20497	9809	9909	22846	22707
毛纺织	172260	113911	111101	227872	220757
毛染整精加工	215240	248870	243852	234812	186254
麻纺织	732	1396	1413	1183	1088
麻纺织	732	1396	1413	1183	1088
丝绢纺织及精加工	43039	71004	66804	109478	80043
缫丝加工	3514	9988	7860	29287	25843
绢纺和丝织加工	3484	6269	6409	8561	7411
丝印染精加工	36041	54747	52534	71630	46789
纺织制成品制造	381386	516659	522621	814775	689598
棉及化纤制品制造	142516	153643	164288	271235	255535
毛制品制造	9722	7400	7736	12792	12331
麻制品制造	1616	2775	2916	6065	3981
丝制品制造	5622	7236	7593	13310	8781
绳、索、缆的制造	12515	35347	34843	28644	23826
纺织带和帘子布制造	50194	83550	89802	103891	96159
无纺布制造	102563	119387	108831	152279	112106
其他纺织制成品制造	56638	107321	106611	226559	176879

单位：万元

应付账款	长期负债合计	所有者权益合计	实收资本	国家资本	集体资本	法人资本	个人资本	港澳台资本
590321	223843	1888155	1339643	43645	8519	267737	79519	418772
3901	1404	8083	4183			1816	2367	
3901	1404	8083	4183			1816	2367	
166644	96481	838643	595324	31873	268	128456	20651	152204
8427	6385	63139	24506	1383	218	5498	16267	1139
156331	88697	743647	548892	30491		108510		151065
3		300	550			250	300	
81	180	483	238			200	38	
1802	1218	31075	21138		50	13998	4046	
411388	122600	1014612	719837	11464	8251	128881	46672	264989
71614	12405	268413	138163	3676		48327	4247	32020
39698	16268	177767	133467	1700	2428	28827	10830	88601
113598	61455	147465	153727		4182	14455	2256	71980
59407	19036	64894	96266	5750	561	9215	24645	22918
36893	630	149907	110671	338		1617	268	2106
90178	12807	206166	87543		1080	26440	4426	47363
8388	3359	26817	20299	307		8584	9828	1579
8388	3359	26817	20299	307		8584	9828	1579
59940	39116	2084441	1518320	38474		1472235	7610	
1427	11	27270	27055	17974		9080		
1427	11	27270	27055	17974		9080		
54017	15001	1988474	1460065	20500		1439565		
54017	15001	1988474	1460065	20500		1439565		
4495	24104	68696	31200			23590	7610	
4495	24104	68696	31200			23590	7610	
2010134	650754	6008937	4547205	48296	83109	533788	483819	2702413
812950	271404	2658268	1859002	25980	7131	271288	182988	1020468
425667	141488	1263976	977856	25055	3201	192261	108132	420067
387283	129916	1394292	881146	925	3931	79027	74856	600400
176784	47294	437316	460172	6573	1170	31359	55145	358384
5661		11682	18780			2140	8809	4157
52869	1845	56388	117985	6373	687	21448	37308	48382
118253	45449	369247	323406	200	483	7770	9028	305845
251		1330	1046				1046	
251		1330	1046				1046	
24062	25601	67969	58657	2037	239	17260	7596	20982
1678	2486	10264	11109	1927		4289	4893	
1118	1150	8468	4221	110	239	994	205	1616
21267	21965	49236	43327			11977	2499	19365
290550	113383	819821	602447	1278	55288	56685	41619	315596
88042	13440	294691	182238	586	44271	28687	15327	75110
1974	78	18936	20390			496	172	16876
672	1349	4041	2203			804	210	1189
2453		7823	8113		100	816	429	2108
14245	3954	53644	34132		1362	2394	1550	20515
30671	7331	133632	105613		1304	3052	8376	71457
54146	39336	156919	127475		8060	14001	4466	52654
98348	47896	150135	122285	692	191	6437	11090	75688

1-2 续表 2-5

项　　目	累计折旧	固定资产净　　值	固定资产净值年平均余额	负债合计	流动负债合　　计
针织品、编织品及其制品制造	1092776	1422091	1353788	2036851	1802418
棉、化纤针织品及编织品制造	572797	592379	584513	910909	795326
毛针织品及编织品制造	272437	403565	388230	814399	731465
丝针织品及编织品制造	80263	158281	153829	112935	92258
其他针织品及编织品制造	167280	267866	227216	198608	183369
纺织服装、鞋、帽制造业	1912208	2644716	2733742	5498901	4926675
纺织服装制造	1824737	2521900	2613131	5266451	4716248
纺织服装制造	1824737	2521900	2613131	5266451	4716248
纺织面料鞋的制造	54036	80551	77907	185762	165650
纺织面料鞋的制造	54036	80551	77907	185762	165650
制帽	33434	42265	42705	46688	44776
制帽	33434	42265	42705	46688	44776
皮革、毛皮、羽毛(绒)及其制品业	1257751	1580626	1811093	3572660	3302496
皮革鞣制加工	135018	127341	139217	336276	318875
皮革鞣制加工	135018	127341	139217	336276	318875
皮革制品制造	1073837	1402830	1616368	3136183	2891290
皮鞋制造	745650	958773	1172895	2044874	1871770
皮革服装制造	9830	13373	11487	43712	43100
皮箱、包(袋)制造	240815	327137	324427	814986	763965
皮手套及皮装饰制品制造	29860	28943	28765	82849	77547
其他皮革制品制造	47683	74603	78795	149763	134909
毛皮鞣制及制品加工	24676	15250	17184	33857	32792
毛皮鞣制加工	2355	1136	1224	3630	3610
毛皮服装加工	17952	8320	9050	19063	19063
其他毛皮制品加工	4370	5794	6911	11164	10119
羽毛(绒)加工及制品制造	24220	35204	38323	66343	59540
羽毛(绒)加工	7741	17542	19111	29339	26674
羽毛(绒)制品加工	16479	17662	19212	37004	32866
木材加工及木、竹、藤、棕、草制品业	483875	768186	782844	1431280	1196909
锯材、木片加工	39928	65099	66326	108230	80242
锯材加工	3904	7406	6588	21997	20112
木片加工	36025	57693	59738	86233	60130
人造板制造	341639	537549	551639	997336	812511
胶合板制造	50478	89129	93241	157186	140490
纤维板制造	90781	241181	242247	416924	303184
刨花板制造	47793	77538	85064	113978	64552
其他人造板、材制造	152587	129701	131087	309249	304286
木制品制造	87661	136852	137383	277587	259018
建筑用木料及木材组件加工	43006	60011	61072	132343	119151
木容器制造	10001	19980	20116	44662	42097
软木制品及其他木制品制造	34653	56861	56196	100582	97769
竹、藤、棕、草制品制造	14647	28686	27496	48127	45138
竹、藤、棕、草制品制造	14647	28686	27496	48127	45138
家具制造业	753780	1212461	1214853	2562674	2351771
木质家具制造	451796	764434	784012	1458090	1379230
木质家具制造	451796	764434	784012	1458090	1379230

单位：万元

应付账款	长期负债合计	所有者权益合计	实收资本	国家资本	集体资本	法人资本	个人资本	港澳台资本
705536	193073	2024233	1565881	12429	19282	157196	195425	986984
286923	102490	874446	676505	436	7453	69876	49200	480019
315103	61890	573615	500604	11994	11142	50670	37188	321391
24864	18054	220935	138814		246	18987	60222	45023
78646	10639	355237	249959		440	17664	48815	140551
2089413	426608	4434505	3027429	48875	20550	380391	343320	1713943
1971009	409089	4241198	2829424	48825	20173	375183	317946	1627675
1971009	409089	4241198	2829424	48825	20173	375183	317946	1627675
97432	16257	121682	124112	50	73	4526	1843	49294
97432	16257	121682	124112	50	73	4526	1843	49294
20971	1263	71626	73892		304	682	23531	36974
20971	1263	71626	73892		304	682	23531	36974
1819050	209858	2872841	2189868	1123	28889	178845	121026	1246046
167355	6398	193455	165193		4449	7960	8381	70493
167355	6398	193455	165193		4449	7960	8381	70493
1614335	195756	2589540	1961411	1123	24039	142775	107004	1161168
1070529	146620	1736909	1364641	28	12639	58935	58068	813687
16665	379	67866	20630			4790	4672	8927
404186	33243	579426	420199	884	2475	60204	26092	258877
41855	4044	74497	51374	61	533	9537	6024	29335
81100	11470	130841	104568	150	8393	9308	12149	50343
18643	1035	35938	31481		200	15042	300	7705
1321	20	1573	1113		200	8	200	705
10393		22657	17352			12359	50	2460
6928	1015	11708	13016			2675	50	4540
18718	6671	53909	31784		200	13068	5342	6680
6225	2533	26005	19675		200	12120	2391	4963
12493	4137	27904	12109			948	2951	1717
292280	182906	1764235	707456	3996	1818	211167	111165	170682
27104	25793	96679	50702	370	507	19710	14492	5950
6610	1463	24205	11781		407	1530	4335	5376
20494	24330	72473	38920	370	100	18179	10158	574
132590	140131	1418096	484500	1790	390	173046	71278	60597
40580	12533	106797	73523		120	25941	14159	16852
43418	110210	734618	161423	1270		75636	37872	8185
13244	12450	58916	57712	520		12853	6841	25283
35349	4938	517766	191841		270	58616	12406	10278
116345	15239	198459	135991	183	710	14874	19187	80424
55334	11860	82967	56054	183	630	2390	9986	32037
20513	1036	25487	20433			3736	2904	11074
40499	2343	90005	59505		80	8748	6297	37313
16240	1744	51001	36263	1653	211	3538	6209	23710
16240	1744	51001	36263	1653	211	3538	6209	23710
1022650	176499	2079605	1480327	2423	8110	211283	212590	718489
593463	66435	1309755	967400	790	6023	151857	140641	462338
593463	66435	1309755	967400	790	6023	151857	140641	462338

1-2 续表 2-6

项　　目	累计折旧	固定资产净　　值	固定资产净值年平均余额	负债合计	流动负债合　　计
竹、藤家具制造	19474	21710	23685	59566	54841
竹、藤家具制造	19474	21710	23685	59566	54841
金属家具制造	166390	242129	228059	495642	461531
金属家具制造	166390	242129	228059	495642	461531
塑料家具制造	16993	24673	24474	63851	49772
塑料家具制造	16993	24673	24474	63851	49772
其他家具制造	99126	159515	154624	485524	406396
其他家具制造	99126	159515	154624	485524	406396
造纸及纸制品业	2487121	4806091	4468554	6814889	5760468
纸浆制造	228538	736948	700437	674060	629857
纸浆制造	228538	736948	700437	674060	629857
造纸	1126041	2803316	2507767	3379283	2571569
机制纸及纸板制造	967872	2549534	2157506	3041328	2343850
手工纸制造	592	1479	1000	3722	3722
加工纸制造	157577	252303	349261	334234	223998
纸制品制造	1132543	1265827	1260350	2761546	2559043
纸和纸板容器的制造	765566	746126	749569	1800089	1675842
其他纸制品制造	366976	519701	510781	961458	883201
印刷业和记录媒介的复制	1595690	2096744	2097856	3112636	2766329
印刷	1369377	1815732	1804505	2798846	2503037
书、报、刊印刷	445513	536858	499625	676105	594185
本册印制	61712	107926	105317	181497	163674
包装装潢及其他印刷	862152	1170948	1199563	1941244	1745178
装订及其他印刷服务活动	92159	85967	87567	96239	86739
装订及其他印刷服务活动	92159	85967	87567	96239	86739
记录媒介的复制	134154	195045	205785	217551	176553
记录媒介的复制	134154	195045	205785	217551	176553
文教体育用品制造业	1224313	1566093	1533316	2837093	2572348
文化用品制造	125568	169615	173718	256532	240003
文具制造	106439	140057	143362	200816	187777
笔的制造	6875	11289	12326	17826	17408
教学用模型及教具制造	3309	4601	4506	10994	10634
墨水、墨汁制造	1289	1533	1336	4250	3422
其他文化用品制造	7656	12136	12188	22645	20762
体育用品制造	226718	340767	325830	677422	646571
球类制造	25818	37405	34614	53042	50851
体育器材及配件制造	94174	138602	133988	269683	261359
训练健身器材制造	21889	41349	40540	80020	76219
运动防护用具制造	40868	52658	50497	155336	143469
其他体育用品制造	43969	70754	66191	119341	114673
乐器制造	63631	67079	67280	165004	153204
中乐器制造	855	2263	2233	2277	2276
西乐器制造	46044	49382	49161	117146	107534
电子乐器制造	2838	6902	7349	21874	21545
其他乐器及零件制造	13894	8532	8537	23708	21849
玩具制造	785581	955356	924843	1637633	1435019
玩具制造	785581	955356	924843	1637633	1435019

单位：万元

应付账款	长期负债合计	所有者权益合计	实收资本	国家资本	集体资本	法人资本	个人资本	港澳台资本
11505	3989	25372	20064	1164	873	5324	2602	5719
11505	3989	25372	20064	1164	873	5324	2602	5719
205061	22773	362220	239261	278	249	23289	34870	123287
205061	22773	362220	239261	278	249	23289	34870	123287
21331	6323	29782	24326		5	3129	3148	10450
21331	6323	29782	24326		5	3129	3148	10450
191291	76979	352476	229276	192	960	27684	31330	116695
191291	76979	352476	229276	192	960	27684	31330	116695
1930430	966787	4795606	3594487	194300	83946	778668	349167	1439140
214998	42071	713310	604946	6400	800	58675	27862	383835
214998	42071	713310	604946	6400	800	58675	27862	383835
898158	760150	2140086	1652892	142064	60102	547085	104701	511891
815815	683029	1851610	1368689	115723	59093	513828	81137	442042
1314		449	211		70		141	
81029	77121	288027	283992	26341	940	33257	23424	69849
817273	164565	1942209	1336649	45836	23044	172908	216603	543415
496766	105408	1131932	791881	27092	15798	73385	97126	300967
320507	59158	810278	544768	18744	7246	99523	119478	242448
1004526	285910	3066177	1995313	105682	49491	412215	300660	949895
921057	238077	2725157	1741369	80414	46182	331672	271377	869086
244765	60861	679713	491261	31561	8771	69209	40585	314026
63132	14145	129269	88888	468	197	10942	19102	41340
613160	163072	1916175	1161220	48385	37214	251521	211690	513721
38248	9252	189815	84415	5593	846	20755	13457	36231
38248	9252	189815	84415	5593	846	20755	13457	36231
45222	38581	151204	169529	19675	2464	59787	15827	44577
45222	38581	151204	169529	19675	2464	59787	15827	44577
1447824	184288	2575301	2047974	87337	25073	193722	86463	1266682
113519	9360	329920	179843	700	1303	44460	22323	89978
88760	6875	280860	139436		565	33498	18574	72118
7523	256	17987	16420		138	9063	18	2675
6741	350	6855	5737	700	600	150	50	2943
851		5915	2828			1312		940
9644	1880	18302	15422			438	3681	11303
426638	20732	569342	522182	27101	4766	39098	8238	248071
36090	2060	72207	67746	3316	60	922	467	25342
145715	7249	217683	196269	8573	2606	23577	2328	67268
58914	2857	67037	60219			1118	2925	40975
114380	3927	59387	73752		2000	3185	742	49332
71540	4640	153029	124195	15213	101	10296	1776	65154
73022	9923	135398	95472	59113	145	12273	2689	9819
954		4006	2618			100	34	
42609	8425	106273	73939	59113	15	7622	843	2908
18334	0	11987	11512			3711	80	4101
11125	1498	13132	7403		130	840	1732	2810
774305	141414	1492120	1222938	423	18858	95704	51453	910999
774305	141414	1492120	1222938	423	18858	95704	51453	910999

1-2 续表 2-7

项　　目	累计折旧	固定资产净　值	固定资产净值年平均余额	负债合计	流动负债合　计
游艺器材及娱乐用品制造	22814	33276	41646	100503	97552
露天游乐场所游乐设备制造	2907	6013	6246	41684	41164
游艺用品及室内游艺器材制造	19907	27263	35400	58819	56388
石油加工、炼焦及核燃料加工业	3020234	2731763	3048563	3903283	3856030
精炼石油产品的制造	3016244	2722000	3037987	3855031	3810121
原油加工及石油制品制造	3016210	2721901	3037899	3854638	3809848
人造原油生产	34	99	88	393	273
炼焦	3990	9762	10576	48252	45909
炼焦	3990	9762	10576	48252	45909
核燃料加工					
核燃料加工					
化学原料及化学制品制造业	4247680	8010978	8067271	12078394	9498016
基础化学原料制造	973659	3421655	3462124	3207811	1639638
无机酸制造	28375	20382	24390	70671	61222
无机碱制造	100107	83571	90058	125725	103349
无机盐制造	132821	116599	122416	257874	183802
有机化学原料制造	522238	2925377	2948513	2518792	1094955
其他基础化学原料制造	190119	275726	276746	234749	196310
肥料制造	102567	162406	167573	229761	204923
氮肥制造	13094	4892	15862	13832	9286
磷肥制造	18813	59591	42173	35126	24163
钾肥制造	37766	56174	69400	58352	57897
复混肥料制造	28259	31886	28650	91771	86522
有机肥料及微生物肥料制造	3902	9411	11045	25654	24323
其他肥料制造	734	453	443	5026	2732
农药制造	49553	36557	40120	90062	86926
化学农药制造	48151	30279	34001	78469	75644
生物化学农药及微生物农药制造	1402	6278	6119	11593	11282
涂料、油墨、颜料及类似产品制造	742946	877942	932496	2052879	1936238
涂料制造	448705	575026	608032	1430173	1347114
油墨及类似产品制造	98642	121388	135800	327504	307987
颜料制造	116752	85526	91663	134840	124695
染料制造	25968	34988	35165	56803	55699
密封用填料及类似品制造	52878	61014	61836	103559	100743
合成材料制造	883831	1560175	1543704	2237272	1679589
初级形态的塑料及合成树脂制造	487029	841839	817337	1404890	1153087
合成橡胶制造	36157	123426	85407	160303	159494
合成纤维单(聚合)体的制造	326599	543537	588849	608362	305373
其他合成材料制造	34047	51374	52112	63716	61636
专用化学产品制造	666494	884652	907299	1772944	1590640
化学试剂和助剂制造	214688	242020	266884	511343	434710
专项化学用品制造	116868	198816	199205	390493	357093
林产化学产品制造	43570	60092	58838	112845	91368
炸药及火工产品制造	19192	21617	19108	36175	31144
信息化学品制造	129250	193559	200324	158583	137344
环境污染处理专用药剂材料制造	4313	8878	9248	12278	10343
动物胶制造	170	849	858	1683	1683
其他专用化学产品制造	138444	158821	152835	549544	526956

单位：万元

应付账款	长期负债合计	所有者权益合计	实收资本	国家资本	集体资本	法人资本	个人资本	港澳台资本
60340	2859	48522	27540			2188	1760	7816
25191	519	14468	4727			626	672	3429
35150	2340	34054	22812			1562	1088	4386
818109	32096	1591251	2326184	106221	5377	1986938	28698	10897
802622	32071	1555142	2298730	106221	5377	1984194	24762	10597
802491	31951	1555005	2298605	106221	5377	1984194	24637	10597
131	120	137	125				125	
15488	25	36109	27454			2743	3936	300
15488	25	36109	27454			2743	3936	300
2956438	2477619	10469220	6612487	205972	34930	1598838	835919	1519766
298133	1561513	1950459	1901897	73050	5040	787093	84467	112508
19287	8945	33523	17794	50	1207	6263	2971	6434
19022	21290	91705	58605	25045	386	26033	1841	5300
38937	70998	193003	68363	14656	2071	5289	17158	7546
185901	1423535	1359648	1551409	1014	1203	696274	46970	62638
34986	36744	272580	205727	32286	172	53234	15527	30591
57942	19559	252605	108350	8070	870	33795	40835	12316
856	4545	7644	2786	2074		551	161	
8049	10505	50388	16538	5296	495	7903	2844	
4569	456	73078	28545			5216		11162
37609	3522	102141	50069		374	17475	30766	1153
6435	530	18254	10117	700		2500	6917	
424		1101	295			150	145	
19197	2864	129983	61684	13716	1080	21741	21433	1915
14443	2725	117828	58284	13716	1080	20691	19083	1915
4754	139	12155	3400			1050	2350	
781796	96577	1816365	973718	4650	15337	133904	135572	396050
524920	66834	1242247	613860	4115	10367	86762	64246	250101
155025	18031	255305	181114	35	1060	19146	46385	79359
41139	9249	139713	84258		1749	13958	9613	33616
23621		54802	33528			2394	2950	18508
37091	2462	124299	60958	500	2162	11644	12378	14466
546785	538534	1824642	1308321	72416	1643	236624	247130	129708
400618	233404	1366969	772926		1643	156212	238941	85205
32559	429	106310	125714			7747	4350	10099
93829	302988	233561	352217	72416		60463	108	19842
19779	1713	117802	57464			12203	3731	14562
510186	146734	1889702	962879	25193	8957	224676	171521	242592
144277	75054	603686	284880		1799	76510	29580	72624
122297	21450	524343	185583	15665	884	30116	31674	32659
16077	18480	93405	68427	2915	38	29766	14127	2893
6690	3035	27546	14154	4773	3000	5018	1363	
40067	17467	347169	235810	1775	3231	50036	68718	64740
4627	1316	14655	6780			3584	2575	
		1024	450				450	
176150	9932	277874	166796	65	5	29647	23036	69676

1-2 续表 2-8

项　　目	累计折旧	固定资产净　　值	固定资产净 值 年平均余额	负债合计	流动负债合　　计
日用化学产品制造	828630	1067592	1013956	2487666	2360063
肥皂及合成洗涤剂制造	460062	525111	482008	1434473	1372647
化妆品制造	122223	244939	248568	638101	599687
口腔清洁用品制造	94477	162553	161125	183273	179129
香料、香精制造	122773	97245	82088	133760	117271
其他日用化学产品制造	29095	37743	40167	98059	91329
医药制造业	907264	1394041	1325205	2394838	2028183
化学药品原药制造	130792	224149	203797	231018	187444
化学药品原药制造	130792	224149	203797	231018	187444
化学药品制剂制造	356818	494261	465482	1038169	883757
化学药品制剂制造	356818	494261	465482	1038169	883757
中药饮片加工	37940	74810	69593	136389	116169
中药饮片加工	37940	74810	69593	136389	116169
中成药制造	213485	363722	343044	492596	424075
中成药制造	213485	363722	343044	492596	424075
兽用药品制造	28011	33616	37148	68915	63076
兽用药品制造	28011	33616	37148	68915	63076
生物、生化制品的制造	94956	102035	104029	264181	216281
生物、生化制品的制造	94956	102035	104029	264181	216281
卫生材料及医药用品制造	45261	101448	102112	163570	137381
卫生材料及医药用品制造	45261	101448	102112	163570	137381
化学纤维制造业	516577	632727	651942	666005	565884
纤维素纤维原料及纤维制造	46411	32561	34041	32890	31694
化纤浆粕制造	912	1891	1717	3207	3137
人造纤维(纤维素纤维)制造	45499	30669	32325	29683	28557
合成纤维制造	470167	600166	617901	633115	534190
锦纶纤维制造	109950	175984	175421	138291	128356
涤纶纤维制造	206414	163996	170412	199850	180452
腈纶纤维制造					
维纶纤维制造	7766	5976	7231	21513	21255
其他合成纤维制造	146037	254211	264837	273461	204127
橡胶制品业	542085	913216	893346	1701030	1545199
轮胎制造	216646	393065	392781	548490	488088
车辆、飞机及工程机械轮胎制造	179185	359191	359236	485272	435219
力车胎制造	37088	33161	32829	61430	51221
轮胎翻新加工	373	713	716	1789	1648
橡胶板、管、带的制造	44500	106568	87675	186003	146111
橡胶板、管、带的制造	44500	106568	87675	186003	146111
橡胶零件制造	64940	96270	95769	189653	171868
橡胶零件制造	64940	96270	95769	189653	171868
再生橡胶制造	1939	3325	3012	5092	4654
再生橡胶制造	1939	3325	3012	5092	4654
日用及医用橡胶制品制造	18305	40606	35601	66267	56543
日用及医用橡胶制品制造	18305	40606	35601	66267	56543
橡胶靴鞋制造	98513	105866	110350	262069	248174
橡胶靴鞋制造	98513	105866	110350	262069	248174

单位：万元

应付账款	长期负债合计	所有者权益合计	实收资本	国家资本	集体资本	法人资本	个人资本	港澳台资本
742399	111840	2605463	1295639	8876	2004	161005	134962	624678
399378	61028	1558027	699898	8300	60	26255	31936	494444
211680	27624	496969	306760		1365	79077	52839	95869
44629	4141	193820	103067	576		25204	14276	5732
52237	13008	267226	143570		479	16289	24481	19582
34475	6039	89421	42344		100	14180	11431	9051
380814	321373	2931109	1513508	113834	23383	568709	267075	241642
50875	43239	263944	176257	15948	3189	29281	47077	19713
50875	43239	263944	176257	15948	3189	29281	47077	19713
144282	147094	1133145	506791	12444	7546	202395	99509	100632
144282	147094	1133145	506791	12444	7546	202395	99509	100632
27732	13204	75622	51874		411	24821	10344	15894
27732	13204	75622	51874		411	24821	10344	15894
85185	50161	913288	465991	74223	6511	190709	56493	74205
85185	50161	913288	465991	74223	6511	190709	56493	74205
14812	5819	55607	40248	701	5506	20148	12151	1006
14812	5819	55607	40248	701	5506	20148	12151	1006
21833	44187	314043	188005	7355	221	88390	28243	17903
21833	44187	314043	188005	7355	221	88390	28243	17903
36094	17670	175462	84342	3164		12965	13259	12288
36094	17670	175462	84342	3164		12965	13259	12288
103484	96917	604909	441456	30637	1309	100624	117666	40312
6890	1136	82802	58877	30637		2964	3752	4991
1077	10	6237	3312			50	810	88
5812	1126	76564	55565	30637		2914	2942	4904
96594	95781	522108	382580		1309	97660	113914	35321
23242	9933	159692	112626		279	58707	44705	7165
41191	17787	169115	130261		1000	22548	66008	15603
2187	258	9603	9104			2345		6759
29974	67803	183697	130588		30	14060	3201	5795
572144	142329	1239701	977500	39689	18340	273058	32709	378252
60618	60399	367875	381980	35112	119	174923	1740	49193
49000	50050	299666	333240	35000	119	133885	1265	42077
11072	10209	67712	47817			40226	475	7116
546	140	498	923	112		811		
48336	39375	86042	53596	1361	590	20131	3158	15925
48336	39375	86042	53596	1361	590	20131	3158	15925
74603	13912	154273	106544	951	170	16953	9939	60857
74603	13912	154273	106544	951	170	16953	9939	60857
1306	152	4623	3244		210	965	1085	984
1306	152	4623	3244		210	965	1085	984
27577	7723	49979	52525	236	253	1156	3212	40652
27577	7723	49979	52525	236	253	1156	3212	40652
145325	10263	236550	174941	117	340	15910	1284	122795
145325	10263	236550	174941	117	340	15910	1284	122795

1-2 续表 2-9

项 目	累计折旧	固定资产净值	固定资产净值年平均余额	负债合计	流动负债合计
其他橡胶制品制造	97242	167516	168158	443456	429762
其他橡胶制品制造	97242	167516	168158	443456	429762
塑料制品业	4071054	5027096	5136052	8947033	8090891
塑料薄膜制造	811789	770301	911347	1320121	1223306
塑料薄膜制造	811789	770301	911347	1320121	1223306
塑料板、管、型材的制造	517474	648244	680087	1265620	1163382
塑料板、管、型材的制造	517474	648244	680087	1265620	1163382
塑料丝、绳及编织品的制造	90906	127132	125963	170083	154751
塑料丝、绳及编织品的制造	90906	127132	125963	170083	154751
泡沫塑料制造	171692	179641	190725	498612	461408
泡沫塑料制造	171692	179641	190725	498612	461408
塑料人造革、合成革制造	179090	273297	267519	251179	215001
塑料人造革、合成革制造	179090	273297	267519	251179	215001
塑料包装箱及容器制造	411784	479881	482491	883830	732098
塑料包装箱及容器制造	411784	479881	482491	883830	732098
塑料零件制造	485506	689247	691555	1309351	1228470
塑料零件制造	485506	689247	691555	1309351	1228470
日用塑料制造	531367	645061	660783	1233554	1074770
塑料鞋制造	134927	196106	201151	347431	296009
日用塑料杂品制造	396440	448955	459632	886123	778761
其他塑料制品制造	871444	1214292	1125581	2014683	1837705
其他塑料制品制造	871444	1214292	1125581	2014683	1837705
非金属矿物制品业	4957087	7015990	7357645	9992149	8331006
水泥、石灰和石膏的制造	1039428	2061193	2187718	2359944	1447983
水泥制造	1032130	2049025	2174821	2346945	1437513
石灰和石膏制造	7298	12168	12897	12999	10471
水泥及石膏制品制造	444067	578145	619967	1298257	1184647
水泥制品制造	345298	449771	493077	1008739	921354
砼结构构件制造	37875	48675	45822	138955	125331
石棉水泥制品制造	4390	6917	6268	2509	2172
轻质建筑材料制造	28084	51099	50341	103040	98125
其他水泥制品制造	28420	21684	24459	45014	37665
砖瓦、石材及其他建筑材料制造	1957547	1797741	1940829	3079127	2783997
粘土砖瓦及建筑砌块制造	19316	30753	31470	50763	47105
建筑陶瓷制品制造	1824691	1563451	1718533	2497904	2257796
建筑用石加工	66307	110253	104624	367464	337981
防水建筑材料制造	13792	13644	13733	22813	19813
隔热和隔音材料制造	5585	16901	11991	49363	42188
其他建筑材料制造	27855	62740	60478	90820	79113
玻璃及玻璃制品制造	917630	1747179	1760858	2130943	1887779
平板玻璃制造	300859	517380	518418	610851	497823
技术玻璃制品制造	150335	450620	442717	547096	531975
光学玻璃制造	19441	100865	89001	120542	115799
玻璃仪器制造	384	617	482	526	300
日用玻璃制品及玻璃包装容器制造	219707	211773	235199	353428	321360
玻璃保温容器制造	2421	2761	3202	9624	9624

单位：万元

应付账款	长期负债合计	所有者权益合计	实收资本	国家资本	集体资本	法人资本	个人资本	港澳台资本
214380	10505	340358	204669	1912	16659	43021	12292	87846
214380	10505	340358	204669	1912	16659	43021	12292	87846
3422518	656982	7503811	5389048	48568	61979	940435	595146	2464200
411784	78193	1080498	810527	5235	11392	179959	121822	328178
411784	78193	1080498	810527	5235	11392	179959	121822	328178
333345	72777	1209395	746190	26965	12382	268911	51822	305197
333345	72777	1209395	746190	26965	12382	268911	51822	305197
54919	12061	166341	108249	728	712	34479	21929	30235
54919	12061	166341	108249	728	712	34479	21929	30235
187916	26528	282693	218633	1806	829	24288	18436	125622
187916	26528	282693	218633	1806	829	24288	18436	125622
63096	35162	253819	179402		6730	31825	11127	87624
63096	35162	253819	179402		6730	31825	11127	87624
257122	146775	854890	573172	900	4861	104588	123365	205194
257122	146775	854890	573172	900	4861	104588	123365	205194
616606	70297	973811	739171	2798	3390	56838	36501	430227
616606	70297	973811	739171	2798	3390	56838	36501	430227
519064	104667	854826	688072	8247	2423	108899	72663	343959
147394	50245	248262	209086	3391	610	59537	30697	82234
371670	54421	606564	478986	4856	1814	49362	41966	261725
978668	110523	1827540	1325632	1890	19260	130647	137481	607964
978668	110523	1827540	1325632	1890	19260	130647	137481	607964
2260952	1279467	7324589	4400904	206791	144059	1218407	910440	1356143
312958	670459	1596923	1050269	101210	53616	209845	250134	423888
309000	668055	1580419	1043512	100910	53566	205172	249200	423088
3958	2405	16504	6757	300	50	4673	934	800
404850	98659	1141290	739306	67121	45126	221910	187837	97348
327557	78711	963812	593340	62691	40241	184841	157566	81303
41575	13345	59717	43601	3630	4767	12291	7850	2763
930	337	6997	440			22	328	
22167	3803	66829	76058	800	90	12763	14025	10188
12620	2464	43935	25868		28	11995	8068	3094
692919	198771	1665080	800053	4804	12931	245295	176969	265527
7215	3095	39467	25934	792	1763	8394	13679	1307
568658	152769	1308517	496658	850	3854	137611	124614	178276
77814	22966	197780	147121	3162	7041	39744	25260	50792
3754	3000	11051	23513		140	7284	3051	2377
17036	5945	34751	26291		84	12266	3890	5727
18443	10995	73516	80536		50	39997	6475	27048
482856	225064	1710421	1136205	31071	28377	381285	131702	371301
102409	110387	325207	286143		19170	132259	39531	60582
77779	14927	526481	323792	1726	1415	87200	33164	171132
87752	170	87350	73929	1369		1671	859	21482
132	225	885	296				296	
75491	25334	240032	144715	200	7577	31132	43049	46108
3187		5834	2770			248	202	1089

1-2 续表 2-10

项目	累计折旧	固定资产净值	固定资产净值年平均余额	负债合计	流动负债合计
玻璃纤维及制品制造	67152	180692	187770	171063	124812
玻璃纤维增强塑料制品制造	60621	93032	99783	93800	92111
其他玻璃制品制造	96710	189438	184288	224013	193975
陶瓷制品制造	502473	698671	708780	851220	781598
卫生陶瓷制品制造	297605	379588	383524	370398	344541
特种陶瓷制品制造	30622	49156	48322	82381	79539
日用陶瓷制品制造	136841	212083	216407	315490	280115
园林、陈设艺术及其他陶瓷制品制造	37404	57843	60527	82951	77403
耐火材料制品制造	15638	20023	21279	56097	51957
石棉制品制造	2256	595	913	1773	296
云母制品制造	2039	2075	1808	4254	4101
耐火陶瓷制品及其他耐火材料制造	11342	17353	18558	50071	47560
石墨及其他非金属矿物制品制造	80304	113039	118214	216562	193045
石墨及碳素制品制造	9433	16753	17232	87265	75684
其他非金属矿物制品制造	70871	96286	100982	129297	117361
黑色金属冶炼及压延加工业	1989368	4185547	4097688	6785594	5274594
炼铁	3884	19387	20113	40558	37643
炼铁	3884	19387	20113	40558	37643
炼钢	359969	967381	989208	1665622	1454186
炼钢	359969	967381	989208	1665622	1454186
钢压延加工	1601021	3098652	2987150	4906867	3666018
钢压延加工	1601021	3098652	2987150	4906867	3666018
铁合金冶炼	24493	100127	101217	172548	116747
铁合金冶炼	24493	100127	101217	172548	116747
有色金属冶炼及压延加工业	2357153	1936669	2041849	4504821	4179914
常用有色金属冶炼	156674	266377	266327	678231	651511
铜冶炼	17895	89461	82920	238058	235990
铅锌冶炼	116646	137199	142019	359304	341300
镍钴冶炼	1516	9912	9970	17226	17226
锡冶炼	1880	4479	4114	14727	12174
锑冶炼	4015	5268	6366	3385	3385
铝冶炼	4060	10779	11824	19213	18066
镁冶炼	3174	4787	4686	4756	4756
其他常用有色金属冶炼	7488	4492	4429	21562	18614
贵金属冶炼	5080	7231	9627	32784	24862
金冶炼	1155	1207	1207	13371	13371
银冶炼	3555	4033	6194	18202	10280
其他贵金属冶炼	370	1991	2226	1211	1211
稀有稀土金属冶炼	28592	37179	41654	90502	87540
钨钼冶炼	3137	5423	5357	25607	25607
稀土金属冶炼	6798	16808	15884	38960	37917
其他稀有金属冶炼	18657	14949	20414	25936	24017
有色金属合金制造	30681	59942	57969	158116	127936
有色金属合金制造	30681	59942	57969	158116	127936
有色金属压延加工	2136126	1565940	1666271	3545188	3288065
常用有色金属压延加工	2133219	1558972	1659368	3529700	3273085
贵金属压延加工	1528	4978	5691	10911	10776
稀有稀土金属压延加工	1378	1989	1211	4577	4205

单位：万元

应付账款	长期负债合计	所有者权益合计	实收资本	国家资本	集体资本	法人资本	个人资本	港澳台资本
33976	46153	127959	130528	27776	109	12910	912	57911
40835	1657	107506	58581			45183	5544	3936
61295	26212	289168	115452		106	70683	8143	9061
250883	61755	985037	545969	934	3597	130865	143808	149077
81290	22180	395812	164978	150	2000	31180	16242	44317
60664	2817	74986	72674			7449	45778	6554
84230	31631	411229	235298	276	1297	83547	64699	63268
24699	5128	103010	73018	508	300	8690	17090	34938
19499	2684	36962	18697	128	346	2692	5881	1895
33	119	947	964	128	336		500	
1824	152	8583	6651			101	1000	
17642	2413	27432	11082		10	2591	4381	1895
96987	22075	188875	110405	1523	67	26515	14110	47108
57772	11561	33125	23764	1033	67	6823	1000	10764
39214	10514	155750	86641	490		19691	13110	36344
1139780	1269142	2948960	1729430	130653	1704	570035	200719	314414
11714	2914	14423	12074			1327	7180	425
11714	2914	14423	12074			1327	7180	425
435651	209120	481226	456310			122440	35027	126024
435651	209120	481226	456310			122440	35027	126024
659128	1001328	2303543	1056652	121619	1704	251974	157447	187965
659128	1001328	2303543	1056652	121619	1704	251974	157447	187965
33287	55780	149768	204393	9034		194295	1065	
33287	55780	149768	204393	9034		194295	1065	
1082859	212528	2762238	1530553	12087	7016	460888	186415	520912
174637	25899	196507	201875	3350	2945	139529	12128	26961
54917	1468	80237	34260	2350	616	11958	6293	9350
88347	18004	70124	128729			122375	2218	4135
5794		-58	2700	1000		1150	550	
4077	2551	9281	5801			331	500	496
516	0	9346	5616			546	70	
10435	939	14867	11812		2329	2990	999	3286
1782		8266	8397					8397
8769	2937	4444	4562			180	1498	1298
2997	7923	36981	17316			850	10108	
185		20596	1500				1500	
2717	7923	8860	9238			850	8388	
95		7525	6578				220	
24768	2424	95769	50258	1330	173	13256	16750	5256
6046		7536	2040			1200	840	
9966	506	22892	19697			9839	9223	636
8756	1918	65341	28522	1330	173	2217	6688	4621
40525	22091	112699	79336	2388	673	14628	14698	12555
40525	22091	112699	79336	2388	673	14628	14698	12555
839932	154191	2320283	1181767	5019	3225	292625	132731	476139
837353	153820	2298142	1173249	5019	3145	291972	132231	468960
1772		20207	7751			505	100	7146
807	371	1934	767		80	148	400	33

1-2 续表 2-11

项　目	累计折旧	固定资产净　值	固定资产净 值 年平均余额	负债合计	流动负债合　计
金属制品业	3813391	4554009	4581500	9736677	8822869
结构性金属制品制造	684072	862970	895472	2257443	2116083
金属结构制造	636067	785632	814345	2024031	1900429
金属门窗制造	48005	77338	81127	233412	215654
金属工具制造	421992	515068	436127	764513	679014
切削工具制造	68783	91225	95869	140319	106548
手工具制造	17754	16250	15105	46173	44468
农用及园林用金属工具制造	7132	6967	6528	19321	17555
刀剪及类似日用金属工具制造	171286	165863	102018	200726	174904
其他金属工具制造	157037	234763	216607	357974	335538
集装箱及金属包装容器制造	466763	513062	554540	1243228	1132735
集装箱制造	148270	267188	278169	679009	613242
金属压力容器制造	25447	24769	43075	78874	75886
金属包装容器制造	293046	221105	233296	485345	443607
金属丝绳及其制品的制造	66183	127443	124516	169190	157057
金属丝绳及其制品的制造	66183	127443	124516	169190	157057
建筑、安全用金属制品制造	506711	580739	618711	1302720	1178705
建筑、家具用金属配件制造	279263	380467	403511	870587	785686
建筑装饰及水暖管道零件制造	113412	145187	143403	334198	307926
安全、消防用金属制品制造	6893	7396	6512	17992	17499
其他建筑、安全用金属制品制造	107143	47689	65284	79944	67594
金属表面处理及热处理加工	308886	387558	385546	862205	760790
金属表面处理及热处理加工	308886	387558	385546	862205	760790
搪瓷制品制造	52409	63574	69477	172444	163863
工业生产配套用搪瓷制品制造	3896	1537	3483	3344	3344
搪瓷卫生洁具制造	17873	25850	24906	111439	106562
搪瓷日用品及其他搪瓷制品制造	30641	36187	41088	57661	53957
不锈钢及类似日用金属制品制造	907068	1071931	1094619	1987119	1764064
金属制厨房调理及卫生器具制造	143330	185997	204926	335918	289205
金属制厨用器皿及餐具制造	338772	434415	430864	778650	663610
其他日用金属制品制造	424966	451518	458829	872551	811249
其他金属制品制造	399307	431665	402493	977815	870558
铸币及贵金属制实验室用品制造	5093	4321	4435	6851	6851
其他未列明的金属制品制造	394213	427344	398058	970964	863707
通用设备制造业	1997122	2445324	2519173	5724792	5353676
锅炉及原动机制造	52017	95599	100338	218347	213848
锅炉及辅助设备制造	22649	45549	46508	90317	90037
内燃机及配件制造	17906	23366	26256	77641	75617
汽轮机及辅机制造	4176	15803	15974	33245	33130
水轮机及辅机制造	5087	3771	3937	8518	7704
其他原动机制造	2199	7111	7663	8626	7360
金属加工机械制造	167297	271164	280970	641765	602607
金属切削机床制造	21237	43529	41047	110942	102240
金属成形机床制造	34118	51333	51020	134133	131211

单位：万元

应付账款	长期负债合计	所有者权益合计	实收资本					
				国家资本	集体资本	法人资本	个人资本	港澳台资本
2968398	613864	7312485	4500656	53847	64177	878817	515622	1881015
621712	117846	1556203	927557	14165	31076	186567	132157	335923
553273	106398	1398172	819831	14165	30148	154252	104968	296809
68439	11448	158031	107726		928	32315	27190	39114
254584	67427	752458	330818	30	2433	55461	41661	192317
30830	25420	136069	83767		1198	16448	4408	46579
13208	1704	27676	14771			1954	3269	7983
3318	1565	7809	6138		755	665	447	4271
69614	25468	297430	60315	30	90	21513	11698	18821
137614	13270	283475	165826		390	14882	21840	114663
362478	38098	765380	501018	11811	10428	99453	30855	217392
206407	25173	329039	206750			48069	300	65734
18311	689	23524	19144		1900	2335	4832	10077
137760	12235	412817	275124	11811	8528	49049	25722	141581
52363	9311	175816	156117	1918	1077	12368	14826	42313
52363	9311	175816	156117	1918	1077	12368	14826	42313
408928	72574	886013	589700	1482	8885	92531	62466	242209
283008	38832	555619	369255	753	7970	50111	39805	170111
110565	21372	253794	139423	729	391	34552	15671	62007
6411	32	15571	8770		524	630	3460	3301
8944	12337	61029	72252			7238	3531	6790
201110	75329	533139	345797	10325	2708	78525	35071	120200
201110	75329	533139	345797	10325	2708	78525	35071	120200
33437	8483	88931	50058		300	10263	4776	7768
1790		10893	3784			3684	100	
22398	4781	45945	34491		300	4977	814	3814
9248	3702	32094	11783			1602	3863	3954
636268	173011	1773837	1162628	8061	3224	278718	150073	507098
87380	28862	338478	237838	455		45305	41947	115639
260738	97636	744188	513325	5618	2299	133329	54719	218907
288150	46513	691171	411465	1989	925	100085	53407	172553
397518	51786	780708	436964	6055	4047	64931	43736	215796
1351	0	19554	13237	6000		3910	327	3000
396167	51786	761154	423727	55	4047	61021	43410	212796
2001286	303733	4333388	2520724	103080	33629	452743	351953	732370
53496	4171	136920	103911	9867	2138	31093	17851	3736
21805	251	63873	49582		364	17998	8678	2736
12056	1725	47877	17528		1774	6841	4504	1000
17786	116	11027	26303	9867		4545		
211	814	5663	3850			380	3470	
1638	1266	8479	6648			1330	1200	
253233	34160	468743	251285	1879	2052	43253	54813	86548
46138	7396	61117	41921			11618	4802	18829
28624	2909	84415	37316		549	14009	6982	15776

1-2 续表 2-12

项　目	累计折旧	固定资产净　值	固定资产净值年平均余额	负债合计	流动负债合　计
铸造机械制造	25281	45499	56719	84563	78688
金属切割及焊接设备制造	10632	24110	21737	71575	70066
机床附件制造	6460	9291	9102	20125	18567
其他金属加工机械制造	69569	97403	101346	220426	201835
起重运输设备制造	152278	174256	171639	797803	783381
起重运输设备制造	152278	174256	171639	797803	783381
泵、阀门、压缩机及类似机械的制造	538741	507855	522099	999035	941727
泵及真空设备制造	52213	50236	54955	239217	227773
气体压缩机械制造	362585	318087	322164	449584	434889
阀门和旋塞的制造	63254	60804	69305	149578	130085
液压和气压动力机械及元件制造	60691	78728	75675	160656	148980
轴承、齿轮、传动和驱动部件的制造	155928	157189	168865	281600	267781
轴承制造	108206	117193	127985	210069	199480
齿轮、传动和驱动部件制造	47722	39996	40880	71531	68300
烘炉、熔炉及电炉制造	5801	6018	6376	22892	22889
烘炉、熔炉及电炉制造	5801	6018	6376	22892	22889
风机、衡器、包装设备等通用设备制造	428976	487784	522394	1409734	1293488
风机、风扇制造	63764	100361	90652	229882	197391
气体、液体分离及纯净设备制造	8799	11618	12812	29906	27049
制冷、空调设备制造	251906	237125	276494	681154	646104
风动和电动工具制造	21266	20391	20223	70506	69729
喷枪及类似器具制造	1576	3316	3212	9117	8767
包装专用设备制造	28847	38917	40363	186118	170664
衡器制造	23400	23098	23757	46721	46707
其他通用设备制造	29417	52957	54882	156331	127076
通用零部件制造及机械修理	274427	346448	352562	633335	587103
金属密封件制造	12148	16763	17607	40028	32446
紧固件、弹簧制造	162656	175202	181975	270495	249317
机械零部件加工及设备修理	37844	83003	82773	131551	126374
其他通用零部件制造	61779	71480	70206	191261	178966
金属铸、锻加工	221658	399011	393929	720281	640853
钢铁铸件制造	177732	272801	281991	529674	490261
锻件及粉末冶金制品制造	43926	126210	111938	190607	150592
专用设备制造业	2293104	2529179	2531837	5874538	4787383
矿山、冶金、建筑专用设备制造	94668	128535	148600	441410	424726
采矿、采石设备制造	11944	18941	20775	49092	47160
石油钻采专用设备制造	35049	45336	54495	60863	56105
建筑工程用机械制造	24104	43259	43771	251589	243362
建筑材料生产专用机械制造	22100	16480	24933	73076	71395
冶金专用设备制造	1472	4520	4625	6790	6704
化工、木材、非金属加工专用设备制造	1521097	1240047	1234440	2986119	2066562
炼油、化工生产专用设备制造	17107	27137	24254	94493	84861
橡胶加工专用设备制造	17741	24605	23980	63302	46794
塑料加工专用设备制造	110189	113880	142557	553760	524373
木材加工机械制造	14186	32359	32124	57128	52499
模具制造	1330204	1031217	1001580	2171787	1313557
其他非金属加工专用设备制造	31670	10849	9946	45650	44478

单位：万元

应付账款	长期负债合计	所有者权益合计	实收资本	国家资本	集体资本	法人资本	个人资本	港澳台资本
31104	5816	81848	44301	750		5183	4328	13362
25745	977	42826	26095	940		1314	11707	7878
10449	1220	29410	18683	70		4072	337	10185
111174	15842	169127	82969	120	1504	7057	26658	20518
241291	12976	456276	228508	1993	2181	75666	39880	18598
241291	12976	456276	228508	1993	2181	75666	39880	18598
331697	42843	765352	448734	7741	9024	53774	54703	57589
96301	10439	148214	67047	180	2353	4786	21608	10404
106583	2333	352940	247260	7290	6208	38635	9662	24014
55685	19313	117142	70810	271		2925	7198	14525
73127	10758	147057	63617		463	7428	16235	8646
123361	12641	353080	160055	3154	505	17801	13607	70308
98607	9412	278893	110066	2354	305	9656	9063	35449
24755	3229	74186	49989	800	200	8145	4544	34859
8417	0	10876	9313		75	706	4890	612
8417	0	10876	9313		75	706	4890	612
510770	95219	964375	547710	49737	4676	115587	103065	119218
114819	25573	127457	94183		415	9546	17894	44512
9239	2536	33669	17642	165		3829	6453	2523
256989	23779	486103	247202	10173	798	59205	48358	43439
29759	661	68452	36906		1203	2222	8726	3896
2068	306	3582	2216			510	550	1156
52772	15074	84830	43320		1934	19341	9190	2569
17488	0	49352	38922			8855	5875	13818
27637	27290	110930	67319	39399	326	12079	6019	7306
254222	32182	626750	487082	8151	5503	39330	32946	276279
5156	4254	18506	12285	2071		1902	3739	1791
105870	16123	340554	293647	1773	3890	12174	8213	184312
40228	2150	154520	87692	2658	1586	5775	8819	61838
102968	9655	113170	93459	1649	28	19479	12175	28339
224799	69541	551017	284127	20558	7474	75534	30198	99482
175843	33814	386531	171032	20558	7195	39295	25540	55452
48956	35727	164486	113094		279	36239	4658	44031
1858002	336594	4820151	2879827	40304	11901	505561	420557	1040768
137454	12951	272533	114927	20030	927	43032	16138	17564
16424	854	24315	12095	1646	80	6806	1542	2020
11059	2899	129461	44920	10686	645	22861	100	2106
92361	7742	85192	36693			9538	10277	9813
16123	1377	31184	18866	7698	202	3787	3309	2222
1487	80	2382	2353			40	910	1403
813019	185904	1897822	1329097	4742	4398	146554	116892	688781
32226	8578	52486	21687	2147		4275	6817	6084
18122	16483	27215	35122			13851	739	16189
170342	27043	257155	137123	240	1662	19447	23726	54542
14396	4622	33749	27233			3385	2291	18238
551358	128183	1496092	1094377	2355	2736	103295	80938	586795
26575	994	31125	13555			2302	2381	6933

1-2 续表 2-13

项　　目	累计折旧	固定资产净　值	固定资产净 值 年平均余额	负债合计	流动负债合　计
食品、饮料、烟草及饲料生产专用设备制造	38019	52453	49536	121166	103018
食品、饮料、烟草工业专用设备制造	34734	47839	44810	106904	90864
农副食品加工专用设备制造	2207	2787	2898	6129	5504
饲料生产专用设备制造	1078	1827	1828	8134	6650
印刷、制药、日化生产专用设备制造	86888	131566	132813	276730	260631
制浆和造纸专用设备制造	6132	23716	20097	42366	38618
印刷专用设备制造	33713	38773	37139	70016	67322
日用化工专用设备制造	6171	9166	10080	12320	12183
制药专用设备制造	251	377	328	4732	4732
照明器具生产专用设备制造	8529	14997	15299	34226	33781
玻璃、陶瓷和搪瓷制品生产专用设备制造	30488	39265	44815	104364	95314
其他日用品生产专用设备制造	1604	5272	5056	8706	8682
纺织、服装和皮革工业专用设备制造	111785	140351	146131	235732	225042
纺织专用设备制造	58094	77698	83275	97540	92938
皮革、毛皮及其制品加工专用设备制造	6682	11389	11659	9084	8304
缝纫机械制造	39886	38636	38678	106826	103068
其他服装加工专用设备制造	7123	12629	12520	22283	20732
电子和电工机械专用设备制造	223077	411741	403760	744048	705085
电工机械专用设备制造	30523	58512	60822	218196	204425
电子工业专用设备制造	190642	347552	337368	515448	490257
武器弹药制造					
航空、航天及其他专用设备制造	1913	5677	5569	10404	10404
农、林、牧、渔专用机械制造	13543	35743	33085	83265	78705
拖拉机制造	749	755	920	5791	5775
机械化农业及园艺机具制造	7992	24965	22224	58966	55422
营林及木竹采伐机械制造	155	2192	2192	801	801
畜牧机械制造					
渔业机械制造	2032	2060	1930	4510	4510
农林牧渔机械配件制造	1486	1685	1691	3798	2797
其他农林牧渔业机械制造及机械修理	1130	4086	4129	9400	9400
医疗仪器设备及器械制造	134268	231471	232275	541966	501091
医疗诊断、监护及治疗设备制造	38638	107885	101328	223733	210261
口腔科用设备及器具制造	5034	12012	12533	24057	21901
实验室及医用消毒设备和器具的制造	20785	11816	11074	16881	16875
医疗、外科及兽医用器械制造	27264	23589	29604	90719	80324
机械治疗及病房护理设备制造	13289	16627	23788	31552	25675
假肢、人工器官及植(介)入器械制造	5565	12661	12181	29012	28908
其他医疗设备及器械制造	23693	46881	41767	126013	117147
环保、社会公共安全及其他专用设备制造	69759	157271	151197	444102	422523
环境污染防治专用设备制造	13372	12475	11171	77812	76172
地质勘查专用设备制造	488	1251	1227	1200	1200
邮政专用机械及器材制造	33	95	100	616	616
商业、饮食、服务业专用设备制造	1420	5440	5051	14324	12288
社会公共安全设备及器材制造	24822	66030	66701	134042	120012
交通安全及管制专用设备制造	1222	745	736	5003	4951
水资源专用机械制造	1439	2859	2759	11013	10958
其他专用设备制造	26963	68376	63451	200092	196326

单位：万元

应付账款	长期负债合计	所有者权益合计	实收资本	国家资本	集体资本	法人资本	个人资本	港澳台资本
24599	15131	80317	49662	1071	615	25000	19244	3449
21079	13560	72634	44733	385	615	23740	17400	2593
1500	87	5080	2933	686		460	1504	
2021	1484	2603	1996			800	340	855
102878	15028	257445	141695		471	28160	35352	54223
9943	3738	22078	17415		250	9125	2341	4362
24588	2428	62631	55562		50	9982	6980	36289
4272		15492	8307		3	2461	1799	1561
3857		634	405				200	205
19109	354	32467	26146		168	5251	5430	7650
39485	8495	117313	30820			798	17430	3044
1625	12	6830	3040			543	1172	1112
127660	10239	228561	117724	383	51	4610	14078	29720
54150	4506	112784	44167		31	2429	10210	11807
2916	575	13619	6481			272	130	920
64645	3708	85545	58247	383		1330	2658	13619
5949	1450	16613	8829		20	580	1080	3374
304402	34506	853056	516664	3497	2436	120369	65535	146852
68552	12783	114571	76581	300	2133	13867	13634	18542
226350	21723	732087	433271	3197	303	106501	51271	128310
9500		6398	6812				630	
42302	3628	48189	37155	468		2189	6473	14374
3024	16	1154	818			10	808	
33778	3543	37221	30394				2638	14105
801		3131	678				678	
2699		3018	1609			821	788	
74	70	1614	1611			50	1561	
1927		2052	2045	468		1309		269
163634	39263	774144	339187	6608	262	83286	81043	53254
59850	12982	488095	178285	4023		49485	54295	14275
5334	2146	10380	8175			116	1750	2207
4500	6	8961	6665			6665		
25477	10393	74402	46537	295		14215	7701	6224
6953	4947	41214	18898			693	6940	3169
18217	100	27182	18626	1078		1068	348	10562
43303	8690	123910	62001	1212	262	11045	10009	16817
142053	19945	408085	233717	3506	2741	52362	65803	32552
25184	478	78682	43523	849		21617	6927	10889
57		1009	917	733		184		
27		152	152			152		
2859	1883	10464	12422			3105	1960	2235
44762	13876	163038	76388	906	1070	10562	18734	6108
1474	50	1204	2070			433	1637	
5479	55	7795	2180			101	1484	
62212	3602	145742	96066	1018	1671	16208	35060	13320

1-2 续表 2-14

项　　目	累计折旧	固定资产净　值	固定资产净 值 年平均余额	负债合计	流动负债合　计
交通运输设备制造业	3601111	6933585	6511811	15945410	14786082
铁路运输设备制造	25823	50364	49260	42980	42979
铁路机车车辆及动车组制造					
工矿有轨专用车辆制造					
铁路机车车辆配件制造	246	447	431	5724	5724
铁路专用设备及器材、配件制造	3610	4594	4740	11342	11342
其他铁路设备制造及设备修理	21967	45323	44088	25914	25913
汽车制造	2367513	4914619	4595160	9215197	8637203
汽车整车制造	1161029	2032964	1783522	4874548	4792632
改装汽车制造	28286	209346	210193	649205	601269
电车制造	713	4233	4236	14103	10895
汽车车身、挂车的制造	7935	28357	28307	68442	66885
汽车零部件及配件制造	1147263	2616350	2545397	3567916	3128510
汽车修理	22287	23369	23504	40984	37013
摩托车制造	518489	479354	503123	1734101	1563936
摩托车整车制造	327653	210804	214432	1134839	1105801
摩托车零部件及配件制造	190836	268550	288691	599262	458135
自行车制造	216892	190274	214017	585594	562403
脚踏自行车及残疾人座车制造	187045	165571	188951	504142	488804
助动自行车制造	29847	24703	25066	81451	73599
船舶及浮动装置制造	387264	1166098	1014426	4156836	3790047
金属船舶制造	252481	667386	520076	3368497	3093589
非金属船舶制造	8893	16277	16059	52140	49032
娱乐船和运动船的建造和修理	3569	13526	11737	31939	30939
船用配套设备制造	8441	15730	16741	29955	19201
船舶修理及拆船	113847	452868	449499	674170	597159
航标器材及其他浮动装置的制造	33	312	313	136	128
航空航天器制造	75456	114681	117224	190161	169568
飞机制造及修理	75456	114681	117224	190161	169568
航天器制造					
其他飞行器制造					
交通器材及其他交通运输设备制造	9676	18194	18602	20541	19946
潜水及水下救捞装备制造	806	5867	5528	1600	1600
交通管理用金属标志及设施制造	6602	10374	11171	14578	14102
其他交通运输设备制造	2268	1953	1903	4363	4244
电气机械及器材制造业	8052970	7550083	8364297	26230231	24258824
电机制造	288840	424504	438012	1014186	879768
发电机及发电机组制造	44036	136853	136674	392089	291387
电动机制造	42269	60263	64528	196941	186720
微电机及其他电机制造	202535	227387	236811	425157	401661
输配电及控制设备制造	1097652	1416748	1421297	4099483	3824280
变压器、整流器和电感器制造	360590	401587	387065	1595139	1477320
电容器及其配套设备制造	87623	121969	138124	256212	249493
配电开关控制设备制造	225728	325144	329894	1088802	1002074
电力电子元器件制造	371508	499243	501340	947776	904087
其他输配电及控制设备制造	52203	68805	64874	211554	191305

单位：万元

应付账款	长期负债合计	所有者权益合计	实收资本	国家资本	集体资本	法人资本	个人资本	港澳台资本
4801967	1041702	9447706	4982660	297199	67303	1330591	250549	732936
32062	1	78718	62950	2365		57822	1711	1053
1533		5455	1568	157			1411	
4813		15594	7460	2208		3900	300	1053
25715	1	57669	53922			53922		
3228654	538079	6788706	3523123	171946	43769	838813	108931	251569
1752453	55693	3049014	1155605	115165	17589	464923	14858	21931
190950	47935	142065	83487	3026	10000	54375	16086	
2565	3000	7655	7100			4497	2603	
8820	1110	56120	30089			16445	2420	1183
1267847	426420	3492669	2212887	49944	15199	283887	66497	222707
6020	3921	41184	33956	3812	981	14686	6467	5748
634091	156479	945466	394185	10823	13017	168756	61225	90859
449228	22657	551078	194818	3929	11990	77517	20145	57003
184863	133821	394388	199366	6893	1028	91240	41080	33857
388056	15806	388748	314278	3189	118	38948	23498	191487
337505	13271	357081	250485	3189	118	11015	13672	167237
50552	2534	31667	63793			27933	9825	24250
456158	312333	1046932	560550	106566	10118	199453	52856	160442
355344	231235	643495	308807	39738	4254	180056	38705	34279
15595	3107	20357	14584			765	6858	6756
11517	1000	17593	19777			3200	1150	6189
3419	13	13699	11678			1103	1973	
70282	76978	351338	205348	66828	5864	14329	3813	113219
2		451	356				356	
55967	18453	175152	112073	2111		26413		29292
55967	18453	175152	112073	2111		26413		29292
6980	551	23984	15502	200	281	387	2329	8233
1012		6453	7210					7210
4964	441	13219	5393	200	281	140	2319	1024
1004	111	4312	2899			247	10	
10955552	1505245	15832504	8865974	161367	222175	2058439	1157746	3038422
292069	110826	686020	448930	74821	3842	47210	63955	107587
55054	81205	137434	98493	54490	1261	6773	20312	6352
65402	7538	119409	94352	18886	453	6992	17123	9448
171614	22084	429177	256084	1445	2128	33446	26520	91788
1865652	152691	3687134	2000046	21881	15708	375137	310291	661824
744514	38616	1046230	615912	9926	6983	103795	76720	246635
118190	4523	759058	152324		100	29309	7668	17225
428233	73861	771354	489974	9005	4189	158513	119943	102674
488601	21359	926902	613958	2387	2857	56630	69975	253133
86115	14331	183591	127878	563	1580	26890	35986	42157

1-2 续表 2-15

项　　目	累计折旧	固定资产净　　值	固定资产净值年平均余额	负债合计	流动负债合　　计
电线、电缆、光缆及电工器材制造	1006613	1147343	1158267	3299570	2990548
电线电缆制造	793029	900330	898074	2801229	2538403
光纤、光缆制造	62786	56592	62516	108344	93576
绝缘制品制造	97719	103341	110397	206864	187547
其他电工器材制造	53079	87079	87279	183134	171022
电池制造	643369	951651	939229	2778844	2226112
电池制造	643369	951651	939229	2778844	2226112
家用电力器具制造	3996223	2447202	3229037	12186537	11648839
家用制冷电器具制造	437967	256887	262260	832740	768614
家用空气调节器制造	1514644	548855	1090736	6030070	5956094
家用通风电器具制造	292265	320275	334864	771388	719226
家用厨房电器具制造	1180428	723470	935436	3170267	2976367
家用清洁卫生电器具制造	156578	103349	110505	280418	235439
家用美容、保健电器具制造	70949	78867	82339	174257	165660
家用电力器具专用配件制造	103873	144850	161440	320838	286177
其他家用电力器具制造	239520	270648	251456	606560	541261
非电力家用器具制造	184383	147823	201568	448078	413290
燃气、太阳能及类似能源的器具制造	168663	126006	178509	392567	364304
其他非电力家用器具制造	15720	21817	23059	55511	48986
照明器具制造	785856	926763	892507	2226846	2103197
电光源制造	232413	175964	165743	327766	313586
照明灯具制造	403235	538746	514881	1338319	1259963
灯用电器附件及其他照明器具制造	150208	212053	211883	560761	529648
其他电气机械及器材制造	50035	88049	84380	176687	172791
车辆专用照明及电气信号设备装置制造	30811	63654	59062	105380	102713
其他未列明的电气机械制造	19223	24395	25319	71307	70077
通信设备、计算机及其他电子设备制造业	12869083	17672375	18458517	57773283	53022197
通信设备制造	2285179	2577068	2901463	19641767	17558021
通信传输设备制造	142157	170151	166404	523726	486197
通信交换设备制造	1117468	1117685	1114563	12565395	10736955
通信终端设备制造	315140	288248	536803	1962780	1919065
移动通信及终端设备制造	614191	820905	902828	3892935	3756673
其他通信设备制造	96224	180079	180865	696931	659131
雷达及配套设备制造	37	229	243	1306	1306
雷达及配套设备制造	37	229	243	1306	1306
广播电视设备制造	90071	170992	157143	634892	567490
广播电视节目制作及发射设备制造	707	1681	1703	2829	2119
广播电视接收设备及器材制造	74842	143989	131238	480983	455760
应用电视设备及其他广播电视设备制造	14522	25322	24202	151081	109611
电子计算机制造	2714386	2890726	3468898	10984202	10647039
电子计算机整机制造	1062398	449075	1100870	4905412	4859337
计算机网络设备制造	133610	124886	106045	467884	452802
电子计算机外部设备制造	1518378	2316766	2261984	5610906	5334899

单位：万元

应付账款	长期负债合计	所有者权益合计	实收资本	国家资本	集体资本	法人资本	个人资本	港澳台资本
1350694	174077	2658574	1466284	41428	18134	316382	303026	429625
1116783	138047	2118833	1080265	7358	17554	259183	280801	303738
47321	13560	173054	103896	33666		22737	5027	9892
98851	11095	228059	156320		330	26213	12572	62036
87739	11376	138628	125802	405	250	8249	4626	53959
910688	529053	1659233	1012422	3662	3787	378674	90030	331044
910688	529053	1659233	1012422	3662	3787	378674	90030	331044
5174227	437166	4962634	2605838	5762	177061	743959	133849	956245
218025	52687	2848	173181	3402	42312	28596	3741	66644
2414865	67891	2396664	632546	828	178	388636	5645	104466
287093	35034	400693	268950		407	89878	26951	111950
1637695	154213	1213471	792190	1189	124745	154275	59565	283734
113298	25820	170651	156502	344	6588	7539	7493	31374
101060	7314	217235	115690		50	11577	2695	62498
83667	34625	125539	113039		223	35334	11903	58791
318524	59582	435533	353741		2558	28124	15856	236789
164646	33274	198896	165619		475	53504	63573	30266
143643	26852	183621	148126		60	52538	62446	15813
21004	6422	15276	17492		415	966	1126	14453
1110648	64270	1841429	1088280	13304	1737	137576	172524	488040
180682	9087	479277	186579			9143	20176	74303
629445	37103	1038416	672858	252	1567	102336	136601	313818
300522	18079	323736	228843	13052	170	26097	15747	99919
86928	3888	138587	78555	510	1433	5996	20498	33791
58275	2666	79081	48564			2107	11122	24985
28653	1222	59506	29991	510	1433	3889	9376	8806
26251245	4292445	33575612	20790365	295435	119278	5578654	1230199	6884268
7156573	2020216	9386515	5130009	128295	30893	3484704	217092	433365
228689	30116	553521	253297	53382	2125	77785	19395	63766
4216782	1814334	5311229	3196039	56060	10696	3032935	16875	11548
670837	38239	860809	393605	1126	2649	80329	31898	123037
1573154	111639	2183993	1051075	16055	15288	230013	96927	134431
467112	25887	476964	235994	1672	135	63642	51996	100584
143		408	250				250	
143		408	250				250	
329586	46660	354912	228244	1971	50	79306	54703	34767
1048	515	6893	5950	700			2916	2334
262298	19082	272092	174514	1271	50	63692	50467	19054
66240	27064	75927	47780			15614	1320	13379
7176157	231203	6026950	3251927	69779	43397	369928	195546	994119
3384222	33817	1858532	664394	21923	22000	95327	71411	135041
317278	14146	230455	123185	4022	10000	7784	27944	44143
3474657	183240	3937963	2464348	43834	11397	266817	96191	814935

1-2 续表 2-16

项　　目	累计折旧	固定资产净　　值	固定资产净值年平均余额	负债合计	流动负债合　　计
电子器件制造	2415102	3534979	3478776	5383265	4513736
电子真空器件制造	571869	308748	325230	254776	194388
半导体分立器件制造	179315	499835	387868	831589	643468
集成电路制造	894550	1266216	1292756	1796397	1585148
光电子器件及其他电子器件制造	769369	1460181	1472923	2500504	2090732
电子元件制造	4091428	6014456	6056714	15011001	13965294
电子元件及组件制造	2412551	3195046	3326928	7249631	6684918
印制电路板制造	1678877	2819410	2729786	7761370	7280376
家用视听设备制造	906464	1378823	1352748	4880463	4617013
家用影视设备制造	389797	717335	676643	3047634	2919041
家用音响设备制造	516667	661488	676104	1832830	1697972
其他电子设备制造	366415	1105103	1042532	1236386	1152298
其他电子设备制造	366415	1105103	1042532	1236386	1152298
仪器仪表及文化、办公用机械制造业	1290877	1579201	1616659	3420395	3141358
通用仪器仪表制造	84846	167644	165241	546181	478079
工业自动控制系统装置制造	28241	54708	51956	204499	176648
电工仪器仪表制造	17108	41608	37274	189965	170181
绘图、计算及测量仪器制造	12414	16464	12702	29345	28958
实验分析仪器制造	7610	12696	16259	37865	34725
试验机制造	13448	31803	36880	47167	31761
供应用仪表及其他通用仪器制造	6025	10365	10171	37342	35805
专用仪器仪表制造	62111	111246	104899	323111	292957
环境监测专用仪器仪表制造	1358	2314	3404	16061	15579
汽车及其他用计数仪表制造	14614	50284	46965	111867	106276
导航、气象及海洋专用仪器制造	13182	16955	16219	30732	30109
农林牧渔专用仪器仪表制造	1109	2312	2051	862	850
地质勘探和地震专用仪器制造	190	75	257	718	718
教学专用仪器制造	8400	3653	3631	24872	24092
核子及核辐射测量仪器制造	244	401	369	174	174
电子测量仪器制造	17648	27474	23253	97311	75597
其他专用仪器制造	5367	7778	8749	40513	39562
钟表与计时仪器制造	184801	185463	193591	401494	356925
钟表与计时仪器制造	184801	185463	193591	401494	356925
光学仪器及眼镜制造	346580	453599	531726	476387	456647
光学仪器制造	256773	285385	368182	302717	296124
眼镜制造	89807	168214	163544	173670	160523
文化、办公用机械制造	606415	653041	613096	1645915	1535506
电影机械制造	4586	6534	10460	14051	14006
幻灯及投影设备制造	3624	3468	3326	32711	30866
照相机及器材制造	356894	318674	321292	576346	545057
复印和胶印设备制造	153154	166859	128539	471348	438563
计算器及货币专用设备制造	55591	107902	99165	441069	420633
其他文化、办公用机械制造	32566	49605	50314	110391	86382
其他仪器仪表的制造及修理	6124	8209	8106	27306	21244
其他仪器仪表的制造及修理	6124	8209	8106	27306	21244
工艺品及其他制造业	756023	1044521	1023738	2819873	2527644
工艺美术品制造	493607	690413	684564	1985310	1732332

单位：万元

应付账款	长期负债合计	所有者权益合计	实收资本					
				国家资本	集体资本	法人资本	个人资本	港澳台资本
2862306	814513	4853913	3882512	44659	22334	543756	165521	1698836
85137	60116	524232	303527	135		188707	44610	7816
397067	187551	516673	456890	22949	60	17835	22316	310540
1012132	171372	1589331	1191851	694	9374	134890	16173	456542
1367970	395474	2223677	1930244	20881	12900	202325	82422	923938
5706974	940223	8064301	5884181	41231	20525	664225	276972	2689077
4050789	487348	4750464	3278007	35990	18293	375543	187900	1245123
1656186	452875	3313837	2606174	5241	2232	288682	89072	1443954
2381936	169511	3111263	1716604	7378	1576	269874	250685	792749
1390852	68193	2013401	906760	730		174265	193601	412679
991084	101318	1097863	809844	6648	1576	95609	57084	380070
637571	70120	1777349	696639	2122	503	166861	69430	241356
637571	70120	1777349	696639	2122	503	166861	69430	241356
1844032	234154	3509242	2057843	10409	14281	317296	181829	769664
183131	67429	564654	262303	6141	176	98238	77461	54107
42202	27499	173756	75867	2432	50	47827	10362	9717
82458	19770	123352	64233	3000	51	21142	23794	13483
16705	372	29232	24457			1437	2730	12546
15095	3139	34034	29470			2543	7451	14176
9246	15385	167774	48042			17583	27155	54
17425	1265	36506	20234	709	75	7706	5970	4132
121369	29860	262191	126292	830	223	33633	12891	35238
5241	483	10873	9943			40	1010	8574
37831	5550	95876	41511			19003	3159	3302
18483	623	26089	6552			2370	100	3660
501	13	2918	580				580	
65		1351	200			200		
13891	780	27650	15031	830		600	50	
84		791	238			40	198	
24788	21462	70128	35611		223	8206	4045	15700
20485	950	26515	16626			3175	3750	4002
180737	36747	403263	287972	3017	2462	25496	20891	178532
180737	36747	403263	287972	3017	2462	25496	20891	178532
304785	14984	614481	477029		2109	33889	37174	227413
215694	2699	450027	316897		1456	29523	13740	180109
89091	12285	164454	160132		653	4366	23435	47304
1041601	79072	1645854	892579	420	9311	124152	29474	271739
1726	45	11610	3779			3481		298
4031	1845	11607	10171			7003	500	1013
332433	31067	717967	421131	420	9261	56020	1975	110324
342130	31336	503136	230930		50	17022	566	61323
311598	10837	324478	174519			33987	19432	94038
49682	3943	77056	52050			6639	7001	4743
12409	6062	18800	11668			1888	3938	2635
12409	6062	18800	11668			1888	3938	2635
961961	229715	2518365	1560346	6302	12553	230401	179658	860385
462741	195840	1886509	1027792	1935	8505	189950	154667	511929

1-2 续表 2-17

项目	累计折旧	固定资产净值	固定资产净值年平均余额	负债合计	流动负债合计
雕塑工艺品制造	23897	60653	57187	72337	66531
金属工艺品制造	37561	67785	64387	129022	115181
漆器工艺品制造	5794	6430	6529	21666	18632
花画工艺品制造	93335	82179	82291	94569	84813
天然植物纤维编织工艺品制造	16035	42040	44000	66273	46404
抽纱刺绣工艺品制造	44874	61675	62201	33541	30821
地毯、挂毯制造	39190	48935	52641	116892	115511
珠宝首饰及有关物品的制造	151553	208156	204124	1155877	1009575
其他工艺美术品制造	81369	112560	111206	295133	244864
日用杂品制造	123758	200986	205799	408005	389631
制镜及类似品加工	11622	26979	27756	31383	27911
鬃毛加工、制刷及清扫工具的制造	9908	15972	17039	34905	31802
其他日用杂品制造	102228	158034	161003	341717	329919
煤制品制造	1896	1041	1647	4591	3941
煤制品制造	1896	1041	1647	4591	3941
核辐射加工					
核辐射加工					
其他未列明的制造业	136762	152081	131729	421967	401739
其他未列明的制造业	136762	152081	131729	421967	401739
废弃资源和废旧材料回收加工业	251885	182827	174425	778348	692753
金属废料和碎屑的加工处理	217819	122908	115715	672436	600090
金属废料和碎屑的加工处理	217819	122908	115715	672436	600090
非金属废料和碎屑的加工处理	34067	59919	58709	105912	92662
非金属废料和碎屑的加工处理	34067	59919	58709	105912	92662
电力、燃气及水的生产和供应业	24151360	39493644	38744083	39423226	18747498
电力、热力的生产和供应业	20933541	34553472	33779306	33036336	16042398
电力生产	11377804	15604850	15596883	15373797	7350416
火力发电	7371335	10330234	10273782	10678744	5752855
水力发电	942243	2321051	2227581	1876994	1003581
核力发电	2962495	2645566	2780617	2551172	490839
其他能源发电	101731	307999	314902	266886	103141
电力供应	9539099	18909338	18151072	17533569	8654684
电力供应	9539099	18909338	18151072	17533569	8654684
热力生产和供应	16637	39284	31352	128970	37298
热力生产和供应	16637	39284	31352	128970	37298
燃气生产和供应业	398398	1206845	1154285	1701845	859459
燃气生产和供应业	398398	1206845	1154285	1701845	859459
燃气生产和供应业	398398	1206845	1154285	1701845	859459
水的生产和供应业	2819421	3733327	3810492	4685045	1845641
自来水的生产和供应	2553778	3109719	3194302	2907705	1692485
自来水的生产和供应	2553778	3109719	3194302	2907705	1692485
污水处理及其再生利用	53527	169932	162212	208910	80075
污水处理及其再生利用	53527	169932	162212	208910	80075
其他水的处理、利用与分配	212115	453676	453979	1568430	73081
其他水的处理、利用与分配	212115	453676	453979	1568430	73081

单位：万元

应付账款	长期负债合计	所有者权益合计	实收资本	国家资本	集体资本	法人资本	个人资本	港澳台资本
20585	4684	88517	87279		166	5870	8027	66473
34840	10691	102972	85061	510	474	9233	11270	39967
4240	3002	11523	7925			90		7785
39306	7798	109413	80991	963	215	8697	8908	57979
11216	16250	51908	35445		884	6921	20034	5209
11040	1829	109611	82644			6678	6501	39752
47584	1008	53714	46405	240	1794	12943	1480	15616
175590	107843	1167867	467298		1748	120738	76544	209481
118340	42734	190985	134745	222	3224	18779	21904	69668
215869	13063	361915	314719		2750	25031	18168	221872
6198	2934	40207	39334			6496	8153	24685
16200	2874	22250	18051			2842	3123	10723
193471	7255	299457	257334		2750	15694	6892	186465
1746	650	11317	1424			631		793
1746	650	11317	1424			631		793
281605	20163	258624	216412	4367	1299	14789	6823	125790
281605	20163	258624	216412	4367	1299	14789	6823	125790
338623	83129	220696	104436		3189	42917	27885	12645
299563	71000	170195	77725		3000	33320	19739	5451
299563	71000	170195	77725		3000	33320	19739	5451
39061	12129	50500	26711		189	9598	8146	7195
39061	12129	50500	26711		189	9598	8146	7195
3882259	20438213	35432916	21009518	9418651	194987	8601937	279588	1005768
3505557	16845011	30578404	18504763	8707516	73680	8044827	188232	835228
1027135	7927099	10540941	7445669	2557818	70865	3173921	183625	807835
904856	4873469	7597238	5565854	1354732	45387	2770871	124715	634732
73534	843041	1451021	1072954	588359	22787	338452	48865	64312
36856	2060334	1350063	665038	581859				83179
11889	150255	142619	141821	32867	2691	64599	10045	25612
2469811	8826276	19972444	11002296	6124152	2816	4870726	4602	
2469811	8826276	19972444	11002296	6124152	2816	4870726	4602	
8611	91636	65019	56799	25546		180	5	27393
8611	91636	65019	56799	25546		180	5	27393
161752	842124	918469	775511	106005	9096	259613	22368	143214
161752	842124	918469	775511	106005	9096	259613	22368	143214
161752	842124	918469	775511	106005	9096	259613	22368	143214
214950	2751078	3936043	1729243	605130	112211	297497	68988	27326
190131	1131541	3115974	1128281	584583	112161	265834	61159	24187
190131	1131541	3115974	1128281	584583	112161	265834	61159	24187
18395	124187	91169	63829	20548	50	29663	7829	3139
18395	124187	91169	63829	20548	50	29663	7829	3139
6424	1495350	728900	537133			2000		
6424	1495350	728900	537133			2000		

1-2 续表 3-1

项 目	外商资本	主营业务收入	主营业务成本	主营业务税金及附加	其他业务收入
总 计	**27754657**	**633716543**	**540360082**	**6695633**	**7812538**
总计中：亏损企业	8509166	93605245	88469977	799280	1173817
一、按登记注册类型分组					
内资企业	497551	269286772	226770452	3526840	2617101
国有企业	13399	28480808	25725767	277806	268394
集体企业	20623	5395110	4517391	170450	24312
股份合作企业	2065	1166041	1012591	11921	6594
联营企业	4210	960566	832438	2998	13190
有限责任公司	151992	81502801	65998452	1869781	1189349
股份有限公司	246632	46946620	38990291	420545	712372
私营企业	56911	103291094	88337592	756294	399506
其他企业	1719	1543732	1355932	17043	3385
港、澳、台商投资企业	3075033	179654877	152991310	1320244	2900531
外商投资企业	24182073	184774894	160598320	1848549	2294906
二、按经济组织类型分组					
独资企业	19374914	300942366	261599326	2189285	3385702
合作、合伙企业	1268923	20114679	17127072	127587	116942
股份有限公司	1107822	58761095	48946065	594763	809784
有限责任公司	6002998	253898404	212687619	3783998	3500110
三、按企业控股情况分组					
国有控股企业	2698016	110458773	90266071	2629802	1964255
四、按轻重工分组					
轻工业	9735998	241717273	202987391	2858053	3094124
重工业	18018659	391999270	337372692	3837580	4718414
五、按企业规模分组					
大型企业	5880414	211011864	180771917	2636006	3292873
中型企业	13054715	215472676	181800054	2320170	3106495
小型企业	8819528	207232003	177788111	1739457	1413171
六、按照工业行业大中小类分组					
采矿业	9998	11027666	4579015	509080	209037
煤炭开采和洗选业					
烟煤和无烟煤的开采洗选					
烟煤和无烟煤的开采洗选					
褐煤的开采洗选					
褐煤的开采洗选					
其他煤炭采选					
其他煤炭采选					
石油和天然气开采业	1743	7667983	2218895	405461	142377
天然原油和天然气开采		7593386	2170995	402924	142377
天然原油和天然气开采		7593386	2170995	402924	142377
与石油和天然气开采有关的服务活动	1743	74597	47900	2537	
与石油和天然气开采有关的服务活动	1743	74597	47900	2537	
黑色金属矿采选业		932492	589992	14217	7212
铁矿采选		917722	580221	14152	7138
铁矿采选		917722	580221	14152	7138

单位：万元

其他业务利润	营业费用	管理费用	税金	财务费用	利息支出	营业利润	投资收益
1928481	**19678984**	**26251330**	**834986**	**4236732**	**4164061**	**38372348**	**256703**
188170	1798922	4767133	172810	997237	1141590	-2649333	-100261
732581	8553463	11474740	352444	3233206	2436082	15017290	115017
80765	173724	791231	29749	478390	505848	1106803	26670
9817	117453	319062	14201	55366	38489	274806	-3942
3503	25664	54063	3140	12821	8972	56194	148
5130	19026	43202	1277	6943	5054	63025	2509
374775	3086408	4475634	109119	1572834	1087046	5112181	98006
139933	2382263	1654116	34192	463687	326551	2109109	132717
122787	2716485	4066473	158060	634454	456793	6215858	-140265
-4129	32440	70959	2707	8709	7329	79314	-826
582671	4830719	7745633	266004	659719	893296	13271438	109106
613229	6294803	7030957	216538	343807	834684	10083620	32581
875111	7969586	12074721	402428	884032	1333916	17678349	67544
48075	378778	831465	32281	172814	241136	1566330	-24424
174528	2771663	2151941	53245	540209	432401	2917505	169984
830767	8558957	11193204	347032	2639677	2156607	16210164	43600
441627	2385465	3609638	127864	1312141	1661562	9453099	311257
629551	11149233	11257471	390730	1139923	1115852	13019142	147304
1298930	8529751	14993859	444255	3096809	3048209	25353206	109400
744396	8824298	7393005	129084	1267943	1181603	9912989	294277
742634	6059209	9453665	328753	1610591	1721509	16040832	-130275
441451	4795477	9404660	377149	1358198	1260949	12418526	92701
36046	123672	245411	7729	65434	25124	5433748	9189
32344	10329	79598	204	32830	834	4799965	3026
32344	10329	76097	134	32560		4782193	
32344	10329	76097	134	32560		4782193	
		3501	70	270	834	17772	3026
		3501	70	270	834	17772	3026
569	33556	49557	2437	18648	15572	229957	670
534	32436	48567	2437	18102	15028	227643	670
534	32436	48567	2437	18102	15028	227643	670

1-2 续表 3-2

项　目	外商资本	主营业务收　入	主营业务成　本	主营业务税金及附加	其他业务收　入
其他黑色金属矿采选		14770	9771	65	74
其他黑色金属矿采选		14770	9771	65	74
有色金属矿采选业	2215	1002768	693461	9506	56730
常用有色金属矿采选	2215	612727	340288	8709	54862
铜矿采选	2215	70364	54189	149	53330
铅锌矿采选		415385	205666	8174	1532
镍钴矿采选					
锡矿采选		4368	2710	80	
锑矿采选					
铝矿采选					
镁矿采选					
其他常用有色金属矿采选		122610	77723	306	
贵金属矿采选		266912	253020	185	90
金矿采选		265209	251268	174	90
银矿采选		1703	1752	11	
其他贵金属矿采选					
稀有稀土金属矿采选		123129	100154	611	1779
钨钼矿采选		12422	8464	196	751
稀土金属矿采选		47456	37278	214	
放射性金属矿采选		21057	14880	5	977
其他稀有金属矿采选		42195	39533	196	50
非金属矿采选业	6040	1424423	1076667	79896	2717
土砂石开采	6040	1238607	967530	77404	1679
石灰石、石膏开采	4315	136043	97098	5380	321
建筑装饰用石开采		185888	156861	2785	739
耐火土石开采		3266	2408	27	
粘土及其他土砂石开采	1725	913410	711163	69212	619
化学矿采选		127568	65487	1498	
化学矿采选		127568	65487	1498	
采盐		17768	14268	215	1038
采盐		17768	14268	215	1038
石棉及其他非金属矿采选		40480	29382	781	0
石棉、云母矿采选					
石墨、滑石采选					
宝石、玉石开采					
其他非金属矿采选		40480	29382	781	0
其他采矿业					
其他采矿业					
其他采矿业					
制造业	26236073	581202914	498835191	5962822	7212823
农副食品加工业	384423	14445842	12620883	242723	64733
谷物磨制	37531	643402	578683	2018	2786
谷物磨制	37531	643402	578683	2018	2786
饲料加工	59308	4948156	4374641	134119	7528
饲料加工	59308	4948156	4374641	134119	7528
植物油加工	148191	4076149	3612735	72067	14856
食用植物油加工	148191	4069637	3607236	72066	14856
非食用植物油加工		6512	5499	2	

单位：万元

其他业务利润	营业费用	管理费用	税金	财务费用	利息支出	营业利润	投资收益
34	1120	990		545	544	2314	
34	1120	990		545	544	2314	
5333	14756	42335	2370	5642	4806	237529	2358
4657	12299	27024	1907	4786	4054	216619	2330
4449	104	5046	839	1640	1642	13663	1760
208	9536	20158	734	2360	1792	164064	411
	673	361	9	227	158	318	
	1986	1460	326	560	462	38574	160
10	1310	7088	81	348	251	4677	28
10	1310	6485	56	348	251	5340	28
		603	25			-663	
666	1147	8224	382	508	502	16233	
380	127	3101	325	74	81	1067	
	507	439	3	120	116	12239	
296	173	3600	20	134	156	2053	
-10	340	1084	35	180	148	874	
-2200	65031	73921	2719	8314	3911	166297	3135
466	57315	40883	2296	7793	3526	126455	3065
119	10063	5716	144	671	743	14789	
104	6534	5489	272	1520	1049	16106	1203
	694	371	4	98	98	95	
243	40024	29308	1877	5505	1636	95465	1862
-3175	1575	26784	359	37	37	37458	70
-3175	1575	26784	359	37	37	37458	70
509	849	3945	37	194	198	-311	0
509	849	3945	37	194	198	-311	0
	5293	2310	27	290	150	2695	
	5293	2310	27	290	150	2695	
1690136	19359005	24928444	787401	2983167	2781736	30644985	19293
26711	247445	315561	18870	90930	94145	962864	14145
1640	19671	16074	937	4794	3265	24332	-148
1640	19671	16074	937	4794	3265	24332	-148
2456	66837	92980	3957	22734	16720	256457	17717
2456	66837	92980	3957	22734	16720	256457	17717
6018	57950	38859	3914	4811	20165	318891	5749
6018	57950	38744	3907	4811	20165	318001	5749
		115	7	0	0	890	

1-2 续表 3-3

项　目	外商资本	主营业务收入	主营业务成本	主营业务税金及附加	其他业务收入
制糖	5715	749092	621997	5042	16398
制糖	5715	749092	621997	5042	16398
屠宰及肉类加工	23179	969743	838829	3683	3144
畜禽屠宰		516850	431049	1626	1978
肉制品及副产品加工	23179	452893	407780	2058	1167
水产品加工	33230	1780001	1507223	18973	10300
水产品冷冻加工	29064	1105320	924248	8272	8096
鱼糜制品及水产品干腌制加工	1870	253393	221976	966	1413
水产饲料制造	1998	334195	275453	9337	585
鱼油提取及制品的制造					
其他水产品加工	298	87094	85547	398	206
蔬菜、水果和坚果加工	19561	548730	410942	5277	3144
蔬菜、水果和坚果加工	19561	548730	410942	5277	3144
其他农副食品加工	57709	730569	675835	1543	6577
淀粉及淀粉制品的制造	14024	171395	147756	805	5756
豆制品制造	43686	437174	426230	354	623
蛋品加工		26917	18867	310	6
其他未列明的农副食品加工		95083	82982	74	192
食品制造业	576953	7193036	4878148	67669	82540
焙烤食品制造	60127	734296	603335	2513	13097
糕点、面包制造	7097	178877	146085	511	1188
饼干及其他焙烤食品制造	53031	555418	457249	2002	11909
糖果、巧克力及蜜饯制造	202262	1492758	960624	2687	14817
糖果、巧克力制造	195085	1245987	755057	994	14433
蜜饯制作	7176	246771	205567	1694	384
方便食品制造	53080	1069901	834971	5745	18757
米、面制品制造	1026	209562	182260	2892	1506
速冻食品制造	1356	176694	139671	1174	352
方便面及其他方便食品制造	50698	683646	513040	1679	16898
液体乳及乳制品制造	54853	816915	460091	2055	13885
液体乳及乳制品制造	54853	816915	460091	2055	13885
罐头制造	26151	252224	210603	1213	2464
肉、禽类罐头制造	21141	28271	25907	187	419
水产品罐头制造		83869	75060	235	2014
蔬菜、水果罐头制造	4479	94975	72963	648	30
其他罐头食品制造	532	45110	36673	143	1
调味品、发酵制品制造	67668	1342831	1103448	2095	10270
味精制造	12401	82038	69167	75	493
酱油、食醋及类似制品的制造	30154	1018764	848732	1168	7810
其他调味品、发酵制品制造	25113	242029	185549	853	1967
其他食品制造	112812	1484111	705078	51361	9249
营养、保健食品制造	44587	993135	303853	49449	4989
冷冻饮品及食用冰制造	19121	66176	58021	350	419
盐加工		856	689	4	633
食品及饲料添加剂制造	14331	281289	224063	1190	2538
其他未列明的食品制造	34774	142655	118452	369	671

单位：万元

其他业务利润	营业费用	管理费用	税金	财务费用	利息支出	营业利润	投资收益
4963	12176	42255	1376	24146	22654	54768	3570
4963	12176	42255	1376	24146	22654	54768	3570
1772	19271	29129	720	5319	3563	72329	388
1384	7883	16153	430	2514	1461	53111	362
388	11387	12976	290	2805	2103	19219	26
7676	30102	58602	3365	25372	17389	153588	9285
6230	15782	33468	1915	22523	14835	107655	1384
860	5612	7779	566	1519	937	19445	
517	7768	14908	814	2563	2943	23648	7900
68	940	2446	70	-1232	-1326	2840	
618	27618	16743	714	2703	1969	65968	-22467
618	27618	16743	714	2703	1969	65968	-22467
1569	13820	20919	3888	1052	8420	16531	51
1093	3805	8381	472	2294	1911	11116	9
381	7474	5663	789	-1203	5138	-1052	38
6	959	782	15	255	21	2905	
89	1581	6093	2612	-293	1350	3562	4
14890	953215	415205	14819	12845	25740	793387	6414
2266	39427	40153	1509	2242	1939	40707	658
1142	15241	13321	515	-421	-120	5432	672
1125	24186	26832	994	2663	2059	35275	-14
2581	205447	108991	2830	-294	4451	214873	3847
2258	195408	100002	1643	-1681	3252	196089	3786
323	10039	8989	1187	1387	1199	18784	60
1528	130362	43914	1209	4907	5079	51503	333
105	6621	9019	460	1309	1107	9040	-20
135	18326	11702	386	1414	1161	4964	
1288	105416	23194	363	2184	2811	37499	352
1746	193935	47910	808	549	2039	106752	831
1746	193935	47910	808	549	2039	106752	831
645	10025	11112	453	1406	811	16485	-595
56	776	2447	46	346	205	-165	
560	4576	3794	199	-5	-114	533	-497
28	4053	3086	165	1103	718	10361	-204
1	620	1785	43	-37	2	5756	107
2753	72211	69287	4363	1293	6028	88754	-1912
493	2398	7619	194	1451	1398	261	
1730	53243	43323	3756	-687	4073	69602	-2104
530	16570	18345	413	529	557	18890	192
3371	301808	93839	3647	2742	5394	274314	3252
1099	264493	63081	2640	711	2134	247731	3106
224	8543	5359	267	970	1086	-5891	
218	116	408	31	-1	5	-142	-14
1682	19568	19267	548	1455	1505	24049	7
148	9088	5724	161	-393	663	8568	154

1-2 续表 3-4

项　　目	外商资本	主营业务收　　入	主营业务成　　本	主营业务税金及附加	其他业务收　　入
饮料制造业	521452	4878212	3413669	120159	62886
酒精制造		42403	34076	1846	14
酒精制造		42403	34076	1846	14
酒的制造	261871	1139646	795043	113589	22083
白酒制造		159621	94631	39874	557
啤酒制造	258827	939104	670636	71961	20950
黄酒制造		1012	776	25	
葡萄酒制造		670	521	19	
其他酒制造	3045	39238	28480	1711	577
软饮料制造	259580	3636823	2536125	3411	40755
碳酸饮料制造	49893	1146678	715975	559	14110
瓶(罐)装饮用水制造	1080	458197	334984	1643	2109
果菜汁及果菜汁饮料制造	60853	734731	656753	442	4767
含乳饮料和植物蛋白饮料制造	33177	404728	279158	446	10263
固体饮料制造	106342	268017	139637	44	1057
茶饮料及其他软饮料制造	8235	624472	409617	279	8449
精制茶加工		59342	48424	1312	34
精制茶加工		59342	48424	1312	34
烟草制品业		2508435	799865	976947	307449
烟叶复烤		13589	8766	186	1954
烟叶复烤		13589	8766	186	1954
卷烟制造		2453034	760272	976632	303018
卷烟制造		2453034	760272	976632	303018
其他烟草制品加工		41812	30827	129	2477
其他烟草制品加工		41812	30827	129	2477
纺织业	695780	16628196	14642097	71137	63295
棉、化纤纺织及印染精加工	351148	7094160	6355942	26940	28045
棉、化纤纺织加工	229141	3721871	3328107	18006	14718
棉、化纤印染精加工	122007	3372288	3027835	8934	13327
毛纺织和染整精加工	7542	1201315	1106547	3273	3884
毛条加工	3674	61230	54133	86	81
毛纺织	3788	379244	339397	1809	3069
毛染整精加工	80	760841	713017	1378	734
麻纺织		5853	4093	13	
麻纺织		5853	4093	13	
丝绢纺织及精加工	10543	162737	149312	945	1983
缫丝加工		35727	33242	219	919
绢纺和丝织加工	1057	21701	18861	43	517
丝印染精加工	9486	105309	97209	684	548
纺织制成品制造	131981	2072179	1778376	13375	13030
棉及化纤制品制造	18258	825228	695344	2534	5696
毛制品制造	2847	50829	46000	42	422
麻制品制造		22325	18585	27	3
丝制品制造	4661	28546	25232	89	19
绳、索、缆的制造	8311	92967	80992	1119	43
纺织带和帘子布制造	21423	223386	190563	597	2403
无纺布制造	48294	386135	343782	3425	3042
其他纺织制成品制造	28188	442764	377878	5542	1402

单位：万元

其他业务利润	营业费用	管理费用	税金	财务费用	利息支出	营业利润	投资收益
16534	747750	228095	8608	25881	37058	309129	11262
3	303	3105	171	832	825	2715	1
3	303	3105	171	832	825	2715	1
7012	108248	64154	3245	6337	12370	42510	3644
292	3035	8987	348	887	796	15394	3606
6143	102869	53110	2868	4713	10930	23094	39
	104	85		2	1	77	
	23	26		26	16	55	
577	2217	1945	29	709	627	3891	
9497	637616	157611	4836	17651	22914	260607	7618
5746	248644	67657	1668	10840	13367	89750	4076
1108	68790	20227	1129	180	816	34423	562
811	53224	15202	756	5949	5642	12594	27
1056	64019	18718	677	-339	1088	22774	131
419	74428	11525	236	-607	-167	43458	2822
357	128511	24283	370	1628	2169	57609	0
21	1583	3225	356	1061	951	3297	
21	1583	3225	356	1061	951	3297	
13796	79868	233966	4679	-3944	-3469	430727	4086
832	174	5052	281	-7	-6	252	
832	174	5052	281	-7	-6	252	
11764	78808	226998	4372	-4829	-4229	426918	4086
11764	78808	226998	4372	-4829	-4229	426918	4086
1200	887	1917	26	892	765	3558	
1200	887	1917	26	892	765	3558	
12155	314276	753384	35299	72811	76079	682954	-4459
4924	113491	260618	15999	31265	34220	266609	475
-609	65265	153195	9528	15529	19855	128661	444
5533	48226	107424	6472	15737	14366	137948	31
821	9096	48557	2017	-1328	9686	33120	-3151
71	226	1838	30	701	679	4023	
500	3521	19028	895	7691	7332	6114	-13
250	5349	27690	1092	-9720	1676	22983	-3138
	101	226		131	31	716	
	101	226		131	31	716	
975	2406	7661	450	945	1601	2845	368
243	677	1607	201	1322	1187	311	6
394	479	1638	23	148	128	903	
338	1251	4416	225	-524	286	1631	362
4893	71804	102174	4204	11835	8547	96573	-846
2075	29555	35735	1103	2853	1839	49382	1219
106	741	2840	114	292	255	1068	
1	1617	1357		48	47	789	
10	454	1730	42	262	112	1393	0
10	2476	4876	222	1093	636	1856	
991	6514	13250	558	2057	1348	9819	-1824
1112	10889	19120	1095	902	1704	14818	-223
587	19557	23268	1070	4329	2606	17448	-18

1-2 续表 3-5

项　　目	外商资本	主营业务收　　入	主营业务成　　本	主营业务税金及附加	其他业务收　　入
针织品、编织品及其制品制造	194566	6091952	5247827	26590	16353
棉、化纤针织品及编织品制造	69522	2619421	2310634	14478	8255
毛针织品及编织品制造	68218	2253021	1959859	6429	5809
丝针织品及编织品制造	14337	511199	415244	2413	646
其他针织品及编织品制造	42489	708312	562090	3271	1644
纺织服装、鞋、帽制造业	520351	16459126	14153382	93351	54386
纺织服装制造	439622	15723270	13505628	92093	53218
纺织服装制造	439622	15723270	13505628	92093	53218
纺织面料鞋的制造	68328	516625	459130	596	371
纺织面料鞋的制造	68328	516625	459130	596	371
制帽	12402	219231	188624	662	798
制帽	12402	219231	188624	662	798
皮革、毛皮、羽毛(绒)及其制品业	613940	11395487	10056377	59647	24853
皮革鞣制加工	73910	992814	870377	5792	5897
皮革鞣制加工	73910	992814	870377	5792	5897
皮革制品制造	525303	10074642	8902469	49881	18581
皮鞋制造	421284	6483270	5780294	26771	11794
皮革服装制造	2241	239008	205143	459	69
皮箱、包(袋)制造	71667	2522947	2195263	18093	5410
皮手套及皮装饰制品制造	5885	410866	360636	2378	212
其他皮革制品制造	24226	418551	361134	2179	1097
毛皮鞣制及制品加工	8234	98475	92160	2069	94
毛皮鞣制加工		10358	8498	1617	41
毛皮服装加工	2483	42610	40749	83	6
其他毛皮制品加工	5751	45507	42913	369	47
羽毛(绒)加工及制品制造	6493	229556	191371	1906	281
羽毛(绒)加工		105748	79766	1149	38
羽毛(绒)制品加工	6493	123808	111605	758	243
木材加工及木、竹、藤、棕、草制品业	208629	3612131	3059071	27719	11835
锯材、木片加工	9673	402817	334812	4021	4102
锯材加工	134	126074	108409	1436	2443
木片加工	9539	276743	226403	2584	1659
人造板制造	177398	2263340	1905361	14987	4954
胶合板制造	16452	462837	408588	2207	1183
纤维板制造	38460	527111	446401	2306	1513
刨花板制造	12216	121991	102691	344	1513
其他人造板、材制造	110271	1151400	947681	10130	745
木制品制造	20614	689699	598918	6129	2655
建筑用木料及木材组件加工	10829	285326	243174	2999	665
木容器制造	2719	125872	111579	509	4
软木制品及其他木制品制造	7067	278502	244166	2621	1986
竹、藤、棕、草制品制造	944	256275	219980	2584	126
竹、藤、棕、草制品制造	944	256275	219980	2584	126
家具制造业	327434	8146376	7102670	49820	22278
木质家具制造	205750	4236482	3681948	15298	8652
木质家具制造	205750	4236482	3681948	15298	8652

单位：万元

其他业务利润	营业费用	管理费用	税金	财务费用	利息支出	营业利润	投资收益
543	117378	334149	12630	29963	21995	283090	-1306
2045	52883	160797	6123	11380	12615	101195	-752
580	31258	116572	4179	8331	5274	83120	-216
329	17233	19956	1157	4043	3343	38109	8
-2411	16004	36824	1171	6209	763	60667	-346
12474	494287	911562	29411	51418	45404	695340	-1905
12057	481661	861688	28523	51013	44764	678618	-1854
12057	481661	861688	28523	51013	44764	678618	-1854
282	6944	31266	506	19	556	11334	-51
282	6944	31266	506	19	556	11334	-51
136	5682	18608	383	386	84	5389	
136	5682	18608	383	386	84	5389	
13008	227259	647366	20647	9366	18822	415754	1674
2325	14717	44494	2011	1309	1779	41550	54
2325	14717	44494	2011	1309	1779	41550	54
10494	205947	591737	17994	5967	15554	352847	1627
7536	122739	389304	11525	-617	8940	201629	1085
28	5827	13609	729	453	401	12705	9
2132	64241	152869	3844	5280	5059	94100	482
63	3330	9191	393	-816	323	32889	48
735	9812	26764	1502	1667	832	11523	3
55	1230	4019	171	64	360	-1715	
10	93	793	13	-12	7	92	
6	701	2142	105	372	328	-1432	
39	437	1084	53	-296	25	-375	
134	5365	7116	471	2026	1129	23072	-7
35	3308	3013	51	1437	508	19179	-7
99	2057	4103	420	589	621	3893	1
2831	75897	141051	6241	27775	19646	272704	3281
354	11172	11083	1135	2423	1750	37837	0
214	4253	3818	733	567	301	11924	
140	6919	7264	401	1856	1449	25912	0
1603	45269	84633	3225	20878	13713	179635	1369
554	8709	18763	619	3154	2822	25583	0
-243	8952	20723	922	5488	3378	25808	30
857	2821	9893	375	975	973	9523	
435	24788	35254	1310	11260	6540	118721	1338
757	14451	36275	1547	3254	3544	32431	1290
78	6130	14163	541	1326	1513	18669	
3	2241	6839	205	792	1544	4418	43
675	6081	15274	801	1136	488	9343	1248
117	5005	9060	334	1220	639	22801	621
117	5005	9060	334	1220	639	22801	621
13837	266700	403033	13310	17264	26879	323862	-2802
5365	151091	225757	6921	4686	16222	158641	-463
5365	151091	225757	6921	4686	16222	158641	-463

1-2 续表 3-6

项目	外商资本	主营业务收入	主营业务成本	主营业务税金及附加	其他业务收入
竹、藤家具制造	4384	176597	157462	1775	265
竹、藤家具制造	4384	176597	157462	1775	265
金属家具制造	57289	1988395	1754919	14952	4418
金属家具制造	57289	1988395	1754919	14952	4418
塑料家具制造	7595	198011	175556	1558	234
塑料家具制造	7595	198011	175556	1558	234
其他家具制造	52416	1546892	1332786	16237	8708
其他家具制造	52416	1546892	1332786	16237	8708
造纸及纸制品业	749267	12637570	11394096	65754	138202
纸浆制造	127375	1065930	995059	1904	2653
纸浆制造	127375	1065930	995059	1904	2653
造纸	287049	5136706	4713781	24950	93811
机制纸及纸板制造	156867	4262765	3944475	21156	86258
手工纸制造		9961	9468	25	
加工纸制造	130182	863981	759837	3769	7553
纸制品制造	334843	6434933	5685256	38900	41739
纸和纸板容器的制造	277512	3815109	3338057	20979	23462
其他纸制品制造	57331	2619824	2347200	17921	18277
印刷业和记录媒介的复制	177370	6235758	5343539	26351	85436
印刷	142638	5792333	4982974	25658	78759
书、报、刊印刷	27109	1300313	1148187	8062	35371
本册印制	16839	284457	250560	855	5750
包装装潢及其他印刷	98690	4207563	3584227	16740	37638
装订及其他印刷服务活动	7533	297921	233020	407	2705
装订及其他印刷服务活动	7533	297921	233020	407	2705
记录媒介的复制	27199	145504	127545	287	3972
记录媒介的复制	27199	145504	127545	287	3972
文教体育用品制造业	388698	8402346	7462782	136082	33127
文化用品制造	21079	988898	843107	5849	3960
文具制造	14682	823841	697150	3355	3666
笔的制造	4527	47938	40889	88	13
教学用模型及教具制造	1294	21375	18953	12	75
墨水、墨汁制造	577	30622	27052	2306	205
其他文化用品制造		65121	59063	87	
体育用品制造	194907	1729378	1581848	2721	7080
球类制造	37639	191094	174708	327	717
体育器材及配件制造	91918	732546	673486	1431	1566
训练健身器材制造	15202	228740	211024	273	3093
运动防护用具制造	18494	255358	238862	268	223
其他体育用品制造	31655	321641	283768	422	1481
乐器制造	11433	462440	394180	2814	8153
中乐器制造	2484	13089	11035	11	
西乐器制造	3438	251694	212608	780	7920
电子乐器制造	3620	111230	93127	1694	11
其他乐器及零件制造	1892	86427	77411	329	222
玩具制造	145501	5038748	4486913	122156	12325
玩具制造	145501	5038748	4486913	122156	12325

单位：万元

其他业务利润	营业费用	管理费用	税金	财务费用	利息支出	营业利润	投资收益
162	4952	6970	431	1997	1645	6926	-14
162	4952	6970	431	1997	1645	6926	-14
3447	48785	88592	2925	3628	4556	78064	-2161
3447	48785	88592	2925	3628	4556	78064	-2161
31	7294	8488	1034	1288	1014	5616	1
31	7294	8488	1034	1288	1014	5616	1
4832	54580	73226	1998	5665	3442	74616	-164
4832	54580	73226	1998	5665	3442	74616	-164
44609	253981	465353	25821	98588	140429	440084	-7305
1494	12478	26966	2035	11613	19193	24634	414
1494	12478	26966	2035	11613	19193	24634	414
18330	85983	162784	10356	49304	92134	130407	-12061
14673	65226	130900	7765	43525	85703	87770	-12421
	24	209	5	-1	-1	239	
3657	20733	31675	2587	5779	6432	42397	360
24785	155520	275604	13431	37671	29101	285043	4342
14979	93734	171875	9315	22268	15736	185536	3572
9807	61786	103728	4115	15404	13365	99507	770
36624	146941	349527	13547	35100	36039	374878	758
34566	135912	320433	12609	31721	32473	339528	818
15536	24119	82662	1745	460	4904	54197	-5623
1677	7492	17646	496	1458	2319	9169	-88
17354	104302	220124	10368	29803	25251	276162	6528
1095	7742	16804	531	340	532	40118	-202
1095	7742	16804	531	340	532	40118	-202
963	3286	12291	407	3038	3034	-4768	142
963	3286	12291	407	3038	3034	-4768	142
15058	137793	489195	17118	24987	18129	204550	4602
2759	22972	53186	1651	6011	2374	33040	-5133
2553	18559	42013	1269	5137	1852	30036	-5157
-15	2851	3950	178	900	521	-551	
31	364	1904	18	-13	-6	184	
190	271	2357	93	-190		1650	13
	927	2962	94	177	6	1721	11
4646	26057	102942	2804	1700	3875	24522	95
227	2163	10800	322	1288	189	2209	1
787	8889	36423	1044	719	2571	10889	15
3000	5335	11743	235	644	516	7197	18
217	3692	18022	232	-1897	228	-4018	55
415	5978	25953	971	946	371	8245	6
732	10539	26769	1258	1570	1367	19171	10929
	298	556	29	103	52	1087	
981	8392	17780	926	590	1068	12190	123
11	1078	4206	33	14	134	3423	10792
-260	771	4228	270	863	114	2470	14
6564	74805	289894	11127	14606	9703	124434	-1316
6564	74805	289894	11127	14606	9703	124434	-1316

1-2 续表 3-7

项　　目	外商资本	主营业务收　　入	主营业务成　　本	主营业务税金及附加	其他业务收　　入
游艺器材及娱乐用品制造	15777	182881	156735	2542	1610
露天游乐场所游乐设备制造		63263	52131	2374	1106
游艺用品及室内游艺器材制造	15777	119618	104604	168	504
石油加工、炼焦及核燃料加工业	188054	19099481	17933818	361190	141728
精炼石油产品的制造	167579	18974212	17829727	357764	120145
原油加工及石油制品制造	167579	18972628	17828719	357762	120145
人造原油生产		1584	1008	3	
炼焦	20475	125269	104091	3425	21583
炼焦	20475	125269	104091	3425	21583
核燃料加工					
核燃料加工					
化学原料及化学制品制造业	2417062	30433377	22563142	333298	305466
基础化学原料制造	839739	5098735	4285360	11403	47875
无机酸制造	869	200056	164702	2432	3668
无机碱制造		209714	162704	2268	3906
无机盐制造	21642	573878	494108	3061	1217
有机化学原料制造	743310	3582439	3034501	1927	34472
其他基础化学原料制造	73918	532649	429345	1714	4612
肥料制造	12466	685943	580154	4385	5284
氮肥制造		31252	28097	207	1296
磷肥制造		120500	99002	2780	6
钾肥制造	12166	123779	104131	89	3573
复混肥料制造	300	346149	295981	772	288
有机肥料及微生物肥料制造		52830	43054	536	114
其他肥料制造		11434	9889	1	7
农药制造	1800	210728	166751	1341	29683
化学农药制造	1800	164371	129781	1199	29647
生物化学农药及微生物农药制造		46357	36970	143	36
涂料、油墨、颜料及类似产品制造	288205	5971102	4918054	33251	33834
涂料制造	198268	4174308	3391656	21799	24502
油墨及类似产品制造	35130	725763	609552	2779	6700
颜料制造	25324	471228	405361	4621	545
染料制造	9677	165829	140599	784	596
密封用填料及类似品制造	19807	433974	370887	3269	1491
合成材料制造	620799	5564856	4902658	35735	57008
初级形态的塑料及合成树脂制造	290926	4034226	3491860	32468	27447
合成橡胶制造	103518	330466	276149	378	823
合成纤维单(聚合)体的制造	199388	971204	946569	261	26091
其他合成材料制造	26968	228961	188080	2629	2648
专用化学产品制造	289940	4827588	3889084	23900	51539
化学试剂和助剂制造	104367	1338233	1104147	7574	12056
专项化学用品制造	74586	1010584	784112	3529	10540
林产化学产品制造	18689	437718	355650	3463	1879
炸药及火工产品制造		72375	54887	802	2384
信息化学品制造	47310	547113	404314	2450	6952
环境污染处理专用药剂材料制造	621	51148	44519	1660	310
动物胶制造		3673	3088	44	
其他专用化学产品制造	44368	1366745	1138367	4381	17418

单位：万元

其他业务利　润	营业费用	管理费用	税金	财务费用	利息支出	营业利润	投资收益
358	3420	16404	278	1100	810	3383	28
210	1730	4272	94	524	572	2590	1
149	1690	12132	185	576	238	793	27
13822	61979	271296	7412	90926	110983	347378	-66422
13502	59863	268934	7353	91260	110631	334390	-66609
13502	59732	268883	7353	91252	110623	334007	-66609
	131	51	0	8	8	383	
321	2116	2363	59	-334	353	12988	188
321	2116	2363	59	-334	353	12988	188
79000	2938242	1463978	49359	125368	182971	3178159	47612
15642	130367	112205	5891	49478	121224	533385	6745
2145	6304	11624	494	1014	1022	13868	68
644	5635	17321	1281	3546	2533	18901	34
413	17303	12411	655	6235	5181	53747	6895
10848	71774	44409	2702	34084	107641	407529	143
1593	29352	26439	760	4599	4847	39339	-394
1258	19783	24332	680	5023	3850	52194	385
810	1357	1933	34	556	301	261	
3	1630	3176	265	922	597	14238	10
217	2586	2046	126	292	323	9098	69
264	10903	12772	230	3086	2479	24258	296
-36	2042	4177	17	168	151	4280	10
1	1265	228	9	-2	-2	58	
3352	13415	20776	322	2830	2943	13295	4268
3316	11273	17574	283	2710	2813	9243	4268
36	2143	3202	39	120	130	4052	
7526	319357	338943	10293	17050	18250	386732	2055
4635	257099	235139	6742	10374	12180	290703	453
1640	28251	46993	1966	2785	2953	42975	2091
144	12670	26811	622	2736	1612	26533	-499
153	5271	11550	496	-274	107	7434	11
953	16067	18449	467	1428	1399	19087	-1
5696	121845	171201	6396	28819	30554	385295	23516
1587	93787	122051	4546	24583	21576	294016	22205
749	6868	20901	516	5223	2620	18314	91
2506	15512	13801	898	-687	5611	51224	
855	5678	14448	435	-300	748	21742	1219
9300	184211	257728	11381	35735	27049	445796	632
3764	44808	75832	3964	7156	8132	109685	-4061
3310	47394	63094	2269	6303	7725	110950	44
326	8869	12681	1485	3901	2595	52834	89
855	2314	8903	70	590	653	3186	-369
3818	23401	28050	1642	4838	2518	83923	3869
162	1818	2641	523	540	525	2346	1
	234	179		6		133	
-2935	55374	66349	1428	12402	4901	82738	1060

1-2 续表 3-8

项 目	外商资本	主营业务收入	主营业务成本	主营业务税金及附加	其他业务收入
日用化学产品制造	364113	8074424	3821081	223282	80241
肥皂及合成洗涤剂制造	138904	5163529	1860712	202990	59968
化妆品制造	77611	1344560	856378	14609	15214
口腔清洁用品制造	57279	600903	363872	360	1621
香料、香精制造	82738	659849	484257	2709	3165
其他日用化学产品制造	7582	305583	255861	2615	273
医药制造业	298866	4542623	3094464	23406	33793
化学药品原药制造	61049	404135	321355	2293	7142
化学药品原药制造	61049	404135	321355	2293	7142
化学药品制剂制造	84266	1871537	1302710	6107	13200
化学药品制剂制造	84266	1871537	1302710	6107	13200
中药饮片加工	404	267971	212750	1066	294
中药饮片加工	404	267971	212750	1066	294
中成药制造	63851	1013967	588238	6336	8895
中成药制造	63851	1013967	588238	6336	8895
兽用药品制造	738	226484	182992	3721	847
兽用药品制造	738	226484	182992	3721	847
生物、生化制品的制造	45893	407669	221550	2794	2763
生物、生化制品的制造	45893	407669	221550	2794	2763
卫生材料及医药用品制造	42666	350860	264869	1090	651
卫生材料及医药用品制造	42666	350860	264869	1090	651
化学纤维制造业	150907	1562133	1469034	5985	14338
纤维素纤维原料及纤维制造	16532	175208	141685	259	30
化纤浆粕制造	2364	18604	14640	57	
人造纤维(纤维素纤维)制造	14168	156605	127045	202	30
合成纤维制造	134375	1386924	1327350	5726	14309
锦纶纤维制造	1771	442597	440949	713	368
涤纶纤维制造	25102	476457	460164	1645	11448
腈纶纤维制造					
维纶纤维制造		40414	36654	1000	
其他合成纤维制造	107503	427457	389583	2368	2493
橡胶制品业	235452	3185203	2806155	10939	28238
轮胎制造	120895	708319	659775	4055	15337
车辆、飞机及工程机械轮胎制造	120895	624359	581710	3145	11098
力车胎制造		76705	71732	838	4240
轮胎翻新加工		7255	6333	72	
橡胶板、管、带的制造	12431	276211	233559	662	4459
橡胶板、管、带的制造	12431	276211	233559	662	4459
橡胶零件制造	17675	457661	391922	1397	1841
橡胶零件制造	17675	457661	391922	1397	1841
再生橡胶制造		22129	19366	75	2
再生橡胶制造		22129	19366	75	2
日用及医用橡胶制品制造	7017	190402	164980	394	1046
日用及医用橡胶制品制造	7017	190402	164980	394	1046
橡胶靴鞋制造	34495	636009	572397	1120	947
橡胶靴鞋制造	34495	636009	572397	1120	947

单位：万元

其他业务利润	营业费用	管理费用	税金	财务费用	利息支出	营业利润	投资收益
36226	2149264	538793	14397	-13567	-20900	1361463	10011
21514	1708911	352527	8719	-18965	-28910	1080987	10026
12977	256200	102074	3208	1339	3768	126462	-598
419	140569	25742	985	1544	1511	69452	1
1259	30552	41385	1037	868	1034	66474	581
57	13032	17065	448	1647	1697	18088	0
22853	581508	370021	14022	61185	51000	543916	50031
5304	16821	35063	1057	8182	6161	57367	2399
5304	16821	35063	1057	8182	6161	57367	2399
9699	257536	131846	5204	27768	24126	214595	25832
9699	257536	131846	5204	27768	24126	214595	25832
228	26777	10091	457	2594	2995	20748	-7
228	26777	10091	457	2594	2995	20748	-7
5139	182482	108222	6087	4914	6407	128152	12497
5139	182482	108222	6087	4914	6407	128152	12497
168	9104	9048	247	1594	1490	23561	1
168	9104	9048	247	1594	1490	23561	1
1799	68959	46118	706	13590	7825	62791	8748
1799	68959	46118	706	13590	7825	62791	8748
516	19829	29633	264	2543	1997	36702	563
516	19829	29633	264	2543	1997	36702	563
3482	18736	57037	3133	15742	21337	7577	-225
15	1064	6753	396	-85	-90	26018	0
-2	506	849	64	-23	1	2201	0
17	558	5904	333	-62	-91	23818	
3467	17672	50283	2736	15827	21427	-18441	-226
348	3245	7594	709	5000	7077	-15557	-242
1434	7006	19904	1267	8810	7940	-12285	14
	617	1140		702	914	1149	
1686	6804	21646	760	1315	5496	8252	2
10005	67124	199699	5751	31615	28438	90320	1979
3654	20775	34913	1798	21249	18367	-20634	-2626
1930	18892	24163	1124	20296	17264	-17942	
1724	1728	10445	669	944	1096	-3070	-2626
	156	306	5	10	6	378	
1768	6425	25789	449	1796	1351	13558	217
1768	6425	25789	449	1796	1351	13558	217
561	9584	32912	632	1890	2054	19832	1
561	9584	32912	632	1890	2054	19832	1
2	271	588	5	149	91	1700	
2	271	588	5	149	91	1700	
504	6578	7305	478	1501	851	12196	70
504	6578	7305	478	1501	851	12196	70
810	7964	43128	675	-1785	-20	11995	73
810	7964	43128	675	-1785	-20	11995	73

1-2 续表 3-9

项　目	外商资本	主营业务收入	主营业务成本	主营业务税金及附加	其他业务收入
其他橡胶制品制造	42940	894473	764155	3236	4606
其他橡胶制品制造	42940	894473	764155	3236	4606
塑料制品业	1278721	23511135	20435921	139201	215598
塑料薄膜制造	163942	3073700	2743813	14765	93192
塑料薄膜制造	163942	3073700	2743813	14765	93192
塑料板、管、型材的制造	80912	4071318	3399577	35170	32638
塑料板、管、型材的制造	80912	4071318	3399577	35170	32638
塑料丝、绳及编织品的制造	20167	575288	490617	5078	5486
塑料丝、绳及编织品的制造	20167	575288	490617	5078	5486
泡沫塑料制造	47652	1091377	989992	8053	2580
泡沫塑料制造	47652	1091377	989992	8053	2580
塑料人造革、合成革制造	42096	736113	650631	4621	1590
塑料人造革、合成革制造	42096	736113	650631	4621	1590
塑料包装箱及容器制造	134264	1953190	1647935	7822	30929
塑料包装箱及容器制造	134264	1953190	1647935	7822	30929
塑料零件制造	209418	2810675	2446861	9289	12767
塑料零件制造	209418	2810675	2446861	9289	12767
日用塑料制造	151880	3739626	3319485	11620	9886
塑料鞋制造	32617	1247921	1128135	4945	2977
日用塑料杂品制造	119264	2491705	2191349	6675	6909
其他塑料制品制造	428391	5459849	4747011	42784	26531
其他塑料制品制造	428391	5459849	4747011	42784	26531
非金属矿物制品业	565064	21133461	18026842	203913	130109
水泥、石灰和石膏的制造	11577	3607324	3093069	35454	36084
水泥制造	11577	3557221	3053514	34695	36084
石灰和石膏制造		50102	39555	759	
水泥及石膏制品制造	119965	2230669	1933667	14197	20003
水泥制品制造	66699	1773823	1548108	10627	16329
砼结构构件制造	12301	187069	165060	2112	990
石棉水泥制品制造	90	18238	16240	165	
轻质建筑材料制造	38192	140943	111937	785	1232
其他水泥制品制造	2684	110595	92322	508	1453
砖瓦、石材及其他建筑材料制造	94527	7655109	6535695	96097	19676
粘土砖瓦及建筑砌块制造		132462	113363	1039	377
建筑陶瓷制品制造	51452	6666093	5708282	84052	15258
建筑用石加工	21123	516323	433158	3583	995
防水建筑材料制造	10662	46035	37840	777	1466
隔热和隔音材料制造	4324	95979	77424	484	1001
其他建筑材料制造	6966	198217	165628	6164	579
玻璃及玻璃制品制造	192469	3563454	2986685	22806	34237
平板玻璃制造	34600	627847	586747	1291	3252
技术玻璃制品制造	29155	956836	778250	5627	10940
光学玻璃制造	48548	125872	112463	95	23
玻璃仪器制造		3432	2901	24	
日用玻璃制品及玻璃包装容器制造	16649	885084	746451	4605	3998
玻璃保温容器制造	1231	38710	34832	65	190

单位：万元

其他业务利润	营业费用	管理费用	税金	财务费用	利息支出	营业利润	投资收益
2707	15528	55064	1713	6816	5743	51675	4245
2707	15528	55064	1713	6816	5743	51675	4245
57158	520369	1080757	42192	138218	132847	1110996	22037
9785	63032	125596	5369	23616	30516	111144	1084
9785	63032	125596	5369	23616	30516	111144	1084
10792	94867	148240	4842	30708	23342	319610	4196
10792	94867	148240	4842	30708	23342	319610	4196
912	11617	21489	1380	3701	3312	38011	204
912	11617	21489	1380	3701	3312	38011	204
875	24301	50835	2514	3036	3670	14677	191
875	24301	50835	2514	3036	3670	14677	191
-309	8825	29472	1150	5611	5834	35111	4
-309	8825	29472	1150	5611	5834	35111	4
13679	49689	97634	5221	23626	21338	87464	13896
13679	49689	97634	5221	23626	21338	87464	13896
6860	54916	168162	5822	8093	9165	131203	1866
6860	54916	168162	5822	8093	9165	131203	1866
3554	101107	166729	6186	10001	9446	151126	-608
96	26358	54689	1887	571	2904	49157	119
3458	74749	112040	4298	9429	6542	101969	-726
11010	112017	272601	9709	29827	26225	222650	1204
11010	112017	272601	9709	29827	26225	222650	1204
38996	631357	836721	47449	161192	148903	1348319	8883
2617	65416	124048	9542	50519	50325	245311	73
2617	64225	120510	9363	50287	50206	240909	73
	1190	3538	180	231	119	4402	
3396	78485	98630	3705	18969	15051	114423	1827
2018	57103	72813	2826	15500	12118	94220	1352
695	2249	7494	411	1797	1609	9699	5
	23	118	3	30	30	1663	
463	14922	10279	246	1284	1098	1557	
220	4188	7926	219	358	196	7283	470
12362	262751	305677	18219	49298	38958	445391	-155
59	3123	4684	286	1126	1190	8177	7
11356	228523	257479	15608	37705	29106	405098	-644
219	17803	25900	1502	7064	7085	26288	155
90	2507	3540	125	954	749	199	-227
127	3484	5893	201	891	79	6444	
512	7311	8181	497	1559	748	-816	554
13024	99649	160501	7458	21233	29684	285543	7295
1153	11041	22113	1936	12661	17638	14630	7451
7964	26900	37198	916	583	2801	113703	-699
21	1501	10205	630	-1024	38	2797	63
	99	150	8	22	18	341	
1156	28618	43324	2280	5994	3912	36672	428
17	955	1563	34	52	2	705	

1-2 续表 3-10

项 目	外商资本	主营业务收入	主营业务成本	主营业务税金及附加	其他业务收入
玻璃纤维及制品制造	30909	347312	263898	3702	11508
玻璃纤维增强塑料制品制造	3918	202585	172574	914	993
其他玻璃制品制造	27460	375775	288569	6483	3333
陶瓷制品制造	117687	3394231	2913271	30302	6245
卫生陶瓷制品制造	71090	1188396	1005040	20425	3871
特种陶瓷制品制造	12893	272399	235887	1623	661
日用陶瓷制品制造	22212	1614381	1392111	6983	783
园林、陈设艺术及其他陶瓷制品制造	11492	319055	280233	1271	931
耐火材料制品制造	7755	146738	125502	3114	3980
石棉制品制造		3098	2244	11	119
云母制品制造	5550	15059	12554	6	121
耐火陶瓷制品及其他耐火材料制造	2206	128581	110704	3097	3740
石墨及其他非金属矿物制品制造	21083	535937	438952	1944	9884
石墨及碳素制品制造	4077	79280	62703	170	321
其他非金属矿物制品制造	17006	456657	376249	1774	9563
黑色金属冶炼及压延加工业	511904	14213918	13118635	91164	284298
炼铁	3142	97216	89034	150	1680
炼铁	3142	97216	89034	150	1680
炼钢	172819	2806723	2672441	14628	47231
炼钢	172819	2806723	2672441	14628	47231
钢压延加工	335943	11135826	10196387	75787	235037
钢压延加工	335943	11135826	10196387	75787	235037
铁合金冶炼		174153	160773	599	350
铁合金冶炼		174153	160773	599	350
有色金属冶炼及压延加工业	343235	17078212	15312188	195098	254162
常用有色金属冶炼	16962	1731152	1652287	5782	9023
铜冶炼	3693	985504	923372	2332	2609
铅锌冶炼		451968	463134	2753	5806
镍钴冶炼		15110	13008	50	115
锡冶炼	4475	51461	45963	117	3
锑冶炼	5000	16126	14968	222	123
铝冶炼	2208	76235	67051	198	286
镁冶炼		24636	20595	2	70
其他常用有色金属冶炼	1586	110112	104197	108	12
贵金属冶炼	6358	223621	211069	129	529
金冶炼		165005	157286	27	405
银冶炼		51055	48484	38	84
其他贵金属冶炼	6358	7561	5299	64	40
稀有稀土金属冶炼	13493	373711	328451	865	304
钨钼冶炼		84137	78987	347	1
稀土金属冶炼		91227	75946	307	69
其他稀有金属冶炼	13493	198347	173518	211	234
有色金属合金制造	34395	564947	515120	1434	1405
有色金属合金制造	34395	564947	515120	1434	1405
有色金属压延加工	272026	14184781	12605259	186888	242901
常用有色金属压延加工	271920	14108417	12541512	186383	233476
贵金属压延加工		51733	42923	394	9395
稀有稀土金属压延加工	106	24630	20825	111	29

单位：万元

其他业务利润	营业费用	管理费用		财务费用		营业利润	投资收益
			税金		利息支出		
-439	11455	11735	351	-384	1336	59783	
581	7551	13364	537	707	424	7850	-298
2571	11529	20851	767	2622	3516	49063	349
1912	104936	115836	7420	17214	12466	196956	113
771	44384	38378	2355	5056	3169	88976	-433
158	16352	19727	308	1023	394	13583	296
202	37113	46112	3902	9770	7268	80424	120
781	7088	11619	856	1364	1635	13973	131
278	3495	5436	212	785	408	10272	15
26	6	227	9	10	9	554	15
11	580	1049	46	179	-15	707	
242	2910	4161	158	596	414	9011	0
5408	16625	26593	892	3174	2013	50425	-284
46	2720	5954	47	-222	575	7665	-6
5362	13905	20639	845	3396	1437	42760	-278
22932	168528	263845	20601	172979	244574	361439	4960
59	1740	2361	147	979	891	5333	
59	1740	2361	147	979	891	5333	
7278	35105	36565	4698	38321	36181	38029	2321
7278	35105	36565	4698	38321	36181	38029	2321
15329	128553	222103	15307	124621	200087	320309	2917
15329	128553	222103	15307	124621	200087	320309	2917
267	3130	2815	449	9059	7415	-2232	-277
267	3130	2815	449	9059	7415	-2232	-277
21386	224779	375680	18342	106965	101969	1319740	-115881
4380	9175	40197	3015	10408	9080	111306	-5759
100	2614	9634	285	5252	3375	122294	-6000
4147	2838	16435	1685	4278	4486	-21383	
31	93	892	18	33	30	448	
3	1430	1784	97	-91	744	2261	
29	92	526	19	52	6	190	212
67	1298	4449	833	292	331	3128	29
	284	2343	64	182		1231	
3	526	4134	13	410	107	3137	
102	1553	2294	654	1523	1407	7172	-170
19	1102	478	303	827	822	5304	
84	46	932	324	634	544	975	-170
	405	885	27	63	41	893	
201	2515	6637	565	4715	3206	28476	-508
0	479	1048	72	1609	561	2920	
37	655	1718	291	2128	1953	7072	
163	1381	3872	201	979	692	18484	-508
1166	8801	14519	463	2971	3365	31447	-1098
1166	8801	14519	463	2971	3365	31447	-1098
15536	202735	312033	13645	87347	84912	1141338	-108347
7012	200923	308627	13425	87122	84802	1125590	-108347
8500	1518	2779	58	137	37	12482	
24	294	627	162	89	73	3266	

1-2 续表 3-11

项目	外商资本	主营业务收入	主营业务成本	主营业务税金及附加	其他业务收入
金属制品业	1107179	29811789	26173450	277113	300715
结构性金属制品制造	227668	5502464	4816697	67492	65886
金属结构制造	219489	4840419	4255735	57679	63683
金属门窗制造	8179	662046	560962	9813	2203
金属工具制造	38916	2394371	2019028	13851	14582
切削工具制造	15135	292819	233451	974	1995
手工具制造	1566	136333	119980	387	629
农用及园林用金属工具制造		68505	59630	142	42
刀剪及类似日用金属工具制造	8164	1025422	869444	4844	6252
其他金属工具制造	14052	871291	736522	7504	5664
集装箱及金属包装容器制造	131080	3192658	2873009	22108	67430
集装箱制造	92647	1738960	1618680	13764	40371
金属压力容器制造		212791	159986	370	646
金属包装容器制造	38433	1240908	1094343	7974	26413
金属丝绳及其制品的制造	83617	755267	658120	6217	22175
金属丝绳及其制品的制造	83617	755267	658120	6217	22175
建筑、安全用金属制品制造	182127	4114910	3592136	21571	36477
建筑、家具用金属配件制造	100507	2640094	2325173	14803	16790
建筑装饰及水暖管道零件制造	26073	1171807	1010732	5914	12254
安全、消防用金属制品制造	855	48670	38270	432	612
其他建筑、安全用金属制品制造	54693	254338	217962	421	6822
金属表面处理及热处理加工	98968	2467822	2184627	48189	17367
金属表面处理及热处理加工	98968	2467822	2184627	48189	17367
搪瓷制品制造	26951	449065	386359	20100	1475
工业生产配套用搪瓷制品制造		53740	45301	76	
搪瓷卫生洁具制造	24587	245458	210956	19640	1056
搪瓷日用品及其他搪瓷制品制造	2365	149868	130103	384	419
不锈钢及类似日用金属制品制造	215453	7479919	6555804	44027	44088
金属制厨房调理及卫生器具制造	34492	1556085	1358233	11446	10113
金属制厨用器皿及餐具制造	98454	2969172	2577812	15236	23332
其他日用金属制品制造	82507	2954662	2619760	17345	10643
其他金属制品制造	102398	3455312	3087670	33559	31235
铸币及贵金属制实验室用品制造		74335	68855	16	588
其他未列明的金属制品制造	102398	3380977	3018815	33542	30648
通用设备制造业	846950	14612612	12323360	188320	243347
锅炉及原动机制造	39225	342398	285588	556	3390
锅炉及辅助设备制造	19807	187537	161159	183	1729
内燃机及配件制造	3410	115883	95500	233	1483
汽轮机及辅机制造	11891	18596	11416	87	
水轮机及辅机制造		3379	2484	17	8
其他原动机制造	4118	17002	15029	35	170
金属加工机械制造	62739	1342373	1151601	8206	9235
金属切削机床制造	6672	165206	140107	816	1300
金属成形机床制造		203419	171202	1763	3225

单位：万元

其他业务利润	营业费用	管理费用	税金	财务费用	利息支出	营业利润	投资收益
97544	691203	1218368	54257	182573	154681	1548353	-51576
27549	132490	241784	7488	38527	31136	280869	-24259
26736	107286	207624	6499	34531	28874	252312	-23626
812	25204	34160	989	3996	2262	28557	-633
7044	47081	104101	3992	15591	17002	202125	-54
574	10309	16890	335	2779	2792	29711	
447	1978	5170	141	1055	242	5772	28
42	1823	3020	49	671	725	5076	0
5045	11138	35358	1815	5575	4666	106060	217
937	21833	43663	1652	5511	8577	55507	-300
11326	67082	102147	5551	23945	22519	156500	-1685
8710	32954	54543	3863	20212	14720	60119	786
479	2949	4666	82	272	604	15837	-2394
2137	31179	42938	1607	3461	7195	80545	-78
830	16735	25046	1522	4708	3289	43449	
830	16735	25046	1522	4708	3289	43449	
7103	111818	193480	8044	21597	14038	160135	1047
3197	69498	123885	4140	15819	9443	106366	902
3988	35345	50813	3250	7661	2942	48557	-211
-398	2919	4460	158	476	337	1880	
316	4056	14321	496	-2359	1316	3332	356
5339	38402	87042	4891	22342	15806	116919	-44
5339	38402	87042	4891	22342	15806	116919	-44
1296	13796	14068	631	3881	2707	32069	-5375
	1394	1266	2	40	37	5789	
1043	9938	7759	112	2730	1928	14631	-5175
254	2463	5043	517	1112	742	11649	-200
20864	215314	305574	16631	39249	38946	368008	-1867
5082	53878	60183	4101	8619	7845	73410	-3765
9769	94340	114309	6871	17334	20694	156384	-455
6013	67095	131082	5659	13296	10408	138214	2352
16192	48487	145127	5506	12734	9238	188280	-19338
223	468	2015	50	-110	4	3678	50
15968	48019	143113	5456	12843	9234	184602	-19388
71953	400225	752049	22186	102622	73629	909588	14976
2129	8676	22382	878	5893	2106	22180	1125
942	5517	7570	347	1852	1403	12291	
1097	2139	11328	417	540	397	7895	1125
	394	1251	8	3158	-30	2290	
6	214	620	41	106	132	-56	
84	413	1613	66	236	204	-239	
4789	39190	78446	2090	10854	5313	62004	333
812	7912	13835	141	1113	1253	3461	-521
775	4261	11665	775	2006	1734	8611	490

1-2 续表 3-12

项　　目	外商资本	主营业务收　　入	主营业务成　　本	主营业务税金及附加	其他业务收　　入
铸造机械制造	20678	167470	138670	1121	752
金属切割及焊接设备制造	4257	131689	99625	1524	1250
机床附件制造	4020	36217	30602	90	24
其他金属加工机械制造	27112	638372	571396	2892	2683
起重运输设备制造	90190	1637212	1253436	111268	50436
起重运输设备制造	90190	1637212	1253436	111268	50436
泵、阀门、压缩机及类似机械的制造	265904	2430322	2100939	9952	81459
泵及真空设备制造	27716	539789	429257	1433	25622
气体压缩机械制造	161452	1007287	921746	667	46593
阀门和旋塞的制造	45892	414472	359393	2400	2424
液压和气压动力机械及元件制造	30844	468775	390543	5453	6820
轴承、齿轮、传动和驱动部件的制造	54680	780760	658403	6757	7449
轴承制造	53240	592139	487728	847	5330
齿轮、传动和驱动部件制造	1441	188621	170674	5910	2119
烘炉、熔炉及电炉制造	3030	106132	78072	310	468
烘炉、熔炉及电炉制造	3030	106132	78072	310	468
风机、衡器、包装设备等通用设备制造	155428	3571038	2951082	32928	63525
风机、风扇制造	21817	654904	569497	3458	1213
气体、液体分离及纯净设备制造	4671	163072	95797	186	449
制冷、空调设备制造	85230	1866784	1549820	13588	54268
风动和电动工具制造	20859	232442	192299	443	309
喷枪及类似器具制造		14467	11959	169	486
包装专用设备制造	10287	249026	199518	3755	1361
衡器制造	10374	129015	113463	106	1238
其他通用设备制造	2190	261329	218728	11223	4201
通用零部件制造及机械修理	124874	1753214	1487909	7351	17339
金属密封件制造	2782	71016	57834	416	370
紧固件、弹簧制造	83286	753541	638592	2281	6987
机械零部件加工及设备修理	7017	382800	310557	3018	3699
其他通用零部件制造	31789	545858	480925	1637	6284
金属铸、锻加工	50880	2649163	2356332	10992	10046
钢铁铸件制造	22992	2212243	1968908	8739	7729
锻件及粉末冶金制品制造	27888	436920	387424	2253	2317
专用设备制造业	860736	10908189	8934251	77443	158036
矿山、冶金、建筑专用设备制造	17237	843812	717401	15602	21859
采矿、采石设备制造		95246	81746	487	1574
石油钻采专用设备制造	8522	171024	158249	1836	6957
建筑工程用机械制造	7065	417467	348599	8540	13106
建筑材料生产专用机械制造	1649	143547	113672	4727	187
冶金专用设备制造		16528	15135	12	34
化工、木材、非金属加工专用设备制造	367730	4232414	3527216	15091	74586
炼油、化工生产专用设备制造	2364	173394	144949	547	2835
橡胶加工专用设备制造	4343	80706	68023	262	1407
塑料加工专用设备制造	37505	598635	489162	1715	31611
木材加工机械制造	3320	119721	101115	316	299
模具制造	318258	3148075	2628715	11483	38298
其他非金属加工专用设备制造	1940	111883	95253	768	136

单位：万元

其他业务利润	营业费用	管理费用		财务费用		营业利润	投资收益
			税金		利息支出		
709	7544	12253	218	1034	1068	7921	
993	6820	10807	213	652	208	14370	311
24	1705	4654	54	-234	67	1984	60
1476	10947	25232	689	6283	982	25658	-8
7221	85301	105768	2554	3972	1916	80684	4259
7221	85301	105768	2554	3972	1916	80684	4259
20986	69470	122014	3265	21570	15662	118943	2398
1993	18860	28201	610	6419	1778	40659	352
12544	27266	40997	1575	11122	10322	15683	592
478	8486	21674	719	3353	2190	29980	511
5972	14857	31143	360	676	1372	32621	942
4308	24503	52953	1595	7012	2192	79690	2686
2979	18918	43081	1234	5000	903	77704	205
1328	5585	9872	362	2012	1289	1987	2481
154	1678	4219	85	166	94	3326	3
154	1678	4219	85	166	94	3326	3
19440	103776	186594	5793	28104	24641	292056	1216
562	18230	29247	623	5163	6354	27232	-500
190	4098	5968	506	337	215	2861	25
14598	42931	93606	2856	12548	10408	210350	168
138	10397	14658	251	1583	223	13657	1006
112	1007	1367	54	21	47	166	-2
748	15592	19040	859	2945	3061	16561	41
835	3326	7703	92	789	202	4660	5
2257	8197	15005	552	4720	4132	16569	472
11029	38601	105545	3454	11189	7364	92157	3758
278	4658	5645	53	1257	1143	1356	159
6002	18528	53337	1867	5970	4256	36216	863
1965	7963	20701	705	1494	817	40604	2736
2784	7451	25861	829	2468	1148	13980	
1898	29031	74130	2473	13863	14342	158548	-801
3671	23018	49457	1833	12151	11189	132820	188
-1773	6013	24673	640	1712	3154	25728	-989
64004	389706	728835	22926	47274	46421	814949	13206
10103	18399	38529	1209	4158	4630	59914	1293
478	2525	4367	137	223	183	6704	
4199	628	9536	186	1380	558	7681	1315
5309	11246	16938	656	943	2747	43425	-23
101	3701	6872	221	1484	1060	1903	
16	299	818	9	129	82	201	
23126	103724	273036	8281	27918	20744	328342	5441
1863	5514	8808	128	390	304	18026	36
291	2658	6241	302	-31	200	3816	3
4584	32107	41383	1235	5953	4893	33449	22
197	3113	9227	175	1033	1175	5111	87
16059	57428	201412	6192	20736	13846	256094	3026
132	2905	5965	249	-162	327	11846	2267

1-2 续表 3-13

项　　目	外商资本	主营业务收　入	主营业务成　本	主营业务税金及附加	其他业务收　入
食品、饮料、烟草及饲料生产专用设备制造	283	278848	230209	1671	2132
食品、饮料、烟草工业专用设备制造		231452	190105	1522	2052
农副食品加工专用设备制造	283	25348	22002	60	27
饲料生产专用设备制造		22048	18102	89	53
印刷、制药、日化生产专用设备制造	23489	697578	581421	24027	1613
制浆和造纸专用设备制造	1338	77539	69676	3388	296
印刷专用设备制造	2261	177830	144985	1942	618
日用化工专用设备制造	2483	32573	26744	517	9
制药专用设备制造		9459	8717	34	62
照明器具生产专用设备制造	7647	136238	125390	9341	319
玻璃、陶瓷和搪瓷制品生产专用设备制造	9548	234005	183327	8545	242
其他日用品生产专用设备制造	213	29933	22582	261	67
纺织、服装和皮革工业专用设备制造	68883	641387	563086	4099	3699
纺织专用设备制造	19690	282926	241057	1452	2661
皮革、毛皮及其制品加工专用设备制造	5160	35561	30858	171	30
缝纫机械制造	40258	278830	252508	2380	898
其他服装加工专用设备制造	3775	44071	38664	97	110
电子和电工机械专用设备制造	177976	1656650	1412922	7691	23883
电工机械专用设备制造	28105	403165	337126	1676	1409
电子工业专用设备制造	143689	1209649	1036924	6007	22470
武器弹药制造					
航空、航天及其他专用设备制造	6182	43836	38873	8	5
农、林、牧、渔专用机械制造	13651	175656	145850	669	2658
拖拉机制造		21091	18861	310	390
机械化农业及园艺机具制造	13651	106793	91988	54	1074
营林及木竹采伐机械制造		7566	6426	206	
畜牧机械制造					
渔业机械制造		26839	17101	53	65
农林牧渔机械配件制造		5194	4236	36	18
其他农林牧渔业机械制造及机械修理		8173	7240	10	1111
医疗仪器设备及器械制造	114735	1396818	979925	3788	9680
医疗诊断、监护及治疗设备制造	56208	630624	354891	1561	1594
口腔科用设备及器具制造	4102	49267	42152	525	48
实验室及医用消毒设备和器具的制造		43836	36743	20	
医疗、外科及兽医用器械制造	18102	202190	151035	440	560
机械治疗及病房护理设备制造	8096	131353	114387	597	865
假肢、人工器官及植(介)入器械制造	5569	55407	41696	76	249
其他医疗设备及器械制造	22657	284141	239021	569	6365
环保、社会公共安全及其他专用设备制造	76754	985026	776221	4806	17927
环境污染防治专用设备制造	3241	159025	114704	568	2651
地质勘查专用设备制造		837	690	3	120
邮政专用机械及器材制造		951	882	2	
商业、饮食、服务业专用设备制造	5122	23999	21171	119	29
社会公共安全设备及器材制造	39008	348666	269722	631	10131
交通安全及管制专用设备制造		8838	6810	75	14
水资源专用机械制造	595	15932	12052	154	669
其他专用设备制造	28789	426778	350190	3254	4312

单位：万元

其他业务利润	营业费用	管理费用	税金	财务费用	利息支出	营业利润	投资收益
1565	9406	15049	1147	2798	949	22204	-505
1521	7541	12087	966	2677	858	20023	-506
18	1139	1381	142	44	7	703	1
27	726	1580	39	77	85	1478	
1076	23558	43969	1446	2490	1990	27650	1600
186	1868	3668	68	233	138	2569	0
483	9976	14092	310	500	365	4715	206
5	533	2239	324	66	27	2150	-100
10	172	536	10	-1	-1	106	
269	1801	7371	152	239	165	1773	
74	8059	14535	548	1455	1259	13732	1495
49	1150	1528	34	-1	37	2604	
2676	19225	33487	887	-3292	785	27766	-720
1937	9045	19037	439	-3011	247	16443	-69
5	426	1583	10	-31	-16	2542	
625	7632	9936	407	-619	328	7425	3
110	2123	2930	31	369	227	1356	-654
7575	53569	124304	3015	7324	8762	62651	-629
286	11299	25350	761	1252	2354	23785	-290
7284	41066	95582	2151	6283	6410	38271	-339
5	1204	3371	103	-211	-1	595	
1310	3051	12489	263	745	1115	8195	22
82	363	1491	72	79	73	291	
937	1301	7950	114	559	1007	5904	22
	296	337		57		302	
17	727	1391	10	7	6	1346	
17	103	542	56	10	10	284	
258	261	779	11	32	19	69	
4532	105202	107130	2537	3416	3860	172431	4732
592	68779	57800	1579	476	1374	113231	5176
48	1513	2266	55	43	13	2644	
	968	2307	44	330	197	3468	
181	15042	20130	208	1298	1015	15281	6
355	3759	5208	124	684	301	11110	
222	2978	5319	78	239	151	5319	-1
3134	12164	14100	448	346	810	21378	-449
12041	53572	80844	4142	1716	3584	105796	1972
659	6401	16447	163	880	869	20742	23
100	30	212	4			2	
	24	34	1			10	
29	859	1643	3	166	98	3	-70
7853	26370	31043	425	-144	1804	55741	2181
13	484	1034	112	30	3	47	0
316	917	1748	24	-37		1413	
3071	18488	28684	3410	820	811	27839	-162

1-2 续表 3-14

项目	外商资本	主营业务收入	主营业务成本	主营业务税金及附加	其他业务收入
交通运输设备制造业	2304083	34171426	27525129	1173469	1067632
铁路运输设备制造		74108	60307	337	165
铁路机车车辆及动车组制造					
工矿有轨专用车辆制造					
铁路机车车辆配件制造		5039	2756	18	165
铁路专用设备及器材、配件制造		19464	13233	94	0
其他铁路设备制造及设备修理		49605	44318	225	
汽车制造	2108096	24071911	18995811	1042497	552564
汽车整车制造	521140	14258964	10747091	919978	276295
改装汽车制造		304410	285684	314	30892
电车制造		15348	11116	74	231
汽车车身、挂车的制造	10041	173576	156394	129	3054
汽车零部件及配件制造	1574654	9227025	7727489	121017	240523
汽车修理	2261	92589	68037	985	1569
摩托车制造	49504	5063726	4291429	78375	416341
摩托车整车制造	24235	3527189	2956705	68290	390330
摩托车零部件及配件制造	25269	1536537	1334724	10085	26011
自行车制造	57038	1460051	1320275	1853	4512
脚踏自行车及残疾人座车制造	55253	1273362	1153519	1618	3301
助动自行车制造	1785	186689	166756	235	1210
船舶及浮动装置制造	31116	3010498	2433099	49366	78242
金属船舶制造	11776	2106576	1718550	46200	48962
非金属船舶制造	205	48759	42572	219	233
娱乐船和运动船的建造和修理	9238	31225	26268	111	251
船用配套设备制造	8602	74123	68478	105	1206
船舶修理及拆船	1295	748267	576006	2685	27590
航标器材及其他浮动装置的制造		1549	1224	47	
航空航天器制造	54257	409545	354367	274	15023
飞机制造及修理	54257	409545	354367	274	15023
航天器制造					
其他飞行器制造					
交通器材及其他交通运输设备制造	4072	81587	69842	766	785
潜水及水下救捞装备制造		23784	20063		
交通管理用金属标志及设施制造	1430	37386	32093	652	625
其他交通运输设备制造	2642	20417	17686	115	160
电气机械及器材制造业	2227823	69765767	60124914	364887	965863
电机制造	151515	2313370	2012487	8075	37862
发电机及发电机组制造	9306	387975	329814	1443	5767
电动机制造	41451	512241	450386	1600	9998
微电机及其他电机制造	100759	1413154	1232287	5032	22097
输配电及控制设备制造	615206	10620760	9089117	53502	138666
变压器、整流器和电感器制造	171854	3726185	3244279	21806	76046
电容器及其配套设备制造	98022	453842	400038	1515	1709
配电开关控制设备制造	95651	2975803	2428943	15365	19184
电力电子元器件制造	228977	2837321	2495856	5272	38369
其他输配电及控制设备制造	20703	627609	520002	9544	3358

单位：万元

其他业务利　润	营业费用	管理费用		财务费用		营业利润	投资收益
			税金		利息支出		
203951	1057863	1617546	68255	14347	87101	2961164	90854
139	1899	12214	119	-440	-89	-90	75
138	159	1440	6	-14		818	
0	1622	2171	6	-382	-37	2707	33
	118	8603	107	-44	-52	-3615	42
114374	811263	1116707	48148	44924	52467	2219591	24138
35266	643354	544661	14390	-50617	-16045	1493319	20005
4334	5843	35758	528	15026	15476	-34607	2
91	1954	1544	12	431	353	236	1
580	10529	5696	308	-3135	4018	4980	
73263	141654	516879	32065	82695	48198	751734	4093
840	7929	12169	845	523	467	3929	37
29793	175534	201780	10906	35234	26655	299870	45632
22813	149526	114146	7174	21478	20157	222949	40782
6980	26008	87634	3733	13756	6497	76921	4851
1746	31501	68476	1320	4609	5961	40149	4196
1559	27834	59211	1211	5944	2310	31544	4146
186	3667	9265	108	-1335	3650	8605	50
46837	29060	191701	6521	-69372	-1008	355960	17301
21903	20940	141054	4862	-73540	-4053	274710	15582
228	542	4622	166	-750	31	1977	642
65	666	2578	166	-737	119	1898	
384	594	3233	58	-37	37	829	
24258	6255	40117	1269	5674	2858	76445	1078
	62	97		19		102	
10796	7349	20566	1026	-805	3104	41920	-488
10796	7349	20566	1026	-805	3104	41920	-488
268	1258	6103	216	196	12	3764	
	68	1720	30	10		909	
113	1044	1966	35	200	19	2090	
155	146	2417	151	-14	-7	765	
230516	2862853	3023670	69404	449025	324780	3514280	-50868
14224	59402	127678	3910	15940	15135	109542	4759
2664	10591	26603	1337	5138	5811	15663	-46
4850	10277	23725	732	2200	2402	29837	-94
6710	38534	77350	1841	8602	6922	64042	4899
47675	270583	594796	13250	68091	45725	623828	7098
16229	93708	211391	4063	23725	15465	157191	2712
902	13234	28542	725	3729	2668	4713	110
11113	90916	149582	4064	21890	17826	290860	2607
17826	56785	163732	3108	15396	8331	121395	1767
1605	15941	41550	1290	3351	1435	49669	-98

1-2 续表 3-15

项　目		主营业务收　　入	主营业务成　　本	主营业务税金及附加	其他业务收　　入
	外商资本				
电线、电缆、光缆及电工器材制造	357688	11246364	10041207	44357	40578
电线电缆制造	211632	9878961	8840144	38691	30975
光纤、光缆制造	32574	254889	211678	469	5703
绝缘制品制造	55169	720309	646282	785	2337
其他电工器材制造	58313	392206	343103	4411	1564
电池制造	205224	5397841	4794003	28225	47817
电池制造	205224	5397841	4794003	28225	47817
家用电力器具制造	588962	31391920	26727313	175161	478272
家用制冷电器具制造	28486	1795458	1583060	1815	65383
家用空气调节器制造	132794	15081857	12447806	91809	296160
家用通风电器具制造	39764	2213252	1909454	16026	10924
家用厨房电器具制造	168682	8151671	7144895	39109	77624
家用清洁卫生电器具制造	103165	843176	734999	1695	10685
家用美容、保健电器具制造	38871	770542	615330	1664	5182
家用电力器具专用配件制造	6787	672736	591540	9583	6075
其他家用电力器具制造	70414	1863227	1700229	13460	6239
非电力家用器具制造	17801	1364911	1145367	3633	90383
燃气、太阳能及类似能源的器具制造	17269	1248870	1040146	3491	89841
其他非电力家用器具制造	532	116041	105221	142	542
照明器具制造	275100	6850304	5821883	49699	127600
电光源制造	82957	1112524	939213	21674	26182
照明灯具制造	118286	3850451	3240845	15907	88269
灯用电器附件及其他照明器具制造	73858	1887328	1641825	12118	13149
其他电气机械及器材制造	16327	580297	493538	2237	4685
车辆专用照明及电气信号设备装置制造	10349	375734	317278	534	1371
其他未列明的电气机械制造	5977	204563	176260	1703	3314
通信设备、计算机及其他电子设备制造业	6682531	147641205	129936221	398604	1981104
通信设备制造	835661	32354756	25231813	130495	498110
通信传输设备制造	36844	1048006	873676	2464	10648
通信交换设备制造	67925	15288589	9855505	100703	128242
通信终端设备制造	154566	3769855	3385566	7760	14099
移动通信及终端设备制造	558362	10866817	9902248	10725	340440
其他通信设备制造	17965	1381489	1214818	8844	4681
雷达及配套设备制造		5143	4653	7	
雷达及配套设备制造		5143	4653	7	
广播电视设备制造	57446	1271625	1126531	2302	1797
广播电视节目制作及发射设备制造		9984	7733	18	
广播电视接收设备及器材制造	39979	1040527	915098	2157	1368
应用电视设备及其他广播电视设备制造	17466	221113	203699	126	429
电子计算机制造	1579159	51116813	46545968	75279	573869
电子计算机整机制造	318692	28771924	25801224	17394	355412
计算机网络设备制造	29293	1583692	1437528	3328	7466
电子计算机外部设备制造	1231174	20761197	19307216	54557	210991

单位：万元

其他业务利润	营业费用	管理费用	税金	财务费用	利息支出	营业利润	投资收益
15846	193261	342455	9852	63718	69176	625880	-51482
11652	154855	261648	7990	58645	66369	573035	-51663
1495	11861	17238	464	-289	317	15175	224
1563	14388	28777	512	2878	1302	29766	-38
1136	12158	34793	886	2484	1187	7903	-5
14484	107455	285641	6012	47310	69561	199107	-3208
14484	107455	285641	6012	47310	69561	199107	-3208
98090	1855480	1217683	23324	215223	97993	1487284	-8133
9037	136774	74927	658	31266	-22591	17970	-245
67836	1246834	518390	8898	105682	62718	855858	-42
5333	94372	88825	2463	6414	8115	99508	-9187
4798	290905	304989	6554	68892	41431	320223	-186
3634	33307	47289	743	2694	2214	33648	438
425	7442	64172	1351	971	-541	90758	410
3673	15157	34398	936	-2213	3841	29154	-100
3355	30690	84694	1721	1517	2807	40164	780
25032	109229	62253	2348	11113	8351	74053	325
24824	106887	56204	2066	10057	7260	73234	325
208	2342	6049	283	1057	1091	819	
13328	257350	359879	9896	20479	18102	369945	775
1550	43839	55376	1441	3138	3021	59075	11343
5893	153997	218497	5450	10366	9061	207734	-9134
5885	59515	86006	3005	6975	6021	103135	-1434
1839	10091	33285	813	7152	738	24641	-1001
934	6092	17797	605	6610	504	15903	-1
905	3999	15487	208	542	233	8738	-1000
474576	4279786	6312616	102744	785642	474149	5350994	57848
203457	2541030	2591840	19238	792478	174772	1894576	54394
6319	31682	79089	1262	3583	5796	65196	34182
127129	1901299	1974113	397	771937	127462	1362843	15481
8204	189339	127276	3745	2055	2836	53680	5550
57999	381879	316664	6237	11852	34959	375791	-4937
3806	36831	94698	7597	3053	3719	37067	4118
	85	297	3	17		83	
	85	297	3	17		83	
1047	26609	77335	1995	10540	12201	33891	6472
	511	1683	228	29	3	10	
641	22476	64737	1585	7246	8426	33815	3186
405	3622	10915	182	3265	3772	65	3286
77294	568240	1156722	24510	-126309	97138	1276921	-13639
39068	311167	496569	7728	-161165	39669	503839	31509
-621	38721	71728	1956	-3641	759	97813	-60966
38848	218352	588424	14826	38497	56711	675269	15818

1-2 续表 3-16

项 目	外商资本	主营业务收入	主营业务成本	主营业务税金及附加	其他业务收入
电子器件制造	1407406	15281432	13817119	109965	93228
电子真空器件制造	62259	1275032	1128423	411	2595
半导体分立器件制造	83190	767437	656498	3359	20832
集成电路制造	574179	6200830	5812423	46258	45773
光电子器件及其他电子器件制造	687778	7038134	6219775	59938	24027
电子元件制造	2192151	29658860	27263237	45830	227445
电子元件及组件制造	1415159	18672763	17034161	32142	108928
印制电路板制造	776992	10986097	10229076	13688	118517
家用视听设备制造	394342	14240330	12725776	26357	553374
家用影视设备制造	125486	7208078	6290282	19236	530372
家用音响设备制造	268857	7032253	6435494	7122	23001
其他电子设备制造	216367	3712246	3221123	8370	33283
其他电子设备制造	216367	3712246	3221123	8370	33283
仪器仪表及文化、办公用机械制造业	764363	13130976	11856398	62644	65086
通用仪器仪表制造	26179	859267	651273	3598	14718
工业自动控制系统装置制造	5480	217578	162775	1257	8459
电工仪器仪表制造	2763	324904	250416	577	3076
绘图、计算及测量仪器制造	7744	66731	50605	68	567
实验分析仪器制造	5300	76332	57313	401	546
试验机制造	3251	70692	55893	233	933
供应用仪表及其他通用仪器制造	1642	103030	74270	1063	1138
专用仪器仪表制造	43475	669260	547852	2211	10343
环境监测专用仪器仪表制造	319	14229	11021	29	98
汽车及其他用计数仪表制造	16047	175803	139058	220	4568
导航、气象及海洋专用仪器制造	422	90276	76752	913	782
农林牧渔专用仪器仪表制造		6429	4864	17	
地质勘探和地震专用仪器制造		1360	492	3	91
教学专用仪器制造	13551	154780	147105	10	313
核子及核辐射测量仪器制造		1999	1454	14	
电子测量仪器制造	7437	156890	115011	859	2845
其他专用仪器制造	5699	67495	52095	147	1646
钟表与计时仪器制造	57573	982040	864626	2451	7689
钟表与计时仪器制造	57573	982040	864626	2451	7689
光学仪器及眼镜制造	176444	2202150	2013647	1397	7680
光学仪器制造	92069	1823828	1679403	198	6283
眼镜制造	84375	378321	334244	1200	1397
文化、办公用机械制造	457483	8377661	7750519	52809	23412
电影机械制造		10464	6368	264	93
幻灯及投影设备制造	1655	143505	139767	22	57
照相机及器材制造	243131	4013322	3736324	50374	17810
复印和胶印设备制造	151969	2867283	2668089	374	2292
计算器及货币专用设备制造	27061	1126636	1010152	1481	1609
其他文化、办公用机械制造	33667	216452	189819	294	1551
其他仪器仪表的制造及修理	3208	40597	28481	178	1244
其他仪器仪表的制造及修理	3208	40597	28481	178	1244
工艺品及其他制造业	271048	10625044	9456179	72824	66505
工艺美术品制造	160806	8548331	7560239	66181	52894

单位：万元

其他业务利润	营业费用	管理费用	税金	财务费用	利息支出	营业利润	投资收益
39121	184480	624789	14498	20137	38053	629910	12076
298	23683	71124	1422	11797	11075	40450	
14684	11161	89632	1075	2685	4867	21129	1718
18101	47658	185709	4566	2150	4688	196950	8434
6038	101978	278325	7436	3504	17423	371382	1924
106379	377934	1152451	28970	38102	83354	974970	3316
41465	275862	841717	19484	-9682	44282	607444	-1582
64915	102072	310734	9485	47784	39072	367526	4898
39875	517700	518467	10096	46277	61014	416511	-3263
28915	421273	272868	5271	32977	45407	166029	2920
10959	96426	245599	4825	13300	15607	250482	-6183
7403	63709	190716	3433	4400	7616	124133	-1508
7403	63709	190716	3433	4400	7616	124133	-1508
27883	250078	533888	14374	-4124	13888	515763	1852
7548	47631	90901	1298	7338	8006	71448	-6252
4936	13690	27023	256	4052	5066	28354	2020
1564	15760	32892	610	1673	1371	26600	-2
61	2520	5677	68	-75	54	3123	30
312	5803	9352	107	816	1154	3135	14
261	5237	5955	166	106	-176	2628	-8314
413	4621	10002	92	766	537	7609	
5822	27568	57780	883	7979	4868	48249	-85
14	824	1935	19	417	453	17	
3437	8115	16317	231	6103	3056	26107	105
4	2432	4143	134	341	274	5189	3
	342	926	29	-13	8	293	
64	320	421	22	1		188	
75	1639	3814	9	847	8	1642	
	59	279	1	5	4	187	
1972	7937	21848	382	804	458	12581	74
256	5901	8098	57	-525	608	2044	-266
3977	28965	72316	5298	7801	1109	24065	5416
3977	28965	72316	5298	7801	1109	24065	5416
2371	24660	97934	2307	-3021	2493	85010	342
1272	14843	70250	1847	-4762	1590	84314	276
1099	9817	27684	460	1741	903	696	66
7161	116662	208664	4553	-24367	-2807	285081	2431
72	519	1991	32	262	240	1337	
16	1350	4355	45	-615	50	-1473	979
3733	11592	95968	2363	-2990	-1745	132329	104
1724	60971	52240	1359	-8865	-1841	95207	1146
832	32975	41767	384	-13898	-697	54173	213
785	9255	12343	371	1738	1186	3508	-11
1003	4592	6293	36	146	220	1910	
1003	4592	6293	36	146	220	1910	
26560	215936	394510	13559	36166	40472	502003	-3646
22586	171867	286191	8828	34300	34018	460790	-654

1-2 续表 3-17

项 目	外商资本	主营业务收 入	主营业务成 本	主营业务税金及附加	其他业务收 入
雕塑工艺品制造	6743	173263	139658	714	455
金属工艺品制造	23608	380436	320495	3591	2916
漆器工艺品制造	50	20201	17649	107	256
花画工艺品制造	4230	331003	291708	2686	168
天然植物纤维编织工艺品制造	2396	409288	328177	4139	318
抽纱刺绣工艺品制造	29713	158423	126447	1461	96
地毯、挂毯制造	14332	198992	178900	599	486
珠宝首饰及有关物品的制造	58788	6041801	5434702	48497	47097
其他工艺美术品制造	20947	834924	722503	4386	1104
日用杂品制造	46898	1117405	1009380	3449	6087
制镜及类似品加工		77359	70208	325	493
鬃毛加工、制刷及清扫工具的制造	1364	108890	97438	222	33
其他日用杂品制造	45534	931157	841734	2903	5561
煤制品制造		9963	7164	211	1114
煤制品制造		9963	7164	211	1114
核辐射加工					
核辐射加工					
其他未列明的制造业	63343	949345	879397	2984	6411
其他未列明的制造业	63343	949345	879397	2984	6411
废弃资源和废旧材料回收加工业	17800	3233851	2818514	45964	5787
金属废料和碎屑的加工处理	16215	2959462	2577372	42606	5113
金属废料和碎屑的加工处理	16215	2959462	2577372	42606	5113
非金属废料和碎屑的加工处理	1585	274389	241142	3358	674
非金属废料和碎屑的加工处理	1585	274389	241142	3358	674
电力、燃气及水的生产和供应业	1508586	41485963	36945877	223731	390679
电力、热力的生产和供应业	655280	36635431	33094809	201821	301964
电力生产	651606	11261834	9382165	60417	131039
火力发电	635418	9396594	8417819	48924	123119
水力发电	10180	620664	313172	7605	3131
核力发电		1170704	597609	3565	2109
其他能源发电	6008	73872	53565	323	2681
电力供应		25308227	23650409	141361	170492
电力供应		25308227	23650409	141361	170492
热力生产和供应	3674	65370	62235	43	433
热力生产和供应	3674	65370	62235	43	433
燃气生产和供应业	235216	2787534	2500205	4933	48632
燃气生产和供应业	235216	2787534	2500205	4933	48632
燃气生产和供应业	235216	2787534	2500205	4933	48632
水的生产和供应业	618091	2062998	1350863	16977	40083
自来水的生产和供应	80358	1662304	1207203	16867	38579
自来水的生产和供应	80358	1662304	1207203	16867	38579
污水处理及其再生利用	2600	89931	64796	87	175
污水处理及其再生利用	2600	89931	64796	87	175
其他水的处理、利用与分配	535133	310764	78864	23	1328
其他水的处理、利用与分配	535133	310764	78864	23	1328

单位：万元

其他业务利润	营业费用	管理费用	税金	财务费用	利息支出	营业利润	投资收益
91	4980	13100	765	1324	1074	7836	5
1031	11693	21054	1473	3398	2129	15191	9
192	328	2226	90	425	349	80	
83	7177	20318	717	-123	707	8326	1
87	19310	17445	800	5127	4912	35588	-360
87	4328	7886	467	700	269	14123	2
377	4200	10523	237	2037	1507	1932	2
19933	100509	148170	2699	19216	21299	339483	-367
705	19341	45469	1580	2196	1774	38231	54
2097	19793	65243	2768	1429	3686	28273	142
256	2291	3964	261	399	533	1069	
9	3431	6064	144	292	375	1355	
1832	14072	55216	2364	738	2779	25849	142
-921	124	2285	24	-14	196	-162	140
-921	124	2285	24	-14	196	-162	140
2798	24152	40791	1939	452	2572	13102	-3273
2798	24152	40791	1939	452	2572	13102	-3273
990	53325	74632	3069	2433	8690	313816	-36080
784	49203	64718	2525	1595	7791	299760	-36080
784	49203	64718	2525	1595	7791	299760	-36080
206	4122	9914	544	838	899	14056	
206	4122	9914	544	838	899	14056	
202299	196307	1077474	39856	1188131	1357202	2293615	228222
174966	38588	721287	26619	1004559	1107939	1923675	221348
50056	13548	487352	23364	542274	620930	1027230	108382
47799	3686	377460	19431	463027	448658	295649	70622
396	9388	72044	2629	91000	64689	137527	7378
-292	33	28905	914	-20706	100923	588459	30374
2153	441	8943	390	8953	6660	5594	9
124709	24524	230671	3136	461840	486778	897378	112966
124709	24524	230671	3136	461840	486778	897378	112966
201	516	3264	119	445	231	-933	
201	516	3264	119	445	231	-933	
10193	59949	73476	4231	31532	52510	174981	3194
10193	59949	73476	4231	31532	52510	174981	3194
10193	59949	73476	4231	31532	52510	174981	3194
17140	97771	282712	9006	152040	196753	194959	3680
15697	93498	198301	8056	87612	82500	89225	3624
15697	93498	198301	8056	87612	82500	89225	3624
120	779	5620	255	9072	6271	10399	56
120	779	5620	255	9072	6271	10399	56
1322	3495	78792	695	55357	107982	95336	
1322	3495	78792	695	55357	107982	95336	

1-2 续表 4-1

项 目	补贴收入	营业外收入	营业外支出	利润总额	应交所得税
总 计	**883851**	**1492514**	**7816140**	**32725983**	**5006509**
总计中：亏损企业	357325	276591	2670050	-4963852	23418
一、按登记注册类型分组					
内资企业	267147	618317	3447178	12442565	2232289
国有企业	3512	100207	194037	1034840	604688
集体企业	8588	12163	55781	234973	28982
股份合作企业	1168	2008	14773	44030	6585
联营企业	806	2743	4412	64007	10274
有限责任公司	154779	243618	1214299	4323266	755116
股份有限公司	24686	153544	959847	1435358	277584
私营企业	72451	102638	994683	5234886	539605
其他企业	1157	1395	9346	71205	9455
港、澳、台商投资企业	431390	400922	2574536	11424750	1591929
外商投资企业	185315	473275	1794426	8858668	1182290
二、按经济组织类型分组					
独资企业	140400	554593	2622357	15771332	2602741
合作、合伙企业	233042	114161	782578	919615	149899
股份有限公司	42980	271627	1065882	2310492	365320
有限责任公司	467430	552134	3345322	13724544	1888549
三、按企业控股情况分组					
国有控股企业	327298	516677	2462893	7824849	1783302
四、按轻重工分组					
轻工业	144648	463951	1878315	11842327	1658455
重工业	739203	1028563	5937824	20883656	3348054
五、按企业规模分组					
大型企业	88659	301625	1666417	8899016	1710116
中型企业	333995	740682	3270234	13446971	1925132
小型企业	461197	450207	2879488	10379996	1371261
六、按照工业行业大中小类分组					
采矿业	1273	2827	672508	4770787	718710
煤炭开采和洗选业					
烟煤和无烟煤的开采洗选					
烟煤和无烟煤的开采洗选					
褐煤的开采洗选					
褐煤的开采洗选					
其他煤炭采选					
其他煤炭采选					
石油和天然气开采业		1138	571003	4233126	633034
天然原油和天然气开采		1115	567389	4215920	631515
天然原油和天然气开采		1115	567389	4215920	631515
与石油和天然气开采有关的服务活动		22	3614	17206	1519
与石油和天然气开采有关的服务活动		22	3614	17206	1519
黑色金属矿采选业		221	19075	211119	39807
铁矿采选		202	18901	208960	39807
铁矿采选		202	18901	208960	39807

单位：万元

亏损企业亏损总额	利税总额	本年应付工资总额	本年应付福利费总额	本年应交增值税	本年进项税额	本年销项税额	全部从业人员年平均人数（人）
4963852	**61366924**	**49417640**	**4365285**	**21945308**	**50492922**	**58590622**	**14933810**
4963852	-727126	8351380	632127	3437446	8576611	9685116	3045993
1752777	27497606	18552140	1875009	11528201	23994678	30694721	5785646
222681	2884295	1550474	153561	1571649	715288	2245167	269866
33093	570670	826734	43988	165247	258745	347035	409016
7975	98744	92143	10404	42792	168229	157435	41859
2208	94527	76502	4712	27522	134068	139066	26161
538995	9909156	5271076	608133	3716109	8341057	9923878	1495289
699646	4303022	2692834	295005	2447118	3396404	5094600	446688
227937	9497486	7885157	747149	3506305	10855689	12642773	3031618
20242	139707	157220	12058	51458	125198	144766	65149
1803952	17879369	17085922	1304094	5134374	13455908	14180909	5902940
1407123	15989949	13779579	1186183	5282732	13042336	13714992	3245224
2256164	26740255	27531065	2164784	8779638	16845630	19358581	8461273
317832	1671514	1628871	122385	624313	1960802	2179941	634050
788683	5719893	3560979	382349	2814638	4949967	6706228	690929
1601174	27235261	16696726	1695768	9726720	26736523	30345872	5147558
1919746	16767401	5504132	636597	6312750	8785047	13264781	778411
1575711	23323180	23728376	2057070	8622800	20188213	22988009	8359749
3388142	38043743	25689264	2308216	13322508	30304709	35602613	6574061
1183360	18724715	14132082	1499839	7189694	13446290	15588523	2569630
1937048	22815135	18821196	1415150	7047994	17697424	20295694	5699213
1843444	19827074	16464363	1450296	7707621	19349208	22706405	6664967
7132	6059690	209478	25087	779823	106858	863655	60424
	5232160	44793	3196	593574	731	594280	3566
	5212099	31707	1885	593255		593255	1295
	5212099	31707	1885	593255		593255	1295
	20062	13086	1311	319	731	1025	2271
	20062	13086	1311	319	731	1025	2271
2013	301368	31420	3086	76032	26116	85581	10919
2013	298300	30729	2983	75188	24736	83356	10615
2013	298300	30729	2983	75188	24736	83356	10615

1-2 续表 4-2

项 目	补贴收入	营业外收入	营业外支出	利润总额	应交所得税
其他黑色金属矿采选		19	174	2159	
其他黑色金属矿采选		19	174	2159	
有色金属矿采选业	818	306	65448	175506	25328
常用有色金属矿采选	807	61	56484	163304	23143
铜矿采选	782		96	16109	624
铅锌矿采选	25	61	31924	132606	22204
镍钴矿采选					
锡矿采选				318	245
锑矿采选					
铝矿采选					
镁矿采选					
其他常用有色金属矿采选			24464	14270	70
贵金属矿采选		2	461	4219	1543
金矿采选		2	127	5215	1543
银矿采选			334	-996	
其他贵金属矿采选					
稀有稀土金属矿采选	11	243	8503	7984	642
钨钼矿采选		56	116	1008	417
稀土金属矿采选		3	8010	4232	67
放射性金属矿采选		69	353	1769	
其他稀有金属矿采选	11	115	24	975	157
非金属矿采选业	455	1162	16982	151037	20541
土砂石开采	81	401	9025	117948	8071
石灰石、石膏开采		47	245	14591	879
建筑装饰用石开采		272	1410	15000	546
耐火土石开采			7	89	22
粘土及其他土砂石开采	81	82	7363	88268	6624
化学矿采选		13	6534	31006	12147
化学矿采选		13	6534	31006	12147
采盐	374	747	1403	-593	166
采盐	374	747	1403	-593	166
石棉及其他非金属矿采选		1	20	2676	158
石棉、云母矿采选					
石墨、滑石采选					
宝石、玉石开采					
其他非金属矿采选		1	20	2676	158
其他采矿业					
其他采矿业					
其他采矿业					
制造业	479276	1079641	6778016	25224825	3422908
农副食品加工业	25198	17575	380808	631751	58337
谷物磨制	1217	282	5197	20487	1217
谷物磨制	1217	282	5197	20487	1217
饲料加工	11878	4420	110488	177780	19369
饲料加工	11878	4420	110488	177780	19369
植物油加工	4250	6681	118587	213794	15077
食用植物油加工	4250	6681	118587	212904	15064
非食用植物油加工				890	13

单位：万元

亏损企业亏损总额	利税总额	本年应付工资总额	本年应付福利费总额	本年应交增值税	本年进项税额	本年销项税额	全部从业人员年平均人数（人）
	3068	691	103	844	1381	2225	304
	3068	691	103	844	1381	2225	304
1872	237949	44665	5696	52937	19092	67249	13901
228	219372	31487	4494	47359	11961	55197	8627
	18739	3248	452	2481	1331	569	761
178	180019	23484	3531	39238	9116	47367	5327
	398	1572	60				520
50	20216	3183	451	5640	1514	7261	2019
996	4886	2326	255	483	324	807	969
	5767	2022	246	379	262	641	822
996	-881	304	9	104	62	166	147
648	13691	10852	947	5096	6807	11245	4305
648	2119	4528	241	916	880	1246	1785
	6422	507	59	1976	1898	3797	236
	1774	3745	282				1468
	3375	2071	365	2203	4029	6202	816
3247	288213	88600	13109	57280	60919	116545	32038
1278	238182	65738	11299	42831	51043	92560	24222
382	27246	8214	1203	7275	11778	13137	3262
660	24126	16416	4852	6341	8031	12859	5529
	282	234	21	167	222	382	151
236	186528	40873	5223	29048	31013	66181	15280
	44650	17606	1025	12147	5181	16996	4617
	44650	17606	1025	12147	5181	16996	4617
1855	524	2795	619	903	1835	2732	2192
1855	524	2795	619	903	1835	2732	2192
114	4856	2461	167	1400	2860	4257	1007
114	4856	2461	167	1400	2860	4257	1007
4524341	49897029	47350603	4149343	18709382	48781644	53968702	14632454
82660	1311383	464369	44177	436909	992174	1181748	159403
1313	32786	21319	1033	10281	81690	80930	4616
1313	32786	21319	1033	10281	81690	80930	4616
30113	435005	120150	12231	123106	162585	255977	30088
30113	435005	120150	12231	123106	162585	255977	30088
21102	453087	41067	3048	167226	279887	341984	7862
21102	452003	40870	3036	167034	279144	341050	7790
	1084	197	13	192	743	935	72

1-2 续表 4-3

项　目	补贴收入	营业外收入	营业外支出	利润总额	应交所得税
制糖	3557	1037	31496	31314	2784
制糖	3557	1037	31496	31314	2784
屠宰及肉类加工	444	1576	34698	40027	3437
畜禽屠宰	343	808	34510	20114	1336
肉制品及副产品加工	101	768	188	19913	2101
水产品加工	3536	1625	71210	95130	6803
水产品冷冻加工	2160	1037	68379	42164	3635
鱼糜制品及水产品干腌制加工	8	239	508	19184	814
水产饲料制造	1265	336	1857	31292	2247
鱼油提取及制品的制造					
其他水产品加工	104	13	466	2491	107
蔬菜、水果和坚果加工	297	1238	7359	37678	6882
蔬菜、水果和坚果加工	297	1238	7359	37678	6882
其他农副食品加工	19	715	1775	15542	2770
淀粉及淀粉制品的制造	2	67	735	10459	847
豆制品制造		539	413	-887	986
蛋品加工		45	19	2932	162
其他未列明的农副食品加工	17	64	608	3038	775
食品制造业	6013	19768	88825	734455	125503
焙烤食品制造	291	1994	3303	40347	7335
糕点、面包制造		148	434	5818	1297
饼干及其他焙烤食品制造	291	1846	2869	34529	6038
糖果、巧克力及蜜饯制造	546	6018	9433	215836	18050
糖果、巧克力制造	360	5843	5834	200230	15940
蜜饯制作	186	175	3599	15606	2110
方便食品制造	1051	3737	14603	42019	8367
米、面制品制造	894	676	694	9896	781
速冻食品制造	58	248	1101	4169	2168
方便面及其他方便食品制造	98	2813	12809	27954	5417
液体乳及乳制品制造	554	1453	27139	82452	13704
液体乳及乳制品制造	554	1453	27139	82452	13704
罐头制造	128	728	3125	13621	1562
肉、禽类罐头制造		128	21	-58	120
水产品罐头制造		447	303	180	309
蔬菜、水果罐头制造	27	150	2667	7666	454
其他罐头食品制造	101	3	134	5833	679
调味品、发酵制品制造	502	1773	2636	86002	18113
味精制造	12	12	72	214	10
酱油、食醋及类似制品的制造	488	1187	1215	67639	13892
其他调味品、发酵制品制造	2	574	1349	18150	4211
其他食品制造	2941	4066	28587	254177	58372
营养、保健食品制造	2331	3331	13795	240924	55397
冷冻饮品及食用冰制造	3	128	710	-6470	178
盐加工		16	11	-151	
食品及饲料添加剂制造	577	557	11061	14099	2311
其他未列明的食品制造	30	34	3011	5775	486

单位：万元

亏损企业亏损总额	利税总额	本年应付工资总额	本年应付福利费总额	本年应交增值税	本年进项税额	本年销项税额	全部从业人员年平均人数(人)
9728	68154	51105	3423	31798	88122	117727	21018
9728	68154	51105	3423	31798	88122	117727	21018
4041	67727	38649	6709	24017	93056	101322	16001
1102	33775	16542	2299	12036	44656	48180	6292
2939	33952	22108	4410	11982	48399	53142	9709
7155	150713	138302	12529	36609	155604	124558	57144
6047	68785	91932	7092	18349	115845	82578	43050
379	30491	23253	2544	10341	23075	22121	7649
627	46297	15793	2404	5669	8890	13173	3704
102	5139	7325	489	2250	7794	6686	2741
2312	71509	32032	2755	28554	48375	64395	14073
2312	71509	32032	2755	28554	48375	64395	14073
6896	32403	21745	2449	15318	82857	94854	8601
1140	15888	6962	1348	4624	19461	22904	2830
5320	5955	7280	341	6488	52889	58380	3713
	5367	1889	102	2125	901	3024	842
436	5194	5614	658	2081	9606	10546	1216
41617	1254000	622178	58081	451877	670461	1023540	159053
7389	72350	71380	4687	29491	82400	102038	25907
3800	13173	21446	725	6844	20005	25473	8149
3589	59178	49934	3962	22647	62395	76565	17758
1558	322790	177040	9084	104266	148623	236061	37239
1288	295261	158724	7509	94037	127281	207484	28124
270	27528	18315	1576	10229	21343	28577	9115
8146	97922	104036	9935	50159	82420	104390	30085
1129	18309	15734	1772	5521	17777	19691	6707
3037	14642	30325	1276	9299	18433	22827	11377
3980	64972	57977	6887	35339	46210	61873	12001
3623	147380	61749	2618	62873	80660	138334	10876
3623	147380	61749	2618	62873	80660	138334	10876
2020	24110	21849	1946	9276	27219	30280	10186
610	984	3288	145	855	3002	3950	1230
986	3294	8163	875	2878	10407	12324	2670
280	11712	7893	794	3398	9228	7720	5095
144	8120	2506	132	2145	4582	6286	1191
4154	161498	74683	18139	73401	154082	218002	19759
5	2493	5746	2242	2204	10833	12982	1859
2687	124421	51690	13865	55615	121667	175504	12800
1462	34585	17247	2032	15582	21583	29516	5100
14729	427950	111441	11673	122411	95057	194436	25001
3466	392450	72040	6347	102077	41925	123001	13552
8235	-2826	8234	1317	3294	6747	9892	2908
151	-104	234	19	43	144	174	57
2658	24797	20285	1738	9508	31469	40388	5330
220	13633	10648	2251	7489	14772	20981	3154

1-2 续表 4-4

项目	补贴收入	营业外收入	营业外支出	利润总额	应交所得税
饮料制造业	2557	27122	40960	307339	72546
酒精制造		1	1720	996	104
酒精制造		1	1720	996	104
酒的制造	1659	7545	8007	46128	10849
白酒制造	2	411	1925	17488	3144
啤酒制造	1618	5844	5415	23957	7533
黄酒制造			1	76	
葡萄酒制造				55	
其他酒制造	39	1290	667	4552	172
软饮料制造	888	19571	30716	257420	61422
碳酸饮料制造		3545	10565	86805	28820
瓶(罐)装饮用水制造	655	698	1250	34540	7018
果菜汁及果菜汁饮料制造	5	1827	7827	6626	3889
含乳饮料和植物蛋白饮料制造	219	346	5801	17668	2650
固体饮料制造	9	234	1602	44921	10277
茶饮料及其他软饮料制造		12922	3672	66860	8768
精制茶加工	10	5	517	2796	171
精制茶加工	10	5	517	2796	171
烟草制品业		1191	7964	428040	104027
烟叶复烤		157	58	351	173
烟叶复烤		157	58	351	173
卷烟制造		1013	7888	424129	103798
卷烟制造		1013	7888	424129	103798
其他烟草制品加工		21	19	3560	57
其他烟草制品加工		21	19	3560	57
纺织业	3946	29940	130563	580371	80463
棉、化纤纺织及印染精加工	917	14338	49136	232992	36035
棉、化纤纺织加工	499	11503	17017	123899	18585
棉、化纤印染精加工	418	2835	32119	109092	17450
毛纺织和染整精加工	28	2543	10510	22005	5001
毛条加工		563	105	4482	276
毛纺织	25	233	3418	2914	2130
毛染整精加工	3	1748	6987	14609	2595
麻纺织			1	715	34
麻纺织			1	715	34
丝绢纺织及精加工	124	662	848	3151	676
缫丝加工	86	70	531	-58	71
绢纺和丝织加工		37	16	924	76
丝印染精加工	38	555	301	2285	529
纺织制成品制造	1244	6690	11332	91536	12420
棉及化纤制品制造	690	633	1818	49427	6531
毛制品制造	25	105	78	1119	68
麻制品制造		19	132	676	39
丝制品制造	12	3	415	993	158
绳、索、缆的制造	361	27	280	1964	296
纺织带和帘子布制造	20	4939	4099	8795	1110
无纺布制造	79	254	2642	12265	2041
其他纺织制成品制造	58	711	1868	16296	2177

单位：万元

亏损企业亏损总额	利税总额	本年应付工资总额	本年应付福利费总额	本年应交增值税	本年进项税额	本年销项税额	全部从业人员年平均人数（人）
66603	736061	310789	37765	308563	606569	813165	68859
415	4163	1135	162	1320	4391	5570	694
415	4163	1135	162	1320	4391	5570	694
23572	235344	74105	15308	75627	126922	191465	17529
69	68379	9619	857	11017	20555	32677	3283
23021	157897	61574	14224	61979	103194	153403	12746
43	174	137	17	74	55	63	85
	129	220	17	55			136
439	8766	2554	194	2502	3119	5322	1279
42616	489576	231652	22098	228745	469011	608042	48947
12585	195428	75741	11615	108065	170290	202361	13865
913	64591	54001	2783	28408	47576	71381	13323
23130	21020	14879	2374	13952	108420	120438	3413
4919	37339	30607	3796	19225	48630	67543	8097
251	67435	9894	518	22470	23759	42447	1744
819	103764	46531	1012	36625	70336	103872	8505
0	6979	3897	197	2871	6245	8088	1689
0	6979	3897	197	2871	6245	8088	1689
1106	1712856	107645	8559	307868	291619	590273	6931
474	2463	3397	159	1926	647	2556	429
474	2463	3397	159	1926	647	2556	429
	1705669	103098	8312	304909	287303	583021	5882
	1705669	103098	8312	304909	287303	583021	5882
632	4723	1150	88	1034	3669	4696	620
632	4723	1150	88	1034	3669	4696	620
160131	1156530	1771562	202391	505022	1352749	1505091	717251
83406	491923	655894	59476	231992	637164	701161	221905
58925	264143	360450	35368	122238	339619	377344	115063
24481	227781	295444	24109	109754	297545	323817	106842
17923	52302	97870	7582	27024	92427	87388	48672
1289	5447	5638	319	879	2293	2479	2916
12610	17337	42991	3478	12614	35954	36985	22420
4023	29519	49241	3786	13531	54181	47924	23336
	910	160	14	182	462	644	119
	910	160	14	182	462	644	119
3227	8517	17053	1854	4420	14494	18830	8581
1144	1399	4022	194	1238	4108	5197	3145
32	1402	2550	100	434	1956	2374	743
2052	5716	10481	1559	2747	8431	11258	4693
12552	162981	213002	17027	58071	189780	200815	82630
2334	78826	89612	6638	26864	78868	83327	31293
410	1843	8522	401	681	14246	13683	3159
63	1338	3632	142	634	3304	4279	1533
257	1622	4379	419	541	2671	1366	1768
310	5235	11053	655	2151	8279	8494	5195
934	16535	25952	1766	7143	19345	22080	10851
4439	24070	27349	2056	8380	30816	31956	10796
3805	33514	42503	4949	11676	32251	35630	18035

1-2 续表 4-5

项　目	补贴收入	营业外收入	营业外支出	利润总额	应交所得税
针织品、编织品及其制品制造	1634	5707	58737	229973	26298
棉、化纤针织品及编织品制造	651	3936	22825	81924	13062
毛针织品及编织品制造	957	1372	33322	51774	5206
丝针织品及编织品制造	7	241	1771	36593	4656
其他针织品及编织品制造	20	159	818	59682	3374
纺织服装、鞋、帽制造业	7446	17027	109941	607426	88462
纺织服装制造	7411	16344	107354	592622	86688
纺织服装制造	7411	16344	107354	592622	86688
纺织面料鞋的制造	33	262	1980	9598	1055
纺织面料鞋的制造	33	262	1980	9598	1055
制帽	3	421	607	5206	720
制帽	3	421	607	5206	720
皮革、毛皮、羽毛(绒)及其制品业	5472	8935	35371	394333	36172
皮革鞣制加工	278	938	5970	36028	3126
皮革鞣制加工	278	938	5970	36028	3126
皮革制品制造	5028	7703	20202	345757	32419
皮鞋制造	4054	4259	11297	199396	14704
皮革服装制造		305	294	12726	567
皮箱、包(袋)制造	726	1776	5297	91025	12711
皮手套及皮装饰制品制造	99	440	2642	30834	2835
其他皮革制品制造	149	922	672	11777	1603
毛皮鞣制及制品加工	142	136	-64	-1433	-26
毛皮鞣制加工		1	6	86	31
毛皮服装加工	82		-79	-1271	-62
其他毛皮制品加工	60	135	9	-248	5
羽毛(绒)加工及制品制造	25	158	9262	13981	654
羽毛(绒)加工		23	8890	10305	42
羽毛(绒)制品加工	25	135	373	3676	612
木材加工及木、竹、藤、棕、草制品业	19408	29247	43516	277145	27723
锯材、木片加工	138	2317	22334	17958	2311
锯材加工	2	378	3388	8916	1530
木片加工	136	1939	18946	9042	781
人造板制造	18977	25914	17691	204763	22145
胶合板制造	198	361	7518	18541	1641
纤维板制造	10543	792	3997	32732	1883
刨花板制造	6898	1266	1931	12843	188
其他人造板、材制造	1339	23495	4245	140648	18433
木制品制造	288	956	2416	32472	2411
建筑用木料及木材组件加工	148	697	1500	18013	463
木容器制造	3	50	58	4456	635
软木制品及其他木制品制造	138	208	858	10003	1312
竹、藤、棕、草制品制造	5	60	1075	21951	857
竹、藤、棕、草制品制造	5	60	1075	21951	857
家具制造业	2513	14409	39835	297196	32058
木质家具制造	1226	10482	29857	139823	17674
木质家具制造	1226	10482	29857	139823	17674

单位：万元

亏损企业亏损总额	利税总额	本年应付工资总额	本年应付福利费总额	本年应交增值税	本年进项税额	本年销项税额	全部从业人员年平均人数（人）
43024	439897	787583	116438	183334	418421	496254	355344
19418	178426	307940	83089	82024	202046	235175	131623
15010	123489	349154	20948	65287	123082	143883	163508
2149	54294	54504	4221	15289	44582	56941	26499
6446	83687	75985	8180	20734	48712	60255	33714
123014	1265588	2546971	282927	564811	1365981	1581625	1111228
107010	1232714	2413541	272297	547999	1319102	1546605	1040390
107010	1232714	2413541	272297	547999	1319102	1546605	1040390
11903	22142	87818	5248	11949	27824	21194	46935
11903	22142	87818	5248	11949	27824	21194	46935
4102	10732	45612	5383	4864	19055	13826	23903
4102	10732	45612	5383	4864	19055	13826	23903
81718	761955	2035841	134797	307975	761579	820577	971363
6535	66551	117523	6168	24731	55418	65451	69052
6535	66551	117523	6168	24731	55418	65451	69052
72631	666159	1888546	126531	270521	685592	732039	890363
50531	411381	1338138	85624	185214	411352	455086	621212
695	21226	25383	1963	8041	13071	16932	9735
18477	163502	411146	32051	54385	191400	183463	199600
599	48023	48978	3862	14810	37227	48382	25101
2329	22027	64901	3031	8071	32541	28178	34715
1937	8028	10634	598	7393	4199	4936	4207
93	1940	1050	33	238	404	528	683
1410	-416	6823	324	772	1918	2309	2478
434	6504	2762	241	6383	1877	2099	1046
615	21218	19138	1501	5331	16371	18151	7741
162	13723	6503	356	2269	8412	10033	3051
452	7495	12635	1144	3062	7959	8118	4690
23001	432656	271599	22510	127792	360054	456800	102933
1545	35546	18928	2340	13568	43456	63455	8883
407	13876	6862	787	3524	10549	12495	2292
1138	21670	12066	1553	10044	32908	50961	6591
10868	305219	152296	12530	85469	239165	305902	49759
3461	41332	33134	2693	20584	54884	75152	15251
3934	64378	41696	3892	29340	41772	60391	12829
648	21043	7237	862	7856	12596	19019	3441
2826	178467	70230	5084	27689	129914	151339	18238
10188	60272	74454	5689	21671	63524	69755	31862
3819	27658	27507	1938	6646	25140	26128	10772
2998	9234	13158	648	4269	12787	14697	5168
3371	23380	33789	3103	10756	25597	28931	15922
401	31620	25921	1952	7085	13908	17688	12429
401	31620	25921	1952	7085	13908	17688	12429
49440	644206	970867	77512	297190	795021	668975	363934
34054	309773	562286	43730	154652	432726	376327	217304
34054	309773	562286	43730	154652	432726	376327	217304

1-2 续表 4-6

项　目	补贴收入	营业外收入	营业外支出	利润总额	应交所得税
竹、藤家具制造	33	143	110	6978	417
竹、藤家具制造	33	143	110	6978	417
金属家具制造	258	1407	5634	71773	8142
金属家具制造	258	1407	5634	71773	8142
塑料家具制造	335	1027	123	6524	478
塑料家具制造	335	1027	123	6524	478
其他家具制造	661	1351	4111	72098	5347
其他家具制造	661	1351	4111	72098	5347
造纸及纸制品业	2590	30852	72994	392367	51840
纸浆制造	7	3868	903	27610	2316
纸浆制造	7	3868	903	27610	2316
造纸	1224	5943	38730	86428	11098
机制纸及纸板制造	944	5119	22607	58524	7985
手工纸制造			0	239	36
加工纸制造	280	824	16123	27666	3077
纸制品制造	1359	21042	33362	278329	38426
纸和纸板容器的制造	749	9002	9135	189637	28068
其他纸制品制造	610	12040	24227	88692	10358
印刷业和记录媒介的复制	9842	15994	30229	368579	47695
印刷	9746	12529	28041	331918	43655
书、报、刊印刷	6553	1545	4857	51775	6910
本册印制	803	1158	872	10169	1108
包装装潢及其他印刷	2391	9827	22311	269973	35637
装订及其他印刷服务活动	42	195	301	39852	3456
装订及其他印刷服务活动	42	195	301	39852	3456
记录媒介的复制	54	3270	1887	-3191	584
记录媒介的复制	54	3270	1887	-3191	584
文教体育用品制造业	2546	14649	72976	153270	27907
文化用品制造	179	733	5804	23002	3833
文具制造	155	615	5384	20264	2810
笔的制造	24	37	212	-703	50
教学用模型及教具制造		32	67	150	9
墨水、墨汁制造		33	23	1660	281
其他文化用品制造		17	118	1631	683
体育用品制造	1417	2006	8546	19413	4714
球类制造	32	92	1222	1081	463
体育器材及配件制造	5	1019	1305	10623	2559
训练健身器材制造	4	336	3269	4281	476
运动防护用具制造	361	265	489	-3826	387
其他体育用品制造	1015	295	2262	7254	828
乐器制造	360	1219	1402	30277	2058
中乐器制造		6	6	1088	97
西乐器制造	304	762	468	12912	1369
电子乐器制造	56	445	660	14056	255
其他乐器及零件制造		7	268	2222	336
玩具制造	585	10410	56768	77338	16437
玩具制造	585	10410	56768	77338	16437

单位：万元

亏损企业亏损总额	利税总额	本年应付工资总额	本年应付福利费总额	本年应交增值税	本年进项税额	本年销项税额	全部从业人员年平均人数(人)
960	15546	18714	2327	6793	24408	28134	7663
960	15546	18714	2327	6793	24408	28134	7663
7955	173796	190647	17962	87071	198344	158298	71424
7955	173796	190647	17962	87071	198344	158298	71424
481	13651	19953	1494	5569	15951	13202	8055
481	13651	19953	1494	5569	15951	13202	8055
5989	131440	179266	11999	43105	123591	93015	59488
5989	131440	179266	11999	43105	123591	93015	59488
133122	853507	812760	82358	395386	1295423	1487742	300853
1593	48928	27031	6861	19415	78884	92911	12584
1593	48928	27031	6861	19415	78884	92911	12584
94939	289867	249772	32001	178488	578228	655356	82596
89878	233162	187354	27226	153482	488431	555149	61873
	499	447	24	235	1419	1394	254
5061	56206	61972	4751	24771	88377	98814	20469
36590	514712	535956	43496	197483	638311	739475	205673
11378	327241	335409	26166	116625	375903	441674	132064
25212	187471	200548	17330	80858	262408	297801	73609
42213	650714	696832	50886	255784	599796	702932	251682
32781	596079	647036	45925	238504	560387	651225	233251
8647	97127	176964	10470	37290	107404	108689	59289
1717	19719	39270	2624	8694	22881	20635	14991
22417	479234	430802	32832	192521	430102	521901	158971
1210	54365	36353	3088	14106	23502	33637	13681
1210	54365	36353	3088	14106	23502	33637	13681
8222	270	13443	1873	3174	15907	18070	4750
8222	270	13443	1873	3174	15907	18070	4750
97275	471486	1364383	79215	182134	453651	344050	672464
12625	54453	116998	6060	25602	76183	66480	50294
10114	46099	94879	4660	22480	64600	56948	40203
1420	219	8099	430	834	3744	2938	4341
371	319	3628	295	157	1614	1311	1360
	5232	1531	346	1266	1408	1010	395
721	2584	8861	330	865	4817	4273	3995
20140	53138	269857	17430	31003	106321	55982	128493
2478	3326	33867	836	1918	11024	4828	14523
4267	30683	90945	6841	18629	33341	13695	47374
2645	6696	24081	1805	2141	23257	15874	9339
7499	764	60113	3979	4323	18706	8880	27485
3252	11668	60851	3970	3993	19993	12705	29772
1816	48280	53050	3293	15189	45962	48596	21510
	1212	705	67	114	757	578	188
286	22881	27908	2597	9190	31228	33662	11798
1245	20118	17652	288	4369	6691	6774	6164
284	4068	6785	340	1517	7287	7583	3360
58087	305944	901789	51236	106450	211340	160872	461055
58087	305944	901789	51236	106450	211340	160872	461055

1-2 续表 4-7

项　　目	补贴收入	营业外收入	营业外支出	利润总额	应交所得税
游艺器材及娱乐用品制造	6	280	457	3240	866
露天游乐场所游乐设备制造		209	150	2649	470
游艺用品及室内游艺器材制造	6	71	307	591	396
石油加工、炼焦及核燃料加工业	112855	33048	892151	-578151	14322
精炼石油产品的制造	112855	33008	886091	-585307	13845
原油加工及石油制品制造	112855	33008	885814	-585414	13818
人造原油生产			276	107	27
炼焦		40	6061	7155	478
炼焦		40	6061	7155	478
核燃料加工					
核燃料加工					
化学原料及化学制品制造业	13535	43480	848229	2430184	356678
基础化学原料制造	436	4557	558293	-13174	18543
无机酸制造	286	232	1935	12520	1075
无机碱制造	0	188	984	18139	4005
无机盐制造		101	282	60462	2524
有机化学原料制造	146	2244	552849	-142787	4645
其他基础化学原料制造	3	1791	2244	38492	6294
肥料制造	3747	5056	12413	48767	4217
氮肥制造	54	263	5	574	154
磷肥制造	210	2864	10340	6981	364
钾肥制造	1500	1	283	10384	1177
复混肥料制造	1587	1824	1740	26023	2004
有机肥料及微生物肥料制造	397	104	42	4749	497
其他肥料制造			2	56	21
农药制造	15	531	2246	15862	1398
化学农药制造	15	519	256	13789	931
生物化学农药及微生物农药制造		12	1991	2073	467
涂料、油墨、颜料及类似产品制造	1638	5407	46841	346858	43092
涂料制造	1155	4267	40946	255570	31484
油墨及类似产品制造	122	874	1095	42896	6219
颜料制造	257	68	926	25433	2416
染料制造	6	57	1536	5971	964
密封用填料及类似品制造	97	141	2337	16988	2010
合成材料制造	3033	13106	168225	256513	17170
初级形态的塑料及合成树脂制造	2983	6104	29841	295256	19887
合成橡胶制造	15	138	43875	-25316	834
合成纤维单(聚合)体的制造		5839	94096	-37034	-6406
其他合成材料制造	35	1024	413	23607	2855
专用化学产品制造	1025	5036	43168	407514	48734
化学试剂和助剂制造	213	1338	9246	96681	11382
专项化学用品制造	649	491	15535	96044	13331
林产化学产品制造	117	307	3196	50150	931
炸药及火工产品制造		63	36	2845	888
信息化学品制造	19	753	9333	79231	5553
环境污染处理专用药剂材料制造		1	63	2285	275
动物胶制造			12	121	
其他专用化学产品制造	27	2083	5747	80159	16374

单位：万元

亏损企业亏损总额	利税总额	本年应付工资总额	本年应付福利费总额	本年应交增值税	本年进项税额	本年销项税额	全部从业人员年平均人数(人)
4608	9671	22689	1196	3889	13845	12120	11112
36	6629	4170	338	1605	4232	5574	2286
4573	3042	18519	858	2284	9613	6546	8826
784147	1092472	229364	13089	1309434	1882375	3061393	26641
783442	1079506	226177	12688	1307048	1866680	3043687	26070
783442	1079378	226109	12680	1307030	1866489	3043479	26024
	128	69	8	18	190	209	46
705	12966	3187	401	2386	15695	17706	571
705	12966	3187	401	2386	15695	17706	571
410645	4588590	2381191	234364	1825107	3119671	4187126	315537
223096	419673	122057	21944	421444	710825	814153	25809
693	26315	8030	696	11363	22383	31729	2998
77	35372	27510	5194	14965	21572	35946	4307
138	85041	18230	4271	21519	66219	85046	5310
218104	203273	46806	8312	344133	536052	575151	7131
4084	69671	21482	3472	29465	64600	86281	6063
834	65876	42009	2477	12725	30245	38526	11422
15	2346	3683	223	1565	2893	4366	1485
	10477	18408	611	716	4488	2369	1808
	14298	1760	246	3825	13851	17676	411
817	32682	14844	1028	5887	5423	9835	6098
2	5988	2969	360	703	3502	4162	1473
1	87	345	10	29	88	117	147
191	21022	19705	1357	3819	29823	32815	4255
191	18147	15738	1300	3159	24633	27244	3246
	2875	3967	58	659	5189	5571	1009
26869	633076	332102	39389	252967	634156	779881	86933
12987	453683	214617	23890	176315	432357	542078	55158
4126	76034	55069	4601	30359	84827	100843	14229
5650	47176	30085	3602	17122	56856	68344	9047
1899	12859	9107	987	6104	15656	18671	2300
2207	43325	23224	6308	23068	44461	49944	6199
92876	428649	159336	23637	136401	620591	705904	34975
10993	442756	113713	15688	115033	424724	483023	24028
38703	-14390	21418	5334	10548	23252	40562	4968
43166	-31942	10627	1599	4831	145251	151021	1851
15	32225	13578	1016	5989	27364	31298	4128
36701	631642	229049	33960	200227	519885	657659	67275
17050	159401	53095	6453	55147	158591	190803	15006
8768	150245	58486	6058	50673	112827	152148	12139
506	73217	14084	4571	19604	37732	54380	4344
214	9292	8211	958	5646	7684	12318	3286
4657	97650	35442	2108	15970	42018	54243	14541
55	6243	3085	1334	2298	5008	6634	1116
	316	280	2	151	474	624	173
5452	135278	56365	12476	50738	155551	186508	16670

1-2 续表 4-8

项　目	补贴收入	营业外收入	营业外支出	利润总额	应交所得税
日用化学产品制造	3641	9789	17042	1367845	223524
肥皂及合成洗涤剂制造	3233	5819	8663	1091402	182151
化妆品制造	327	1630	4265	123540	15010
口腔清洁用品制造		1121	1506	69068	16717
香料、香精制造	12	301	1422	65946	7503
其他日用化学产品制造	70	918	1187	17889	2143
医药制造业	6812	28969	136519	489757	75816
化学药品原药制造	327	2278	7969	52384	6322
化学药品原药制造	327	2278	7969	52384	6322
化学药品制剂制造	2294	15199	75544	181776	25107
化学药品制剂制造	2294	15199	75544	181776	25107
中药饮片加工	3	1016	11225	10533	883
中药饮片加工	3	1016	11225	10533	883
中成药制造	1045	3862	21068	123964	22272
中成药制造	1045	3862	21068	123964	22272
兽用药品制造	475	551	10102	14486	2083
兽用药品制造	475	551	10102	14486	2083
生物、生化制品的制造	989	3393	8478	67389	14371
生物、生化制品的制造	989	3393	8478	67389	14371
卫生材料及医药用品制造	1677	2670	2133	39225	4779
卫生材料及医药用品制造	1677	2670	2133	39225	4779
化学纤维制造业	39	3074	3806	6632	7407
纤维素纤维原料及纤维制造	31	29	437	25616	4194
化纤浆粕制造	25		238	1963	59
人造纤维(纤维素纤维)制造	6	29	199	23653	4135
合成纤维制造	8	3045	3368	-18985	3213
锦纶纤维制造		1110	66	-14755	252
涤纶纤维制造		1257	2771	-13786	1946
腈纶纤维制造					
维纶纤维制造			23	1126	106
其他合成纤维制造	8	678	509	8431	910
橡胶制品业	964	5928	19434	79323	14049
轮胎制造	281	3163	2345	-22160	921
车辆、飞机及工程机械轮胎制造	203	1071	2304	-18973	825
力车胎制造		2092	36	-3640	29
轮胎翻新加工	79		4	453	66
橡胶板、管、带的制造	30	101	1047	12859	692
橡胶板、管、带的制造	30	101	1047	12859	692
橡胶零件制造		419	847	19406	2445
橡胶零件制造		419	847	19406	2445
再生橡胶制造		5	87	1618	51
再生橡胶制造		5	87	1618	51
日用及医用橡胶制品制造	14	343	9547	3076	363
日用及医用橡胶制品制造	14	343	9547	3076	363
橡胶靴鞋制造	477	745	1883	11001	1701
橡胶靴鞋制造	477	745	1883	11001	1701

单位：万元

亏损企业亏损总额	利税总额	本年应付工资总额	本年应付福利费总额	本年应交增值税	本年进项税额	本年销项税额	全部从业人员年平均人数（人）
30078	2388652	1476932	111600	797525	574145	1158188	84868
16657	1919198	1089472	57064	624806	338472	799383	28574
9632	215278	267833	42804	77129	105819	170713	32175
20	109516	67468	5588	40088	56226	76516	6275
1975	113726	31478	4455	45071	42595	74383	8571
1793	30934	20680	1689	10430	31033	37193	9273
38745	767202	397731	46692	254039	419782	823307	88694
2743	73031	25825	3654	18354	44206	55450	7527
2743	73031	25825	3654	18354	44206	55450	7527
16866	281391	152129	18167	93509	200274	475921	31575
16866	281391	152129	18167	93509	200274	475921	31575
922	24310	22505	4160	12711	27594	32026	5826
922	24310	22505	4160	12711	27594	32026	5826
13731	216448	110487	12413	86147	74467	150414	24599
13731	216448	110487	12413	86147	74467	150414	24599
668	25468	13839	2734	7261	22363	26341	3594
668	25468	13839	2734	7261	22363	26341	3594
811	93032	41869	3403	22850	20410	40974	6478
811	93032	41869	3403	22850	20410	40974	6478
3005	53522	31077	2160	13207	30468	42182	9095
3005	53522	31077	2160	13207	30468	42182	9095
51647	71997	57562	5367	59380	175191	219117	19973
226	32849	9019	893	6974	21832	28030	2806
3	2521	961	308	502	2453	2651	567
223	30328	8058	585	6473	19379	25379	2239
51422	39147	48543	4474	52406	153359	191087	17167
17023	-6053	9238	1189	7989	48374	55948	4419
26817	11249	20222	1750	23390	52013	70262	7674
	2979	3593	24	853	1529	1708	210
7582	30973	15489	1512	20175	51443	63169	4864
51151	172177	380353	31489	81915	240062	241453	153709
29513	-3494	61371	10883	14611	68151	61886	15889
25750	-5063	51042	7049	10765	58997	52110	12473
3763	774	9763	3785	3576	8262	8614	3026
	796	565	50	271	892	1162	390
1886	25385	23546	2005	11864	24469	29252	8555
1886	25385	23546	2005	11864	24469	29252	8555
4538	40646	67960	3346	19843	36698	41655	24398
4538	40646	67960	3346	19843	36698	41655	24398
6	2482	1296	221	789	1615	2082	863
6	2482	1296	221	789	1615	2082	863
1607	7554	17012	1998	4084	12195	10465	8642
1607	7554	17012	1998	4084	12195	10465	8642
6050	21211	118760	5133	9091	27893	22016	60111
6050	21211	118760	5133	9091	27893	22016	60111

1-2 续表 4-9

项　　目	补贴收入	营业外收入	营业外支出	利润总额	应交所得税
其他橡胶制品制造	161	1152	3680	53523	7877
其他橡胶制品制造	161	1152	3680	53523	7877
塑料制品业	7239	28610	153670	1013467	116923
塑料薄膜制造	290	2746	12107	103158	12999
塑料薄膜制造	290	2746	12107	103158	12999
塑料板、管、型材的制造	3331	4287	49752	281439	28671
塑料板、管、型材的制造	3331	4287	49752	281439	28671
塑料丝、绳及编织品的制造	70	177	6096	32324	2715
塑料丝、绳及编织品的制造	70	177	6096	32324	2715
泡沫塑料制造	273	752	2635	13250	3949
泡沫塑料制造	273	752	2635	13250	3949
塑料人造革、合成革制造	67	490	3053	32616	4073
塑料人造革、合成革制造	67	490	3053	32616	4073
塑料包装箱及容器制造	619	873	8894	93305	11461
塑料包装箱及容器制造	619	873	8894	93305	11461
塑料零件制造	1517	3964	17400	120836	15060
塑料零件制造	1517	3964	17400	120836	15060
日用塑料制造	407	3970	35762	118652	15723
塑料鞋制造	71	429	23150	26600	3861
日用塑料杂品制造	336	3541	12612	92052	11862
其他塑料制品制造	666	11353	17972	217888	22273
其他塑料制品制造	666	11353	17972	217888	22273
非金属矿物制品业	13660	35056	95798	1308890	117140
水泥、石灰和石膏的制造	4445	9893	36292	223174	20436
水泥制造	4445	9892	36228	218835	19833
石灰和石膏制造			63	4339	604
水泥及石膏制品制造	3084	3177	12655	109451	14789
水泥制品制造	865	2741	10827	88047	9439
砼结构构件制造	4	89	503	9295	1997
石棉水泥制品制造			1	1662	417
轻质建筑材料制造	1867	221	382	3162	1044
其他水泥制品制造	347	126	942	7284	1893
砖瓦、石材及其他建筑材料制造	2143	10805	20509	437463	27147
粘土砖瓦及建筑砌块制造	455	235	2301	6574	950
建筑陶瓷制品制造	778	9032	14935	399324	22082
建筑用石加工	669	405	1973	25338	2694
防水建筑材料制造		98	111	-41	143
隔热和隔音材料制造	128	812	61	7322	734
其他建筑材料制造	112	223	1128	-1054	544
玻璃及玻璃制品制造	2485	5449	14909	285837	23393
平板玻璃制造	500	1227	2138	21670	3384
技术玻璃制品制造	703	914	5513	109108	5329
光学玻璃制造	43	319	89	3132	309
玻璃仪器制造			41	300	10
日用玻璃制品及玻璃包装容器制造	14	848	4506	33457	4506
玻璃保温容器制造	25	23	28	700	219

单位：万元

亏损企业亏损总额	利税总额	本年应付工资总额	本年应付福利费总额	本年应交增值税	本年进项税额	本年销项税额	全部从业人员年平均人数（人）
7552	78392	90410	7903	21633	69041	74096	35251
7552	78392	90410	7903	21633	69041	74096	35251
186434	1773809	2384590	157585	621141	2048626	2197353	893659
25398	198875	227890	23161	80952	321908	355644	72049
25398	198875	227890	23161	80952	321908	355644	72049
16788	427788	357616	17533	111179	397658	439883	96966
16788	427788	357616	17533	111179	397658	439883	96966
1864	54479	46239	3675	17078	58371	68656	19715
1864	54479	46239	3675	17078	58371	68656	19715
24931	54133	81556	5915	32830	102421	120179	29561
24931	54133	81556	5915	32830	102421	120179	29561
7485	56402	62309	4669	19165	80203	94365	25763
7485	56402	62309	4669	19165	80203	94365	25763
13269	165246	187854	11639	64119	189136	218301	63753
13269	165246	187854	11639	64119	189136	218301	63753
30343	194877	372320	25029	64752	189184	193737	139322
30343	194877	372320	25029	64752	189184	193737	139322
28915	231894	496227	33655	101622	315941	315666	218410
6676	60565	237360	8669	29019	115791	115722	115250
22239	171329	258866	24986	72603	200150	199944	103160
37440	390116	552580	32310	129445	393805	390922	228120
37440	390116	552580	32310	129445	393805	390922	228120
112929	2381046	1574582	176183	868242	2030388	2636583	560390
21197	426549	170531	16422	167921	332350	481136	76002
21161	416473	166930	15985	162943	330367	473971	74485
36	10076	3601	437	4978	1983	7166	1517
22303	227217	138883	12896	103569	150220	228615	45690
12761	181031	100569	8036	82357	115433	179601	33489
2772	17150	11939	1868	5743	18879	23180	4815
	3508	352	39	1681	1458	3087	170
6165	11212	13164	1677	7265	8714	11146	3899
605	14316	12860	1276	6523	5737	11602	3317
26593	826860	552650	61051	293301	787507	1006246	180810
632	14358	8534	1010	6746	28440	32999	4292
14339	729582	468912	53557	246207	679220	884970	153675
4651	44329	51007	3359	15409	51685	51908	14440
991	2868	4885	314	2132	4081	4123	1479
403	13829	8714	616	6023	10550	16384	3071
5577	21894	10598	2196	16784	13532	15862	3853
29737	426648	295695	30732	118005	365932	399593	104260
11439	41995	35239	5985	19034	78773	89889	10265
4138	151208	55585	5065	36473	96011	103120	21576
881	5182	38463	7354	1955	5949	7066	13804
	460	251	82	137	183	319	183
6032	71174	82259	7108	33113	89646	100290	30257
249	1665	5367	239	899	3717	3376	1624

1-2 续表 4-10

项目	补贴收入	营业外收入	营业外支出	利润总额	应交所得税
玻璃纤维及制品制造	433	690	265	60641	976
玻璃纤维增强塑料制品制造	27	20	505	7094	534
其他玻璃制品制造	741	1407	1824	49736	8127
陶瓷制品制造	1417	3489	10046	191606	24048
卫生陶瓷制品制造	56	1105	1513	88189	9986
特种陶瓷制品制造	242	49	260	13910	1078
日用陶瓷制品制造	941	1858	7254	75792	11305
园林、陈设艺术及其他陶瓷制品制造	179	478	1019	13715	1679
耐火材料制品制造	22	234	160	10379	1370
石棉制品制造	12	29	7	603	5
云母制品制造	5	82	27	767	187
耐火陶瓷制品及其他耐火材料制造	5	123	126	9009	1178
石墨及其他非金属矿物制品制造	64	2010	1228	50980	5956
石墨及碳素制品制造	17	203	73	7807	768
其他非金属矿物制品制造	47	1807	1155	43172	5188
黑色金属冶炼及压延加工业	1843	18538	371120	15615	25414
炼铁		21	201	5153	91
炼铁		21	201	5153	91
炼钢	55	176	118963	-78383	946
炼钢	55	176	118963	-78383	946
钢压延加工	1788	18295	251923	91340	24196
钢压延加工	1788	18295	251923	91340	24196
铁合金冶炼		46	33	-2496	181
铁合金冶炼		46	33	-2496	181
有色金属冶炼及压延加工业	7292	25832	569324	664975	44197
常用有色金属冶炼	774	6070	73513	38840	2035
铜冶炼	763	5971	72842	50148	1200
铅锌冶炼		33	231	-21581	230
镍钴冶炼		1	9	440	-420
锡冶炼			7	2255	649
锑冶炼	1	11	73	342	73
铝冶炼		46	229	2974	227
镁冶炼		6	43	1194	
其他常用有色金属冶炼	10	2	79	3070	75
贵金属冶炼		64	114	6953	95
金冶炼		41	83	5262	55
银冶炼		24	28	802	23
其他贵金属冶炼			4	890	18
稀有稀土金属冶炼	237	2261	905	29562	1338
钨钼冶炼	200		161	2959	37
稀土金属冶炼	33	1698	53	8750	403
其他稀有金属冶炼	4	563	691	17853	898
有色金属合金制造	928	512	3721	27218	3079
有色金属合金制造	928	512	3721	27218	3079
有色金属压延加工	5352	16924	491071	562403	37650
常用有色金属压延加工	5152	16893	491044	546650	37391
贵金属压延加工		2	18	12466	63
稀有稀土金属压延加工	200	29	9	3286	197

单位：万元

亏损企业亏损总额	利税总额	本年应付工资总额	本年应付福利费总额	本年应交增值税	本年进项税额	本年销项税额	全部从业人员年平均人数（人）
4440	71464	13849	651	7121	46347	49075	4788
1062	12132	28058	1360	4124	18144	15276	10114
1497	71368	36624	2888	15149	27163	31181	11649
12307	382408	352377	48874	160500	330405	438009	133212
6682	171961	99925	9670	63346	129714	169392	33168
194	28718	18058	2196	13185	29927	40384	7064
2838	151671	192753	30989	68896	141701	188340	71970
2594	30059	41642	6020	15073	29064	39893	21010
144	18974	12899	1726	5481	16595	21815	4736
	739	346	25	125	398	393	184
	927	1732	202	153	1457	1257	923
144	17309	10820	1498	5203	14740	20165	3629
649	72390	51548	4482	19467	47378	61169	15680
221	9998	10541	522	2021	5872	7350	2386
428	62392	41007	3961	17446	41506	53819	13294
381983	530317	403640	56217	423538	2219922	2473042	86206
41	10165	3497	521	4862	7220	11060	1473
41	10165	3497	521	4862	7220	11060	1473
146212	17322	78128	8089	81077	830448	867861	14940
146212	17322	78128	8089	81077	830448	867861	14940
232486	485005	313201	44859	317878	1360813	1576208	68284
232486	485005	313201	44859	317878	1360813	1576208	68284
3244	17825	8813	2747	19722	21442	17913	1509
3244	17825	8813	2747	19722	21442	17913	1509
54298	1274545	600677	92024	414472	1800487	1953031	155637
26288	98772	64027	6038	54149	207807	239606	16878
1585	74389	15579	3000	21909	124817	127575	4321
22786	4596	33111	2355	23424	52761	75843	5953
863	838	1047	54	348	2080	2286	563
476	3721	2055	102	1349	7146	8556	852
54	2038	1037	34	1474	1512	1597	607
309	4763	4715	251	1592	9587	11022	2212
	1204	4271		9	1159	497	1500
216	7223	2212	243	4044	8746	12231	870
4	8506	4016	135	1425	10578	10353	1320
	5561	1838	19	272	4197	4469	618
4	1748	1757	48	909	4347	4599	519
	1198	421	68	244	2034	1285	183
896	41897	12149	801	11470	19662	28450	3574
5	5450	1984	49	2144	4823	6250	524
370	15428	4436	345	6371	8162	14522	1382
521	21020	5730	407	2956	6678	7678	1668
3307	44725	19660	1625	16074	54962	60932	7349
3307	44725	19660	1625	16074	54962	60932	7349
23802	1080646	500825	83426	331355	1507477	1613689	126516
23723	1063382	494899	83057	330349	1498085	1603349	124155
27	13228	5252	270	368	7355	7749	2051
52	4036	674	99	638	2037	2591	310

1-2 续表 4-11

项 目	补贴收入	营业外收入	营业外支出	利润总额	应交所得税
金属制品业	9233	48615	212533	1339051	158681
结构性金属制品制造	1269	12685	41970	228170	27652
金属结构制造	1127	12031	40407	201014	23819
金属门窗制造	143	654	1563	27156	3833
金属工具制造	347	10008	12908	199438	28679
切削工具制造	50	2017	2293	29484	4530
手工具制造	163	61	479	5545	1579
农用及园林用金属工具制造		45	136	4985	1156
刀剪及类似日用金属工具制造	41	4613	993	109938	15140
其他金属工具制造	93	3273	9007	49486	6274
集装箱及金属包装容器制造	476	3063	22033	136321	8888
集装箱制造		1348	6810	55443	-912
金属压力容器制造	56	679	3192	10986	483
金属包装容器制造	419	1035	12030	69891	9317
金属丝绳及其制品的制造	613	544	25348	19148	2990
金属丝绳及其制品的制造	613	544	25348	19148	2990
建筑、安全用金属制品制造	2113	8085	12954	157627	21476
建筑、家具用金属配件制造	1919	6856	7988	107325	14521
建筑装饰及水暖管道零件制造	193	1173	4488	45153	6588
安全、消防用金属制品制造	1	4	408	1477	194
其他建筑、安全用金属制品制造		53	70	3671	173
金属表面处理及热处理加工	813	3397	9544	110810	15054
金属表面处理及热处理加工	813	3397	9544	110810	15054
搪瓷制品制造	15	702	1283	26128	3872
工业生产配套用搪瓷制品制造			1157	4633	1567
搪瓷卫生洁具制造	5	666	97	10030	1813
搪瓷日用品及其他搪瓷制品制造	10	36	30	11464	492
不锈钢及类似日用金属制品制造	2438	6900	51016	323583	33393
金属制厨房调理及卫生器具制造	434	2434	5193	66927	5478
金属制厨用器皿及餐具制造	1689	2299	29722	129872	13052
其他日用金属制品制造	315	2168	16101	126784	14864
其他金属制品制造	1150	3231	35477	137828	16675
铸币及贵金属制实验室用品制造			4	3725	579
其他未列明的金属制品制造	1150	3230	35473	134103	16096
通用设备制造业	9298	35678	157405	808715	106322
锅炉及原动机制造	46	714	5121	18524	2360
锅炉及辅助设备制造		142	4131	8302	1092
内燃机及配件制造	44	564	947	8260	1245
汽轮机及辅机制造			12	2278	
水轮机及辅机制造		7	26	-76	6
其他原动机制造	2	3	5	-240	16
金属加工机械制造	2830	3581	3745	63967	8488
金属切削机床制造	604	851	287	4068	678
金属成形机床制造	38	146	804	8480	1237

单位：万元

亏损企业亏损总额	利税总额	本年应付工资总额	本年应付福利费总额	本年应交增值税	本年进项税额	本年销项税额	全部从业人员年平均人数（人）
136226	2665512	2539571	263758	1049349	3071049	3264105	878634
28009	462839	429179	41402	167178	653445	668814	151677
26032	397171	366608	37109	138479	594741	600871	130622
1977	65668	62572	4293	28699	58704	67944	21055
9917	317985	224567	17822	104696	246573	309634	81404
3782	41591	27644	1688	11132	24500	28792	10014
149	9611	13605	884	3679	16322	17879	5916
45	7684	8365	768	2557	7784	8173	2697
776	162902	105843	7852	48120	117747	159129	39237
5167	96198	69110	6630	39208	80220	95662	23540
13307	233478	274558	18503	75049	323271	261000	54665
7819	108548	182565	6471	39341	161680	79238	20482
376	14537	13033	2117	3181	22120	23766	4276
5112	110392	78960	9916	32528	139472	157996	29907
6723	50614	44753	5282	25249	90332	92212	16746
6723	50614	44753	5282	25249	90332	92212	16746
19221	368933	410821	38193	189735	406087	407615	146300
11195	244778	298672	27820	122650	266180	267263	110670
5133	111300	98309	8165	60232	108278	109403	31307
695	4065	4492	331	2155	5039	6095	1692
2198	8791	9348	1876	4698	26591	24854	2631
5034	284410	174313	17739	125411	255453	296547	67330
5034	284410	174313	17739	125411	255453	296547	67330
700	59366	30424	4793	13138	34011	38789	10352
403	8868	1180	101	4159	4480	8604	437
297	34174	14704	1944	4504	15466	14555	4408
	16325	14540	2748	4476	14065	15629	5507
38405	616021	682805	86908	248411	743520	846719	254762
9755	124653	112596	21994	46280	136963	147152	36589
9888	251125	278818	30283	106016	302294	314382	112763
18762	240244	291391	34631	96115	304263	385185	105410
14909	271867	268152	33118	100481	318357	342775	95398
	5658	16981	215	1917	10733	12649	338
14909	266209	251171	32902	98564	307624	330126	95060
67682	1483586	1135334	110720	486551	1496876	1653929	347521
2854	32789	26332	2732	13709	37867	39683	7520
2199	18483	12773	1835	9998	17359	16573	3210
115	10959	9814	535	2466	15986	18147	2761
67	3160	947	59	794	1874	2644	141
154	132	658	77	191	368	558	521
320	55	2140	227	260	2281	1760	887
8182	130025	112960	8642	57852	158527	184097	40860
1912	10079	19710	1284	5194	20292	23354	6098
2150	19135	18255	1673	8891	26058	30429	6552

1-2 续表 4-12

项　　目	补贴收入	营业外收入	营业外支出	利润总额	应交所得税
铸造机械制造	671	915	282	9225	677
金属切割及焊接设备制造	123	413	154	15062	406
机床附件制造	143	139	37	2289	558
其他金属加工机械制造	1252	1118	2181	24843	4933
起重运输设备制造	93	1540	3027	83549	19352
起重运输设备制造	93	1540	3027	83549	19352
泵、阀门、压缩机及类似机械的制造	951	3607	14802	110576	14495
泵及真空设备制造	342	1864	320	42885	6123
气体压缩机械制造	2	899	4183	12993	1790
阀门和旋塞的制造	535	350	9914	20953	1390
液压和气压动力机械及元件制造	72	494	385	33745	5191
轴承、齿轮、传动和驱动部件的制造	98	3485	9679	76281	8598
轴承制造	96	996	8902	70100	7377
齿轮、传动和驱动部件制造	2	2489	777	6181	1220
烘炉、熔炉及电炉制造		109	857	2581	408
烘炉、熔炉及电炉制造		109	857	2581	408
风机、衡器、包装设备等通用设备制造	1413	18569	80043	232415	32228
风机、风扇制造	16	1067	4159	23656	4677
气体、液体分离及纯净设备制造		210	291	2808	457
制冷、空调设备制造	236	1966	64720	148002	17788
风动和电动工具制造	199	3336	149	18048	4469
喷枪及类似器具制造		3	3	164	37
包装专用设备制造	105	930	1009	16627	2431
衡器制造	6	57	79	4648	989
其他通用设备制造	852	11001	9633	18463	1381
通用零部件制造及机械修理	382	1932	20397	77832	11874
金属密封件制造		876	118	2274	159
紧固件、弹簧制造	95	414	2213	35375	5461
机械零部件加工及设备修理	65	130	16254	27281	4761
其他通用零部件制造	222	512	1812	12902	1493
金属铸、锻加工	3485	2140	19736	142990	8520
钢铁铸件制造	3344	1777	3821	133661	6416
锻件及粉末冶金制品制造	141	363	15915	9329	2104
专用设备制造业	17064	45619	100145	787456	99765
矿山、冶金、建筑专用设备制造	228	4182	13606	52008	7836
采矿、采石设备制造		92	497	6299	698
石油钻采专用设备制造	163	36	2568	6627	948
建筑工程用机械制造	62	3922	7032	40355	5542
建筑材料生产专用机械制造		125	3494	-1466	643
冶金专用设备制造	3	7	16	193	4
化工、木材、非金属加工专用设备制造	3468	8874	23626	319598	39665
炼油、化工生产专用设备制造	130	161	3108	15246	1093
橡胶加工专用设备制造	75	19	1286	2549	393
塑料加工专用设备制造	715	650	2280	32371	4483
木材加工机械制造	380	123	203	5499	1145
模具制造	1956	7843	12254	256506	31968
其他非金属加工专用设备制造	213	77	4495	7428	584

单位：万元

亏损企业亏损总额	利税总额	本年应付工资总额	本年应付福利费总额	本年应交增值税	本年进项税额	本年销项税额	全部从业人员年平均人数（人）
728	19906	14850	1648	9561	24439	33332	5050
197	28029	13941	826	11444	13783	15375	4932
694	3783	4891	361	1404	3792	5132	1861
2501	49093	41313	2851	21358	70163	76475	16367
3671	245272	127180	11861	50455	210830	238147	21458
3671	245272	127180	11861	50455	210830	238147	21458
8551	183484	212356	23293	62955	293670	313709	53075
797	62618	47257	5076	18300	69009	79711	11341
5541	32525	71297	8030	18865	138542	139356	16844
1523	37382	54050	6983	14029	47475	52632	14277
689	50959	39752	3204	11762	38644	42009	10613
3439	105401	67875	7130	22363	81051	84286	26308
1645	87769	49106	5592	16823	64496	64632	19211
1795	17632	18769	1538	5541	16555	19654	7097
580	12006	8903	1011	9115	9845	11650	2910
580	12006	8903	1011	9115	9845	11650	2910
20078	400729	280319	25762	135385	350540	391624	93491
2202	53184	77776	5899	26070	64743	62234	26472
715	26118	9421	725	23124	10758	12488	3191
14485	221747	110754	13193	60158	201958	239608	32204
1122	22153	16232	1105	3662	7506	4628	6491
52	944	1564	72	611	1723	2086	783
772	30449	25221	1455	10067	25268	30109	7236
263	9193	15003	929	4440	12270	10461	7142
467	36941	24349	2385	7254	26315	30010	9972
7177	140032	168163	15058	54849	168799	177299	59406
396	5226	7274	1615	2536	8269	10404	2650
3590	71307	73977	6367	33651	71413	86143	24869
687	40606	36174	4419	10308	54760	45951	12610
2505	22893	50738	2658	8354	34358	34802	19277
13150	233849	131247	15233	79868	185748	213436	42493
5096	204094	85900	12635	61694	135095	158269	31438
8054	29756	45347	2598	18174	50653	55167	11055
85028	1235128	1218389	84970	370229	966270	1058221	397282
8441	91618	68802	5594	24008	89409	100177	14644
108	11749	6606	1162	4962	11002	11774	2318
1512	12701	23199	1274	4238	9094	9601	3057
947	58605	26945	2203	9710	52707	58006	4647
5778	8029	11120	860	4768	14395	18478	4157
96	534	932	96	330	2211	2318	465
45442	496376	498471	31340	161686	397540	466663	177221
433	20210	13678	692	4418	17760	20150	3292
654	5117	7676	702	2306	8721	9675	2946
6109	52615	55621	4685	18530	82201	84536	16268
571	13712	11717	1251	7897	11579	14038	3828
37023	394900	398981	23541	126911	265966	326282	146912
652	9822	10800	470	1625	11314	11982	3975

1-2 续表 4-13

项　　目	补贴收入	营业外收入	营业外支出	利润总额	应交所得税
食品、饮料、烟草及饲料生产专用设备制造	33	2167	7441	16458	1990
食品、饮料、烟草工业专用设备制造	33	2089	6701	14938	1866
农副食品加工专用设备制造		6	61	648	103
饲料生产专用设备制造		72	679	871	21
印刷、制药、日化生产专用设备制造	407	1630	5315	25968	3517
制浆和造纸专用设备制造	2	61	460	2172	406
印刷专用设备制造	101	805	445	5382	968
日用化工专用设备制造	45	1	25	2071	306
制药专用设备制造	1		2	106	20
照明器具生产专用设备制造		464	107	2130	380
玻璃、陶瓷和搪瓷制品生产专用设备制造	258	299	3669	12111	1285
其他日用品生产专用设备制造		1	608	1997	153
纺织、服装和皮革工业专用设备制造	162	1622	3043	25788	4685
纺织专用设备制造	3	810	266	16920	3104
皮革、毛皮及其制品加工专用设备制造		581	503	2620	603
缝纫机械制造	63	214	2190	5515	889
其他服装加工专用设备制造	96	17	83	732	90
电子和电工机械专用设备制造	4551	12230	3122	75623	11196
电工机械专用设备制造	16	807	702	23616	3867
电子工业专用设备制造	4535	11422	2412	51421	7328
武器弹药制造					
航空、航天及其他专用设备制造		1	9	586	1
农、林、牧、渔专用机械制造	70	1011	296	9001	1315
拖拉机制造	44		12	323	68
机械化农业及园艺机具制造	15	998	43	6895	965
营林及木竹采伐机械制造				302	
畜牧机械制造					
渔业机械制造			182	1164	225
农林牧渔机械配件制造			1	283	52
其他农林牧渔业机械制造及机械修理	11	13	58	35	5
医疗仪器设备及器械制造	4965	11880	11372	182364	21869
医疗诊断、监护及治疗设备制造	2509	10615	840	130557	15563
口腔科用设备及器具制造		39	22	2662	157
实验室及医用消毒设备和器具的制造				3468	
医疗、外科及兽医用器械制造	1826	712	4747	13004	1055
机械治疗及病房护理设备制造	12	147	5133	6136	1032
假肢、人工器官及植(介)入器械制造	235	1	90	5465	444
其他医疗设备及器械制造	384	367	541	21073	3618
环保、社会公共安全及其他专用设备制造	3181	2025	32324	80649	7693
环境污染防治专用设备制造	710	225	375	21324	2279
地质勘查专用设备制造		5		7	2
邮政专用机械及器材制造				10	1
商业、饮食、服务业专用设备制造	70	21	45	-21	74
社会公共安全设备及器材制造	2309	1159	30697	30693	3289
交通安全及管制专用设备制造		5	92	-40	17
水资源专用机械制造		9	22	1401	40
其他专用设备制造	92	601	1094	27276	1991

单位：万元

亏损企业亏损总额	利税总额	本年应付工资总额	本年应付福利费总额	本年应交增值税	本年进项税额	本年销项税额	全部从业人员年平均人数（人）
245	26244	21816	2166	8114	34621	39228	8967
147	22075	17843	1898	5614	27183	30947	7405
64	2517	2417	144	1809	4760	4968	913
33	1651	1556	124	691	2679	3313	649
4373	70027	61127	4942	20033	59552	63108	24151
308	7613	5409	311	2053	7194	9050	1985
2572	10597	18571	851	3274	11412	11813	6926
	4599	2328	131	2011	3854	4883	882
	424	580	5	285	286	571	231
1388	14100	13185	1049	2629	7930	7523	7335
106	29343	17418	2133	8688	25467	25679	5659
	3351	3637	462	1093	3408	3590	1133
3201	46795	56894	3278	16909	55413	55998	16151
1006	25835	30135	1124	7463	30339	31900	6444
88	4903	2669	180	2112	3856	5932	883
1519	14251	18355	1635	6356	12954	10569	6957
588	1806	5736	339	977	8264	7597	1867
13786	136436	239269	16920	53121	122565	130007	80495
4790	46652	37727	4232	21360	37253	44587	12774
8972	89102	196453	12399	31675	81155	84284	65707
24	681	5090	288	87	4157	1136	2014
1088	15016	18147	910	5346	13239	7993	7279
	951	1430	280	319	2664	2834	889
1066	8908	12162	188	1959	6377	829	4748
	848	75	8	341	1530	1189	61
8	3621	1757	168	2404	948	995	635
	463	1638	215	144	579	682	533
15	224	1085	51	180	1141	1465	413
5908	230808	162785	11964	44656	95288	87209	42416
3630	152466	76470	4951	20348	30130	24722	12353
336	5799	8642	268	2612	5263	5178	3089
	4586	870	273	1098	6355	7452	260
872	18866	23561	1005	5422	19443	20094	7469
256	8573	12035	1723	1840	5877	5856	3876
187	7243	11564	714	1703	3319	4659	4856
629	33276	29643	3031	11634	24902	19249	10513
2545	121809	91079	7857	36355	98643	107839	25958
195	28653	14459	1339	6761	17585	22524	4246
	44	655	80	34	110	142	216
	58	40	9	47	33	80	30
462	695	1817	83	597	1980	1955	841
389	40910	38362	3322	9586	28991	30831	8619
229	203	1183	72	167	998	989	385
148	2005	1220	93	450	5915	5102	514
1122	49242	33344	2859	18712	43032	46216	11107

1-2 续表 4-14

项　目	补贴收入	营业外收入	营业外支出	利润总额	应交所得税
交通运输设备制造业	78242	83773	102754	3104224	314518
铁路运输设备制造		44	228	-200	776
铁路机车车辆及动车组制造					
工矿有轨专用车辆制造					
铁路机车车辆配件制造			26	792	169
铁路专用设备及器材、配件制造		6	39	2707	608
其他铁路设备制造及设备修理		38	163	-3698	
汽车制造	57540	57495	38389	2315506	231017
汽车整车制造	9805	28317	9891	1537861	144909
改装汽车制造	44232	1237	1313	9551	106
电车制造		78	69	246	59
汽车车身、挂车的制造		93	87	4986	248
汽车零部件及配件制造	3503	27648	26844	758961	84405
汽车修理		124	186	3902	1291
摩托车制造	5383	7624	24456	332073	25968
摩托车整车制造	3754	1300	13805	253025	18428
摩托车零部件及配件制造	1629	6323	10651	79048	7540
自行车制造	86	3712	5753	42389	5141
脚踏自行车及残疾人座车制造	86	3290	5693	33372	3934
助动自行车制造		422	60	9017	1207
船舶及浮动装置制造	10734	14495	22412	375872	49489
金属船舶制造	10106	12331	14781	297947	44067
非金属船舶制造		56	182	2493	130
娱乐船和运动船的建造和修理		19	63	1853	30
船用配套设备制造		10	9	830	163
船舶修理及拆船	628	2079	7373	72650	5097
航标器材及其他浮动装置的制造			3	99	3
航空航天器制造	4500	290	10218	36005	1889
飞机制造及修理	4500	290	10218	36005	1889
航天器制造					
其他飞行器制造					
交通器材及其他交通运输设备制造		113	1298	2579	237
潜水及水下救捞装备制造		1	1271	-361	
交通管理用金属标志及设施制造		106	10	2185	156
其他交通运输设备制造		6	17	754	81
电气机械及器材制造业	39938	130775	484471	3133815	397910
电机制造	689	3088	17998	99846	15914
发电机及发电机组制造	201	834	2059	14594	1933
电动机制造	430	360	1437	28863	4146
微电机及其他电机制造	57	1894	14503	56389	9836
输配电及控制设备制造	8834	21880	49223	611764	82362
变压器、整流器和电感器制造	1823	6609	20859	147350	19110
电容器及其配套设备制造	801	1812	3110	4327	2042
配电开关控制设备制造	3653	5173	11520	290819	32293
电力电子元器件制造	2134	7635	12119	120413	18183
其他输配电及控制设备制造	422	651	1615	48856	10734

单位：万元

亏损企业 亏损总额	利税总额	本年应付 工资总额	本年应付 福利费总额	本年应交 增值税	本年进项 税　额	本年销项 税　额	全部从业人员 年平均人数 （人）
110575	5856265	1951093	232597	1578572	4331034	4772084	407915
3698	3434	14244	2610	3297	5926	9444	3217
	1242	618	260	433	452	884	126
	3849	2359	141	1048	2215	3484	438
3698	-1657	11266	2209	1816	3260	5076	2653
76104	4545461	1076740	150484	1187458	3155059	3727478	216750
9618	3149905	355049	85730	692067	2024263	2350470	30209
4718	56493	93593	914	46628	54032	51708	19192
51	892	2265	116	572	1903	2294	568
116	7659	40910	256	2545	17547	12747	3054
59388	1320011	570338	62369	440033	1044551	1292654	159316
2213	10500	14585	1100	5614	12763	17605	4411
6757	673618	280793	35410	263171	717523	732656	76004
4120	520296	155936	22227	198982	502654	505068	30730
2637	153322	124857	13183	64189	214869	227588	45274
4960	67842	190979	12549	23600	90750	48885	55870
4843	49923	165428	11496	14933	76419	36494	51138
117	17919	25550	1053	8667	14331	12391	4732
18312	511912	312175	26850	86674	332775	215801	45199
15898	405405	205116	16356	61258	225951	129161	21375
105	3244	6949	510	532	4246	2863	2189
547	2748	4555	235	784	2272	2102	1605
332	2347	8738	648	1412	8679	9755	2293
1431	98014	86601	9095	22679	91618	71902	17659
	154	218	6	8	11	18	78
	47375	67781	3794	11096	23532	32096	8013
	47375	67781	3794	11096	23532	32096	8013
745	6622	8382	901	3278	5468	5725	2862
361	968	2505	330	1329	53		1031
384	4000	4508	495	1164	3538	3673	1321
	1654	1369	77	785	1876	2052	510
295454	5614968	5661030	466658	2116265	5825862	5795390	1789900
17901	177980	252157	22628	70059	234235	234382	93652
2354	23922	33991	2583	7885	65787	66822	8397
3279	57627	42209	3499	27164	56739	68578	16081
12269	96431	175957	16545	35011	111709	98982	69174
76657	943370	1142534	73034	278104	896256	927704	370764
31262	250379	472917	21402	81222	335639	331166	149152
9588	30389	47517	3775	24548	39087	44288	18961
5168	395195	266434	19591	89012	292010	319854	69172
27085	180827	298695	24944	55142	179077	170761	110366
3554	86580	56972	3322	28180	50443	61636	23113

1-2 续表 4-15

项　　目	补贴收入	营业外收入	营业外支出	利润总额	应交所得税
电线、电缆、光缆及电工器材制造	2164	14743	130806	459243	42943
电线电缆制造	1530	11572	126512	406706	35281
光纤、光缆制造	91	2655	349	17796	1456
绝缘制品制造	522	272	964	29558	3977
其他电工器材制造	22	244	2982	5183	2230
电池制造	10430	12284	16518	194932	22610
电池制造	10430	12284	16518	194932	22610
家用电力器具制造	13689	70135	242585	1315159	172989
家用制冷电器具制造	873	12434	13237	17794	4318
家用空气调节器制造	3087	31558	86141	801662	90210
家用通风电器具制造	666	1776	4224	88151	16327
家用厨房电器具制造	7810	17277	113134	230104	36887
家用清洁卫生电器具制造	224	1492	5004	30797	4277
家用美容、保健电器具制造	46	391	12238	79354	8957
家用电力器具专用配件制造	130	927	2618	27364	4514
其他家用电力器具制造	853	4280	5989	39934	7500
非电力家用器具制造	67	792	3989	71247	6907
燃气、太阳能及类似能源的器具制造	66	728	3931	70422	6502
其他非电力家用器具制造		64	58	826	405
照明器具制造	3132	7482	21537	358604	52083
电光源制造	95	1940	2585	69808	10938
照明灯具制造	2447	4027	7057	197095	34137
灯用电器附件及其他照明器具制造	590	1515	11895	91701	7008
其他电气机械及器材制造	934	373	1816	23019	2103
车辆专用照明及电气信号设备装置制造	307	181	1595	14742	1382
其他未列明的电气机械制造	627	192	221	8277	721
通信设备、计算机及其他电子设备制造业	56223	224284	1299339	4355873	700012
通信设备制造	11622	45063	787366	1215840	283076
通信传输设备制造	3247	4255	1872	104953	7584
通信交换设备制造	3123	15382	746541	650288	204706
通信终端设备制造	1088	7020	12437	54900	19712
移动通信及终端设备制造	3542	11622	22692	362833	42521
其他通信设备制造	622	6784	3824	42866	8553
雷达及配套设备制造		2	1	84	1
雷达及配套设备制造		2	1	84	1
广播电视设备制造	1153	2304	4543	39277	4850
广播电视节目制作及发射设备制造		632	2	640	51
广播电视接收设备及器材制造	1146	1224	4250	35122	3550
应用电视设备及其他广播电视设备制造	7	448	291	3515	1250
电子计算机制造	12294	53079	106466	1212376	172470
电子计算机整机制造	2536	15804	20593	533096	73298
计算机网络设备制造	2010	4192	1708	41341	3704
电子计算机外部设备制造	7748	33083	84165	637940	95469

单位：万元

亏损企业亏损总额	利税总额	本年应付工资总额	本年应付福利费总额	本年应交增值税	本年进项税额	本年销项税额	全部从业人员年平均人数（人）
38109	746559	644840	80896	242959	906133	981926	205153
25820	650248	504287	65613	204851	798260	862189	161698
331	28275	16993	1401	10010	34765	42095	4878
1779	49138	78160	6364	18795	48862	52703	22058
10179	18898	45399	7518	9304	24247	24940	16519
26131	349280	714282	32871	126123	544400	514012	185145
26131	349280	714282	32871	126123	544400	514012	185145
86492	2598890	2002134	182137	1108571	2404909	2291508	598722
9993	131566	102701	7982	111958	290976	276610	34687
9491	1395922	589621	56744	502451	833121	798805	121485
2505	184384	269068	18960	80207	212672	183253	75271
33387	546951	655106	75787	277739	757132	743976	223621
5434	68850	56976	3656	36357	72606	66482	18464
2986	97298	69386	3959	16280	51022	44923	26096
2588	67785	61435	6116	30838	60700	69044	23602
20109	106134	197841	8933	52741	126682	108415	75496
8324	139319	94218	7280	64439	178950	195613	33311
4288	135336	83601	6377	61423	162824	183872	29047
4035	3983	10617	903	3016	16126	11741	4264
38821	618836	750209	64284	210533	610444	598461	280723
4447	113257	141462	17009	21775	95397	96613	42388
17531	333100	421154	31529	120098	383305	382234	169381
16843	172479	187592	15746	68659	131742	119614	68954
3020	40733	60656	3529	15478	50534	51784	22430
1898	25180	25317	1857	9904	33155	34583	9884
1122	15552	35339	1672	5573	17379	17201	12546
724621	7355173	12333500	913740	2600696	7834381	6522519	2867171
127389	2388677	2952176	318835	1042342	3241683	2627611	429802
4541	129000	96465	3458	21583	60292	63266	27444
10407	1608642	1572620	229305	857651	1509433	1224810	128294
41808	108141	410773	25793	45481	175266	148924	80417
51283	461803	729423	54863	88246	1389438	1068669	158388
19349	81091	142895	5416	29382	107255	121941	35259
3	376	454	29	284	661	505	210
3	376	454	29	284	661	505	210
8265	56016	201821	10677	14437	90092	76679	48712
	1032	1028	55	373	334	599	404
1934	48785	185043	9308	11505	79061	65086	41825
6331	6200	15750	1314	2559	10696	10994	6483
106101	1945964	3689899	281561	658310	1189445	940595	656221
21494	911014	1740131	113413	360524	520260	401056	252897
3394	55636	116336	52457	10968	48075	52426	16799
81214	979314	1833431	115691	286817	621109	487113	386525

1-2 续表 4-16

项 目	补贴收入	营业外收入	营业外支出	利润总额	应交所得税
电子器件制造	6363	45557	65929	618077	57228
电子真空器件制造		7302	4090	43662	10465
半导体分立器件制造	602	1014	2195	22266	5765
集成电路制造	1666	13367	25435	187669	18223
光电子器件及其他电子器件制造	4095	23874	34210	364480	22776
电子元件制造	8982	56451	200313	837374	130987
电子元件及组件制造	6753	40490	109619	537915	85560
印制电路板制造	2229	15961	90694	299459	45427
家用视听设备制造	13253	15942	128756	308063	38678
家用影视设备制造	12107	8900	14121	170320	19292
家用音响设备制造	1146	7042	114635	137743	19386
其他电子设备制造	2556	5886	5965	124782	12722
其他电子设备制造	2556	5886	5965	124782	12722
仪器仪表及文化、办公用机械制造业	13808	38651	55240	512807	70481
通用仪器仪表制造	6044	10870	6691	75220	7773
工业自动控制系统装置制造	3931	534	3876	30963	1761
电工仪器仪表制造	1047	767	2481	25932	3482
绘图、计算及测量仪器制造	2	349	36	3467	534
实验分析仪器制造	323	171	101	3542	625
试验机制造	29	8970	91	3221	409
供应用仪表及其他通用仪器制造	711	81	106	8096	963
专用仪器仪表制造	2305	1541	1303	49620	5663
环境监测专用仪器仪表制造	5	27	16	34	148
汽车及其他用计数仪表制造	1037	203	523	25892	1254
导航、气象及海洋专用仪器制造	276	41	147	5362	1162
农林牧渔专用仪器仪表制造			14	279	101
地质勘探和地震专用仪器制造	125		2	311	16
教学专用仪器制造		150	169	1622	270
核子及核辐射测量仪器制造		10	9	188	45
电子测量仪器制造	552	807	394	13570	2187
其他专用仪器制造	310	303	30	2361	481
钟表与计时仪器制造	3716	1729	5518	29185	3841
钟表与计时仪器制造	3716	1729	5518	29185	3841
光学仪器及眼镜制造	315	2802	6304	82164	5726
光学仪器制造	315	769	1610	84064	4619
眼镜制造		2033	4695	-1900	1106
文化、办公用机械制造	380	21189	35380	273528	47332
电影机械制造		80	77	1339	236
幻灯及投影设备制造		108	63	-449	81
照相机及器材制造	185	11828	31325	113044	16642
复印和胶印设备制造	82	1327	3030	94637	20491
计算器及货币专用设备制造	129	7806	652	61669	8981
其他文化、办公用机械制造	-16	40	234	3287	900
其他仪器仪表的制造及修理	1049	520	44	3091	147
其他仪器仪表的制造及修理	1049	520	44	3091	147
工艺品及其他制造业	2819	22687	23332	499752	41407
工艺美术品制造	1355	16815	20047	457681	34558

单位：万元

亏损企业亏损总额	利税总额	本年应付工资总额	本年应付福利费总额	本年应交增值税	本年进项税额	本年销项税额	全部从业人员年平均人数（人）
129748	911448	1091611	61954	183406	566647	506897	325281
1187	60283	48643	3733	16211	87038	81781	12318
22324	38030	76274	5204	12406	49060	40020	22471
29755	320977	415468	26225	87050	155023	111739	109350
76483	492157	551226	26792	67740	275526	273358	181142
234883	1292709	2756963	175314	409505	1357954	1100725	914515
164002	839442	1924821	116172	269385	784396	737755	676683
70881	453267	832142	59142	140120	573559	362970	237832
97660	572365	1221318	51088	237944	1175795	1037426	361082
66727	340780	505425	20047	151224	828899	755022	124275
30933	231585	715893	31040	86720	346896	282404	236807
20571	187619	419258	14282	54468	212104	232081	131348
20571	187619	419258	14282	54468	212104	232081	131348
62090	711167	1133110	82246	135716	403667	384311	354128
7695	108679	99455	6132	29861	92700	108762	24003
2701	41789	25618	2193	9569	24794	32073	6602
2463	36512	38730	1511	10003	35756	41271	7581
348	4877	7549	502	1343	6396	6232	2450
1772	6392	8699	688	2450	7949	8872	2349
94	6760	6644	534	3306	5741	8318	1458
317	12349	12215	705	3190	12064	11995	3563
2045	70342	68872	2634	18511	39551	42073	16326
868	414	2069	54	352	1423	1560	764
	32649	16612	607	6537	11171	13167	3837
454	9059	7052	522	2784	2917	3064	1911
	505	850	37	209	688	524	402
	496	114	4	182	64	231	26
	2234	2063	83	602	2404	2563	906
	415	181	25	213	168	340	76
402	19487	28910	840	5058	13790	13815	6216
321	5083	11020	462	2575	6925	6810	2188
18012	50463	183904	13143	18827	50346	49918	81274
18012	50463	183904	13143	18827	50346	49918	81274
17226	105502	213310	19981	21941	52897	51976	77257
5914	99826	142104	16671	15565	39111	39967	40479
11313	5676	71206	3310	6376	13786	12010	36778
16932	371068	559527	39624	44731	165205	127871	153305
239	1796	2125	112	192	619	530	570
1263	-52	20214	273	375	5062	3646	2118
5727	175483	272774	29134	12065	69165	38677	79787
3447	110558	135852	6140	15547	32556	26644	40034
2799	77264	104556	2336	14114	42268	49787	21896
3457	6019	24006	1630	2438	15535	8588	8900
181	5114	8043	731	1845	2970	3710	1963
181	5114	8043	731	1845	2970	3710	1963
58128	846113	889034	73357	273537	1037666	1168995	375657
38257	756193	668017	57286	232332	854638	1019193	286424

1-2 续表 4-17

项 目	补贴收入	营业外收入	营业外支出	利润总额	应交所得税
雕塑工艺品制造	33	290	1349	6815	820
金属工艺品制造	42	1136	3668	12710	985
漆器工艺品制造		23	142	-40	62
花画工艺品制造	3	511	916	7925	1389
天然植物纤维编织工艺品制造	145	1460	3233	33085	2271
抽纱刺绣工艺品制造	8	130	167	14095	797
地毯、挂毯制造	88	42	1001	991	725
珠宝首饰及有关物品的制造	871	12405	5815	346597	24418
其他工艺美术品制造	165	818	3755	35502	3091
日用杂品制造	455	1667	2318	28218	3937
制镜及类似品加工	15	27	34	1077	127
鬃毛加工、制刷及清扫工具的制造	161	182	150	1547	260
其他日用杂品制造	280	1458	2133	25595	3550
煤制品制造	815	102	308	388	54
煤制品制造	815	102	308	388	54
核辐射加工					
核辐射加工					
其他未列明的制造业	193	4103	660	13465	2859
其他未列明的制造业	193	4103	660	13465	2859
废弃资源和废旧材料回收加工业	885	316	198766	80171	9133
金属废料和碎屑的加工处理	22	251	196474	67479	7518
金属废料和碎屑的加工处理	22	251	196474	67479	7518
非金属废料和碎屑的加工处理	863	65	2292	12692	1616
非金属废料和碎屑的加工处理	863	65	2292	12692	1616
电力、燃气及水的生产和供应业	403302	410046	365616	2730371	864891
电力、热力的生产和供应业	308279	304092	292664	2321230	792614
电力生产	333583	260583	176650	1416669	258703
火力发电	276367	207035	166460	626393	134362
水力发电	2690	1464	3769	145141	28070
核力发电	49019	50808	5653	633615	95063
其他能源发电	5507	1276	769	11521	1207
电力供应	-25304	42917	115247	905669	533594
电力供应	-25304	42917	115247	905669	533594
热力生产和供应		592	767	-1109	317
热力生产和供应		592	767	-1109	317
燃气生产和供应业	24360	26359	62091	144041	17137
燃气生产和供应业	24360	26359	62091	144041	17137
燃气生产和供应业	24360	26359	62091	144041	17137
水的生产和供应业	70663	79596	10861	265100	55140
自来水的生产和供应	995	9880	10248	90235	23500
自来水的生产和供应	995	9880	10248	90235	23500
污水处理及其再生利用	20	68	138	10357	1974
污水处理及其再生利用	20	68	138	10357	1974
其他水的处理、利用与分配	69648	69648	475	164508	29666
其他水的处理、利用与分配	69648	69648	475	164508	29666

单位：万元

亏损企业亏损总额	利税总额	本年应付工资总额	本年应付福利费总额	本年应交增值税	本年进项税额	本年销项税额	全部从业人员年平均人数(人)
2445	12960	29390	2722	5431	10522	10909	17669
4483	26838	54768	5188	10537	29051	29638	27566
373	202	5231	138	135	792	333	1897
2405	16633	49349	3719	6022	26389	28698	24996
800	50695	52068	10705	13471	20498	31004	25553
189	21233	20667	2033	5677	12502	13676	9143
4639	8604	21780	2890	7014	13618	13918	7272
12663	551634	313701	20644	156540	691114	833870	115749
10262	67396	121063	9248	27507	50152	57147	56579
4890	56969	135832	8466	25301	83442	68219	57186
313	4660	9286	792	3258	9272	6492	3559
473	5072	11426	817	3304	12896	11454	5678
4103	47237	115121	6856	18740	61274	50273	47949
251	1374	3372	372	775	370	1145	455
251	1374	3372	372	775	370	1145	455
14731	31577	81814	7234	15128	99216	80438	31592
14731	31577	81814	7234	15128	99216	80438	31592
10660	226022	104058	27108	99887	333261	380224	27846
9206	200490	90457	25130	90405	300993	336300	22360
9206	200490	90457	25130	90405	300993	336300	22360
1455	25532	13601	1978	9482	32268	43924	5486
1455	25532	13601	1978	9482	32268	43924	5486
432380	5410204	1857560	190855	2456102	1604420	3758265	240932
374097	4680727	1476036	136637	2157677	1308446	3318255	179934
265696	2291714	386321	43030	814628	947576	1634674	58137
253835	1335243	279989	33435	659926	933000	1472490	34601
8339	211307	58401	7682	58561	9086	61448	22057
	726088	41311	1264	88908	2502	91283	27
3522	19076	6620	649	7233	2989	9453	1452
105826	2383657	1085540	93233	1336627	353366	1674699	120560
105826	2383657	1085540	93233	1336627	353366	1674699	120560
2576	5356	4175	374	6421	7505	8883	1237
2576	5356	4175	374	6421	7505	8883	1237
20956	358554	161801	10076	209580	270441	351571	9624
20956	358554	161801	10076	209580	270441	351571	9624
20956	358554	161801	10076	209580	270441	351571	9624
37327	370923	219724	44142	88845	25533	88439	51374
35452	193447	203185	41870	86346	21543	83795	48564
35452	193447	203185	41870	86346	21543	83795	48564
1874	12749	6638	667	2304	3990	4448	2281
1874	12749	6638	667	2304	3990	4448	2281
	164727	9901	1605	196		196	529
	164727	9901	1605	196		196	529

1-3 规模以上国有控股

项　　目	企业单位数(个)	亏损企业	工业总产值(当年价格)	工业销售产值(当年价格)	出口交货值
总　　计	**1516**	**405**	**111444979**	**110090933**	**13138954**
总计中：亏损企业	405	405	28193070	27784858	998457
一、按隶属情况分组					
中央企业	115	21	29725281	29719478	3034485
地方企业	1401	384	81719698	80371454	10104469
二、按轻重工分组					
轻工业	590	161	15850849	15678024	1902682
重工业	926	244	95594130	94412909	11236272
三、按企业规模分组					
大型企业	55	14	64315846	64029983	8063461
中型企业	392	109	36881517	36147675	4210764
小型企业	1069	282	10247615	9913274	864729
四、按工业行业大类分组					
采掘业	38	6	6176240	6017420	668802
煤炭开采和洗选业					
石油和天然气开采业	5		5254386	5141046	667365
黑色金属矿采选业	4		293934	252926	
有色金属矿采选业	12		426711	431059	
非金属矿采选业	17	6	201209	192389	1437
其他采矿业					
制造业	1135	282	69082677	68175430	11692041
农副食品加工业	87	20	1736038	1547781	17951
食品制造业	33	10	347067	343778	5859
饮料制造业	26	9	659443	661219	7431
烟草制品业	9	1	2516267	2704556	31434
纺织业	42	11	351959	340381	123968
纺织服装、鞋、帽制造业	19	2	73771	74095	12139
皮革、毛皮、羽毛(绒)及其制品业	6	1	13566	12275	623
木材加工及木、竹、藤、棕、草制品业	15	4	92411	88933	10906
家具制造业	5	3	25114	24420	240
造纸及纸制品业	27	9	910718	876530	209812
印刷业和记录媒介的复制	63	13	422286	415557	9131
文教体育用品制造业	20	5	186998	190810	54564
石油加工、炼焦及核燃料加工业	10	5	15607896	15634766	18158
化学原料及化学制品制造业	71	21	3673105	3492705	69087
医药制造业	43	10	1160676	1119887	31160
化学纤维制造业	1		110179	111739	
橡胶制品业	18	7	433542	428202	214904
塑料制品业	37	7	710267	668911	103809
非金属矿物制品业	74	22	854691	814988	50516
黑色金属冶炼及压延加工业	16	6	4007537	4022599	235171
有色金属冶炼及压延加工业	21	9	1110124	1093697	52628
金属制品业	60	7	1148473	1132096	630609
通用设备制造业	54	15	712899	715383	102290
专用设备制造业	43	7	514907	477267	105410
交通运输设备制造业	82	19	12167237	12105637	1404845
电气机械及器材制造业	88	22	4644798	4512195	1146417
通信设备、计算机及其他电子设备制造业	133	26	14570802	14251121	6999914
仪器仪表及文化、办公用机械制造业	18	4	281258	274832	38356
工艺品及其他制造业	14	7	38649	39073	4712
废弃资源和废旧材料回收加工业					
电力、燃气及水的生产和制造业	343	117	36186062	35898082	778111
电力、热力的生产和供应业	238	72	33445177	33281819	444248
燃气生产和供应业	16	6	1583542	1487313	109290
水的生产和供应业	89	39	1157343	1128950	224573

工业企业主要经济指标

单位：万元

工业增加值	资产总计	流动资产合　计				流动资产年平均余额	固定资产合　计	固定资产原　价
			#应收帐款	#存货	产成品			
33476582	**118979582**	**41359039**	**7980500**	**9864334**	**3376836**	**41946020**	**54518365**	**83270963**
6078240	22431805	6638909	1096089	2381139	518812	7534232	14140939	20434241
7959037	39249105	13904773	2552014	3242548	1203620	14332117	13517536	21623281
25517545	79730477	27454267	5428486	6621786	2173216	27613903	41000829	61647681
5742136	17628339	9376719	1393867	2517599	1150197	9257753	5873344	9401119
27734446	101351244	31982320	6586633	7346735	2226639	32688266	48645021	73869844
15775031	62478171	21039267	4412777	5034717	2027506	21495190	25737709	38973209
14555311	41028096	14810015	2527036	3499228	1012224	14902054	19998906	30999377
3146240	15473315	5509758	1040687	1330389	337106	5548775	8781750	13298377
5180658	2609353	711002	115912	122712	61141	721209	1575540	3177610
4769921	1619600	120283	18606	74830	29029	150208	1330208	2763328
147858	506617	342679	8658	25176	19760	326316	66178	108323
169998	344132	175643	78256	12994	6922	184081	129423	186406
92881	139004	72397	10392	9713	5430	60603	49731	119553
17699061	52354219	29269741	6189748	7761382	3265541	29833190	17566023	25484223
348860	638437	326638	42753	112914	51724	359992	249044	407563
122096	376141	204039	29929	32277	15910	192833	127448	220761
242818	755390	296664	78867	101506	15310	284683	325033	429328
1939116	2263391	1614936	90570	677810	51939	1559973	427044	730910
87760	458030	237535	46047	82456	26696	215419	193961	394543
22747	130689	79948	33369	7015	3407	68315	43945	77114
4247	8718	7307	1411	602	237	6369	1410	1759
23620	82150	26678	5080	7493	4345	28496	48441	70262
6594	6975	3806	650	1320	171	3273	2611	7245
231229	1779076	617026	116446	169414	99980	637784	963024	1342838
131679	507044	235780	62675	63679	12738	222437	236916	443088
54124	198730	119484	32722	55390	22089	122408	44573	88749
2675037	3862469	1115827	208825	749663	82175	1556029	2661623	4636583
1149636	4184271	862984	163227	244916	107253	1067546	3055146	3926324
406362	1552368	759005	185934	195261	86448	929576	440264	683165
33134	73581	50228		7633	1562	45777	23099	61292
83956	666311	317294	91605	75775	45863	296781	264776	387422
185020	795225	408494	106357	83391	36965	433785	297399	507774
266826	933585	361496	100095	108343	53061	337813	498784	635933
685656	3712675	1344272	52821	655673	81077	1520491	1977939	2721938
246349	732104	394450	66892	197716	48966	391421	265544	359726
292088	810987	451569	94968	140051	43990	450810	244944	366489
178679	824926	510777	110001	179261	84591	521439	224624	396122
157860	607710	293228	85162	105930	38903	319235	198627	295825
3576016	8978347	5955493	362519	871012	251250	5656407	2478586	3192410
1240354	4211200	3166296	341543	738378	554526	2877779	449103	686222
3221372	12583058	9091760	3593497	1977966	1375857	9358914	1722019	2270516
76733	589979	399721	80294	112343	65034	350587	87621	119570
9094	30652	17008	5491	6195	3472	16818	12474	22752
10596863	64016011	11378296	1674840	1980240	50154	11391621	35376801	54609130
9554067	56551187	9735007	1490927	1905999	46673	9751145	31691918	49325418
461164	1656410	440712	53034	56479	1622	381284	1077535	1162057
581632	5808414	1202578	130880	17762	1859	1259192	2607349	4121655

1-3 续表 1

项目	累计折旧	固定资产净值	固定资产净值年平均余额	负债合计	流动负债合计
总计	**32638848**	**50632115**	**50513242**	**66168450**	**42109002**
总计中：亏损企业	7861045	12573195	12667842	15989645	11370808
一、按隶属情况分组					
中央企业	9559163	12064119	12346067	20717285	11838066
地方企业	23079685	38567996	38167175	45451166	30270936
二、按轻重工分组					
轻工业	4288957	5112161	5082492	8997113	7137574
重工业	28349890	45519954	45430750	57171338	34971428
三、按企业规模分组					
大型企业	15105762	23867447	23240549	32877433	21972796
中型企业	12163181	18836196	19108375	23138164	14758371
小型企业	5369905	7928472	8164318	10152853	5377836
四、按工业行业大类分组					
采掘业	1651842	1525768	1529722	1008924	606482
煤炭开采和洗选业					
石油和天然气开采业	1433120	1330208	1335604	528386	249955
黑色金属矿采选业	56251	52072	53658	264326	192082
有色金属矿采选业	88743	97662	88761	155085	111467
非金属矿采选业	73727	45826	51699	61128	52977
其他采矿业					
制造业	10327825	15156398	15376211	32677944	26788353
农副食品加工业	180340	227224	226802	405493	345605
食品制造业	102848	117913	119352	220032	144142
饮料制造业	163429	265899	287433	326854	306539
烟草制品业	434476	296434	319702	247647	232635
纺织业	262551	131992	182763	403994	301034
纺织服装、鞋、帽制造业	33656	43458	29942	56322	37654
皮革、毛皮、羽毛(绒)及其制品业	719	1040	1013	5819	5543
木材加工及木、竹、藤、棕、草制品业	26463	43799	46355	59523	33298
家具制造业	4665	2580	2619	4284	4049
造纸及纸制品业	426329	916510	694244	1205864	637867
印刷业和记录媒介的复制	235857	207230	199638	269344	232801
文教体育用品制造业	44566	44184	47438	75665	71305
石油加工、炼焦及核燃料加工业	2565186	2071397	2374473	2813187	2807800
化学原料及化学制品制造业	884095	3042229	3127462	2657113	1193673
医药制造业	287415	395750	373352	618621	540540
化学纤维制造业	38979	22314	23541	11629	11629
橡胶制品业	146489	240933	245718	414091	362518
塑料制品业	280208	227566	328163	477134	441353
非金属矿物制品业	211624	424309	458274	547231	402099
黑色金属冶炼及压延加工业	954592	1767345	1688177	2670064	2084534
有色金属冶炼及压延加工业	145698	214029	217642	596712	579974
金属制品业	141080	225409	228332	486037	398463
通用设备制造业	180951	215170	217742	501933	460300
专用设备制造业	121547	174277	161012	263616	239182
交通运输设备制造业	1073680	2118730	1937725	5499758	5079238
电气机械及器材制造业	257096	429126	435297	3025094	2914734
通信设备、计算机及其他电子设备制造业	1076002	1194514	1311249	8533660	6696968
仪器仪表及文化、办公用机械制造业	36978	82592	77881	263522	209804
工艺品及其他制造业	10307	12445	12873	17703	13073
废弃资源和废旧材料回收加工业					
电力、燃气及水的生产和制造业	20659181	33949949	33607308	32481583	14714167
电力、热力的生产和供应业	18597874	30727543	30270043	28269601	13501725
燃气生产和供应业	222415	939642	912734	1098654	381039
水的生产和供应业	1838892	2282763	2424532	3113328	831404

单位：万元

应付账款	长期负债合计	所有者权益合计	实收资本	国家资本	集体资本	法人资本	个人资本	港澳台资本
11532563	**23730174**	**52811132**	**33228716**	**12660506**	**65695**	**16345587**	**637689**	**821223**
2147783	4544273	6442160	7210053	1127860	8014	4725358	145308	219962
2642716	8816128	18531821	13646527	7256648	5640	5795571	5645	97272
8889847	14914046	34279312	19582189	5403858	60056	10550015	632044	723951
2153878	1805728	8631226	4845808	1370215	16144	2817792	247902	180893
9378685	21924447	44179906	28382908	11290292	49552	13527795	389787	640330
7752599	10839004	29600738	17423002	6461881		10186184	239132	104641
2874840	8214802	17889932	11971628	4407996	13755	4675565	315356	482730
905124	4676369	5320462	3834086	1790629	51941	1483838	83201	233852
118876	373699	1600429	1288839	1146233		139587	1755	100
81730	250518	1091215	1077796	1076633				
19595	72242	242291	83689	2510		80919	260	
10999	42798	189047	61048	54394		6109	545	
6553	8140	77875	66305	12696		52559	950	100
8155187	5680917	19676275	13724917	2144461	39630	8907980	511633	511982
114665	53762	232945	191733	55015	114	116676	8201	11727
40005	73640	156109	147956	30589	204	73866	5728	5102
76017	20314	428536	148085	38663	218	72888	99	17759
55444	15012	2015744	1487120	38474		1448645		
57086	102501	54036	177122	42813	42	58518	39849	20255
6194	18215	74367	55891	46421	150	6957	450	1763
583	276	2899	1807	945	132	150		530
4279	10260	22628	11662	3876		7646	140	
903	235	2692	1627	1245		249	50	
122721	567992	573212	497765	158749		238503	21568	54231
64343	21156	237700	145897	86806	7461	45879	2203	2581
22079	4300	123065	98737	87197	2606	6472	1259	303
650726	5376	1049282	2185275	106221	430	1943152	1472	
177951	1460120	1527158	1682107	168097	386	786638	17342	21956
91605	69267	933747	447532	107550	1981	235546	76069	2500
3656		61952	43763	30637				
33270	51372	252220	210214	39572	440	167880		2042
70273	30624	318091	246207	38794		130275	59297	13388
98214	136837	386354	286364	113401	4500	108659	7715	42728
334706	584604	1042612	381026	122075		134214	24254	98983
173618	16172	135392	188614	5454		165173	14779	140
91351	49389	324949	179065	44918	3022	95147	2730	17091
134722	38743	322994	192529	87180	3525	77288	13104	4386
47624	22574	344094	167424	20074		97404	27164	1973
1403776	362158	3478589	1358789	259917	374	603636	17322	98549
1254959	105831	1186106	430398	139219	3685	246847	17309	16792
2963014	1801916	4049398	2643118	256649	10360	1984309	110238	76541
58125	53704	326457	106704	7607		51979	43242	130
3277	4568	12949	10389	6302		3386	50	531
3258501	17675559	31534428	18214960	9369812	26066	7298019	124301	309141
3087595	14691247	28281587	16483293	8676270	17344	6955287	122595	283542
72289	717616	557755	426337	98209	5721	226180	315	25599
98618	2266696	2695086	1305330	595333	3000	116552	1390	

1-3 续表 2

项　　目	外商资本	主营业务收　　入	主营业务成　　本	主营业务税金及附加	其他业务收　　入
总　　计	**2698016**	**110458773**	**90266071**	**2629802**	**1964255**
总计中：亏损企业	983549	27612498	26089691	412858	261700
一、按隶属情况分组					
中央企业	485751	28535426	24068961	1272328	553012
地方企业	2212265	81923347	66197110	1357475	1411244
二、按轻重工分组					
轻工业	212862	16079244	11847587	1091409	686516
重工业	2485153	94379529	78418483	1538394	1277740
三、按企业规模分组					
大型企业	431165	63389872	54860328	1513487	991745
中型企业	2076226	37167049	27564638	1025573	819874
小型企业	190625	9901851	7841105	90742	152636
四、按工业行业大类分组					
采掘业	1163	7009961	2553938	343651	200101
煤炭开采和洗选业					
石油和天然气开采业	1163	6040042	2032946	330646	142377
黑色金属矿采选业		257332	62033	4938	
有色金属矿采选业		519144	349586	5203	56686
非金属矿采选业		193443	109372	2864	1038
其他采矿业					
制造业	1609232	67200410	55503402	2086005	1466314
农副食品加工业		1551315	1421985	3276	16348
食品制造业	32466	350730	274298	3087	7296
饮料制造业	18458	642168	455109	42533	11811
烟草制品业		2466623	769038	976818	304972
纺织业	15644	305247	275574	2378	6206
纺织服装、鞋、帽制造业	150	75686	51904	517	1294
皮革、毛皮、羽毛(绒)及其制品业	50	11175	9077	43	
木材加工及木、竹、藤、棕、草制品业		87156	69030	1191	1677
家具制造业	83	23474	20588	31	8
造纸及纸制品业	24714	866169	788655	1380	15626
印刷业和记录媒介的复制	966	404909	334507	1382	13991
文教体育用品制造业	900	185707	150253	861	9273
石油加工、炼焦及核燃料加工业	133999	15743454	15009072	347177	95440
化学原料及化学制品制造业	687687	3501987	2883958	7222	28059
医药制造业	23888	1113553	696225	5319	7962
化学纤维制造业	13126	111739	87275		
橡胶制品业	280	446084	389742	1878	12867
塑料制品业	4452	704043	620378	1527	75880
非金属矿物制品业	9361	812512	676481	7826	9391
黑色金属冶炼及压延加工业	1500	4050285	4085647	10037	33048
有色金属冶炼及压延加工业	3068	912608	905759	17110	34252
金属制品业	16156	1135934	1028410	5893	55904
通用设备制造业	7046	727665	625856	3251	69606
专用设备制造业	20809	445899	393198	7058	9268
交通运输设备制造业	378992	12212238	9466830	577732	326252
电气机械及器材制造业	6546	5274703	4397091	30116	225760
通信设备、计算机及其他电子设备制造业	205021	12692409	9368834	27857	88829
仪器仪表及文化、办公用机械制造业	3747	308938	220723	2263	5043
工艺品及其他制造业	121	36001	27904	241	253
废弃资源和废旧材料回收加工业					
电力、燃气及水的生产和制造业	1087621	36248402	32208730	200147	297840
电力、热力的生产和供应业	428255	33691308	30289492	189688	250995
燃气生产和供应业	70312	1421931	1234883	3548	31659
水的生产和供应业	589054	1135164	684356	6911	15186

单位：万元

其他业务利润	营业费用	管理费用	税金	财务费用	利息支出	营业利润	投资收益
441627	**2385465**	**3609638**	**127864**	**1312141**	**1661562**	**9453099**	**311257**
45477	314620	859344	42737	386754	503269	-446903	-20996
145030	546251	1006078	20211	351068	491214	2159796	173210
296597	1839214	2603559	107653	961073	1170348	7293303	138047
109670	1126918	990201	38556	127166	139589	1035135	24166
331957	1258547	2619436	89307	1184975	1521973	8417964	287091
205290	1456930	1574958	43190	549517	630140	2374544	156774
195810	761830	1493042	58144	535468	709572	5958609	91085
40527	166706	541638	26530	227155	321850	1119946	63398
34977	24357	150342	2845	40158	14175	3711330	1858
32344	8561	60732	200	24322		3394648	
	9659	27785	535	11882	10212	138970	
5299	3070	29455	1686	3592	3604	132801	1787
-2666	3068	32370	425	362	360	44910	70
232873	2231669	2628736	95875	342750	520262	3479873	80611
6847	21455	44681	4726	9976	9410	70016	2504
2448	36531	24883	823	3182	3627	11809	-264
2483	47569	32604	1843	5259	6278	45660	-668
12596	78981	232049	4653	-4836	-4234	427169	4086
2412	4795	26984	1497	8035	8690	-8810	711
920	2012	6584	115	152	616	15652	1003
	254	1007	1	42	1	1011	
1022	2197	5188	270	1240	1034	3157	
8	410	690	57	-1	-2	1824	7
4499	20317	51960	3263	36839	48416	-24608	-9296
5901	10939	35672	904	2092	1868	26941	-3159
1411	6702	17657	800	65	643	6342	-27
5313	22145	210553	6597	63035	93420	91555	-708
7988	93203	87642	5698	52980	115118	385960	-2980
6070	208086	126484	4196	15893	17187	92379	15977
	139	2884	187	-238	-245	21678	
3279	14663	21937	1494	10142	11981	4262	-2626
6018	21682	37793	1184	18965	18422	12348	6648
2255	20773	39423	2558	14705	12175	58889	2294
-939	35289	76767	8260	77934	91831	-316800	6049
5202	5659	27616	2444	14670	13922	-18318	405
7972	24777	45411	4670	20535	9044	51091	-7
10258	20355	50517	1813	12066	9295	36773	1626
4235	9234	33392	1611	5631	2299	18515	-2002
52458	412918	648944	23162	-126462	-8024	1281091	21610
52263	438904	170637	6423	18910	9356	275697	-943
27803	650943	531353	5865	81493	47785	872075	37803
1980	19638	33852	713	84	13	34763	2569
170	1099	3572	49	364	337	1754	
173777	129439	830560	29144	929233	1127126	2261897	228789
161650	30928	599405	20368	813854	942629	2056686	221798
4620	35649	47271	2658	21725	38436	92762	2553
7507	62862	183883	6117	93654	146061	112449	4438

1-3 续表 3

项 目	补贴收入	营业外收入	营业外支出	利润总额	应交所得税
总 计	**327298**	**516677**	**2462893**	**7824849**	**1783302**
总计中：亏损企业	162508	88934	1577279	-1919746	4340
一、按隶属情况分组					
中央企业	167089	99006	1384546	1021953	286839
地方企业	160209	417671	1078347	6802896	1496463
二、按轻重工分组					
轻工业	21355	55662	99070	1022846	216478
重工业	305943	461015	2363823	6802003	1566824
三、按企业规模分组					
大型企业	-13838	85905	862937	1733499	712110
中型企业	232760	310656	1377881	4981931	876854
小型企业	108376	120116	222076	1109419	194338
四、按工业行业大类分组					
采掘业	1167	1336	25237	3690426	493838
煤炭开采和洗选业					
石油和天然气开采业		67	3594	3391121	424003
黑色金属矿采选业		116	10457	128629	33148
有色金属矿采选业	793	183	830	134707	24394
非金属矿采选业	374	971	10356	35969	12294
其他采矿业					
制造业	158813	174118	2191982	1573449	455543
农副食品加工业	3275	2623	36203	42159	6891
食品制造业	1029	1035	2193	11258	2866
饮料制造业	1696	5587	7863	43189	8021
烟草制品业		1170	7946	424480	103970
纺织业	18	3889	2914	-7106	1221
纺织服装、鞋、帽制造业	1255	48	456	17501	1691
皮革、毛皮、羽毛(绒)及其制品业		100	162	949	53
木材加工及木、竹、藤、棕、草制品业	1218	993	3589	1471	254
家具制造业				1831	44
造纸及纸制品业	187	4127	14306	-43903	1393
印刷业和记录媒介的复制	6532	725	1626	27603	4627
文教体育用品制造业	334	750	554	6845	925
石油加工、炼焦及核燃料加工业	112851	32457	880110	-756814	-834
化学原料及化学制品制造业	651	7736	559813	-168447	8216
医药制造业	1337	8750	7761	108475	17199
化学纤维制造业		27	33	21672	3911
橡胶制品业	194	3245	716	4360	539
塑料制品业	45	1128	2517	17504	2027
非金属矿物制品业	2240	3804	5724	61161	8170
黑色金属冶炼及压延加工业		3973	5263	-312041	957
有色金属冶炼及压延加工业	10	5499	1306	-13735	46
金属制品业	713	2758	937	53220	3900
通用设备制造业	743	9276	20308	28111	5829
专用设备制造业	357	6158	4731	18219	1641
交通运输设备制造业	13595	27710	31275	1312519	189198
电气机械及器材制造业	1621	13119	5524	283811	46573
通信设备、计算机及其他电子设备制造业	8806	20196	587208	343674	31980
仪器仪表及文化、办公用机械制造业	107	7202	248	44393	4129
工艺品及其他制造业		35	696	1093	106
废弃资源和废旧材料回收加工业					
电力、燃气及水的生产和制造业	167319	341222	245675	2560974	833921
电力、热力的生产和供应业	73336	243638	238743	2259779	783075
燃气生产和供应业	24113	23084	461	119291	13436
水的生产和供应业	69870	74500	6471	181904	37411

单位：万元

亏损企业亏损总额	利税总额	本年应付工资总额	本年应付福利费总额	本年应交增值税	本年进项税额	本年销项税额	全部从业人员年平均人数(人)
1919746	**16767401**	**5504132**	**636597**	**6312750**	**8785047**	**13264781**	**778411**
1919746	507673	925826	129062	2014561	3512105	4930761	188207
841528	4380899	1526756	207133	2086619	2283207	3877101	127217
1078219	12386501	3977376	429465	4226131	6501840	9387680	651194
170642	2992301	989810	137253	878047	1807239	2411877	220185
1749104	13775100	4514322	499344	5434703	6977808	10852904	558226
883017	6699336	3116984	408503	3452350	4652542	7159283	321993
862686	8393999	1782842	172112	2386495	3293413	4883782	301645
174044	1674066	604306	55982	473904	839092	1221716	154773
1858	4609729	103512	9284	575652	20750	591896	21686
	4228484	37353	2543	506716	542	507259	2924
	163121	14035	544	29555	3904	32311	3220
	164928	29215	4314	25018	7801	30080	7564
1858	53196	22909	1884	14363	8503	22247	7978
1649748	7210691	3725636	461890	3551238	7612081	9552404	562567
19476	125101	39884	5192	79666	145147	160441	13416
5799	30534	38606	3068	16189	38564	52691	9073
2700	128700	38490	13371	42978	75543	111548	8761
474	1708133	106495	8471	306835	287950	585577	6311
16219	6111	48167	5399	10839	24514	30246	19387
1016	24691	13423	384	6673	5098	10074	4621
14	1667	2201	148	676	2090	1687	1139
1245	10928	5490	645	8266	6115	20952	2897
92	2784	3426	348	922	3079	3991	587
56960	-25939	55855	11347	16584	106246	112183	17119
7584	49711	58885	5459	20727	42134	62395	12398
442	14653	19436	2691	6947	18616	21670	8083
775541	814403	194681	4588	1224041	1537349	2622532	16968
238790	193204	108855	15786	354429	519088	577282	19084
9238	200383	146872	18381	86588	108347	191446	21087
	26981	3444	155	5309	13687	18996	328
6280	14816	43065	9121	8578	42096	35868	10133
3963	40151	72184	11150	21120	94271	113013	15289
16789	104543	45537	3098	35556	67120	93856	14947
319615	-159506	118189	27397	142499	1061364	1157920	24185
24967	33662	43303	3648	30286	131058	159569	8666
4620	91635	193693	7086	32523	117842	106766	18381
8082	48337	60247	8776	16975	97252	107216	18835
2573	33240	60600	4610	7963	32314	31253	13712
32191	2429044	594950	95897	538793	1777741	1857823	59567
15410	454042	191697	12761	140115	697696	740018	53426
77055	746636	1375876	180282	375105	521542	512440	156368
2078	58303	35588	2438	11648	35143	47639	5463
538	3745	6500	197	2411	3077	5315	2336
268140	4946980	1674984	165423	2185860	1152216	3120481	194158
240503	4462451	1387627	124609	2012984	1008378	2900156	159177
4351	247007	144380	7741	124168	136905	176105	5271
23286	237522	142977	33073	48708	6934	44220	29710

1-4 规模以上集体工业

项　目	企业单位数（个）	亏损企业	工业总产值（当年价格）	工业销售产值（当年价格）	出口交货值
总　计	**1024**	**159**	**5659492**	**5490835**	**2019021**
总计中：亏损企业	159	159	533497	522996	234014
一、按轻重工业分组					
轻工业	573	88	3277068	3195381	1553936
重工业	451	71	2382424	2295454	465085
二、按企业规模分组					
大型企业	1		37113	36164	267
中型企业	57	12	2017148	1942860	1115225
小型企业	966	147	3605231	3511811	903529
三、按工业行业大类分组					
采掘业	28		303267	262209	
煤炭开采和洗选业					
石油和天然气开采业					
黑色金属矿采选业	1		4624	4419	
有色金属矿采选业					
非金属矿采选业	27		298643	257790	
其他采矿业					
制造业	888	137	4881642	4769384	2011110
农副食品加工业	24	5	115394	103530	3118
食品制造业	20	1	51460	45052	5795
饮料制造业	4	1	9071	8930	
烟草制品业					
纺织业	62	5	334591	336797	178571
纺织服装、鞋、帽制造业	53	11	275604	264989	117515
皮革、毛皮、羽毛(绒)及其制品业	44	5	349805	343667	312684
木材加工及木、竹、藤、棕、草制品业	5		11637	11886	
家具制造业	11	2	24795	24875	19418
造纸及纸制品业	54	8	274513	268219	16494
印刷业和记录媒介的复制	22	1	44180	43403	2850
文教体育用品制造业	30	9	472443	475472	457482
石油加工、炼焦及核燃料加工业	1		3385	2245	
化学原料及化学制品制造业	37	1	174854	163886	35256
医药制造业	4	1	49386	46205	43
化学纤维制造业	1		1335	1303	
橡胶制品业	14	6	49978	49839	23407
塑料制品业	78	9	239184	232402	79750
非金属矿物制品业	71	15	351085	344241	7771
黑色金属冶炼及压延加工业	2		29321	25445	
有色金属冶炼及压延加工业	22	2	259483	252381	9881
金属制品业	89	9	299481	289700	38239
通用设备制造业	26	4	85563	84495	7246
专用设备制造业	22		82281	79681	8534
交通运输设备制造业	22	6	110021	111311	1280
电气机械及器材制造业	57	15	433011	427470	217832
通信设备、计算机及其他电子设备制造业	68	12	331531	331300	267149
仪器仪表及文化、办公用机械制造业	15	5	202673	192716	124542
工艺品及其他制造业	27	4	126666	122170	76254
废弃资源和废旧材料回收加工业	3		88913	85777	
电力、燃气及水的生产和供应业	108	22	474583	459242	7911
电力、热力的生产和供应业	13	3	13779	13690	
燃气生产和供应业	1		15738	15738	
水的生产和供应业	94	19	445066	429815	7911

企业主要经济指标

单位：万元

工业增加值	资产总计	流动资产合计	#应收帐款	#存货	产成品	流动资产年平均余额	固定资产合计	固定资产原价
1685677	**3801533**	**1552821**	**391129**	**321842**	**122227**	**1527272**	**1604968**	**2592498**
161557	666279	200134	44759	55286	29829	202114	283705	431992
1043910	2544618	984642	253990	165063	46941	928771	1137464	1846559
641767	1256915	568179	137138	156779	75286	598502	467504	745939
9972	147954	53704	29403	6252	1825	53751	25221	28375
589925	1302338	405498	80487	86736	44241	451502	541991	878968
1085780	2351242	1093619	281239	228854	76160	1022019	1037756	1685155
93097	51920	35403	6090	11042	10169	28081	15278	24439
2326	1181	653	550	18	17	654	528	298
90771	50739	34750	5540	11024	10152	27427	14750	24141
1354293	2374109	1115864	321771	292538	106944	1124276	824135	1346819
30589	47003	18620	4949	3328	907	16993	25885	40323
19558	49001	38811	5137	29693	2324	40784	9438	17809
2738	6298	3138	328	1611	619	3313	2397	6722
93398	98756	41680	14657	9820	3696	38791	53906	82818
83770	81370	56470	18534	11793	4146	54845	21250	35925
109511	122535	48161	13605	11981	800	42863	20231	29121
3065	5872	4706	100	1113	348	4681	1121	1256
6941	10193	6237	591	1196	925	6156	3762	4859
71369	144126	73733	32244	14741	5981	64049	69303	135763
14997	25282	10680	3836	2238	786	10063	13533	20706
140500	79549	53301	11369	4799	1550	51402	25037	48237
580	1372	519	405	114	102	514	854	1691
50305	84823	49987	11116	20975	10816	46462	30680	45203
16845	58824	34597	5352	16803	4282	29591	16532	22604
280	290	268	112	135	32	247	22	41
14217	69585	13021	1954	6209	2395	10996	27813	6582
61114	122027	58419	18053	12281	6824	57919	48671	80463
109065	262824	100126	15317	34104	20547	111138	114473	236337
5795	10820	7689	146	617	5	8130	2884	5252
62693	89987	37494	8174	15411	8013	57656	19648	48141
79700	124644	81707	24465	20462	4396	74412	34897	70482
20308	48582	27820	10622	7666	3441	27633	12615	20475
27636	54226	23631	9149	6674	1781	23283	28099	35622
33760	49788	35764	7495	13802	2183	28261	6795	22948
114141	317361	136107	49973	30342	14000	166025	59536	88309
71959	252344	99982	40926	5106	2167	93036	130431	175565
55295	94913	18061	6208	1259	355	19730	21043	25637
31058	37886	20487	5197	6066	3522	20855	14279	28643
23108	23828	14647	1759	2198	4	14449	9001	9285
238287	1375505	401554	63268	18262	5114	374915	765555	1221240
5731	66909	13011	5304	36		10790	50082	61859
4583	4206	3931	808			3231	275	674
227972	1304389	384612	57157	18225	5114	360894	715197	1158707

1-4 续表 1

项目	累计折旧	固定资产净值	固定资产净值年平均余额	负债合计	流动负债合计
总计	**1186901**	**1405597**	**1377076**	**2262426**	**1781600**
总计中：亏损企业	200392	231600	225575	393961	280340
一、按轻重工业分组					
轻工业	830780	1015779	979162	1479941	1145692
重工业	356121	389818	397914	782485	635909
二、按企业规模分组					
大型企业	12252	16123	18184	154549	140593
中型企业	411878	467090	459489	668173	553455
小型企业	762771	922384	899403	1439704	1087552
三、按工业行业大类分组					
采掘业	9864	14576	11184	17923	14014
煤炭开采和洗选业					
石油和天然气开采业					
黑色金属矿采选业	230	68	76	588	452
有色金属矿采选业					
非金属矿采选业	9634	14508	11108	17335	13562
其他采矿业					
制造业	647425	699394	713287	1445069	1229318
农副食品加工业	15876	24447	23222	13391	12188
食品制造业	8439	9370	10230	13683	10265
饮料制造业	4537	2185	2174	5142	3941
烟草制品业					
纺织业	31302	51516	49854	44710	33672
纺织服装、鞋、帽制造业	15857	20068	19478	60367	53657
皮革、毛皮、羽毛(绒)及其制品业	10307	18814	16287	74146	60836
木材加工及木、竹、藤、棕、草制品业	387	869	1011	3941	3204
家具制造业	1297	3561	3862	6655	4987
造纸及纸制品业	71662	64101	67420	56142	45371
印刷业和记录媒介的复制	9054	11652	10878	12755	9198
文教体育用品制造业	25593	22644	24413	40709	37390
石油加工、炼焦及核燃料加工业	837	854	847	449	449
化学原料及化学制品制造业	16777	28426	30719	44167	40915
医药制造业	7754	14850	15464	39327	34200
化学纤维制造业	19	22	22	191	191
橡胶制品业	3749	2833	3647	33803	29564
塑料制品业	37879	42584	37188	75692	70274
非金属矿物制品业	131998	104340	107512	158146	127261
黑色金属冶炼及压延加工业	3165	2087	2987	9318	6979
有色金属冶炼及压延加工业	37642	10500	10883	72210	71615
金属制品业	41561	28921	31129	73329	60774
通用设备制造业	8618	11857	12536	31032	24556
专用设备制造业	11137	24486	22223	25867	18704
交通运输设备制造业	16552	6396	6681	43227	41581
电气机械及器材制造业	44234	44076	47157	242876	217235
通信设备、计算机及其他电子设备制造业	69246	106320	111951	193941	149058
仪器仪表及文化、办公用机械制造业	6610	19027	20750	44549	39162
工艺品及其他制造业	15055	13588	13676	19022	15838
废弃资源和废旧材料回收加工业	284	9001	9088	6283	6253
电力、燃气及水的生产和供应业	529612	691628	652605	799434	538269
电力、热力的生产和供应业	12439	49420	50316	50969	29621
燃气生产和供应业	399	275	275	1287	1031
水的生产和供应业	516774	641933	602014	747178	507617

单位：万元

应付账款	长期负债合计	所有者权益合计	实收资本	国家资本	集体资本	法人资本	个人资本	港澳台资本
332876	**361008**	**1539107**	**668301**	**4156**	**405823**	**108332**	**42245**	**87122**
44831	80690	272317	167199	39	103397	35011	2506	24321
202404	246290	1064677	387323	2312	269398	37022	16775	59876
130471	114718	474430	280978	1843	136426	71310	25470	27246
21198	13956	-6596	42421		42421			
82049	101055	634165	170070		82039	51774	17453	10796
229629	245997	911538	455811	4156	281363	56559	24792	76326
5467	3691	33997	5066		3492	575	1000	
53	135	593	71		71			
5414	3557	33403	4995		3421	575	1000	
263013	162421	929040	557804	924	303811	105016	40308	87122
3993	1001	33612	11496		9975	1263	258	
4807	3418	35318	1924		1809	15	100	
878	1201	1156	2003		803	1200		
10588	7750	54046	42992		17689	2279	1187	21592
14390	5969	21003	15048	6	6084	520	696	7421
12437	8636	48389	21501		16630	1817	180	2873
2031	0	1931	791		691		100	
1128	664	3538	1955		1655	300		
12599	3503	87985	29726	421	16926	6149	3596	2634
2398	610	12527	10590		4907	370	605	4708
8504	1177	38841	29012		12313	14483	452	1664
395		923	199		199			
19770	1386	40657	24706		10520	1456	12730	
9109	5126	19498	11317		8267	3050		
101		100	30		30			
3898	4199	35782	17625		889	16614		121
13052	4142	46335	46219		21221	959	5265	12513
22157	29300	104678	65503	46	50848	8434	6175	
		1502	261			150	111	
10470	424	17777	10545		2300	7758	487	
17016	5055	51315	19683	13	10654	3607	2302	3107
4752	5520	17550	12862		10523	1489	647	11
2987	3874	28358	16934	300	1351	9560	600	3758
12805	1644	6561	8760		5059	2288	1414	
44635	24303	74485	69543	39	51988	5882	2397	9005
13560	38395	58403	70797	100	29723	14210		15361
9960	2510	50365	4497		1955	555	100	1388
4126	2584	18863	7877		5615	387	908	967
468	31	17545	3409		3189	220		
64395	194896	576071	105431	3231	98521	2742	937	
3712	18479	15940	14481	1346	13035	100		
818	257	2919	220			220		
59865	176160	557212	90730	1886	85486	2422	937	

1-4 续表 2

项　　目	外商资本	主营业务收　　入	主营业务成　　本	主营业务税金及附加	其他业务收　　入
总　　计	**20623**	**5395110**	**4517391**	**170450**	**24312**
总计中：亏损企业	1926	444900	396385	5878	4900
一、按轻重工业分组					
轻工业	1940	3105776	2636637	96246	17270
重工业	18683	2289333	1880754	74205	7042
二、按企业规模分组					
大型企业		30433	18869	1369	752
中型企业	8008	1884027	1586806	124524	3903
小型企业	12615	3480650	2911716	44557	19657
三、按工业行业大类分组					
采掘业		281714	240514	47447	
煤炭开采和洗选业					
石油和天然气开采业					
黑色金属矿采选业		4624	4169	99	
有色金属矿采选业					
非金属矿采选业		277090	236345	47348	
其他采矿业					
制造业	20623	4654189	3945387	115322	15410
农副食品加工业		109189	85327	1305	112
食品制造业		44519	38605	195	104
饮料制造业		8930	6423	120	126
烟草制品业					
纺织业	245	336205	280291	1872	619
纺织服装、鞋、帽制造业	321	257105	218377	2930	368
皮革、毛皮、羽毛(绒)及其制品业		341411	308036	1258	641
木材加工及木、竹、藤、棕、草制品业		12016	9438	39	
家具制造业		24600	20006	177	3
造纸及纸制品业		264767	241049	5764	1010
印刷业和记录媒介的复制		43971	37231	301	420
文教体育用品制造业	100	485515	434236	63424	65
石油加工、炼焦及核燃料加工业		2245	1481	47	
化学原料及化学制品制造业		173043	146237	5689	438
医药制造业		46063	30328	190	110
化学纤维制造业		1303	1186	5	
橡胶制品业		46196	39874	553	83
塑料制品业	6262	230631	199230	1565	769
非金属矿物制品业		344186	302448	3273	364
黑色金属冶炼及压延加工业		25738	23780	4154	49
有色金属冶炼及压延加工业		254743	230047	8025	925
金属制品业		281285	233491	4003	1279
通用设备制造业	192	82564	66197	1128	1828
专用设备制造业	1366	79010	68793	568	618
交通运输设备制造业		114002	98662	1109	63
电气机械及器材制造业	234	377660	274847	3896	1556
通信设备、计算机及其他电子设备制造业	11403	320361	265386	815	2509
仪器仪表及文化、办公用机械制造业	500	139841	119402	894	1110
工艺品及其他制造业		121313	106198	1680	244
废弃资源和废旧材料回收加工业		85777	58782	344	
电力、燃气及水的生产和供应业		459207	331491	7682	8902
电力、热力的生产和供应业		13555	7262	454	4
燃气生产和供应业		15738	15000	94	
水的生产和供应业		429915	309229	7134	8898

单位：万元

其他业务利润	营业费用	管理费用	税金	财务费用	利息支出	营业利润	投资收益
9817	**117453**	**319062**	**14201**	**55366**	**38489**	**274806**	**-3942**
2575	9302	50275	2642	10845	7843	-33280	-77
5930	68486	167705	8934	37738	29797	123037	212
3887	48967	151357	5267	17629	8692	151768	-4154
	2994	1831	39	447	447	2200	
2180	39155	102218	5041	20115	13118	62046	715
7637	75304	215014	9121	34805	24925	210560	-4657
	7778	3261	222	793	657	10877	32
	14	49	5	3	3	290	
	7765	3212	217	790	654	10587	32
7884	85336	270130	12793	29189	15891	230509	-3563
38	2168	3297	110	266	106	9090	
92	1380	1639	272	144	138	2513	
22	1096	804	46	33	28	659	-73
340	4078	12332	461	783	644	19073	9
-25	6213	13909	792	2351	2076	17277	1
255	2517	22662	649	144	38	3095	
	712	668	6	13	12	1147	
1	1382	1429	45	49	1	1710	
105	4113	8057	1409	1475	521	5977	1099
411	868	2492	91	89	54	2911	
29	1476	13118	1248	1361	-1	4347	1
	79	111		6	6	521	
126	4858	6566	522	988	535	12672	27
83	3017	4241	138	786	718	7546	
	40	48	2			25	
27	328	4543	26	43	-190	65	
430	5561	13931	663	1510	1013	8911	
124	4826	13218	771	4177	3830	11968	-1081
	197	537	3	-1		803	
56	7088	9539	193	2905	1146	19276	-3460
790	7001	11078	714	997	482	21888	-21
633	3557	10124	290	694	203	847	1
618	862	5710	212	571	315	3503	3
24	1609	3932	233	771	878	6963	
650	11437	26853	1103	2188	1393	39661	-122
1983	3973	47377	1381	5998	1527	5868	44
863	553	24545	957	243	48	-7244	9
212	2831	6532	452	466	225	4827	
	1519	840	5	142	145	24611	
1933	24339	45671	1186	25385	21941	33420	-411
4	560	2044	175	795	492	1796	33
	136	52	28	19	19	437	
1930	23644	43576	984	24571	21430	31187	-444

1-4 续表 3

项 目	补贴收入	营业外收入	营业外支出	利润总额	应交所得税
总 计	**8588**	**12163**	**55781**	**234973**	**28982**
总计中：亏损企业	2542	1872	3815	-33093	515
一、按轻重工业分组					
轻工业	3683	7251	16609	117242	16741
重工业	4905	4911	39173	117730	12241
二、按企业规模分组					
大型企业		21	4	2217	2
中型企业	1213	3115	-169	67259	7764
小型企业	7375	9027	55947	165497	21216
三、按工业行业大类分组					
采掘业	61		434	10535	1552
煤炭开采和洗选业					
石油和天然气开采业					
黑色金属矿采选业				290	1
有色金属矿采选业					
非金属矿采选业	61		434	10245	1551
其他采矿业					
制造业	8520	10401	52683	192323	21353
农副食品加工业	844	68	4465	5538	821
食品制造业	86	5	263	2341	421
饮料制造业		3	117	473	109
烟草制品业					
纺织业	360	60	1890	17484	1643
纺织服装、鞋、帽制造业	80	287	4718	12926	1202
皮革、毛皮、羽毛(绒)及其制品业	283	1562	-1972	6913	991
木材加工及木、竹、藤、棕、草制品业	52	5	5	1199	118
家具制造业		2	11	1700	129
造纸及纸制品业	685	155	188	7728	849
印刷业和记录媒介的复制	47	779	478	3259	551
文教体育用品制造业	910	455	1076	4635	596
石油加工、炼焦及核燃料加工业				521	63
化学原料及化学制品制造业	37	24	191	12570	1000
医药制造业		80	48	7578	972
化学纤维制造业				25	5
橡胶制品业	347	10	39	50	64
塑料制品业	638	1536	156	10929	756
非金属矿物制品业	1212	703	1584	11217	2172
黑色金属冶炼及压延加工业				803	68
有色金属冶炼及压延加工业	1	7	4496	11328	744
金属制品业	208	178	491	21762	1223
通用设备制造业		2290	189	2948	761
专用设备制造业	139	27	191	3480	767
交通运输设备制造业		259	60	7163	1710
电气机械及器材制造业	601	885	11233	29478	997
通信设备、计算机及其他电子设备制造业	1909	901	551	8165	2088
仪器仪表及文化、办公用机械制造业	77	58	1694	-8870	48
工艺品及其他制造业	4	62	516	4376	472
废弃资源和废旧材料回收加工业			20005	4606	15
电力、燃气及水的生产和供应业	8	1762	2663	32114	6077
电力、热力的生产和供应业			20	1808	301
燃气生产和供应业				437	4
水的生产和供应业	8	1761	2643	29870	5772

单位：万元

亏损企业亏损总额	利税总额	本年应付工资总额	本年应付福利费总额	本年应交增值税	本年进项税额	本年销项税额	全部从业人员年平均人数（人）
33093	**570670**	**826734**	**43988**	**165247**	**258745**	**347035**	**409016**
33093	-14769	115876	6113	12447	29148	40002	60051
19739	314812	500013	28199	101324	120161	170096	256474
13355	255858	326721	15789	63923	138584	176939	152542
	5133	1543	493	1546	559	625	2563
13565	254972	346429	12268	63189	50847	65283	161181
19528	310565	478762	31227	100512	207339	281127	245272
	63695	8413	572	5713	6127	9863	2868
	759	166		370		370	60
	62936	8248	572	5343	6127	9493	2808
29508	447137	777063	36477	139492	244721	319306	394921
203	13038	5094	974	6196	6617	12347	1968
88	4122	3533	382	1586	4434	5973	2070
11	1076	919	82	483	826	1309	476
312	26409	36804	2141	7053	16497	22488	16080
655	24405	32453	1764	8550	12349	18059	18032
589	9359	130657	2812	1188	4235	5216	80862
	1400	918	45	162	711	910	359
70	2715	3706	179	838	2189	2554	2267
721	20159	17685	1079	6666	18563	23223	8586
1	4660	5505	506	1100	4366	5315	3094
2352	99349	58086	3688	31290	2293	2832	29745
	596	140	18	28	432	460	40
	22087	7820	1004	3829	11130	13496	3362
102	9700	7942	431	1932	2178	4073	1938
	76	57	1	46	222	176	30
1511	1373	12539	235	770	3314	4042	6470
1528	18916	36808	1660	6423	13749	19458	19164
1293	25788	23066	2415	11298	31536	43051	9994
	5806	719	24	849	2020	2870	277
27	32783	8730	2099	13430	19793	21272	3536
361	38004	29601	2833	12240	26181	33436	13131
819	6766	11894	497	2690	5159	7003	4671
	6672	15766	628	2623	7645	9706	7416
331	11291	6638	872	3019	15831	19183	2735
4190	40686	66287	2975	7312	17897	22620	35111
4333	11602	192353	3294	2622	5779	5725	93399
9674	-5761	38735	2947	2216	4119	6059	19070
339	7946	21085	867	1889	4286	5818	10639
	6115	1525	24	1166	371	633	399
3585	59839	41258	6939	20043	7898	17867	11227
89	2782	1561	306	520	476	801	857
	1475	620	343	944	1416	2361	69
3496	55582	39077	6290	18578	6006	14706	10301

1-5 规模以上股份制

项　　目	企业单位数(个)	亏损企业	工业总产值(当年价格)	工业销售产值(当年价格)	出口交货值
总　　计	**23497**	**3631**	**213858780**	**208167301**	**36967359**
总计中：亏损企业	3631	3631	30922110	30126900	1873787
一、按轻重工业分组					
轻工业	12537	1766	87815510	85911958	16757268
重工业	10960	1865	126043270	122255343	20210091
二、按企业规模分组					
大型企业	70	12	63511374	63541200	19418584
中型企业	1566	146	57498485	54836183	9074965
小型企业	21861	3473	92848921	89789918	8473810
三、按工业行业大类分组					
采掘业	191	23	1922410	1808648	7355
煤炭开采和洗选业					
石油和天然气开采业	1		691	691	
黑色金属矿采选业	55	9	800489	741442	6348
有色金属矿采选业	37	5	641378	613954	458
非金属矿采选业	98	9	479852	452562	548
其他采矿业					
制造业	23009	3537	204270350	198725660	36939840
农副食品加工业	452	77	6194733	6004723	286111
食品制造业	405	54	1960506	1909890	119613
饮料制造业	122	20	912864	863895	11095
烟草制品业	13	2	2257270	2443692	25182
纺织业	1205	130	5687874	5470315	676205
纺织服装、鞋、帽制造业	1288	185	5663364	5413197	1154719
皮革、毛皮、羽毛(绒)及其制品业	596	86	1931601	1895770	452691
木材加工及木、竹、藤、棕、草制品业	303	49	2125602	2053132	567359
家具制造业	640	93	3219023	3129726	813033
造纸及纸制品业	933	182	4083487	3949391	184137
印刷业和记录媒介的复制	826	136	2667138	2577612	126998
文教体育用品制造业	354	35	1764453	1663434	734888
石油加工、炼焦及核燃料加工业	66	6	15976152	15880801	18884
化学原料及化学制品制造业	1401	160	9156682	8894116	442409
医药制造业	206	38	2426276	2327890	83740
化学纤维制造业	37	7	772704	755486	141171
橡胶制品业	208	37	983917	948592	276511
塑料制品业	1827	263	8150958	7862768	919147
非金属矿物制品业	1459	234	11768579	11187857	980509
黑色金属冶炼及压延加工业	221	36	6178583	5841558	57552
有色金属冶炼及压延加工业	399	55	8520701	8283079	517326
金属制品业	2258	293	11194582	10835890	1591124
通用设备制造业	959	144	5274631	5028763	433459
专用设备制造业	907	156	4306849	4010103	573341
交通运输设备制造业	533	93	4849512	4694128	1095804
电气机械及器材制造业	2713	417	35273110	34916951	7989869
通信设备、计算机及其他电子设备制造业	1819	383	33311262	32454370	15751969
仪器仪表及文化、办公用机械制造业	246	50	1306367	1249127	289946
工艺品及其他制造业	502	78	3986094	3885630	622147
废弃资源和废旧材料回收加工业	111	38	2365475	2293773	2903
电力、燃气及水的生产和供应业	297	71	7666021	7632993	20165
电力、热力的生产和供应业	144	29	6664831	6656546	4814
燃气生产和供应业	38	9	431441	428920	15351
水的生产和供应业	115	33	569749	547527	0

工业企业主要经济指标

单位：万元

工业增加值	资产总计	流动资产合计	#应收帐款	#存货	产成品	流动资产年平均余额	固定资产合计	固定资产原价
57121579	**156589987**	**85318824**	**22973562**	**23488949**	**9560250**	**80911445**	**47045516**	**71059711**
6937610	20237557	9144044	1833040	3380204	1019602	9387395	9235348	14591917
25481767	51504260	32120382	7625355	9505607	4014854	30451569	14103951	22074706
31639812	105085727	53198443	15348207	13983343	5545396	50459876	32941565	48985005
15803356	58006666	31208346	8753235	7917496	3648016	30566442	12950188	21103009
15963513	42822620	23677238	5697037	6793965	2703953	22493963	13326727	20390656
25354711	55760701	30433241	8523290	8777488	3208281	27851040	20768602	29566046
908129	1390484	740536	124721	89839	54758	721910	383056	506400
310	460	207	82			193	32	56
399302	729473	464185	29662	47689	29659	435216	117821	170404
365297	427199	196930	63938	21986	11331	213535	173830	219994
143221	233352	79214	31039	20164	13768	72966	91373	115945
53603588	126207837	79749276	22070857	22989595	9471032	75366090	34430279	53636619
1392664	2795970	1540804	294275	438401	211121	1460122	856914	1291953
695720	1263361	727565	194684	228132	97610	705228	375573	607336
300229	778403	444533	67963	147929	44420	416157	265338	395459
1715037	2049223	1452107	89897	553065	48324	1401490	365443	627051
1548416	3175723	1574116	342045	513324	214628	1466264	1403463	2238730
1720960	2644301	1667102	384100	566708	266645	1529596	693607	1043273
601432	830990	551310	149885	160044	45422	503522	223485	343636
538653	1468065	728372	87976	317599	122907	677253	414909	631705
878439	1499804	967778	196668	315076	109113	855095	410834	556233
1066573	2634422	1453464	475893	391008	153550	1357127	935506	1401703
816317	2113365	1153541	391379	301912	69647	1090728	798611	1194174
514214	879405	445140	104725	171992	51688	447851	303172	440008
2739937	4385806	1407766	234141	765829	119053	1764685	2831695	5110138
2792150	5985471	3424099	1006370	982448	372611	3238260	1750406	2788777
831737	2887106	1457190	306802	390091	174594	1589290	876869	1231717
165049	551025	227024	21829	85041	40311	257666	303630	582064
245972	1096544	499918	158198	114436	55809	461611	374439	534207
2161625	4807464	2803480	978241	704898	245043	2675582	1466990	2387956
3582523	7950832	3878014	808777	1356946	668719	3307666	3562304	5360638
1182341	3832565	1366589	160772	489573	128839	1438941	2048194	2892398
1994810	3027017	1716882	365625	570765	197064	1612103	1080915	2062480
2965869	5269580	3277391	958423	944747	314588	3012725	1579163	2633013
1290559	3199896	2052292	632085	591606	217460	1992908	860852	1311852
1396545	4413256	2313519	593566	753967	248945	2107687	1585200	1935287
1320972	4615484	2906468	472076	755268	210708	2748363	1098980	1467876
9268406	20152408	14639809	3958636	3978306	1837042	13626423	3676953	6218424
7895278	28269209	22437945	8012020	5510466	2744835	21292214	3669456	5429477
389401	1527348	1095284	257484	286424	119419	952860	243403	322270
974230	1450536	1044661	254709	459758	275536	939857	262111	345518
617529	653259	495111	111614	143840	65384	436817	111862	251265
2609862	28991667	4829013	777984	409516	34460	4823445	12232181	16916692
2200712	26749774	4190969	706816	389503	31819	4230863	11000665	15235598
125645	333833	98798	20545	6256	2343	83609	163670	188241
283504	1908059	539246	50623	13757	299	508973	1067846	1492854

1-5 续表 1

项　　目	累计折旧	固定资产净　值	固定资产净值年平均余额	负债合计	流动负债合　计
总　　计	**30487302**	**40572410**	**41307353**	**92314235**	**74846049**
总计中：亏损企业	6463434	8128484	7969677	14341656	11938653
一、按轻重工业分组					
轻工业	10271533	11803173	12580337	30736872	27723797
重工业	20215769	28769237	28727015	61577363	47122253
二、按企业规模分组					
大型企业	10356471	10746538	11528552	32730256	25860745
中型企业	8519096	11871559	11876621	24717908	20907693
小型企业	11611734	17954312	17902180	34866071	28077611
三、按工业行业大类分组					
采掘业	188736	317664	308689	699816	523964
煤炭开采和洗选业					
石油和天然气开采业	25	32	36	182	182
黑色金属矿采选业	69943	100461	98998	383877	297557
有色金属矿采选业	86225	133770	125595	219805	144875
非金属矿采选业	32544	83402	84061	95951	81350
其他采矿业					
制造业	24784099	28852520	29777713	78058537	69341492
农副食品加工业	544438	747515	731533	1835587	1597477
食品制造业	267034	340302	307948	715330	650703
饮料制造业	183972	211487	215490	499574	464716
烟草制品业	384657	242394	256710	233977	193808
纺织业	976748	1261983	1275860	1965291	1753902
纺织服装、鞋、帽制造业	400072	643201	621281	1474479	1359240
皮革、毛皮、羽毛(绒)及其制品业	135853	207783	207564	533069	482421
木材加工及木、竹、藤、棕、草制品业	233659	398046	412942	727722	590183
家具制造业	204841	351393	362311	865894	746080
造纸及纸制品业	550246	851457	914455	1741345	1459802
印刷业和记录媒介的复制	459998	734176	733528	1242855	1109876
文教体育用品制造业	166717	273291	272964	425497	367334
石油加工、炼焦及核燃料加工业	2643516	2466623	2559162	2962087	2939633
化学原料及化学制品制造业	1189821	1598957	1623253	3118456	2760941
医药制造业	469919	761798	726845	1254094	1032708
化学纤维制造业	280098	301966	303943	283688	260859
橡胶制品业	191384	342823	323233	656633	551851
塑料制品业	1088851	1299106	1423751	2936769	2621802
非金属矿物制品业	2399592	2961046	3214132	4705362	4158176
黑色金属冶炼及压延加工业	1067360	1825038	1635326	2472208	1829707
有色金属冶炼及压延加工业	1118059	944421	987645	2015632	1870861
金属制品业	1223603	1409410	1394203	3402720	3034296
通用设备制造业	580455	731397	784879	1988999	1820273
专用设备制造业	1172223	763065	742140	2564617	1693341
交通运输设备制造业	450739	1017138	896824	3576003	3289222
电气机械及器材制造业	3683473	2534951	3296720	13566798	12834060
通信设备、计算机及其他电子设备制造业	2358184	3071293	3013281	18119261	15938233
仪器仪表及文化、办公用机械制造业	99909	222362	210215	749126	653641
工艺品及其他制造业	103400	242118	239788	858850	781663
废弃资源和废旧材料回收加工业	155282	95983	89790	566617	494684
电力、燃气及水的生产和供应业	5514466	11402226	11220951	13555882	4980593
电力、热力的生产和供应业	4930607	10304991	10168844	12291163	4301663
燃气生产和供应业	36293	151947	138720	194772	115242
水的生产和供应业	547566	945288	913387	1069948	563689

单位：万元

应付账款	长期负债合　　计	所有者权益合计	实收资本	国家资本	集体资本	法人资本	个人资本	港澳台资本
22637751	**15312564**	**64275752**	**33846640**	**8172536**	**491287**	**16340508**	**8063578**	**342298**
2843621	1979323	5895901	5888996	411540	68189	4169533	1143095	71014
8832049	2470308	20767388	10051968	446234	225942	5162899	3753545	239861
13805702	12842256	43508364	23794672	7726301	265345	11177609	4310034	102437
9091377	6858571	25276411	14381497	6189907	138547	6839094	860547	136211
5212916	3190056	18104712	8514885	1258747	95911	4474128	2450930	100907
8333459	5263937	20894630	10950258	723882	256830	5027287	4752102	105180
101078	165306	690668	259982	51702	2050	159726	44077	2428
34		278	300				300	
43085	81478	345595	130380	2510		106282	19160	2428
32856	73738	207394	77941	49042		23014	5886	
25103	10091	137400	51362	150	2050	30431	18731	
21840176	6632829	48149300	24458877	1102852	450796	14368458	7833644	334560
366174	173730	960383	566247	15079	15251	338372	191100	4150
158221	51640	548031	343457	9507	4915	144491	173687	10225
93925	33868	278830	182392	12481	1591	112411	50405	
47899	39116	1815246	1497820	17974		1472235	7610	
423477	171206	1210432	562710	7247	4677	212567	311894	24282
373939	69741	1169823	436329	762	1434	195374	231411	5659
154199	38907	297921	146899		1663	58466	81561	5209
111563	115300	740343	204044	136	227	121750	73641	3500
216936	110139	633910	308348	560	544	106911	176094	24187
429936	228721	893078	393485	11739	10462	145397	219531	583
331544	113591	870510	465043	31306	20083	147879	237228	11526
103427	22523	453909	209624	65236	3032	69175	67213	2000
710912	20112	1423718	1957587	3778	535	1927482	25267	525
749252	314022	2867015	1341752	126039	10718	483921	719675	1398
165824	200054	1633012	761241	98301	3831	396329	250475	2367
49155	22279	267337	195089		1000	81881	111166	
106771	100204	439911	274343	36235	17135	198277	22539	50
758337	242492	1870695	933201	30943	10467	449049	435220	4109
1062285	438109	3245471	1489563	94863	57544	589786	683074	22986
222751	429753	1360357	372324	126777	1410	134787	109250	100
439507	101497	1011386	458916	9006	2064	279935	159097	1670
792166	221447	1866860	748311	18068	26609	360654	336774	3775
514210	152347	1210898	597328	52961	8504	235165	290878	8579
494622	152944	1848639	751225	18368	8395	304975	370281	756
738084	262452	1039481	566676	16252	36431	341958	166004	1887
5150942	496038	6585610	2545501	111637	138250	1051231	986517	126340
6457078	2093655	10149948	5506287	184581	55659	4105486	1029997	67253
231806	87284	778223	314271	3020	5948	151356	153861	86
131762	59159	591686	284141		2418	130525	145557	1186
253472	70499	86642	44726			20635	16638	173
696498	8514429	15435785	9127781	7017982	38441	1812324	185857	5310
600588	7946810	14458611	8573357	6860655	16272	1510478	117628	1790
37949	79513	139062	94877	3800	57	82176	8844	
57961	488105	838112	459548	153527	22112	219670	59385	3520

1-5 续表 2

项目	外商资本	主营业务收入	主营业务成本	主营业务税金及附加	其他业务收入
总计	**436433**	**208342793**	**173437572**	**2830364**	**2261318**
总计中：亏损企业	25626	30076100	28700488	476725	270891
一、按轻重工业分组					
轻工业	223487	86157402	71999907	1545013	1160271
重工业	212946	122185392	101437666	1285351	1101046
二、按企业规模分组					
大型企业	217192	63734380	50963112	956323	1125397
中型企业	134264	54740218	45429895	949886	642201
小型企业	84977	89868196	77044566	924155	493721
三、按工业行业大类分组					
采掘业		1807463	1111106	41088	11355
煤炭开采和洗选业					
石油和天然气开采业		691	566	35	
黑色金属矿采选业		743363	439869	11158	7128
有色金属矿采选业		599470	335104	8595	3275
非金属矿采选业		463939	335566	21300	952
其他采矿业					
制造业	368566	198585136	165681186	2729445	2078054
农副食品加工业	2294	6032840	5149170	92882	28422
食品制造业	633	1826165	1416853	22351	7304
饮料制造业	5503	851599	625993	50758	17411
烟草制品业		2205334	693028	869188	284448
纺织业	2044	5426652	4661418	24315	15973
纺织服装、鞋、帽制造业	1690	5376322	4564776	32369	15337
皮革、毛皮、羽毛(绒)及其制品业		1896442	1631541	21403	2829
木材加工及木、竹、藤、棕、草制品业	4791	2070223	1735108	18431	4690
家具制造业	53	3122946	2666642	23102	8708
造纸及纸制品业	5774	3941332	3514210	26886	19744
印刷业和记录媒介的复制	17022	2559193	2205181	16372	29117
文教体育用品制造业	2969	1698322	1471194	54651	9320
石油加工、炼焦及核燃料加工业		16147705	15547451	302101	112410
化学原料及化学制品制造业		9162005	7652271	88326	95619
医药制造业	9938	2284889	1583455	16049	7569
化学纤维制造业	1042	800669	785265	1994	2009
橡胶制品业	108	939356	824394	4835	19462
塑料制品业	3412	7973645	6857483	86748	98879
非金属矿物制品业	41311	11210517	9589101	117516	37592
黑色金属冶炼及压延加工业		5893805	5380527	64004	28278
有色金属冶炼及压延加工业	7144	8069041	7178708	103630	50018
金属制品业	2433	10740204	9327515	150601	48220
通用设备制造业	1240	5001640	4323172	62472	59267
专用设备制造业	48450	3981122	3087526	38222	52040
交通运输设备制造业	4144	4659299	4038730	47953	109799
电气机械及器材制造业	131527	35645004	30257709	164362	635797
通信设备、计算机及其他电子设备制造业	63311	31693564	22470480	163073	254078
仪器仪表及文化、办公用机械制造业		1251404	953762	6080	14417
工艺品及其他制造业	4455	3828750	3473900	27071	4234
废弃资源和废旧材料回收加工业	7280	2295146	2014625	31699	5066
电力、燃气及水的生产和供应业	67867	7950194	6645281	59832	171909
电力、热力的生产和供应业	66534	6976905	5873076	53897	154472
燃气生产和供应业		431119	374301	2620	3073
水的生产和供应业	1333	542170	397904	3315	14365

单位：万元

其他业务利润	营业费用	管理费用	税金	财务费用	利息支出	营业利润	投资收益
618769	**7597179**	**9382818**	**254982**	**2555294**	**1794407**	**11826137**	**98907**
41138	352787	1093548	39465	344580	393661	-808954	-57963
207285	3693594	3559611	120037	641529	467205	4813129	59010
411484	3903585	5823207	134945	1913765	1327202	7013008	39897
331260	3706574	3319111	29849	1297381	606352	2618398	143231
143186	1779136	2400334	74519	609087	592589	3941856	-85167
144323	2111469	3663374	150614	648826	595466	5265883	40843
1616	66007	87864	3989	22108	18034	472354	2995
		114				-24	26
525	29181	42873	1720	16963	14104	204993	537
847	11593	28267	1415	3147	2645	209569	570
243	25233	16611	854	1998	1285	57816	1862
499110	7499550	9054980	237816	2085166	1253775	10688335	-85821
13142	86935	143267	7999	58812	51531	478837	15612
2472	108635	81705	4013	12833	11123	124283	259
1567	57062	44427	2120	14515	14291	51520	4361
14001	69470	221777	4021	-3284	-3469	364353	4042
6420	113696	199075	9278	49248	33473	282512	-427
2605	197587	244992	8218	24013	16238	274847	-4725
1256	53072	102020	3872	9987	7265	76719	-161
1298	38831	65442	3034	17791	10229	173265	110
5202	108122	143528	4113	15906	12030	159825	-1843
2974	72344	147061	8401	36413	30494	151108	-11883
7665	52913	121020	5301	21144	17920	152620	-107
1899	40044	72241	3311	10267	6078	74724	-158
10950	43283	224237	3044	89793	85800	-89103	-66138
13171	291725	399881	16665	77599	57134	586865	32389
3173	270952	179312	6719	35933	34810	245402	25089
1850	7162	25484	2082	11242	14096	-30102	-240
6865	26698	58694	2438	17309	17843	29000	1901
20619	173264	283811	11919	73963	56108	415829	25344
16835	329190	422880	16935	81887	68395	662465	435
518	52352	127414	6803	64774	120103	150434	1465
11159	127166	215591	10596	52530	40979	560236	-77886
15153	233245	423519	17090	73566	61376	631974	-33610
14766	124664	221951	9008	41591	30196	263299	1330
17573	193154	267984	9491	32598	25273	319477	6650
25950	107674	263395	8849	26246	46878	208568	5490
120934	1939433	1335758	26337	261224	162527	2009421	-47463
151315	2378224	2733753	18081	848274	195272	1918420	70042
6534	72371	123169	2312	11384	10139	108104	-5285
436	88688	107780	3674	18009	15037	114018	-828
810	41594	53812	2092	-402	4607	219415	-29585
118044	31623	239974	13177	448021	522598	665448	181733
110200	6227	165456	9868	406884	484156	593704	181143
538	8362	10299	534	4752	4314	34615	503
7306	17034	64220	2775	36385	34127	37129	86

1-5 续表 3

项　　目	补贴收入	营业外收入	营业外支出	利润总额	应交所得税
总　　计	**244848**	**481985**	**2920731**	**9620062**	**1430835**
总计中：亏损企业	12529	98530	672317	-1432601	3250
一、按轻重工业分组					
轻工业	60967	156254	675997	4391686	618983
重工业	183881	325731	2244735	5228376	811852
二、按企业规模分组					
大型企业	59493	135339	1062902	1882990	485740
中型企业	62255	169853	870910	3194459	416745
小型企业	123101	176793	986920	4542613	528350
三、按工业行业大类分组					
采掘业	56	575	84142	389296	65132
煤炭开采和洗选业					
石油和天然气开采业			2		
黑色金属矿采选业		156	16053	188980	39145
有色金属矿采选业	36	299	65158	145286	22912
非金属矿采选业	20	119	2929	55030	3075
其他采矿业					
制造业	185832	414384	2764438	8391248	1250220
农副食品加工业	16405	5213	161621	350529	28480
食品制造业	1320	3144	23335	105150	12609
饮料制造业	1909	3303	10548	48773	8495
烟草制品业		229	6641	361983	91787
纺织业	1461	5559	32355	256179	38059
纺织服装、鞋、帽制造业	1908	3205	32078	243151	38020
皮革、毛皮、羽毛(绒)及其制品业	3792	423	4111	76112	6696
木材加工及木、竹、藤、棕、草制品业	11102	1602	23063	162962	23242
家具制造业	749	1344	12956	146845	14499
造纸及纸制品业	939	6535	27267	119249	16833
印刷业和记录媒介的复制	1473	2020	14424	141438	19227
文教体育用品制造业	529	1815	5998	70911	8855
石油加工、炼焦及核燃料加工业		30480	313480	-438241	6679
化学原料及化学制品制造业	6272	21205	46793	596176	55044
医药制造业	4375	21427	58061	235689	38086
化学纤维制造业	33	1378	1934	-30890	1271
橡胶制品业	266	3461	8044	26553	3508
塑料制品业	4069	4502	75427	374127	40954
非金属矿物制品业	5198	12532	47078	633302	63019
黑色金属冶炼及压延加工业	160	11915	161921	2022	12045
有色金属冶炼及压延加工业	2827	20676	274485	229829	22348
金属制品业	3529	18331	84594	533516	57439
通用设备制造业	5260	14728	62373	220251	27952
专用设备制造业	11082	22749	25217	334111	42113
交通运输设备制造业	50119	31590	24936	264441	32085
电气机械及器材制造业	18197	69925	273825	1774549	236328
通信设备、计算机及其他电子设备制造业	22582	70642	785070	1279340	274276
仪器仪表及文化、办公用机械制造业	7987	21824	7565	124521	11167
工艺品及其他制造业	1406	2438	7538	109464	13217
废弃资源和废旧材料回收加工业	885	192	151701	39206	5885
电力、燃气及水的生产和供应业	58960	67026	72151	839518	115484
电力、热力的生产和供应业	58179	63660	70252	764991	95845
燃气生产和供应业	140	59	379	34940	7786
水的生产和供应业	640	3307	1521	39587	11852

单位：万元

亏损企业亏损总额	利税总额	本年应付工资总额	本年应付福利费总额	本年应交增值税	本年进项税额	本年销项税额	全部从业人员年平均人数（人）
1432601	**21180295**	**13978366**	**1445926**	**8729869**	**20491589**	**25035592**	**4251305**
1432601	870778	1503792	153438	1826655	3092746	4498591	544222
272512	9230462	6435629	617559	3293763	8480833	10111006	2297093
1160090	11949833	7542737	828368	5436106	12010756	14924586	1954212
845211	6007039	3549153	414566	3167726	5319958	6585103	520745
220897	6070794	3916383	389133	1926449	5852530	7151211	1107021
366494	9102462	6512830	642228	3635695	9319101	11299277	2623539
3143	554939	85179	10386	124556	59106	172263	30270
	35	346					90
992	261577	27167	2307	61439	23434	76440	9103
1787	200390	36556	4698	46509	14843	60639	11067
363	92937	21110	3381	16607	20829	35184	10010
1300489	19189675	13578161	1386281	8068982	20030289	24018675	4179023
17465	619679	189406	17799	176267	431594	493467	69472
9175	204392	155113	13692	76891	185613	236353	55879
6678	142615	52889	5711	43084	90520	130421	19605
1106	1504649	100918	8129	273478	270613	535469	6445
23900	481059	501994	53306	200565	558153	664808	212870
10078	486389	657554	60845	210870	515278	648398	271915
6281	155415	280109	17315	57900	193168	220249	128883
4559	250635	127919	11631	69242	214501	274474	43058
8005	314197	341239	32411	144249	334823	357885	120901
39330	284067	258963	27177	137932	460618	552583	106393
14629	262041	238510	23563	104231	291288	362831	90669
3201	175878	179435	17503	50315	136934	152366	78926
582117	1145197	205585	11083	1281337	1397865	2576020	22170
22312	1007108	457004	53057	322607	1033170	1256834	136633
17190	378284	217425	24318	126545	222098	525401	47692
42996	-1787	24514	3255	27110	94948	113860	11239
5694	60257	89374	12269	28870	101832	110503	28633
15529	723429	585116	57320	262554	886665	1013208	225490
31806	1195328	795235	88304	444509	1096612	1444751	291486
205023	265063	149184	35615	199037	665044	817791	48660
31580	543885	255136	28133	210426	903855	1017114	76835
19642	1099048	835112	93307	414932	1269503	1469152	320494
15666	479569	373551	40360	196845	554167	654822	131686
15766	548964	403471	37933	176631	390539	478040	127911
25633	561580	462694	35044	249186	607576	605051	122370
40562	3133838	2221295	206439	1194926	3238875	3560519	669715
63998	2659208	2978860	314190	1216795	3059154	2826891	554632
5688	176715	152919	10787	46115	134957	162685	46993
5289	194660	210383	22172	58125	451962	486430	92296
9590	138315	77257	23615	67409	238363	270301	19072
128970	1435681	315026	49259	536332	402194	844654	42012
111595	1314522	252829	42141	495633	356506	762359	26876
2059	54947	9651	1229	17388	32422	48196	2253
15316	66213	52546	5890	23311	13266	34099	12883

1-6 规模以上私营工业

项 目	企业单位数(个)	亏损企业	工业总产值(当年价格)	工业销售产值(当年价格)	出口交货值
总 计	**21658**	**2974**	**107050765**	**103219617**	**13025182**
总计中：亏损企业	2974	2974	8497727	8131743	1020620
一、按登记注册类型分组					
私营独资企业	5663	381	21562396	20941101	2098971
私营合伙企业	772	96	2779500	2670750	235903
私营有限责任公司	14773	2430	78858678	75897325	10007013
私营股份有限公司	450	67	3850191	3710440	683294
二、按轻重工业分组					
轻工业	12098	1469	53732122	52053741	8961763
重工业	9560	1505	53318644	51165876	4063419
三、按企业规模分组					
大型企业	12		1815327	1790175	391946
中型企业	962	71	28888626	27454373	5029026
小型企业	20684	2903	76346812	73975070	7604210
四、按工业行业大类分组					
采掘业	249	23	1285653	1219282	7760
煤炭开采和洗选业					
石油和天然气开采业	1		691	691	
黑色金属矿采选业	55	8	507956	490667	6348
有色金属矿采选业	26	1	183538	175481	302
非金属矿采选业	167	14	593468	552442	1109
其他采矿业					
制造业	21315	2937	105504757	101744194	13012340
农副食品加工业	356	47	3210368	3146205	139902
食品制造业	346	45	1148057	1115240	89648
饮料制造业	69	7	240660	234663	3918
烟草制品业	3		39915	38028	
纺织业	1318	105	5264460	5103796	618035
纺织服装、鞋、帽制造业	1409	157	5970365	5843688	1093648
皮革、毛皮、羽毛(绒)及其制品业	671	93	1897677	1853552	366059
木材加工及木、竹、藤、棕、草制品业	354	48	1415938	1355258	148351
家具制造业	601	90	2735492	2662641	677703
造纸及纸制品业	927	145	3666741	3545706	116124
印刷业和记录媒介的复制	746	118	1856845	1793291	84217
文教体育用品制造业	335	35	1126443	1069130	304394
石油加工、炼焦及核燃料加工业	36	3	1494221	1454901	0
化学原料及化学制品制造业	1126	129	5732446	5556001	307702
医药制造业	92	21	346638	329747	6813
化学纤维制造业	30	4	216042	208558	6966
橡胶制品业	212	30	584784	555902	47923
塑料制品业	1842	237	7032046	6796324	731317
非金属矿物制品业	1230	175	7576114	7228381	632301
黑色金属冶炼及压延加工业	202	17	2746110	2650052	11082
有色金属冶炼及压延加工业	357	40	5046456	4843497	304173
金属制品业	2308	265	10197718	9904030	1685662
通用设备制造业	876	118	3877314	3749725	313277
专用设备制造业	749	132	2481259	2393596	190708
交通运输设备制造业	460	76	2904729	2801334	651786
电气机械及器材制造业	2273	344	13025589	12514246	1995115
通信设备、计算机及其他电子设备制造业	1596	326	7619177	7111357	1822976
仪器仪表及文化、办公用机械制造业	182	32	772716	744847	169362
工艺品及其他制造业	512	74	3411421	3312682	490760
废弃资源和废旧材料回收加工业	97	24	1867015	1827817	2421
电力、燃气及水的生产和供应业	94	14	260356	256142	5082
电力、热力的生产和供应业	46	6	127119	122995	4812
燃气生产和供应业	24	2	95857	96267	270
水的生产和供应业	24	6	37379	36880	

企业主要经济指标

单位：万元

工业增加值	资产总计	流动资产合计	#应收帐款	#存货	产成品	流动资产年平均余额	固定资产合计	固定资产原价
28657369	**53563792**	**32669703**	**9585623**	**9638433**	**3771269**	**30153358**	**16770189**	**25792615**
2231327	5650841	3688009	928523	1352242	536562	3394627	1522813	2106617
5855595	8744418	5013492	1667432	1215702	474333	4713681	3127837	4748491
756913	1214778	725957	240757	191750	67965	651668	426685	653819
21027584	40669817	25037144	7208578	7747256	3038331	22961744	12600071	19594866
1017277	2934780	1893110	468855	483726	190640	1826266	615596	795439
14971160	25416037	15493926	4451092	4749818	1874616	14349010	8166283	12341255
13686208	28147755	17175776	5134530	4888615	1896653	15804348	8603906	13451360
455999	1375703	830743	209470	253196	85110	787365	353733	584522
7605010	15039586	9410650	2560807	2958468	1259485	8713346	4216135	6318316
20596360	37148502	22428310	6815346	6426769	2426674	20652648	12200321	18889777
526551	529538	257153	46535	54197	33615	234950	207174	256664
310	460	207	82			193	32	56
255284	207427	117276	14894	17709	8621	102324	49189	60510
92943	102177	49955	7781	10395	5014	47762	40473	49923
178014	219473	89715	23778	26093	19980	84672	117481	146175
28037138	52422817	32255705	9506594	9571600	3732800	29769670	16210791	25106302
735885	1412225	786777	149282	229880	98799	751039	459621	675897
402654	713165	431647	113653	133992	47465	386075	210660	313077
77891	185955	87829	21123	36781	17539	84176	82875	121145
9091	93426	43415	4718	866	725	39459	37255	47770
1430499	2761314	1361450	342015	380269	150221	1287924	1240203	1862493
1814370	2546918	1670793	402629	557919	250964	1577933	733268	1072070
587898	784886	523902	148448	147449	36523	471298	225616	341978
365071	686656	387407	70772	176559	83952	365287	254903	347628
747538	1143925	715422	159956	235529	82518	634700	339736	469136
957720	1795288	1086719	385478	282648	98274	1000117	617646	978330
575317	1356856	777872	292392	190602	54085	733031	508166	747807
323564	560108	301008	67875	102406	30633	281828	214435	301582
256712	641914	323997	38836	79281	23345	294869	238713	398502
1804973	3480427	2164263	671097	660878	251506	2000572	937886	1503116
116529	318682	172459	32005	41192	12817	160609	105402	151474
48505	91212	50300	11493	16225	7305	47791	38168	57727
169009	342599	181277	65546	41769	14664	167653	126478	171428
1867755	3487081	2068222	734584	571680	196840	1944352	1201232	1852786
2316732	4526644	2057240	508433	704308	324403	1936689	2156488	3516329
511125	907606	471204	104727	109437	58241	414529	375284	590399
1201283	1677154	911588	212065	251864	97354	884030	636152	1256021
2701300	4366611	2700679	874211	745302	257931	2477951	1403717	2294576
915076	2028772	1362284	427198	333642	129628	1280300	504341	737501
790442	1708835	1090514	321487	375526	119407	1007437	463061	688601
757356	1620738	1133893	301681	365088	146840	1012750	362280	559850
3341885	6008585	4200370	1482362	1163230	452961	3749434	1343741	2067563
1652625	4618040	3354370	1117537	1001314	361599	3155792	894123	1256031
236487	793895	577629	136368	148933	43183	491967	134432	181183
833685	1214206	892243	216600	388567	233705	797464	238468	308284
488160	549095	368935	92026	98464	49374	332613	126441	236017
93680	611437	156845	32494	12637	4854	148738	352223	429649
47531	433199	85046	18710	6562	3658	82702	256691	304241
27916	51295	27037	4358	2861	927	27992	20551	21904
18233	126943	44762	9426	3213	269	38044	74981	103504

1-6 续表 1

项　目	累计折旧	固定资产净　值	固定资产净值年平均余额	负债合计	流动负债合　计
总　计	**10521462**	**15271154**	**15280882**	**32476387**	**28913293**
总计中：亏损企业	768247	1338370	1299488	4398939	3903439
一、按登记注册类型分组					
私营独资企业	1963847	2784644	2739130	4747576	4009792
私营合伙企业	263235	390584	407778	696158	590821
私营有限责任公司	8029594	11565272	11599473	25481673	22980080
私营股份有限公司	264785	530654	534501	1550980	1332600
二、按轻重工业分组					
轻工业	4958234	7383022	7280384	15107255	13452500
重工业	5563228	7888132	8000498	17369132	15460792
三、按企业规模分组					
大型企业	257375	327148	350125	749668	567249
中型企业	2603823	3714494	3815581	9452905	8441379
小型企业	7660264	11229513	11115177	22273815	19904665
四、按工业行业大类分组					
采掘业	62860	193804	190709	246213	190007
煤炭开采和洗选业					
石油和天然气开采业	25	32	36	182	182
黑色金属矿采选业	12948	47562	42625	102715	93634
有色金属矿采选业	10334	39589	40301	46396	25455
非金属矿采选业	39553	106622	107747	96920	70736
其他采矿业					
制造业	10362110	14744192	14755476	31829593	28460029
农副食品加工业	255628	420269	407391	851985	732637
食品制造业	116027	197050	187420	418209	381083
饮料制造业	54536	66610	64240	90553	75071
烟草制品业	11295	36475	27207	30410	9297
纺织业	735054	1127439	1093411	1496591	1319580
纺织服装、鞋、帽制造业	393556	678514	651566	1443858	1272535
皮革、毛皮、羽毛(绒)及其制品业	133052	208926	207047	490494	439951
木材加工及木、竹、藤、棕、草制品业	104746	242882	259440	395055	350787
家具制造业	179056	290080	300312	655443	596630
造纸及纸制品业	397987	580343	567073	1151472	1046389
印刷业和记录媒介的复制	289599	458209	465767	841416	735550
文教体育用品制造业	108286	193296	183107	295845	255589
石油加工、炼焦及核燃料加工业	166491	232011	235675	565101	552419
化学原料及化学制品制造业	624454	878662	867871	1920202	1667019
医药制造业	60716	90758	96118	175487	147988
化学纤维制造业	21751	35976	36416	49073	40595
橡胶制品业	51807	119621	98419	232288	179815
塑料制品业	750150	1102636	1095285	2057065	1829223
非金属矿物制品业	1502153	2014176	2090055	2694072	2392295
黑色金属冶炼及压延加工业	238266	352133	358700	470266	434084
有色金属冶炼及压延加工业	698778	557244	582380	1081095	967120
金属制品业	1065040	1229535	1216135	2677424	2388297
通用设备制造业	321857	415643	438320	1296266	1172464
专用设备制造业	272830	415770	411683	1026127	911317
交通运输设备制造业	240391	319460	319122	1188431	1094697
电气机械及器材制造业	866754	1200809	1223760	3870864	3514810
通信设备、计算机及其他电子设备制造业	438464	817567	824415	2761720	2562285
仪器仪表及文化、办公用机械制造业	58001	123182	115441	425047	368938
工艺品及其他制造业	86340	221944	216884	742668	663096
废弃资源和废旧材料回收加工业	119046	116971	114819	435065	358469
电力、燃气及水的生产和供应业	96492	333157	334698	400581	263257
电力、热力的生产和供应业	54828	249413	252050	281381	180960
燃气生产和供应业	6300	15604	15920	22502	20164
水的生产和供应业	35364	68140	66727	96698	62133

单位：万元

应付账款	长期负债合　计	所有者权益合计	实收资本	国家资本	集体资本	法人资本	个人资本	港澳台资本
9273950	**2638636**	**21087405**	**9519419**	**16370**	**67344**	**3665521**	**5616119**	**97153**
1235628	364594	1251903	1214090	3275	29492	443324	714326	15133
1306373	464679	3996842	1707078	6342	8277	626178	1007573	39739
212992	66630	518620	207748	3421	3071	58678	137664	4782
7370004	1903838	15188143	6930339	6607	47906	2766017	4025804	48628
384581	203490	1383800	674253		8091	214649	445078	4003
4227927	1190020	10308782	4672049	6964	13975	1932025	2620144	70888
5046022	1448616	10778623	4847370	9406	53370	1733496	2995975	26265
150231	178819	626036	229086			41840	172458	
2610013	712032	5586681	2137578	1000	10754	968489	1115092	12489
6513706	1747786	14874688	7152755	15370	56590	2655192	4328570	84663
65785	50090	283325	171001	947	1100	73460	94983	512
34		278	300				300	
19964	8366	104712	54291	410		26230	27139	512
18033	18596	55781	47923	537		26804	20581	
27755	23128	122553	68488		1100	20426	46962	
9171736	2457420	20593224	9236635	9791	64702	3540244	5471866	93121
167791	77513	560240	273703		2345	162007	107221	33
116242	32041	294956	179080	60	30	71663	106669	225
15229	13914	95402	55436		131	25374	29931	
3533	20059	63017	25370			22170	3200	
354804	145021	1264723	545506	3533	1708	172968	329615	35186
364964	94908	1103060	445587		1010	184649	252277	5968
143029	37341	294392	137591	28	1315	44634	91091	522
88449	35063	291600	120265	120	227	48781	71138	
178889	43926	488482	232097		203	88118	141199	2525
344109	78501	643816	247465		465	81586	159931	5483
249282	86167	515439	293064	728	415	101568	174410	3476
90242	21683	264263	105103	100	248	50485	51535	1145
75741	10362	76813	28339			9905	18434	
505149	213634	1560225	680358	1275	3258	160118	515207	500
25022	14184	143195	79283	800		41221	37262	
9553	7901	42139	28474		1000	15422	11010	
71630	45820	110311	51302		336	27200	23648	
587413	145586	1430017	639567	82	8916	297248	328454	2659
668716	235060	1832572	789571	820	5390	248078	527071	7499
89398	21633	437340	144260			58388	85772	100
236996	81764	596059	178311	100	368	76138	100036	1670
711269	191849	1689187	635876	150	1503	308114	319343	6127
361765	88776	732506	315641	70	767	111536	200808	2460
285005	82861	682708	324141	1000	2333	102739	216671	1398
318360	82402	432307	238469	157	486	119024	114843	158
1416670	217991	2137721	984966	297	4125	374676	595475	9378
1255672	146531	1856320	999256	452	27786	349328	602162	4313
132548	49174	368848	161148	20	337	69424	90523	844
111628	60751	471538	244844			96122	143386	1280
192637	75005	114030	52565			21562	23546	173
36428	131126	210856	111782	5631	1543	51818	49271	3520
16485	94543	151818	75730	1172	1543	32686	40329	
4209	2080	28793	9373	3000		4727	1646	
15734	34504	30244	26679	1459		14405	7295	3520

1-6 续表 2

项　　目	外商资本	主营业务收　　入	主营业务成　　本	主营业务税金及附加	其他业务收　　入
总　　计	**56911**	**103291094**	**88337592**	**756294**	**399506**
总计中：亏损企业	8540	8142711	7428350	68384	45617
一、按登记注册类型分组					
私营独资企业	18970	20744963	17626637	200551	35841
私营合伙企业	132	2652759	2262125	15706	4068
私营有限责任公司	35378	75958070	65256436	494502	337741
私营股份有限公司	2431	3935302	3192394	45535	21856
二、按轻重工业分组					
轻工业	28054	51862701	44314244	338769	210311
重工业	28858	51428393	44023348	417526	189195
三、按企业规模分组					
大型企业	14788	1943220	1549973	25640	9527
中型企业	29753	27270372	23035943	191977	148708
小型企业	12371	74077503	63751676	538677	241270
四、按工业行业大类分组					
采掘业		1219968	934109	32882	8329
煤炭开采和洗选业					
石油和天然气开采业		691	566	35	
黑色金属矿采选业		489398	370406	7817	7074
有色金属矿采选业		175440	129828	3494	44
非金属矿采选业		554439	433309	21536	1210
其他采矿业					
制造业	56911	101815852	87202774	721051	387972
农副食品加工业	2098	3113457	2716524	31708	12144
食品制造业	433	1109563	902729	6315	2968
饮料制造业		236724	179747	13053	2616
烟草制品业		37120	26584	104	2456
纺织业	2496	5075641	4325901	25395	7594
纺织服装、鞋、帽制造业	1684	5728908	4823211	32166	12630
皮革、毛皮、羽毛(绒)及其制品业		1853054	1614503	10289	2147
木材加工及木、竹、藤、棕、草制品业		1373894	1173961	15262	743
家具制造业	53	2665119	2293464	14730	6159
造纸及纸制品业		3553894	3161159	25981	8011
印刷业和记录媒介的复制	12467	1789431	1554464	7771	13116
文教体育用品制造业	1589	1087388	900096	5759	1864
石油加工、炼焦及核燃料加工业		1449774	1251734	1810	9074
化学原料及化学制品制造业		5665085	4696580	59359	25646
医药制造业		321262	245744	1877	1385
化学纤维制造业	1042	207770	176925	1446	214
橡胶制品业	119	565285	489663	3374	4344
塑料制品业	2208	6840986	5758226	55025	9060
非金属矿物制品业	713	7249725	6142807	73989	16812
黑色金属冶炼及压延加工业		2747214	2367431	21328	3145
有色金属冶炼及压延加工业		4804667	4191112	38933	6356
金属制品业	640	9889949	8535290	66436	27755
通用设备制造业		3705011	3202990	20902	13959
专用设备制造业		2379013	1967995	20890	22144
交通运输设备制造业	3801	2765846	2418496	30744	38791
电气机械及器材制造业	1016	12553474	10777311	63077	89020
通信设备、计算机及其他电子设备制造业	15214	7198504	6207640	23274	34470
仪器仪表及文化、办公用机械制造业		721653	563744	3243	10094
工艺品及其他制造业	4056	3309614	2981114	26682	2219
废弃资源和废旧材料回收加工业	7285	1816830	1555629	20132	1036
电力、燃气及水的生产和供应业		255275	200708	2362	3205
电力、热力的生产和供应业		121185	91230	1420	227
燃气生产和供应业		96085	84234	320	1578
水的生产和供应业		38004	25244	622	1400

单位：万元

其他业务利润	营业费用	管理费用	税金	财务费用	利息支出	营业利润	投资收益
122787	**2716485**	**4066473**	**158060**	**634454**	**456793**	**6215858**	**-140265**
9339	215613	419741	11713	74699	62058	-43527	-29248
16703	515594	712715	40685	101942	67074	1462710	-8161
2022	72383	100691	5703	13739	8909	148301	-288
97673	1995610	3083384	105172	477171	343370	4251547	-141468
6389	132898	169683	6500	41601	37440	353300	9652
51748	1499115	2012610	83716	310637	216114	2849579	794
71039	1217371	2053864	74344	323817	240679	3366279	-141059
2788	122006	97859	1612	19462	18438	144149	-11986
31656	811915	1056630	29354	215530	172737	1890141	-132363
88343	1782565	2911985	127095	399463	265618	4181568	4084
1019	52340	41453	2708	9043	6095	147216	4326
		114				-24	26
559	18737	15219	1312	4475	3437	78042	670
35	7624	8287	260	1333	631	14753	597
426	25980	17834	1136	3236	2028	54445	3033
120813	2656661	4009310	154710	611853	442180	6048261	-151623
4532	52804	72525	3632	25287	20322	200176	9509
2107	54671	51363	1924	8780	7030	65813	243
366	12398	13801	764	2469	2178	15554	11
1183	718	1616	23	557	431	3921	
2439	102916	167804	8809	32822	17045	295891	966
2861	210366	256417	8444	25230	16497	314501	1549
1180	40161	85267	3732	8675	5149	89901	-184
285	29658	47700	2452	10849	5448	98074	477
2625	104823	122863	4393	15505	11384	121013	-1904
2825	63718	112167	5212	19546	14369	168644	-2185
3213	36447	84597	3304	12198	10332	91603	132
645	28846	49188	1813	7248	3948	58552	-67
4068	17660	19624	442	19795	13503	134635	-65812
5295	180575	234047	7996	43160	28738	374855	27522
1144	18596	22100	1256	3221	2445	28652	-38
161	3426	8933	1022	1313	1210	14805	2
1913	12040	35451	901	3769	2993	35983	216
3383	160022	241275	11715	42777	26895	412675	4250
8855	210717	290168	12448	44622	34126	436822	-36
727	40719	49505	1685	7960	4854	230741	-266
2704	87447	136213	7859	23399	20646	413811	-40462
12174	239018	388401	20104	50637	39099	606309	-14617
4672	82498	142422	6448	21988	16749	223188	-449
10200	85635	140140	4429	15271	11160	129417	3861
10069	76001	112787	5234	22481	14757	115097	-3461
12440	369751	504069	12583	78253	57366	698512	-52118
12387	180178	411438	9741	36063	25224	291450	13736
5124	40143	68204	1301	7851	7526	61152	-6797
872	82341	96164	3315	19186	16383	104947	-339
367	32371	43063	1731	942	4378	211572	-25364
955	7484	15710	643	13558	8518	20380	7032
91	2573	7983	185	8855	4687	13768	6481
422	3759	2775	284	550	524	4061	503
442	1152	4952	174	4154	3306	2551	48

1-6 续表 3

项 目	补贴收入	营业外收入	营业外支出	利润总额	应交所得税
总 计	**72451**	**102638**	**994683**	**5234886**	**539605**
总计中：亏损企业	5055	9019	167796	-227937	5405
一、按登记注册类型分组					
私营独资企业	6402	16010	216734	1254447	129421
私营合伙企业	666	1806	31364	119002	12049
私营有限责任公司	55360	71778	687119	3535048	365626
私营股份有限公司	10023	13044	59466	326391	32509
二、按轻重工业分组					
轻工业	26151	41061	356536	2549747	301988
重工业	46301	61578	638147	2685139	237617
三、按企业规模分组					
大型企业	2430	5570	10908	129256	10474
中型企业	28507	40700	438264	1385107	140090
小型企业	41514	56368	545511	3720524	389041
四、按工业行业大类分组					
采掘业	45	388	12355	135907	9272
煤炭开采和洗选业					
石油和天然气开采业			2		
黑色金属矿采选业		86	6272	71872	5439
有色金属矿采选业	25	119	95	15369	720
非金属矿采选业	20	183	5986	48666	3113
其他采矿业					
制造业	72263	101953	981645	5071857	527884
农副食品加工业	8232	2082	46292	170039	15642
食品制造业	738	1588	11011	57342	8584
饮料制造业	45	232	1989	13852	1708
烟草制品业			2	3919	13
纺织业	1082	2592	26114	273806	32361
纺织服装、鞋、帽制造业	1289	2471	43928	275843	43042
皮革、毛皮、羽毛(绒)及其制品业	929	538	12974	77708	8006
木材加工及木、竹、藤、棕、草制品业	6177	1402	18432	87237	9468
家具制造业	1108	1248	8894	111948	11853
造纸及纸制品业	408	3942	12712	158011	17185
印刷业和记录媒介的复制	597	1620	6014	87747	11411
文教体育用品制造业	115	685	4603	54681	5246
石油加工、炼焦及核燃料加工业		57	1486	67395	1591
化学原料及化学制品制造业	4739	7179	27715	386378	32668
医药制造业	343	234	3430	25761	2681
化学纤维制造业	27	131	2877	12062	1718
橡胶制品业	161	501	5885	30946	2735
塑料制品业	4166	2747	53619	369045	37321
非金属矿物制品业	1903	8047	27341	419153	36499
黑色金属冶炼及压延加工业	74	570	63678	167426	9065
有色金属冶炼及压延加工业	1724	2219	162003	213784	15340
金属制品业	2333	12006	61219	543372	57222
通用设备制造业	2381	6182	7547	222779	19860
专用设备制造业	4710	3329	13941	126813	14675
交通运输设备制造业	4406	4585	20535	97943	9238
电气机械及器材制造业	7356	8734	161526	499658	70180
通信设备、计算机及其他电子设备制造业	9807	13559	17768	310209	32245
仪器仪表及文化、办公用机械制造业	6680	11141	6418	65214	4453
工艺品及其他制造业	689	2231	6925	100202	11438
废弃资源和废旧材料回收加工业	44	103	144768	41587	4439
电力、燃气及水的生产和供应业	143	297	684	27122	2449
电力、热力的生产和供应业	110	98	232	20225	1640
燃气生产和供应业	11	0	190	4386	382
水的生产和供应业	23	199	262	2512	427

单位：万元

亏损企业亏损总额	利税总额	本年应付工资总额	本年应付福利费总额	本年应交增值税	本年进项税额	本年销项税额	全部从业人员年平均人数(人)
227937	**9497486**	**7885157**	**747149**	**3506305**	**10855689**	**12642773**	**3031618**
227937	61566	746588	68702	221119	976322	1050468	339483
30622	2292060	1661316	185021	837063	1838354	2316764	637309
3354	237308	209386	19340	102601	263208	308896	84981
186946	6482880	5723837	514619	2453331	8343868	9537405	2221970
7015	485237	290619	28169	113311	410259	479709	87358
112947	4720022	4467320	429177	1831507	5441121	6285931	1802956
114990	4777463	3417837	317972	1674798	5414567	6356842	1228662
	189200	211296	19465	34304	202131	212612	40263
27904	2306820	2111591	180001	729735	2924431	3207693	652242
200033	7001466	5562271	547683	2742265	7729127	9222468	2339113
							2086
1311	241681	51651	9303	72892	57112	108137	20859
	35	346					90
646	115700	11973	1742	36011	16147	38670	5650
85	32512	9081	890	13649	8126	21249	3127
581	93434	30252	6671	23232	32839	48217	11992
223960	9217630	7819063	736486	3424721	10778438	12508362	3005240
13546	298501	111412	10342	96754	202348	236264	40771
5462	112030	85267	8955	48374	105145	134632	41678
639	37301	22635	2132	10397	33077	41836	9373
	4748	784	56	725	3200	3918	363
5537	471019	454211	48568	171819	495795	597996	195732
9254	518077	669751	66623	210068	535348	678533	287268
6533	135542	263173	15798	47545	193864	219717	122255
3634	148923	83407	7530	46425	112689	145602	38166
4718	224926	295402	24607	98248	265161	291258	102486
8749	314672	226932	24384	130681	402228	484967	95767
7988	163430	177465	15554	67913	207882	254703	70892
2801	94335	126163	9514	33895	108049	121064	58663
2856	83951	9824	3066	14747	117839	126080	2758
12499	650404	280589	29244	204667	583164	721425	93408
3002	44295	25023	1818	16657	24984	35606	10399
2264	20195	15094	1532	6687	22996	27786	5908
1203	57551	46907	3887	23231	58843	72546	20050
12816	643388	510276	48113	219318	722685	838899	204800
14729	767256	519601	59148	274114	720994	910334	210145
2380	258721	68499	6777	69967	268152	319080	24293
5626	379136	156478	23554	126418	541363	601979	51876
14471	989661	765770	89838	379853	1192304	1385341	298264
6832	387287	283438	26053	143606	339160	410752	98037
7115	245938	224554	18765	98236	245863	307271	85216
5858	271098	224405	19247	142412	375481	369634	73843
27521	982757	967717	89751	420022	1445296	1606594	352255
23613	521448	892221	48619	187965	826943	872537	283256
1341	95611	85381	5279	27154	75370	90416	28706
4520	178578	175267	20573	51694	388462	419481	82084
6452	116852	51419	7161	55132	163754	182110	16528
2666	38175	14443	1360	8692	20139	26275	5519
1185	26298	8119	719	4654	9745	12920	2899
193	6783	2219	264	2077	8865	10206	850
1288	5094	4105	377	1961	1529	3148	1770

1-7 规模以上“三资”

项目	企业单位数(个)	亏损企业	工业总产值(当年价格)	工业销售产值(当年价格)	出口交货值
总计	**20258**	**6295**	**377957172**	**366273428**	**196730102**
总计中：亏损企业	6295	6295	62463905	60309074	32073415
一、按登记注册类型分组					
港澳台投资企业	14141	4446	186908772	180847094	93119567
合资经营企业(港或澳台资)	2314	586	42024974	40308177	12987142
合作经营企业(港或澳台资)	794	180	9640638	9593568	3535695
港澳台商投资企业	10889	3641	131496703	127218140	75360976
港澳台商投资股份有限公司	144	39	3746457	3727210	1235754
外商投资企业	6117	1849	191048400	185426333	103610535
中外合资经营企业	1359	333	59003478	57279348	17565293
中外合作经营企业	345	80	4489605	4352705	2360841
外资企业	4299	1400	123395641	119640710	81349296
外资投资股份有限公司	114	36	4159676	4153571	2335105
二、按控股情况分组					
国有控股企业	289	73	38271084	37649775	8466204
三、按轻重工业分组					
轻工业	11542	3664	142061729	136799187	70882251
重工业	8716	2631	235895444	229474241	125847850
四、按企业规模分组					
大型企业	328	52	131677681	128887326	88427128
中型企业	4212	1145	153598088	147232985	75394817
小型企业	15718	5098	92681403	90153117	32908157
五、按工业行业大类分组					
采掘业	36	3	7987035	7662090	921172
煤炭开采和洗选业					
石油和天然气开采业	6		7723802	7417125	910888
黑色金属矿采选业	1		9501	9323	
有色金属矿采选业	3		55725	47966	
非金属矿采选业	26	3	198008	187676	10284
其他采矿业					
制造业	496	136	361403713	350207144	195032624
农副食品加工业	246	60	6856446	6597227	827122
食品制造业	250	76	5092276	4974407	380237

工业企业主要经济指标

单位：万元

工业增加值	资产总计	流动资产合计	#应收帐款	#存货		流动资产年平均余额	固定资产合计	固定资产原价
					产成品			
101911633	**250944583**	**146466094**	**48004947**	**42097882**	**12297419**	**141312931**	**84747323**	**132622681**
15739365	58164696	28980887	8453258	10691995	2787806	28743462	24016340	34246293
54502450	133346486	77276108	24465775	23799114	6897187	74861895	46452709	74916029
11269855	34244016	18099748	4478312	5071441	1797814	17508760	12947942	21396260
2601869	6686695	3564358	786628	970316	225883	3588266	2795915	5110907
39665210	88677218	53349350	18884452	17182960	4740596	51764353	29561494	46372945
965517	3738556	2262653	316383	574397	132894	2000516	1147358	2035918
47409183	117598097	69189985	23539173	18298767	5400232	66451036	38294613	57706652
16066856	38319013	20252685	5408162	5029797	1760623	19424583	14934400	22889675
1278542	5081602	1994216	556864	484948	126700	2039375	1410125	2468375
28859864	70321514	45236230	17162419	12314940	3388893	43346738	20828423	30377173
1203921	3875968	1706855	411728	469083	124016	1640341	1121665	1971429
13858260	29592039	12804465	2937560	2760623	740729	13174766	13343584	22779188
40463447	95333661	58515573	17109894	19101922	5992131	56497153	29198034	48010991
61448186	155610922	87950521	30895053	22995960	6305287	84815778	55549288	84611691
31405440	70079585	44353123	16051829	10392600	3094302	43646127	19715709	29799417
43928534	109719868	60922747	19711602	18990497	5509619	58598777	39769533	62429426
26577660	71145131	41190224	12241516	12714785	3693497	39068027	25262081	40393838
7117120	4347622	807519	57043	200392	51482	768413	3363016	5070964
7017864	4099459	721034	39518	175345	43752	688244	3209334	4863339
4779	10554	2435	187	182		2550	3097	1967
34293	18232	7181	1786	3456		7005	10945	6995
60184	219378	76870	15552	21409	7730	70614	139640	198665
91533558	231503183	140902501	47135316	41338105	12225132	135866643	73868169	112618338
1474527	3064345	2085023	366769	615911	254337	2150183	792938	1292463
1888095	3567834	2265531	500440	498685	191727	2066772	1043273	1854067

1-7 续表 1

项　　目	企业单位数(个)	亏损企业	工业总产值(当年价格)	工业销售产值(当年价格)	出口交货值
饮料制造业	89	25	3829354	3824142	139143
烟草制品业					
纺织业	1145	336	9544873	9225479	5102535
纺织服装、鞋、帽制造业	1701	534	9548077	9246959	5245537
皮革、毛皮、羽毛(绒)及其制品业	966	323	8795757	8608277	5732494
木材加工及木、竹、藤、棕、草制品业	168	62	1238591	1106200	289744
家具制造业	549	191	4321746	4248277	2814679
造纸及纸制品业	525	146	7715871	7486896	2436873
印刷业和记录媒介的复制	298	94	3143490	3031312	1385790
文教体育用品制造业	776	295	6129550	5974189	4884351
石油加工、炼焦及核燃料加工业	28	6	2715288	2717168	2849
化学原料及化学制品制造业	929	233	20540672	19671446	2962747
医药制造业	136	36	2354063	2051121	329115
化学纤维制造业	44	11	684475	665161	174620
橡胶制品业	303	112	1976903	1960337	1269243
塑料制品业	1683	593	13970011	13720775	7738557
非金属矿物制品业	659	170	7971697	7562978	1719798
黑色金属冶炼及压延加工业	100	31	8047462	7840281	1014920
有色金属冶炼及压延加工业	195	58	8401546	7939886	1705426
金属制品业	1499	407	15567989	15012773	8045963
通用设备制造业	644	161	8273213	7976263	2959452
专用设备制造业	755	208	6472806	6268689	2888961
交通运输设备制造业	566	135	28610366	28062297	5508708
电气机械及器材制造业	2069	638	32662004	31349260	18391567
通信设备、计算机及其他电子设备制造业	2620	913	118531523	115271646	97245235
仪器仪表及文化、办公用机械制造业	477	169	11806090	11524388	10240550
工艺品及其他制造业	650	225	6085712	5792849	3585904
废弃资源和废旧材料回收加工业	24	9	515862	496461	10506
电力、燃气及水的生产和供应业	128	35	8566425	8404194	776306
电力、热力的生产和供应业	83	28	5735811	5695694	444246
燃气生产和供应业	27	7	2301793	2181947	109916
水的生产和供应业	18		528820	526553	222144

单位：万元

工业增加值	资产总计	流动资产合计	#应收帐款	#存货	产成品	流动资产年平均余额	固定资产合计	固定资产原价
1227096	3339479	1697486	422302	364437	115586	1608444	1315688	2162453
2584791	7979046	4247852	1155761	1674635	564462	4141956	3152959	5417104
2903767	6398639	4161742	1239515	1408247	392601	3978029	1918597	3078293
2747150	5259999	3367812	985746	1455727	289247	3232007	1441402	2341449
321654	1551731	685945	91552	269250	84350	645972	363907	517763
1183822	2889811	1829845	399525	878052	208962	1730307	887387	1282792
2011297	8348889	3593514	1041208	1179112	458838	3926961	3909211	5474376
979078	3485144	1975844	636671	499336	139956	1928355	1204141	2039995
1791346	4289020	2738282	860541	1237647	271801	2518395	1301603	2233301
468430	914018	411995	81727	171510	35238	476983	442828	554455
7770421	15918222	8058630	2149892	2012831	889763	8190968	6641068	9015568
777866	2242198	1227841	334306	345177	136827	1149207	697152	978404
155467	692802	340174	62804	102384	41045	324897	329460	552396
538990	1631522	998737	357926	398620	119508	963743	566193	857240
3702162	10697516	6302645	2309878	2169190	665644	6117811	3630679	6137374
2484961	7911520	3544459	847809	1102572	471472	3474465	3861867	5541539
1443967	5697247	2731674	377734	1143525	243373	2732485	2679945	3154717
2007048	3806801	2483920	659600	639881	237467	2386715	1070890	2015876
4075663	10099417	6343464	1930521	2199952	503219	6125732	3050019	4876755
2081124	6021290	4027608	1393282	1346626	491037	3873174	1650308	2772404
2057528	5802364	3779116	1217184	1322386	323120	3526828	1748375	2626686
8178971	19222746	11460314	2444792	2415489	758676	10406724	6427683	8555243
8598735	20270484	13065212	4600143	4082024	1225896	12803468	5189137	8727792
23973863	61442533	41191126	18348800	9862015	2527184	39363126	16275840	24657587
2510704	5140230	3518809	1396563	1014694	232430	3396204	1418967	2459350
1459700	3639853	2634913	894179	896742	339575	2503139	817215	1332633
135338	178484	132990	28147	31449	11793	123595	39437	108265
3260956	15093778	4756074	812589	559384	20805	4677875	7516138	14933380
2329665	10002690	3384573	652269	481850	15397	3325693	5704372	12242315
670335	1866772	784208	75406	72490	5399	682310	909638	1081473
260956	3224316	587293	84914	5045	9	669872	902127	1609592

1-7 续表 2-1

项 目	累计折旧	固定资产净 值	固定资产净 值 年平均余额	负债合计	流动负债合 计
总 计	**56827945**	**75794736**	**77916231**	**142201455**	**123921290**
总计中：亏损企业	12948889	21297405	21817975	36760563	29988641
一、按登记注册类型分组					
港澳台投资企业	33372314	41543715	43255627	73859989	64120208
合资经营企业(港或澳台资)	9706344	11689916	11801712	20355353	16639420
合作经营企业(港或澳台资)	2665280	2445626	2530418	3664963	2576004
港澳台商投资企业	19995476	26377469	27905285	47469376	42969089
港澳台商投资股份有限公司	1005215	1030703	1018212	2370297	1935695
外商投资企业	23455631	34251021	34660605	68341466	59801082
中外合资经营企业	9143184	13746491	13460314	21103714	17496153
中外合作经营企业	1141494	1326881	1322976	2964187	1334352
外资企业	12221189	18155984	18816780	42810103	39715543
外资投资股份有限公司	949764	1021665	1060535	1463464	1255034
二、按控股情况分组					
国有控股企业	10376891	12402296	12698145	17219689	11386399
三、按轻重工业分组					
轻工业	21178511	26832480	26801880	50944927	46060178
重工业	35649434	48962256	51114351	91256529	77861112
四、按企业规模分组					
大型企业	13102097	16697320	17769300	44028979	41208183
中型企业	25779389	36650038	36992876	59526353	50109041
小型企业	17946460	22447378	23154056	38646124	32604066
五、按工业行业大类分组					
采掘业	2490887	2580077	3354517	1446749	752146
煤炭开采和洗选业					
石油和天然气开采业	2431304	2432035	3206997	1370365	703167
黑色金属矿采选业	261	1706	1716	9401	1
有色金属矿采选业	262	6733	6826	14186	7060
非金属矿采选业	59061	139604	138979	52797	41918
其他采矿业					
制造业	46368074	66250264	67453595	132244848	119301621
农副食品加工业	598573	693890	760254	1868431	1662699
食品制造业	923036	931031	995916	1835911	1679207

单位：万元

应付账款	长期负债合计	所有者权益合计	实收资本	国家资本	集体资本	法人资本	个人资本	港澳台资本
55049010	**16150624**	**108743128**	**76800496**	**2962094**	**443991**	**10032282**	**1072186**	**35032837**
12741009	6295338	21404132	23427579	283059	74359	3303843	256302	11043340
28762875	8129961	59486497	43827135	2226235	256735	5057539	570545	32641049
5255016	3466395	13888663	9161537	574821	203638	3095887	327709	4677871
931541	863170	3021732	2436729	334572	29850	395863	31644	1474444
22120615	3387439	41207842	31387785	1087454	18149	1396084	165727	26130834
455703	412957	1368260	841084	229388	5098	169705	45465	357901
26286135	8020663	49256631	32973362	735860	187256	4974743	501641	2391788
6759907	3481929	17215300	10767181	697232	110863	3487987	249324	687758
526873	1621715	2117415	1697912	6458	10871	299864	29466	260810
18572836	2711428	27511412	19397620	19014	63466	1052402	159611	1370744
426518	205590	2412504	1110650	13155	2056	134490	63240	72476
3792654	5735006	12372350	8465823	2684546	13228	2341913	78706	759112
21588238	4201993	44388735	32639714	439439	253754	3718008	478992	18258795
33460771	11948631	64354393	44160782	2522656	190236	6314274	593194	16774043
18577154	2667139	26050606	13977697	154854	30675	1710283	131328	6315271
22732775	8571161	50193515	35829464	2255895	201174	4793655	477102	15193631
13739081	4912324	32499007	26993336	551346	212142	3528345	463756	13523935
143546	277372	2900873	1618084	1077248	700	60411	2943	466784
126235	256940	2729094	1551267	1077248		31370		440907
1	9400	1153	1850				1850	
6846	154	4045	3299				985	100
10465	10878	166581	61668		700	29041	109	25778
54270976	11282633	99258335	70491696	806747	396835	8902370	1010223	33569132
468198	171528	1195914	835400	19753	11658	133753	28361	261912
576964	145178	1731923	1089168	16302	2163	118275	7360	368748

1-7 续表 2-2

项　　目	累计折旧	固定资产净　值	固定资产净 值 年平均余额	负债合计	流动负债合　计
饮料制造业	956024	1206429	1220694	1772884	1574942
烟草制品业					
纺织业	2563062	2854042	2896653	3733847	3279905
纺织服装、鞋、帽制造业	1342000	1736294	1868436	3502359	3160248
皮革、毛皮、羽毛(绒)及其制品业	1057571	1283878	1517721	2837874	2649384
木材加工及木、竹、藤、棕、草制品业	210239	307524	305225	600684	526876
家具制造业	490445	792347	779008	1548967	1476130
造纸及纸制品业	1744370	3730006	3325640	4747405	4023869
印刷业和记录媒介的复制	883488	1156507	1149074	1553539	1401491
文教体育用品制造业	1002285	1231016	1201019	2282523	2091321
石油加工、炼焦及核燃料加工业	354665	199790	426583	813068	789519
化学原料及化学制品制造业	2819553	6196015	6230513	8636318	6452736
医药制造业	400685	577719	544345	1020109	898582
化学纤维制造业	231081	321315	338323	367009	291627
橡胶制品业	328287	528953	525977	912765	872220
塑料制品业	2752046	3385328	3390068	5518518	5041081
非金属矿物制品业	2068420	3473120	3512475	4452027	3509382
黑色金属冶炼及压延加工业	867553	2287164	2383036	4217976	3374942
有色金属冶炼及压延加工业	1116850	899025	949713	2193613	2039258
金属制品业	2172995	2703760	2751644	5373395	4959455
通用设备制造业	1237928	1534476	1541344	3246900	3095148
专用设备制造业	1008584	1618101	1633885	3020845	2866105
交通运输设备制造业	2973912	5581331	5259738	11215135	10516500
电气机械及器材制造业	4091169	4636624	4677844	11650782	10546541
通信设备、计算机及其他电子设备制造业	10336478	14321108	15175455	38875803	36427435
仪器仪表及文化、办公用机械制造业	1158747	1300603	1348481	2527869	2378101
工艺品及其他制造业	605057	727576	709486	1808116	1608394
废弃资源和废旧材料回收加工业	72971	35294	35047	110177	108526
电力、燃气及水的生产和供应业	7968984	6964395	7108119	8509858	3867524
电力、热力的生产和供应业	7006709	5235607	5364615	5532643	3008831
燃气生产和供应业	245066	836407	846897	1219177	650860
水的生产和供应业	717210	892382	896607	1758038	207832

单位：万元

应付账款	长期负债合计	所有者权益合计	实收资本	国家资本	集体资本	法人资本	个人资本	港澳台资本
483358	184013	1566595	1125840	8976	5783	151801	24561	418772
1445614	374845	4245200	3640770	4797	60533	233149	43351	2620360
1586358	292978	2896280	2385995	2287	11715	114555	43307	1697333
1612368	151122	2422125	1983219	150	10595	105930	14641	1237963
160302	50093	951046	462152		900	84005	6227	167182
761464	56848	1340844	1123524	617	908	92736	8719	693162
1399599	705976	3601484	3089285	176357	55908	600773	84130	1428623
611097	134264	1931605	1370009	17042	16866	215434	26681	933638
1306127	152491	2006497	1760559	900	9020	97087	8245	1259767
90880	10771	100950	221749	2443	4213	16310	356	10372
2110987	2135934	7281904	5125670	50464	8010	1071584	60181	1518368
183861	109476	1222088	714896	9563	10974	153268	13291	239275
51389	72788	325794	244303	30637	279	18193	5016	40312
447863	35161	718757	674130	353	8	55475	4880	378081
2532282	378404	5178997	4253211	12917	29723	448939	45398	2447528
985303	711880	3459493	2539989	82319	26825	498688	80759	1328190
899946	828044	1479271	1323349	2800	294	425835	68202	314314
586706	87675	1613188	1016085	751	2632	148290	9079	519242
1930985	299937	4726023	3474930	30705	21999	368730	83465	1865443
1356872	128791	2774391	1801564	17319	12232	185679	21818	723780
1299402	145742	2781520	2027969	12920	2152	149125	17886	1034966
3893017	653227	8007612	4202859	220636	24839	869875	56522	731049
5535188	900138	8619702	6014085	27020	23266	885530	84522	2897756
19541173	2088095	22566729	15015620	55376	32978	1403109	136711	6795104
1579019	116004	2612361	1711898	2832	6062	156551	15157	767433
787567	159682	1831738	1225712	510	4301	85078	11241	857988
47090	1551	68306	37756			14613	156	12472
634488	4590619	6583919	4690716	1078099	46455	1069502	59020	996921
488905	2475205	4470047	3289912	952586	35152	837461	46067	829901
112754	568314	647594	585135	9354	7821	176699	12832	143214
32829	1547101	1466278	815669	116160	3482	55342	121	23806

1-7 续表 3-1

项　目	外商资本	主营业务收入	主营业务成本	主营业务税金及附加	其他业务收入
总　计	**27257106**	**364429771**	**313589630**	**3168793**	**5195437**
总计中：亏损企业	8466675	58993346	55598846	280856	849306
一、按登记注册类型分组					
港澳台投资企业	3075033	179654877	152991310	1320244	2900531
合资经营企业(港或澳台资)	281612	39668490	34334515	231788	1024825
合作经营企业(港或澳台资)	170355	9437043	8035585	67959	34065
港澳台商投资企业	2589539	126793109	107295529	978555	1787165
港澳台商投资股份有限公司	33527	3756235	3325681	41942	54476
外商投资企业	24182073	184774894	160598320	1848549	2294906
中外合资经营企业	5534016	56769043	47098216	1187926	948195
中外合作经营企业	1090443	4354537	3628402	11959	55640
外资企业	16732382	119528377	106434003	561924	1269991
外资投资股份有限公司	825233	4122937	3437700	86741	21080
二、按控股情况分组					
国有控股企业	2588318	38374273	29077611	1001818	615623
三、按轻重工业分组					
轻工业	9490727	136029682	114707463	977244	1810074
重工业	17766380	228400089	198882167	2191549	3385363
四、按企业规模分组					
大型企业	5635286	128061478	111992352	1567440	2118258
中型企业	12908009	147896337	125422541	1064948	2263530
小型企业	8713812	88471956	76174736	536405	813649
五、按工业行业大类分组					
采掘业	9998	7911183	2415492	406908	142539
煤炭开采和洗选业					
石油和天然气开采业	1743	7648843	2207277	404868	142377
黑色金属矿采选业		9323	4611	221	
有色金属矿采选业	2215	67966	53495	80	
非金属矿采选业	6040	185051	150109	1739	162
其他采矿业					
制造业	25806389	348275617	304005103	2752917	4928537
农副食品加工业	379963	6718439	5959945	141587	24598
食品制造业	576320	4974258	3158528	42958	70313

单位：万元

其他业务利润	营业费用	管理费用	税金	财务费用	利息支出	营业利润	投资收益
1195900	**11125521**	**14776590**	**482542**	**1003526**	**1727979**	**23355058**	**141687**
131113	1294259	3304289	113831	541670	647230	-1562290	-37085
582671	4830719	7745633	266004	659719	893296	13271438	109106
167860	1224461	1590091	64348	377902	423458	2526834	85887
19654	120195	290217	11622	53443	78083	957717	-22527
373957	3428955	5696227	181695	220213	356273	9598178	30335
21201	57107	169099	8340	8161	35481	188709	15412
613229	6294803	7030957	216538	343807	834684	10083620	32581
190460	2252478	2044095	68393	211770	302734	4319602	1175
21895	109069	272333	7833	77158	132789	261779	-3439
393868	3733860	4555486	136099	28120	366231	5235853	22642
7006	199395	159042	4214	26759	32929	266387	12203
126433	785053	1163717	46383	164273	423685	6312297	55871
379427	6897990	6805159	221259	340739	527060	7044404	92594
816473	4227531	7971431	261283	662787	1200919	16310654	49093
394399	5043134	3825920	95422	-244753	321499	6596739	132722
544245	4031174	6415698	224969	777944	921681	11476541	-49646
257257	2051213	4534972	162150	470335	484799	5281778	58611
32368	24988	92675	750	35845	1304	4828568	3000
32344	10329	79137	147	32830	834	4793496	3000
	298	393	200	51	2	2737	
	152	763		11		13463	
23	14209	12382	403	2953	468	18873	
1123836	11058669	14383852	471878	727744	1406214	17779970	107433
8951	136657	127402	8552	19339	34768	373536	-1549
9617	824989	308791	9684	-2381	12894	641834	6670

1-7 续表 3-2

项目	外商资本	主营业务收入	主营业务成本	主营业务税金及附加	其他业务收入
饮料制造业	515948	3883530	2673978	64304	44433
烟草制品业					
纺织业	678580	9061848	8163406	33489	39933
纺织服装、鞋、帽制造业	516798	9140921	7948547	46341	36598
皮革、毛皮、羽毛(绒)及其制品业	613940	8523103	7571331	32719	20992
木材加工及木、竹、藤、棕、草制品业	203838	1106509	963179	5116	6719
家具制造业	327381	4257296	3780107	20892	12355
造纸及纸制品业	743492	7307037	6648023	19894	115071
印刷业和记录媒介的复制	160349	2998490	2566376	5876	44548
文教体育用品制造业	385540	5856261	5260611	15151	22112
石油加工、炼焦及核燃料加工业	188054	2659476	2131444	56259	27344
化学原料及化学制品制造业	2417062	19791513	13689042	227105	204408
医药制造业	288525	2058776	1364244	6452	22699
化学纤维制造业	149866	683560	618796	3248	12258
橡胶制品业	235334	1981885	1764860	4259	8081
塑料制品业	1268706	13509447	11902354	40129	114234
非金属矿物制品业	523209	7567558	6437691	56541	85153
黑色金属冶炼及压延加工业	511904	7633086	7138973	18034	255636
有色金属冶炼及压延加工业	336091	7830629	7076762	65581	202433
金属制品业	1104589	14957353	13284880	79381	226288
通用设备制造业	840737	7923555	6530453	116426	149380
专用设备制造业	810920	6227337	5245223	26315	100651
交通运输设备制造业	2299939	28460548	22585057	1117681	947879
电气机械及器材制造业	2095992	30807713	27084155	175003	315073
通信设备、计算机及其他电子设备制造业	6592342	114100528	105911417	230487	1711057
仪器仪表及文化、办公用机械制造业	763863	11533266	10602472	54057	46920
工艺品及其他制造业	266593	6224763	5498151	37429	60720
废弃资源和废旧材料回收加工业	10515	496935	445100	10207	654
电力、燃气及水的生产和供应业	1440719	8242971	7169036	8967	124362
电力、热力的生产和供应业	588746	5587178	4982889	7310	79019
燃气生产和供应业	235216	2121721	1935468	1374	40469
水的生产和供应业	616758	534072	250679	283	4874

单位：万元

其他业务利润	营业费用	管理费用	税金	财务费用	利息支出	营业利润	投资收益
14188	682434	177309	5945	9067	20738	249965	6974
3239	160605	475692	21829	14506	37605	273499	-4488
8577	241395	573878	17433	16675	21545	298519	2814
11201	160976	500217	15294	-3121	10776	293559	1823
1267	26618	59720	2433	6681	7404	64198	2710
8128	125556	223778	7137	-2857	11717	119558	-716
40447	156432	280265	14048	55627	105756	214735	3091
24232	77906	186542	6374	10479	14812	183914	5661
12687	88038	387053	11365	11795	10938	105897	4891
1208	16191	34042	1783	767	24870	416091	196
64549	2607949	1003418	29461	41154	121646	2478899	15731
16668	298130	173094	6494	22577	13919	275089	24070
1585	10315	29542	778	4071	6813	31352	15
3017	36144	129596	3063	13424	10201	41757	7
35233	292655	717964	25087	54532	71606	557277	-4204
17398	239204	312934	24992	63312	71148	548106	7874
22260	102172	123528	13053	106260	123125	154896	3803
9928	77274	126013	5465	48231	56502	675364	-33719
74835	353314	646068	26017	86985	78166	676342	-16768
48913	250015	467064	10750	53580	38385	520541	12539
44197	180922	423982	11835	11728	19629	458744	6735
173264	936349	1275985	55670	-7348	32542	2698441	80166
104057	819232	1545060	36913	170651	148559	1284261	6071
319729	1867015	3437351	81563	-75472	272237	3343924	-18835
19313	173489	370491	10448	-16608	3280	404168	5860
24992	111780	256673	7888	13215	21786	357152	-3493
156	4913	10402	524	877	2847	38354	-6495
39696	41864	300063	9914	239937	320461	746520	31253
30362	3066	166200	6370	165903	172864	478413	27405
6527	25074	37789	2300	19614	41183	143275	759
2807	13724	96074	1244	54420	106414	124832	3089

1-7 续表 4-1

项 目	补贴收入	营业外收入	营业外支出	利润总额	应交所得税
总 计	**616705**	**874197**	**4368962**	**20283418**	**2774219**
总计中：亏损企业	326882	148216	1921407	-3211075	9319
一、按登记注册类型分组					
港澳台投资企业	431390	400922	2574536	11424750	1591929
合资经营企业(港或澳台资)	178082	132003	497413	2345627	296806
合作经营企业(港或澳台资)	155879	20989	702642	295739	63218
港澳台商投资企业	90144	244072	1347501	8595784	1202501
港澳台商投资股份有限公司	7286	3858	26980	187601	29404
外商投资企业	185315	473275	1794426	8858668	1182290
中外合资经营企业	79209	104734	946492	3520604	471001
中外合作经营企业	73366	85219	20042	325633	48317
外资企业	31755	182141	808304	4651289	637150
外资投资股份有限公司	986	101181	19588	361143	25823
二、按控股情况分组					
国有控股企业	252482	232445	1239969	5372259	810842
三、按轻重工业分组					
轻工业	63778	270608	1007325	6436037	906470
重工业	552927	603590	3361637	13847381	1867749
四、按企业规模分组					
大型企业	55732	137028	517867	6383279	775127
中型企业	255846	517747	2263633	9701938	1356705
小型企业	305127	219423	1587462	4198201	642387
五、按工业行业大类分组					
采掘业		1129	567686	4265012	634479
煤炭开采和洗选业					
石油和天然气开采业		1122	567501	4230117	633034
黑色金属矿采选业			152	2585	
有色金属矿采选业			6	13457	
非金属矿采选业		7	28	18852	1445
其他采矿业					
制造业	259384	599949	3628312	14953455	1958656
农副食品加工业	6083	10213	151822	234002	24806
食品制造业	3300	15876	61820	604078	109051

单位：万元

亏损企业亏损总额	利税总额	本年应付工资总额	本年应付福利费总额	本年应交增值税	本年进项税额	本年销项税额	全部从业人员年平均人数（人）
3211075	**33869317**	**30865501**	**2490276**	**10417106**	**26498244**	**27895901**	**9148164**
3211075	-1525072	6305811	409085	1405147	5141834	4677715	2302429
1803952	17879369	17085922	1304094	5134374	13455908	14180909	5902940
367874	3851461	2954624	240687	1274046	4113229	4255030	837127
250114	641216	693257	43721	277519	987007	1101231	272067
1118934	13014825	13152690	987642	3440486	7495899	8008573	4716894
67029	371867	285351	32043	142324	859774	816075	76852
1407123	15989949	13779579	1186183	5282732	13042336	13714992	3245224
507358	6991764	2747188	332329	2283235	5938368	6629559	593172
33938	460012	400363	32150	122421	283093	328547	143833
850833	7978405	10339853	794572	2765192	6537345	6441042	2428188
14994	559768	292175	27132	111884	283530	315845	80031
682849	8347036	1463358	176658	1972959	4263245	5057171	174704
1188719	11972424	15271236	1226369	4559143	10101566	10840126	5186432
2022357	21896893	15594265	1263907	5857963	16396679	17055775	3961732
325479	10968596	9585437	993872	3017877	8002549	7899380	1943080
1552834	15262522	13759459	945530	4495636	11011836	11865855	4203107
1332762	7638199	7520604	550874	2903593	7483860	8130666	3001977
784	5275130	50866	3752	603210	4663	615128	5159
	5228308	34896	2100	593323	189	593487	1737
	4391	293	56	1585	22	232	75
	15155	238	11	1617	212	463	112
784	27276	15440	1585	6685	4241	20947	3235
3069718	27048734	30488597	2465867	9342361	25714359	26212841	149509
32315	597892	210863	19885	222304	465664	576845	63840
29972	1004254	428702	39121	357218	453769	743250	85669

1-7 续表 4-2

项　目	补贴收入	营业外收入	营业外支出	利润总额	应交所得税
饮料制造业	638	20164	26627	251115	63052
烟草制品业					
纺织业	2071	21138	83003	208528	30035
纺织服装、鞋、帽制造业	2873	12063	48618	267149	37044
皮革、毛皮、羽毛(绒)及其制品业	1075	6547	22958	278637	25005
木材加工及木、竹、藤、棕、草制品业	7617	26536	8863	89043	2575
家具制造业	1323	12752	22327	110291	13383
造纸及纸制品业	742	22300	41264	199013	27990
印刷业和记录媒介的复制	1507	12690	12540	188797	21775
文教体育用品制造业	1092	12288	63092	60977	16337
石油加工、炼焦及核燃料加工业	112855	471	575758	-159004	6520
化学原料及化学制品制造业	6308	20115	787360	1733289	293925
医药制造业	2437	7371	74058	233999	35184
化学纤维制造业	6	1683	244	32809	5365
橡胶制品业	221	1881	10189	33677	9341
塑料制品业	1995	22099	64569	512134	63046
非金属矿物制品业	6169	18748	40811	539452	39918
黑色金属冶炼及压延加工业	1663	6607	186926	-19957	11695
有色金属冶炼及压延加工业	4439	5023	280067	369895	16652
金属制品业	4599	23655	114202	573099	73621
通用设备制造业	3259	15243	90651	460420	66697
专用设备制造业	5461	18702	64058	423053	53523
交通运输设备制造业	24539	41703	67443	2777145	274683
电气机械及器材制造业	19965	58117	146837	1208038	141755
通信设备、计算机及其他电子设备制造业	30083	149434	509249	2979237	409840
仪器仪表及文化、办公用机械制造业	5673	16388	45777	384905	58365
工艺品及其他制造业	1391	20045	12742	362110	25865
废弃资源和废旧材料回收加工业		100	14437	17523	1611
电力、燃气及水的生产和供应业	357321	273119	172964	1064952	181085
电力、热力的生产和供应业	264674	176670	109204	763160	138993
燃气生产和供应业	22987	26085	61454	108890	9226
水的生产和供应业	69660	70364	2306	192901	32866

单位：万元

亏损企业亏损总额	利税总额	本年应付工资总额	本年应付福利费总额	本年应交增值税	本年进项税额	本年销项税额	全部从业人员年平均人数(人)
59215	574447	247444	31171	259028	492610	652984	45429
130476	474097	1047742	129245	232080	627716	624379	410518
109498	598069	1645571	196136	284579	692946	726120	723646
73736	546562	1551528	110073	235206	516287	536774	724483
16959	134358	116179	8317	40200	110627	133131	44143
40462	254794	553057	38747	123611	361378	237446	213237
91927	422624	458911	42894	203718	699927	770819	150350
24009	312889	370369	17981	118216	242964	247192	131609
90799	159680	1085418	53788	83551	286462	155205	541859
200279	-87835	17128	1563	14910	443096	432810	2693
382003	3396562	1846031	170647	1436168	1968775	2763159	149948
20012	357045	160186	18356	116594	183678	273385	35554
8648	64700	28257	1956	28642	73237	95347	7077
43616	80204	263522	17455	42269	117456	105622	111390
167453	825372	1611474	83900	273109	983036	958202	588745
69117	915679	594540	66864	319685	727358	906085	194758
176852	200444	229219	17654	202367	1501710	1582988	30505
21878	589289	290337	54774	153813	794241	815405	60824
109501	1098740	1398997	129085	446259	1363343	1272302	444729
50046	813910	652847	58161	237063	803557	827974	178008
65580	617962	735749	40005	168594	509374	496295	238571
78439	5202124	1362143	185911	1307298	3625058	4058254	254232
236680	2195095	3158708	232574	812054	2248575	1840627	1001301
642132	4539034	8907801	587057	1329309	4626623	3540882	2157841
46698	522692	907328	66695	83730	251216	202743	277660
50354	600409	599039	44654	200870	479809	563981	245356
1064	37643	9506	1201	9914	63869	72637	3583
140573	1545454	326038	20658	471535	779222	1067933	25447
123051	1048443	147576	15861	277973	561514	792000	16734
17522	292987	136706	1840	182722	216972	273187	4271
	204024	41757	2957	10840	736	2746	4442

1-8 规模以上大中型工业

项　　目	企业单位数(个)	亏损企业	工业总产值(当年价格)	工业销售产值(当年价格)	出口交货值
总　　计	**6563**	**1439**	**438666492**	**426529736**	**194432472**
总计中：亏损企业	1439	1439	64836591	62830374	23932490
一、按隶属情况分组					
中央企业	52	14	27677503	27785839	2587019
地方企业	6511	1425	410988989	398743897	191845453
二、按企业控股情况分组					
国有及国有控股企业	447	123	101197364	100177658	12274225
三、按轻重工分组					
轻工业	3437	767	147416596	142571893	64966623
重工业	3126	672	291249896	283957843	129465849
四、按企业规模分组					
大型企业	423	68	214377437	211585015	108109539
中型企业	6140	1371	224289055	214944721	86322932
五、按工业行业大类分组					
采掘业	22		6622738	6396001	672777
煤炭开采和洗选业					
石油和天然气开采业	1		5207549	5094209	667365
黑色金属矿采选业	4		353425	311739	
有色金属矿采选业	8		547987	532902	
非金属矿采选业	9		513777	457151	5412
其他采矿业					
制造业	6391	1380	398725622	386980050	193435431
农副食品加工业	94	14	4538151	4227977	649120
食品制造业	81	15	4703901	4605469	213712
饮料制造业	43	11	3705871	3674168	99063
烟草制品业	5		2441860	2624788	30737
纺织业	310	69	7762551	7470922	4097091
纺织服装、鞋、帽制造业	360	81	7253847	6974941	3017406
皮革、毛皮、羽毛(绒)及其制品业	253	74	6859799	6700953	4367437
木材加工及木、竹、藤、棕、草制品业	41	9	1730802	1593174	591753
家具制造业	171	43	3763098	3705046	2291158
造纸及纸制品业	153	28	6547472	6346560	2005490
印刷业和记录媒介的复制	130	29	2976580	2913754	1203401
文教体育用品制造业	252	88	5344918	5210592	4456799
石油加工、炼焦及核燃料加工业	9	4	16466313	16426723	18884
化学原料及化学制品制造业	133	13	14937097	14222099	1621957
医药制造业	83	7	3437726	3105451	320960
化学纤维制造业	11	3	983522	965894	175805
橡胶制品业	70	24	1598191	1571238	1063127
塑料制品业	376	100	10090540	9841815	5330028
非金属矿物制品业	288	43	11375262	10729593	1607269
黑色金属冶炼及压延加工业	41	13	9289764	8926642	574917
有色金属冶炼及压延加工业	90	11	10234726	9750556	1460045
金属制品业	364	74	11961168	11507074	5856104
通用设备制造业	190	22	7919542	7525315	2372695
专用设备制造业	197	37	5790303	5468276	2562925
交通运输设备制造业	246	28	28720112	28163724	5723199
电气机械及器材制造业	865	170	50795302	49519278	21952447
通信设备、计算机及其他电子设备制造业	1225	300	139398578	135749035	107641531
仪器仪表及文化、办公用机械制造业	159	37	11442198	11139585	9838417
工艺品及其他制造业	138	30	5634963	5325899	2291952
废弃资源和废旧材料回收加工业	13	3	1021466	993509	
电力、燃气及水的生产和供应业	150	59	33318132	33153684	324264
电力、热力的生产和供应业	114	48	31005158	30992410	
燃气生产和供应业	6	2	1168344	1049111	94209
水的生产和供应业	30	9	1144630	1112163	230055

企业主要经济指标

单位：万元

工业增加值	资产总计	流动资产合计	#应收帐款	#存货	产成品	流动资产年平均余额	固定资产合计	固定资产原价
115806129	**314394403**	**167982634**	**51537139**	**46263032**	**15289396**	**162837810**	**106907719**	**164775246**
15171140	52434709	22823002	6313970	8471164	2061245	23408884	24946836	36989619
7196050	33968977	12448013	2389211	2749742	1187977	12726685	9854439	15265228
108610079	280425426	155534621	49147929	43513290	14101419	150111125	97053280	149510018
30330342	103506267	35849282	6939813	8533945	3039730	36397245	45736615	69972586
43145590	99906295	60967885	16099208	19124182	6944399	59156155	29096907	47402156
72660538	214488108	107014749	35437931	27138850	8344997	103681655	77810812	117373090
52042787	148536943	79064825	25229036	19449826	6786708	77618700	46741689	71846533
63763341	165857460	88917808	26308103	26813207	8502688	85219110	60166031	92928713
5365656	2816553	781162	121241	147042	73439	780512	1696280	3328478
4748936	1588405	97817	9596	73904	28626	130423	1321512	2745897
177784	536760	355543	14267	29952	20853	341228	69458	113208
253341	362273	190388	76980	9757	4758	199210	133684	194666
185595	329115	137415	20397	33429	19203	109650	171627	274707
100898683	254870571	157486960	49920388	44563506	15162756	152504531	75376475	115277831
1041753	2531293	1531994	229267	465802	226368	1535382	692029	1071697
1748483	3154264	1920860	384475	435430	194161	1800384	944834	1583308
1201992	2999284	1624547	378921	361660	108406	1507702	1077875	1856285
1882535	2178969	1565166	83010	661097	50052	1512329	399968	682882
2085603	6271240	3284455	868397	1386268	512373	3161909	2546771	4331283
2204098	4887137	3100725	899989	1029656	338341	2990933	1452078	2306737
2141849	4124828	2572089	800147	1075105	199167	2481529	1107632	1780664
432993	1688692	746480	78882	345298	116161	707136	349848	535274
1032879	2507997	1545573	317075	730904	198717	1451063	789439	1050652
1704857	7663125	3065914	881380	1029165	439506	3390752	3676029	5001944
922204	3273151	1822715	589833	501857	133322	1781725	1156112	1940042
1565255	3529156	2158534	677488	978741	227609	1980787	1087340	1858875
2822162	4396554	1350919	226178	796162	86570	1771431	2916551	5025818
6173740	11614234	5761127	1179913	1373695	683266	5700220	4569985	6315089
1135756	3781885	2064342	499425	563088	239978	2127888	1074255	1517486
217085	721166	310932	35556	106303	50213	339831	390052	759752
387708	1668442	814728	288747	300875	109539	775536	630953	892480
2693922	7966519	4596941	1731052	1469904	400816	4527363	2488463	4119045
3534557	9837423	4134748	843541	1502359	721033	3969054	5017711	7345193
1659452	7105686	2652158	243161	1165051	224421	2842428	3905368	4809885
2427422	4282186	2476087	563057	774425	291998	2423130	1424470	2702134
3137338	7739144	4789572	1408633	1549807	342316	4540948	2351252	3703045
2001745	5564198	3663836	1252923	1156348	467540	3624952	1495148	2591349
1872095	5339939	3345457	1041813	1099538	278546	3177205	1524158	2224372
8189344	20745022	12527166	2224677	2558872	794683	11699244	6482868	8573175
13453719	31081909	20981081	6165131	6013152	2401705	20368762	6726719	11404572
29171449	80010630	57247937	24060907	13454853	4661757	54813694	17256584	26284505
2422212	5203137	3555199	1351858	888571	254006	3378868	1280897	2141520
1369382	2746044	2070277	592851	760623	399359	1950426	533160	767135
265094	257320	205400	22102	28896	10829	171920	27929	101632
9541789	56707279	9714511	1495510	1552485	53201	9552767	29834965	46168938
8625941	49457799	8127107	1340178	1478035	46447	7986874	26352375	41041492
340249	1465060	392702	38218	52620	1819	337572	996911	1025828
575600	5784421	1194702	117114	21830	4934	1228321	2485678	4101619

1-8 续表 1

项目	累计折旧	固定资产净值	固定资产净值年平均余额	负债合计	流动负债合计
总计	**68619114**	**96156132**	**97774241**	**179654039**	**149868078**
总计中：亏损企业	15043617	21946002	22496879	34244929	27651791
一、按隶属情况分组					
中央企业	6417328	8847900	8968240	17022313	10593552
地方企业	62201786	87308232	88806000	162631726	139274526
二、按企业控股情况分组					
国有及国有控股企业	27268943	42703643	42348924	56015597	36731166
三、按轻重工分组					
轻工业	21840400	25561755	26454108	55195646	49779068
重工业	46778713	70594377	71320133	124458393	100089010
四、按企业规模分组					
大型企业	30554860	41291673	42484127	87518617	73375360
中型企业	38064253	54864460	55290113	92135423	76492718
五、按工业行业大类分组					
采掘业	1683618	1644860	1645245	1026975	621671
煤炭开采和洗选业					
石油和天然气开采业	1424386	1321512	1327248	513065	234732
黑色金属矿采选业	58456	54752	56169	267544	192576
有色金属矿采选业	91247	103419	94603	156832	113044
非金属矿采选业	109529	165178	167226	89533	81319
其他采矿业					
制造业	49580444	65697387	67977501	151791974	136556147
农副食品加工业	478966	592732	611997	1602770	1439356
食品制造业	753994	829314	862069	1623882	1476629
饮料制造业	884279	972006	1000789	1656313	1512099
烟草制品业	409972	272910	295062	238119	223534
纺织业	2052777	2278506	2320039	3246487	2884208
纺织服装、鞋、帽制造业	988277	1318460	1450512	2725315	2428949
皮革、毛皮、羽毛(绒)及其制品业	789962	990701	1214106	2235936	2072648
木材加工及木、竹、藤、棕、草制品业	224583	310691	302690	589673	534923
家具制造业	373694	676958	667175	1350875	1284459
造纸及纸制品业	1530039	3471906	3145577	4586834	3783164
印刷业和记录媒介的复制	831639	1108403	1097549	1537596	1369654
文教体育用品制造业	830978	1027897	1005696	1855102	1692378
石油加工、炼焦及核燃料加工业	2703247	2322571	2605937	3109013	3098565
化学原料及化学制品制造业	1971477	4343612	4429079	6345388	4585227
医药制造业	584514	932972	855064	1599411	1355955
化学纤维制造业	373926	385826	395214	347651	279286
橡胶制品业	333161	559319	554745	930692	848944
塑料制品业	1876015	2243030	2336245	4297902	3899198
非金属矿物制品业	2958637	4386556	4648990	5751944	4664867
黑色金属冶炼及压延加工业	1465881	3344004	3220000	5219931	3871833
有色金属冶炼及压延加工业	1546368	1155767	1253286	2582697	2368597
金属制品业	1631683	2071362	2107740	4463973	4048788
通用设备制造业	1242706	1348643	1417528	3142470	2946982
专用设备制造业	867332	1357040	1352796	2539910	2351227
交通运输设备制造业	2887738	5685437	5287672	13260086	12367949
电气机械及器材制造业	6206165	5198408	5994248	19565076	18179728
通信设备、计算机及其他电子设备制造业	11429962	14854544	15836908	51238948	47253583
仪器仪表及文化、办公用机械制造业	962994	1178526	1232150	2524359	2325569
工艺品及其他制造业	304029	463106	458553	1403728	1237297
废弃资源和废旧材料回收加工业	85451	16182	18088	219895	170552
电力、燃气及水的生产和供应业	17355052	28813886	28151494	26835090	12690260
电力、热力的生产和供应业	15262487	25779004	25015087	23023824	11554609
燃气生产和供应业	198878	826950	803733	928120	251419
水的生产和供应业	1893687	2207932	2332674	2883146	884233

单位：万元

应付账款	长期负债合计	所有者权益合计	实收资本					
				国家资本	集体资本	法人资本	个人资本	港澳台资本
58778016	**27949209**	**134740364**	**80345287**	**11058638**	**596463**	**23918319**	**4046860**	**21789878**
9748787	6112416	18189780	17843444	775725	43032	5522522	483247	5869731
2505398	6368061	16946664	12770969	6628486	130	5641372	4138	11093
56272618	21581148	117793700	67574317	4430152	596333	18276947	4042723	21778785
10627439	19053806	47490670	29394630	10869877	13755	14861749	554488	587371
21005335	4800101	44710649	26666221	1067567	401300	5568334	1837939	11507382
37772682	23149108	90029715	53679065	9991071	195162	18349985	2208921	10282496
29752057	13929729	61018326	33527749	6503078	211643	13467973	996028	6468614
29025960	14019480	73722038	46817538	4555560	384820	10450346	3050833	15321264
128262	377339	1789578	1323173	1130982		174766	5210	12215
78009	250440	1075340	1075340	1075340				
20237	74968	269216	87803			82375	3000	2428
14111	43725	205441	61578	53248		7779	550	
15905	8206	239582	98452	2394		84611	1660	9787
55557512	13491653	103078596	61956950	1757501	584221	16551293	3893446	21437769
340327	158409	928523	507230	18311		184351	79780	115941
486483	136552	1530381	786620	18144		127338	88024	240809
428494	131633	1342972	810216	29204		141977	37009	245960
52855	14585	1940850	1420189	20500		1399689		
1113668	339734	3024754	2463758	24172	49814	207858	131078	1686617
1110331	233087	2161822	1481797	6453	7346	166501	99131	849006
1263027	132095	1888892	1400236		10975	76325	15246	848524
96599	51094	1099020	316784	2037		103028	10587	56164
625022	62795	1157122	847045		4885	87740	68710	460323
1214459	764922	3076290	2397974	175824	65860	552551	141735	1034466
527530	146407	1735556	1112948	35861	24982	168133	71033	703733
1030268	120498	1674055	1299133	80348	16628	80431	16412	826010
693393	10437	1287541	2189947	103778	535	1950927	2183	525
1200086	1736050	5268846	3410189	138375	7564	1038955	325632	755284
248684	225871	2182473	905172	106930	11280	312694	175579	103763
56575	68334	373515	239020	30637	1000	18374	105431	
287584	80631	737750	605240	35000	458	202947	1312	205558
1712200	307201	3668617	2519392	30370	26014	417486	211929	1192704
1142435	818514	4085479	2200324	109275	39048	527341	305133	958448
725447	1167034	1885754	1020822	126192	360	209174	95115	184201
466013	128237	1699489	860744	2350	681	302326	52965	309170
1314189	314665	3275171	1983931	20891	33574	344344	93450	935525
1151726	174999	2421727	1270824	80799	8069	199790	103411	403092
1014021	169068	2800029	1542832	23642	181	245451	145981	616739
3932902	812229	7484936	3471943	188084	35567	1038298	114303	464768
8172775	1144721	11516833	5940636	125172	187513	1411624	509942	2035983
23237075	3703242	28771682	16851763	219765	40475	4776498	774292	5279633
1426242	160828	2678777	1351788	3017	5700	169840	78068	477199
401134	128479	1342316	732522	2367	5708	83183	37996	447074
85972	49305	37425	15930			6120	1980	550
3092243	14080217	29872189	17065164	8170155	12242	7192260	148204	339894
2964877	11409149	26433975	15377648	7612503	301	6850118	117835	299295
27261	676702	536939	413131	94409	5721	163478	6832	25599
100104	1994367	2901274	1274385	463243	6219	178665	23537	15000

1-8 续表 2

项　　目	外商资本	主营业务收　　入	主营业务成　　本	主营业务税金及附加	其他业务收　　入
总　　计	**18935129**	**426484540**	**362571971**	**4956176**	**6399367**
总计中：亏损企业	5149188	61677502	58543928	560538	850149
一、按隶属情况分组					
中央企业	485751	26609783	22863837	1240019	538181
地方企业	18449378	399874757	339708134	3716157	5861186
二、按企业控股情况分组					
国有及国有控股企业	2507391	100556921	82424966	2539060	1811619
三、按轻重工分组					
轻工业	6283699	142308276	117086535	2095799	2612858
重工业	12651430	284176264	245485436	2860377	3786510
四、按企业规模分组					
大型企业	5880414	211011864	180771917	2636006	3292873
中型企业	13054715	215472676	181800054	2320170	3106495
五、按工业行业大类分组					
采掘业		7424967	2879765	391172	198289
煤炭开采和洗选业					
石油和天然气开采业		5993205	2003042	329237	142377
黑色金属矿采选业		316329	108717	5340	
有色金属矿采选业		633119	412110	7273	55894
非金属矿采选业		482315	355896	49322	19
其他采矿业					
制造业	17732720	385517170	329251501	4378747	5916585
农副食品加工业	108849	4395811	3772884	138699	34634
食品制造业	312305	4524648	2724490	53844	43110
饮料制造业	356067	3743957	2508967	99875	49345
烟草制品业		2393481	742172	952564	295261
纺织业	364218	7283206	6535458	25319	35641
纺织服装、鞋、帽制造业	353360	6853422	5825222	25497	29114
皮革、毛皮、羽毛(绒)及其制品业	449166	6629558	5867124	21605	16225
木材加工及木、竹、藤、棕、草制品业	144968	1616862	1375193	10386	4964
家具制造业	225387	3701630	3265701	12184	11915
造纸及纸制品业	427538	6260548	5759700	14648	102193
印刷业和记录媒介的复制	109205	2853824	2412252	6472	58099
文教体育用品制造业	279303	5157396	4649216	121052	23911
石油加工、炼焦及核燃料加工业	132000	16609718	15827702	339258	98449
化学原料及化学制品制造业	1144379	14706729	9212704	249887	145857
医药制造业	194926	3124197	2044785	11756	26925
化学纤维制造业	83577	1020143	977954	1933	11556
橡胶制品业	159964	1584095	1420436	4840	17635
塑料制品业	640890	9709195	8385995	31019	141274
非金属矿物制品业	261080	10692892	9044026	90864	89748
黑色金属冶炼及压延加工业	405780	8755196	8268475	45781	234445
有色金属冶炼及压延加工业	193252	9479098	8442638	99891	184172
金属制品业	556146	11434268	10078818	123851	166824
通用设备制造业	475663	7454149	6222314	125818	188399
专用设备制造业	510837	5405036	4390336	15329	91583
交通运输设备制造业	1630922	28468305	22671525	1090964	979639
电气机械及器材制造业	1670403	49809049	42604561	197515	852671
通信设备、计算机及其他电子设备制造业	5761099	133964819	118024216	347536	1886832
仪器仪表及文化、办公用机械制造业	617964	11115235	10191510	55315	42658
工艺品及其他制造业	156194	5778619	5164366	49401	52677
废弃资源和废旧材料回收加工业	7280	992086	840761	15648	831
电力、燃气及水的生产和供应业	1202409	33542402	30440704	186257	284493
电力、热力的生产和供应业	497596	31364614	28889964	176725	241106
燃气生产和供应业	117092	1060238	905144	1901	30647
水的生产和供应业	587721	1117550	645597	7631	12740

单位：万元

其他业务利润	营业费用	管理费用	税金	财务费用	利息支出	营业利润	投资收益
1487030	**14883507**	**16846670**	**457837**	**2878534**	**2903112**	**25953822**	**164002**
121537	1052278	2563387	103429	621368	820562	-1329753	-65080
142022	536295	933491	16934	316262	334719	1548430	143156
1345008	14347212	15913179	440903	2562272	2568394	24405392	20846
401100	2218759	3067999	101334	1084985	1339712	8333153	247859
469271	8605719	6647169	192589	621258	709677	8172142	117063
1017759	6277788	10199501	265247	2257276	2193436	17781679	46940
744396	8824298	7393005	129084	1267943	1181603	9912989	294277
742634	6059209	9453665	328753	1610591	1721509	16040832	-130275
34121	50959	160333	3831	44368	15149	3740201	2263
32344	8561	59207	134	24782		3380090	
	10996	30015	1341	12158	10492	141843	
4936	8378	29744	1795	3909	4008	164076	2193
-3159	23024	41368	561	3520	648	54191	70
1280396	14704352	15984951	430223	2040435	1996960	20669682	-32027
15018	101961	105282	4523	41954	43739	273026	6580
5986	809312	265168	8256	-253	13585	606134	6102
13550	665364	172485	5374	17199	25240	257150	10148
11432	76913	221047	4269	-4714	-4112	416930	3974
2751	139849	359848	14458	18424	43001	221091	-2534
5516	265114	402276	10062	13621	21282	284463	-1206
8418	138706	389877	10478	-5332	10155	250186	1293
491	30907	58094	2133	14720	9910	141461	1338
9483	136863	190685	5573	683	16617	118187	-2191
32923	125950	220975	11638	72524	116970	133710	-10389
27179	79822	178414	6592	15280	21162	197540	4403
11376	76429	288737	10425	10054	11621	84230	4835
6645	31640	228711	6408	75515	103740	80096	-66437
42825	2395105	756863	19243	60857	112906	2104524	23064
18674	457887	248335	9979	45410	37385	433650	34409
1811	9583	34999	2130	11358	17654	-8507	-242
4526	33310	99473	3355	21158	19295	18556	-2626
35907	209678	475189	16940	72459	83082	530807	29135
19160	338907	438416	25149	89143	94356	806803	7943
10273	98611	154859	15479	146139	216115	38086	7535
17605	119518	196241	7179	77913	60970	831704	-85897
50348	303420	494812	18549	96863	79155	626684	-48209
49253	243557	407041	11308	67128	50115	511300	11167
33405	190979	340623	11642	25454	26392	531571	3280
178062	943810	1297423	53650	-32782	58720	2639594	82471
191238	2426803	2086002	39382	361905	246171	2694809	-29446
436320	3970702	5322087	80637	721715	429989	4948617	5698
18375	160155	343350	9927	-11647	6593	447402	-2384
21599	98195	174489	4736	18235	23016	328158	-3792
248	25302	33148	751	-547	2134	121723	-20051
172513	128196	701387	23783	793732	891004	1543939	193766
161281	27460	495347	16475	684527	712434	1329280	186814
3794	32066	31407	1694	19973	34555	69811	2553
7438	68670	174633	5614	89232	144015	144848	4398

1-8 续表 3

项目	补贴收入	营业外收入	营业外支出	利润总额	应交所得税
总计	**422654**	**1042307**	**4936652**	**22345987**	**3635248**
总计中：亏损企业	143522	178923	1920838	-3120408	16536
一、按隶属情况分组					
中央企业	117247	46453	1372709	369367	185173
地方企业	305407	995854	3563943	21976620	3450074
二、按企业控股情况分组					
国有及国有控股企业	218922	396561	2240818	6715430	1588964
三、按轻重工分组					
轻工业	80721	308197	943406	7698190	1143932
重工业	341933	734110	3993246	14647797	2491316
四、按企业规模分组					
大型企业	88659	301625	1666417	8899016	1710116
中型企业	333995	740682	3270234	13446971	1925132
五、按工业行业大类分组					
采掘业	782	314	40814	3702718	495804
煤炭开采和洗选业					
石油和天然气开采业		51	22	3380119	422564
黑色金属矿采选业		118	11646	130315	34562
有色金属矿采选业	782	127	22537	144613	23764
非金属矿采选业		18	6609	47671	14913
其他采矿业					
制造业	343290	777447	4655891	16916683	2455204
农副食品加工业	9073	4969	100715	191066	23822
食品制造业	2597	15280	52788	575227	101993
饮料制造业	1836	20710	17373	271248	65581
烟草制品业		1012	7706	414210	101262
纺织业	1364	15282	67057	167574	27437
纺织服装、鞋、帽制造业	2770	8297	48408	245570	35665
皮革、毛皮、羽毛(绒)及其制品业	2546	4733	16331	241838	18361
木材加工及木、竹、藤、棕、草制品业	7381	26141	3699	172232	20538
家具制造业	274	10520	21073	105709	12960
造纸及纸制品业	948	24109	36067	111783	20102
印刷业和记录媒介的复制	1368	11402	10730	202210	23622
文教体育用品制造业	1018	11354	16372	85055	17839
石油加工、炼焦及核燃料加工业	112851	27455	754235	-713128	4390
化学原料及化学制品制造业	7014	25780	587801	1569178	257924
医药制造业	3688	16626	80695	405058	60013
化学纤维制造业	6	2542	2157	-8359	5631
橡胶制品业	332	3938	4364	15835	6707
塑料制品业	4273	14855	53684	525249	55458
非金属矿物制品业	6598	22597	44851	798600	60670
黑色金属冶炼及压延加工业	1516	9435	246287	-189717	8118
有色金属冶炼及压延加工业	4794	11890	445716	315192	25519
金属制品业	2489	24565	105556	499500	56555
通用设备制造业	7225	24835	83222	468080	67576
专用设备制造业	9502	29830	68590	505516	62808
交通运输设备制造业	76111	72395	85587	2777962	282575
电气机械及器材制造业	27845	109713	335502	2454615	298704
通信设备、计算机及其他电子设备制造业	38668	192135	1218962	3935468	645602
仪器仪表及文化、办公用机械制造业	8221	29950	46085	435905	58552
工艺品及其他制造业	965	5052	7146	323399	27195
废弃资源和废旧材料回收加工业	19	48	87131	14607	2025
电力、燃气及水的生产和供应业	78581	264546	239946	1726586	684240
电力、热力的生产和供应业	-15678	168046	233424	1416382	635358
燃气生产和供应业	23983	22930	420	96096	7943
水的生产和供应业	70276	73570	6102	214108	40939

单位：万元

亏损企业亏损总额	利税总额	本年应付工资总额	本年应付福利费总额	本年应交增值税	本年进项税额	本年销项税额	全部从业人员年平均人数（人）
3120408	**41539850**	**32953278**	**2914989**	**14237687**	**31143714**	**35884217**	**8268843**
3120408	23516	4961314	384761	2583385	5720631	6761110	1564721
824723	3562076	1430182	201216	1952690	2242700	3729508	118476
2295685	37977774	31523096	2713773	12284997	28901014	32154709	8150367
1745702	15093335	4899826	580615	5838845	7945955	12043064	623638
765788	14801192	14231758	1230022	5007203	11067298	12538385	4278464
2354620	26738658	18721519	1684968	9230484	20076416	23345832	3990379
1183360	18724715	14132082	1499839	7189694	13446290	15588523	2569630
1937048	22815135	18821196	1415150	7047994	17697424	20295694	5699213
	4689303	109876	10173	595414	25508	626065	22868
	4215821	26493	1282	506465		506465	996
	170280	15829	1457	34625	5852	39329	3557
	186600	30689	4342	34714	7980	40675	8037
	116603	36866	3091	19610	11676	39596	10278
2852722	32955159	31271357	2746038	11659729	30071461	32410115	8073441
11603	518993	203701	17883	189228	320947	395012	72114
16737	956084	420152	32800	327014	401721	683972	79651
35691	632799	241847	29918	261677	463265	636415	44062
	1664190	100429	8094	297415	279926	568390	5694
96453	369081	832060	124377	176188	500736	483460	297370
45791	469213	1067729	175565	198147	551927	608693	436636
35734	449817	1279884	90825	186373	385184	419161	581963
5745	227518	118120	6992	44900	193199	227474	33033
24084	209609	510154	39243	91716	372543	257195	171790
103812	283469	392406	37694	157038	604280	672510	129384
18517	319256	366172	22381	110574	244938	261791	119662
53094	311889	862841	43412	105782	232613	127088	415331
763246	870354	197162	7906	1244224	1582891	2701926	19087
218041	3026586	1675549	145310	1207522	1387616	2088545	105244
9519	605406	282416	33988	188592	298323	658726	53834
42903	33484	27705	2126	39910	116882	149760	9929
36378	44919	215739	19211	24244	107447	88241	79849
53919	736213	1246163	64701	179946	763533	730441	407287
46414	1270630	764364	85265	381166	1095695	1386190	235882
345906	133014	281899	39360	276951	1641540	1814908	49090
29315	590134	376903	68766	175052	976338	1064143	81843
49715	943720	1061432	93102	320369	1214997	1168619	316694
14939	788312	607098	62181	194415	845831	891097	159388
38605	661920	651978	40733	141075	417213	412839	192803
50409	5190361	1544021	196753	1321436	3670982	4037293	275191
170621	3998810	3976127	325293	1346680	3872319	3638884	1113367
486223	6532243	10716792	816016	2249239	6677125	5292077	2201909
30209	569539	832821	64834	78319	241594	206424	234084
17619	503982	380296	31824	131182	533356	651468	142851
1480	43613	37403	19486	13358	76498	87375	8419
267686	3895387	1572045	158778	1982545	1046745	2848037	172534
254423	3419960	1299566	120074	1826853	937543	2676787	145308
2806	206647	140263	7411	108650	104796	131424	4819
10457	268781	132216	31294	47042	4407	39827	22407

1-9 规模以下工业

项　　目	企业单位数（个）	工业总产值（当年价格）	年初存货	年末存货	固定资产原　　价	本年折旧
总　　计	**141726**	**34426075**	**4579314**	**7159972**	**20766584**	**1868562**
一、按登记注册类型分组						
内资企业	127025	28971244	3055433	5377021	14883248	1234379
国有企业	912	219332	42722	265058	540270	31674
集体企业	3972	853889	93749	118862	885600	60474
股份合作企业	1068	222353	17958	20864	95569	8594
联营企业	233	50483	13835	14217	71763	3801
有限责任公司	13704	3487333	496485	636262	1689380	161363
股份有限公司	977	233453	35664	42193	330965	15700
私营企业	102829	23233466	2267366	4148211	10922548	918800
其他企业	3330	670934	87655	131355	347155	33974
港、澳、台商投资企业	11467	3875277	1128136	1287080	4114797	456624
外商投资企业	3234	1579555	395745	495872	1768538	177559
二、按企业控股情况分组						
国有及国有控股	1379	333412	76040	296432	940387	48104
三、按轻重工分组						
轻工业	76953	18790989	2429742	3004967	10076330	954667
重工业	64773	15635086	2149572	4155005	10690254	913895
四、按工业行业大中小类分组						
采矿业	324	486163	26178	35705	358994	22153
煤炭开采和洗选业						
烟煤和无烟煤的开采洗选						
烟煤和无烟煤的开采洗选						
褐煤的开采洗选						
褐煤的开采洗选						
其他煤炭采选						
其他煤炭采选						
石油和天然气开采业	8	2168	197	267	2502	174
天然原油和天然气开采	5	1898	165	204	1620	133
天然原油和天然气开采	5	1898	165	204	1620	133
与石油和天然气开采有关的服务活动	3	270	32	63	882	41
与石油和天然气开采有关的服务活动	3	270	32	63	882	41
黑色金属矿采选业	191	61366	4047	6934	45935	2447
铁矿采选	181	57953	3726	6699	42138	2242
铁矿采选	181	57953	3726	6699	42138	2242
其他黑色金属矿采选	10	3413	321	236	3797	206
其他黑色金属矿采选	10	3413	321	236	3797	206
有色金属矿采选业	125	30435	1640	2718	36801	1785
常用有色金属矿采选	90	19551	1264	2194	19907	1367
铜矿采选	11	3862	166	355	2007	117
铅锌矿采选	62	11603	333	937	12949	825
镍钴矿采选	1	289	97	158	499	18
锡矿采选	1				637	32
锑矿采选	3	982	14	14	1034	61
铝矿采选						
镁矿采选	1	400	75	189	823	73
其他常用有色金属矿采选	11	2416	581	541	1957	241

企业主要经济指标

单位：万元

资产减值损失	公允价值变动收益	所有者权益合计	实收资本						
				国家资本	集体资本	法人资本	个人资本	港澳台资本	外商资本
23328	**5670**	**21882006**	**20481302**	**1187217**	**687459**	**3685621**	**7691117**	**5035955**	**2193933**
18911	4066	15146511	12524917	1107432	635368	3126216	7403092	199713	53096
662	461	1298503	1122135	987833	5991	110204	17217	889	
995	-372	609483	560000	12502	410598	43843	54611	32465	5982
164	-66	90171	76695	1304	25982	21831	26878	410	291
55		56312	58763	13387	18796	13781	11287	1383	130
3298	1003	1967128	1741293	50456	78502	816154	773473	13292	9416
780	54	105765	301503	28590	12206	141582	114338	1058	3730
11636	3034	10773271	8362058	11577	72218	1919046	6223735	105880	29603
1322	-49	245878	302469	1783	11075	59775	181553	44338	3945
2617	1040	4370255	5305674	29847	30787	318192	211487	4521413	193948
1801	564	2365240	2650711	49938	21303	241214	76538	314828	1946889
984	461	1581260	1559748	1115647	11995	353195	46836	21830	10245
10440	-1087	10239534	9621233	199780	324935	1622430	3761935	2858077	854077
12889	6757	11642472	10860069	987437	362524	2063192	3929182	2177878	1339856
302	754	410683	367606	5745	8331	157622	179181	2716	14012
		3780	1940			200	1710		30
		3520	1700				1700		
		3520	1700				1700		
		260	240			200	10		30
		260	240			200	10		30
12	666	167253	160567	115	2394	128033	29813	140	72
12	666	163334	158465	115	1932	127553	28653	140	72
12	666	163334	158465	115	1932	127553	28653	140	72
		3919	2103		463	480	1160		
		3919	2103		463	480	1160		
130		26650	23693		572	5766	17355		
130		17145	15824		562	1131	14130		
		1952	1826			217	1609		
		11648	11466		562	496	10408		
130		80	50				50		
		637	637				637		
		20	20				20		
		838	50				50		
		1971	1774			418	1356		

1-9 续表 1-1

项　　目	企业单位数（个）	工业总产值（当年价格）	年初存货	年末存货	固定资产原　　价	本年折旧
贵金属矿采选	12	4309	62	231	13084	203
金矿采选	8	3539	62	231	11067	131
银矿采选	2	650			1482	46
其他贵金属矿采选	2	120			535	26
稀有稀土金属矿采选	23	6575	315	294	3810	216
钨钼矿采选	8	1654	145	49	1662	98
稀土金属矿采选	8	2113	60	66	940	63
放射性金属矿采选						
其他稀有金属矿采选	7	2808	110	179	1209	55
非金属矿采选业	1393	384488	20042	25389	268740	17140
土砂石开采	1215	337552	16945	21876	219860	13506
石灰石、石膏开采	210	51682	1286	1606	36895	2541
建筑装饰用石开采	360	108602	7747	10722	87627	4309
耐火土石开采	31	5364	1418	1456	3442	233
粘土及其他土砂石开采	614	171904	6494	8093	91896	6422
化学矿采选	3	427	52	80	269	4
化学矿采选	3	427	52	80	269	4
采盐	36	7186	631	569	17211	529
采盐	36	7186	631	569	17211	529
石棉及其他非金属矿采选	139	39323	2414	2865	31401	3100
石棉、云母矿采选	1	498		34	120	8
石墨、滑石采选	5	1259	32	33	135	12
宝石、玉石开采						
其他非金属矿采选	133	37566	2382	2797	31146	3081
其他采矿业	29	7707	252	396	5017	607
其他采矿业	29	7707	252	396	5017	607
其他采矿业	29	7707	252	396	5017	607
制造业	2417	32919790	4536083	7100306	18010935	1738803
农副食品加工业	2417	610797	43077	61553	393506	28639
谷物磨制	330	62749	5299	6121	32784	2241
谷物磨制	330	62749	5299	6121	32784	2241
饲料加工	259	66498	8175	17213	57040	5461
饲料加工	259	66498	8175	17213	57040	5461
植物油加工	215	49413	4315	7197	19994	1996
食用植物油加工	176	40158	4070	6456	17202	1629
非食用植物油加工	39	9255	245	741	2792	367
制糖	30	6254	906	1771	3551	537
制糖	30	6254	906	1771	3551	537
屠宰及肉类加工	545	136198	5035	6081	122934	7177
畜禽屠宰	353	94424	1515	1621	93902	5532
肉制品及副产品加工	192	41774	3520	4460	29032	1645
水产品加工	422	123107	8692	10547	77948	4891
水产品冷冻加工	223	67904	2919	3927	52750	2963
鱼糜制品及水产品干腌制加工	106	30405	2444	2081	9803	1005

单位：万元

资产减值损失	公允价值变动收益	所有者权益合计	实收资本						
				国家资本	集体资本	法人资本	个人资本	港澳台资本	外商资本
		6906	6087			4545	1542		
		5701	4882			4000	882		
		660	660				660		
		545	545			545			
		2600	1782		10	90	1682		
		181	590				590		
		730	490			90	400		
		1689	702		10		692		
160	88	208970	177735	5600	5167	23234	127247	2576	13910
160	88	173030	146914	2024	3452	20385	106007	2472	12574
8		28574	24199		910	3193	20072		24
27	19	66863	55605	450	759	6548	33777	1520	12550
		2140	1704	200		90	1414		
125	69	75453	65406	1374	1783	10553	50744	952	
		72	72			10	62		
		72	72			10	62		
		8417	6118	3555	1298	449	816		
		8417	6118	3555	1298	449	816		
		27452	24631	21	417	2391	20363	104	1336
		50	50				50		
		227	207		8	50	149		
		27175	24374	21	409	2341	20164	104	1336
		4030	3672	30	198	388	3056		
		4030	3672	30	198	388	3056		
		4030	3672	30	198	388	3056		
22287	22	19592196	18364674	909799	431847	3162060	6728666	4966891	2165412
466	2	335134	304872	20135	12716	53343	150415	31714	36548
128		29449	26158	863	1128	3973	18963	1230	
128		29449	26158	863	1128	3973	18963	1230	
137	1	56861	45179	1473	250	4639	20618	5377	12823
137	1	56861	45179	1473	250	4639	20618	5377	12823
		19550	16685	18	155	4674	8914	250	2675
		17918	15247	18	87	4565	7653	250	2675
		1632	1438		68	109	1261		
		3073	3856	758	220	1277	1501	100	
		3073	3856	758	220	1277	1501	100	
15		68688	66362	12054	8049	14571	27195	3140	1354
1		48444	40699	9327	7301	7759	15792	20	500
14		20244	25663	2727	748	6812	11402	3120	854
43		86594	76696	3974	1600	8913	40268	14665	7277
43		51051	44538	3970	253	5704	20129	7736	6747
		10516	9067		292	1562	3997	2998	218

1-9 续表 1-2

项　　目	企业单位数(个)	工业总产值(当年价格)	年初存货	年末存货	固定资产原　价	本年折旧
水产饲料制造	46	11268	1360	2257	7694	586
鱼油提取及制品的制造						
其他水产品加工	47	13531	1969	2282	7702	336
蔬菜、水果和坚果加工	318	83055	5802	6995	46222	3663
蔬菜、水果和坚果加工	318	83055	5802	6995	46222	3663
其他农副食品加工	298	83525	4853	5629	33032	2673
淀粉及淀粉制品的制造	49	13562	942	1225	6083	571
豆制品制造	111	37475	2443	2437	16103	1139
蛋品加工	16	3676	179	150	762	91
其他未列明的农副食品加工	122	28812	1289	1817	10084	872
食品制造业	2574	620896	149199	86483	339396	27881
焙烤食品制造	660	160956	17607	21342	78029	7296
糕点、面包制造	310	65638	7111	8971	30062	2948
饼干及其他焙烤食品制造	350	95317	10496	12371	47967	4348
糖果、巧克力及蜜饯制造	737	192129	22208	24156	105437	8466
糖果、巧克力制造	391	109746	15344	16520	62379	5353
蜜饯制作	346	82383	6863	7636	43058	3114
方便食品制造	225	51623	4389	6211	27966	2533
米、面制品制造	153	35617	2920	4025	16707	1390
速冻食品制造	45	10718	1123	1577	6334	647
方便面及其他方便食品制造	27	5289	346	610	4926	497
液体乳及乳制品制造	26	5132	1215	1767	13945	410
液体乳及乳制品制造	26	5132	1215	1767	13945	410
罐头制造	78	18576	1395	1374	11123	635
肉、禽类罐头制造	22	3827	513	277	2133	216
水产品罐头制造	12	3308	138	243	3121	139
蔬菜、水果罐头制造	27	7821	421	431	4097	160
其他罐头食品制造	17	3620	323	422	1773	121
调味品、发酵制品制造	336	86909	24848	13272	38357	3344
味精制造	28	12060	717	819	1925	107
酱油、食醋及类似制品的制造	165	43767	20129	7208	23981	1879
其他调味品、发酵制品制造	143	31082	4001	5245	12452	1358
其他食品制造	512	105572	77539	18362	64538	5196
营养、保健食品制造	133	24777	6816	7161	16985	1305
冷冻饮品及食用冰制造	98	23471	1481	1361	17373	1059
盐加工	8	1279	17	22	536	35
食品及饲料添加剂制造	131	27032	66078	6269	13921	1224
其他未列明的食品制造	142	29013	3147	3549	15724	1574
饮料制造业	1123	219201	25405	31215	235129	16634
酒精制造	15	3706	409	283	2370	165
酒精制造	15	3706	409	283	2370	165
酒的制造	357	69208	9709	11830	59792	3855
白酒制造	270	48232	4758	6103	33405	2412
啤酒制造	4	135			9619	261
黄酒制造	21	5633	1299	1467	6332	479
葡萄酒制造	12	3308	1478	1851	1759	123
其他酒制造	50	11899	2173	2409	8676	579

单位：万元

资产减值损失	公允价值变动收益	所有者权益合计							
			实收资本	国家资本	集体资本	法人资本	个人资本	港澳台资本	外商资本
		11898	11141	5	738	987	7951	1149	312
		13130	11950		317	660	8190	2782	
1		37677	41017	574	402	5987	17267	4367	12418
1		37677	41017	574	402	5987	17267	4367	12418
143	1	33242	28919	421	913	9309	15690	2585	1
138		7849	6688	155	35	1678	4620	200	
		11729	10456	108	252	4384	5121	590	1
		1051	913			170	428	315	
5	1	12613	10862	158	626	3077	5521	1480	
492	-10	382090	319218	6883	9563	44666	163869	61510	32727
3		73349	69784	1823	1754	11890	37092	14096	3130
		33773	31304	374	1234	5413	12012	11749	522
3		39576	38480	1449	520	6477	25081	2346	2608
22	5	98236	82431	79	1155	7865	55157	15289	2886
10	5	53689	47892		504	4488	28648	11497	2756
12		44547	34538	79	652	3377	26509	3793	130
21		37150	35413	988	1241	3985	11638	16129	1434
21		24654	22231	900	1241	2458	7809	9225	599
		6762	6124	88		842	1878	2482	834
		5735	7058			685	1951	4422	
		17561	17144	120		737	2936		13351
		17561	17144	120		737	2936		13351
		11544	10449	137	581	1737	7502	492	
		2035	1878		52	972	554	300	
		3489	3407		240	87	3080		
		4504	3734		289	628	2768	50	
		1516	1430	137		50	1100	142	
64	-15	71891	36314	3065	1116	5988	18275	5471	2399
		7829	3139		100	843	1423	774	
50	-15	26369	16859	830	816	3803	8649	2761	
14		37693	16316	2235	200	1342	8204	1936	2399
382		72359	67683	672	3717	12465	31269	10033	9528
31		24606	22654	13	1159	6793	7024	4131	3534
350		15456	10897	520	2365	1873	5265	874	
		410	235	46		69	121		
1		16773	18484	50	20	2394	11880	1315	2824
		15114	15414	44	172	1336	6979	3712	3170
57	11	369315	232940	35166	7536	46907	70542	26289	46499
		2121	1633			486	1147		
		2121	1633			486	1147		
55	2	222726	81278	26037	1461	19479	26206	848	7246
18	2	26134	22629	922	1357	2779	17041	530	
		173709	34709	24857		2500	1952		5400
38		7813	5918			3298	2620		
		4256	3995	200		875	1266	318	1336
		10814	14027	58	104	10027	3327		510

1-9 续表 1-3

项　目	企业单位数(个)	工业总产值(当年价格)	年初存货	年末存货	固定资产原　价	本年折旧
软饮料制造	620	118944	13549	17087	149374	11592
碳酸饮料制造	41	8676	880	1056	14694	1099
瓶(罐)装饮用水制造	382	67360	7089	9549	59132	5689
果菜汁及果菜汁饮料制造	46	9601	1014	813	6950	535
含乳饮料和植物蛋白饮料制造	31	6338	1532	1415	5823	525
固体饮料制造	54	13013	1256	1622	6684	533
茶饮料及其他软饮料制造	66	13957	1780	2632	56091	3211
精制茶加工	131	27343	1738	2016	23593	1024
精制茶加工	131	27343	1738	2016	23593	1024
烟草制品业	19	4504	2520	2779	2620	225
烟叶复烤	3	552	100	100	301	23
烟叶复烤	3	552	100	100	301	23
卷烟制造	2	49	1970	1941	61	1
卷烟制造	2	49	1970	1941	61	1
其他烟草制品加工	14	3902	450	738	2258	201
其他烟草制品加工	14	3902	450	738	2258	201
纺织业	5405	1494408	180958	209673	850341	95653
棉、化纤纺织及印染精加工	1347	368826	55178	54220	258647	28767
棉、化纤纺织加工	881	242705	35127	33926	158600	20005
棉、化纤印染精加工	466	126121	20051	20294	100048	8762
毛纺织和染整精加工	375	123380	12178	15578	80532	8158
毛条加工	38	10372	863	1132	4491	870
毛纺织	269	94031	9856	12702	61566	5653
毛染整精加工	68	18978	1459	1744	14475	1634
麻纺织	18	4827	1064	1117	2968	272
麻纺织	18	4827	1064	1117	2968	272
丝绢纺织及精加工	107	25290	2056	2864	10428	1201
缫丝加工	10	2617	322	335	951	121
绢纺和丝织加工	18	5835	487	965	3820	605
丝印染精加工	79	16838	1247	1565	5656	475
纺织制成品制造	1355	326764	46299	58883	172089	19133
棉及化纤制品制造	354	82017	10943	13088	43439	3994
毛制品制造	41	11239	894	1185	8590	332
麻制品制造	26	6659	1200	1223	3360	211
丝制品制造	41	8274	2151	2359	11404	644
绳、索、缆的制造	186	42663	4846	5712	17987	2597
纺织带和帘子布制造	294	72874	10676	14639	37379	4558
无纺布制造	116	25351	3281	4569	12827	1312
其他纺织制成品制造	297	77689	12308	16108	37103	5486
针织品、编织品及其制品制造	2203	645322	64183	77012	325677	38122
棉、化纤针织品及编织品制造	944	242592	27812	33370	129264	17503
毛针织品及编织品制造	700	231377	19511	24677	113600	11118
丝针织品及编织品制造	147	54132	4502	5165	21548	3762
其他针织品及编织品制造	412	117221	12359	13799	61265	5739

单位：万元

资产减值损　失	公允价值变动收益	所有者权益合计	实收资本						
				国家资本	集体资本	法人资本	个人资本	港澳台资本	外商资本
	9	122765	134107	8474	5290	22554	33540	25132	39116
		9474	8674	769		1851	1646		4408
	9	51808	52303	7662	885	11673	21070	8636	2377
		6410	3410		150	751	2326	182	
		7785	7545		198	5692	1655		
		2532	11317	43	2930	1566	2603	1971	2205
		44758	50858		1128	1022	4240	14342	30127
1		21703	15922	654	784	4389	9649	309	137
1		21703	15922	654	784	4389	9649	309	137
1		2107	1591	30	199	264	1098		
		362	130	30		70	30		
		362	130	30		70	30		
		99	97		56		41		
		99	97		56		41		
1		1647	1364		143	194	1027		
1		1647	1364		143	194	1027		
557	-24	774885	757733	13607	14742	104437	254732	315234	54982
212	-37	233439	224478	5358	3419	31905	69855	98923	15019
101	-7	155387	136837	2468	1755	20956	43427	62362	5869
111	-30	78052	87641	2890	1664	10950	26428	36561	9150
		49142	53121	1146	1028	4006	21580	22297	3065
		5398	5306		50	597	1431	2728	500
		32320	38558	1146	880	2431	15517	16110	2475
		11424	9258		98	979	4633	3459	90
		2755	2857			310	1210	538	798
		2755	2857			310	1210	538	798
16		10332	10254		379	2319	3288	4268	0
		566	548			120	428		
16		4142	4811		150	252	642	3767	0
		5624	4895		229	1948	2218	500	
73	3	180432	167062	924	6376	23571	56803	59045	20343
9		55976	36706	779	1196	8928	16502	7747	1555
		6182	7548		99	474	2869	3312	794
8		2437	1896	90	25	245	996	540	
		7432	7990		107	828	2866	4188	
0		16469	15574	50	557	2283	4923	4136	3626
46	0	40932	40652		1164	4232	8795	19362	7099
		12599	15036	5	300	1658	7329	4244	1499
10	4	38406	41660		2927	4923	12523	15517	5771
257	9	298784	299962	6179	3541	42325	101997	130163	15756
42		134068	126106	5758	1767	11882	40841	60120	5739
97	9	97334	106907	55	1224	21473	33805	45281	5069
89		18570	16696		132	3331	7357	5723	153
28	0	48813	50253	366	418	5640	19995	19040	4794

1-9 续表 1-4

项　　目	企业单位数（个）	工业总产值（当年价格）	年初存货	年末存货	固定资产原　价	本年折旧
纺织服装、鞋、帽制造业	9912	2402931	258011	323061	969757	93285
纺织服装制造	9470	2285227	237656	300065	912605	87275
纺织服装制造	9470	2285227	237656	300065	912605	87275
纺织面料鞋的制造	308	81034	13023	15540	34589	3382
纺织面料鞋的制造	308	81034	13023	15540	34589	3382
制帽	134	36671	7333	7457	22562	2628
制帽	134	36671	7333	7457	22562	2628
皮革、毛皮、羽毛(绒)及其制品业	4983	1378392	131157	236895	467401	46968
皮革鞣制加工	257	66762	6926	84681	30178	2534
皮革鞣制加工	257	66762	6926	84681	30178	2534
皮革制品制造	4556	1268616	118403	144425	411813	40716
皮鞋制造	1736	554921	40492	53704	169861	17140
皮革服装制造	86	18475	4159	3140	8336	886
皮箱、包(袋)制造	1953	494259	51114	59074	146656	14337
皮手套及皮装饰制品制造	285	83801	7188	8552	32607	2791
其他皮革制品制造	496	117161	15450	19955	54353	5562
毛皮鞣制及制品加工	100	23700	3300	4193	11374	1043
毛皮鞣制加工	15	3533	1524	1659	2851	238
毛皮服装加工	46	10034	598	1065	4066	351
其他毛皮制品加工	39	10133	1177	1469	4457	454
羽毛(绒)加工及制品制造	70	19314	2528	3597	14036	2675
羽毛(绒)加工	32	9329	680	612	5495	1169
羽毛(绒)制品加工	38	9984	1849	2986	8541	1506
木材加工及木、竹、藤、棕、草制品业	2373	573977	64700	90628	243164	21733
锯材、木片加工	754	185080	9572	13728	76857	6783
锯材加工	405	91453	3708	4538	40920	3171
木片加工	349	93627	5863	9190	35937	3612
人造板制造	589	151153	27305	39447	75056	6929
胶合板制造	188	52852	6548	12538	24152	2424
纤维板制造	38	9316	9744	13689	9868	647
刨花板制造	61	14443	1232	1563	9440	735
其他人造板、材制造	302	74542	9781	11658	31597	3124
木制品制造	777	182859	25049	33822	69789	6587
建筑用木料及木材组件加工	273	57999	7643	10575	25478	2331
木容器制造	116	23477	3047	3815	5773	720
软木制品及其他木制品制造	388	101382	14358	19432	38537	3535
竹、藤、棕、草制品制造	253	54885	2775	3630	21463	1434
竹、藤、棕、草制品制造	253	54885	2775	3630	21463	1434
家具制造业	4212	1006945	148579	180300	369235	38387
木质家具制造	2547	617174	99200	116834	237065	24687
木质家具制造	2547	617174	99200	116834	237065	24687
竹、藤家具制造	75	18438	5134	6619	10326	1234
竹、藤家具制造	75	18438	5134	6619	10326	1234
金属家具制造	560	130509	16332	19929	47157	4907
金属家具制造	560	130509	16332	19929	47157	4907
塑料家具制造	92	21159	1688	1950	7590	844
塑料家具制造	92	21159	1688	1950	7590	844

单位：万元

资产减值损　失	公允价值变动收益	所有者权益合计	实收资本	国家资本	集体资本	法人资本	个人资本	港澳台资本	外商资本
743	-119	1018804	973757	1110	18876	131758	430715	325796	65501
730	-121	959537	905504	1060	18224	124014	414431	298172	49604
730	-121	959537	905504	1060	18224	124014	414431	298172	49604
12	2	38622	42787	50	403	5923	12657	10186	13568
12	2	38622	42787	50	403	5923	12657	10186	13568
1		20646	25465		249	1821	3628	17438	2330
1		20646	25465		249	1821	3628	17438	2330
764	-54	465227	460527	2899	12500	53451	171701	176952	43024
40	1	33352	33483	30	115	2818	10292	16403	3825
40	1	33352	33483	30	115	2818	10292	16403	3825
723	-55	405117	400951	2187	9165	47637	150537	152632	38793
41	-39	176158	160630	1312	2280	17121	60249	61151	18518
		6644	9721		558	807	2963	5272	121
670	-3	152557	155495	125	3529	21046	55971	63115	11709
6		24841	30119	1	1860	3585	13120	9058	2496
6	-13	44917	44987	749	939	5078	18233	14037	5951
1		8694	10223	162	260	2113	5651	1995	43
		2606	2384			52	1724	609	
		3574	5066		100	1777	2540	606	43
		2515	2773	162	160	284	1387	780	
		18064	15869	520	2960	883	5221	5922	364
		4103	3486		960	228	2076	222	
		13961	12383	520	2000	655	3145	5700	364
188	-75	275452	216326	341	4658	47959	119104	37116	7149
7		65131	55489	72	2511	6616	41964	4300	25
		34548	29340	72	552	3637	24531	524	25
7		30583	26148		1960	2979	17433	3777	
55		110063	73742	87	404	18109	34941	16630	3572
1		32463	28268		272	2711	12930	11154	1200
		39953	16375	19		10272	4320	191	1574
		6792	5941	15	32	1369	4313	212	
54		30857	23159	53	100	3756	13378	5073	798
123	-1	79999	68698	34	815	20042	30073	14713	3022
25		29245	24801	20	219	7215	12231	3780	1336
34		10012	7349	4	58	1618	3982	1293	394
64	-1	40742	36548	10	538	11209	13860	9640	1291
3	-73	20259	18398	148	928	3192	12127	1473	530
3	-73	20259	18398	148	928	3192	12127	1473	530
487	-1345	452558	409798	1870	4236	80532	165430	101773	55959
320	-1341	288679	261792	1637	3015	47075	108162	63220	38683
320	-1341	288679	261792	1637	3015	47075	108162	63220	38683
3		9479	9206		350	1337	1746	4570	1204
3		9479	9206		350	1337	1746	4570	1204
17		49105	44583	3	359	11390	19008	8141	5684
17		49105	44583	3	359	11390	19008	8141	5684
10		14835	13138		51	2571	3387	5444	1685
10		14835	13138		51	2571	3387	5444	1685

1-9 续表 1-5

项　　目	企业单位数(个)	工业总产值(当年价格)	年初存货	年末存货	固定资产原　价	本年折旧
其他家具制造	938	219666	26225	34968	67097	6715
其他家具制造	938	219666	26225	34968	67097	6715
造纸及纸制品业	5533	1368121	133857	168550	589352	62017
纸浆制造	109	31173	2336	3187	13031	1616
纸浆制造	109	31173	2336	3187	13031	1616
造纸	1166	309457	29249	36284	161709	15406
机制纸及纸板制造	268	90652	9633	11205	59568	4173
手工纸制造	32	9062	602	761	2882	247
加工纸制造	866	209742	19015	24319	99259	10986
纸制品制造	4258	1027491	102272	129079	414612	44995
纸和纸板容器的制造	2506	636311	55632	68465	220934	24676
其他纸制品制造	1752	391180	46640	60613	193677	20320
印刷业和记录媒介的复制	6932	1593565	150956	189640	1194421	95243
印刷	6459	1481159	143105	179390	1127252	87234
书、报、刊印刷	753	160969	15438	21134	151922	13527
本册印制	388	78106	5156	6185	45853	4402
包装装潢及其他印刷	5318	1242084	122510	152072	929477	69305
装订及其他印刷服务活动	448	104554	7036	9127	51839	6643
装订及其他印刷服务活动	448	104554	7036	9127	51839	6643
记录媒介的复制	25	7852	815	1123	15330	1366
记录媒介的复制	25	7852	815	1123	15330	1366
文教体育用品制造业	2510	654792	113359	139037	401258	44228
文化用品制造	422	100903	14440	16704	46108	4323
文具制造	288	73026	10321	11964	33934	3350
笔的制造	43	11738	1316	1687	3367	306
教学用模型及教具制造	20	3912	499	502	1330	151
墨水、墨汁制造	14	3024	457	626	541	87
其他文化用品制造	57	9202	1847	1925	6936	429
体育用品制造	421	117320	23018	31148	51463	7743
球类制造	47	14047	2076	3094	5625	669
体育器材及配件制造	157	45302	7773	9513	20819	2851
训练健身器材制造	46	10371	1746	3082	6351	809
运动防护用具制造	66	23021	6460	8558	8854	1437
其他体育用品制造	105	24579	4964	6901	9814	1977
乐器制造	121	27343	3615	5060	11103	1373
中乐器制造	14	2944	248	266	699	97
西乐器制造	40	10276	1620	2677	5173	440
电子乐器制造	21	5004	528	736	1447	217
其他乐器及零件制造	46	9119	1219	1381	3785	619
玩具制造	1405	387082	65904	80156	283144	29764
玩具制造	1405	387082	65904	80156	283144	29764
游艺器材及娱乐用品制造	141	22143	6381	5970	9440	1026
露天游乐场所游乐设备制造	24	2722	1384	1845	923	92
游艺用品及室内游艺器材制造	117	19421	4997	4124	8517	935
石油加工、炼焦及核燃料加工业	203	98263	8879	235968	56700	5417
精炼石油产品的制造	191	96134	8757	235812	51762	4738
原油加工及石油制品制造	188	89237	8711	235745	51612	4719
人造原油生产	3	6897	46	67	150	18

单位：万元

资产减值损失	公允价值变动收益	所有者权益合计	实收资本	国家资本	集体资本	法人资本	个人资本	港澳台资本	外商资本
138	-4	90461	81080	230	461	18158	33127	20399	8704
138	-4	90461	81080	230	461	18158	33127	20399	8704
520	8	624531	589373	7971	12175	119133	270148	149864	30083
	0	12890	11407	426	2	1969	6437	2573	
	0	12890	11407	426	2	1969	6437	2573	
52	22	135597	133808	4129	2063	20229	59820	44010	3557
3	3	46908	41271	3438	428	7745	17925	11686	50
0		3451	2415			715	1544	105	50
50	19	85237	90122	691	1636	11769	40351	32219	3457
468	-14	476044	444158	3416	10109	96935	203891	103282	26526
242	-1	269263	252499	1016	7842	63725	117181	53664	9072
226	-13	206781	191659	2400	2267	33210	86710	49618	17454
683	54	961479	855251	11362	31701	166189	483579	141134	21286
499	20	903647	800838	8660	29635	154189	452671	134673	21011
66		142801	111835	3995	4051	17006	51934	32338	2511
36	-1	41688	39261	525	2762	7830	21253	6596	295
398	20	719159	649742	4141	22822	129352	379484	95738	18205
27	1	51904	46779	865	1616	11830	26148	6045	276
27	1	51904	46779	865	1616	11830	26148	6045	276
157	33	5929	7635	1838	450	170	4760	417	
157	33	5929	7635	1838	450	170	4760	417	
254	-42	373312	408572	332	10770	39472	107114	195562	55322
9	0	46352	45286	74	1954	5486	19222	15863	2688
6	0	32468	33023	74	1409	4010	12468	12525	2537
		4585	3587		53	506	1612	1416	
		2260	2238		71	390	1634	143	
		873	710			215	381	65	50
2		6167	5728		420	365	3128	1715	100
188	-41	66818	71035	6	3183	6810	11736	35646	13654
		9198	9642		10	244	1475	2739	5174
2		26493	26261	6	2902	2539	4422	13029	3362
		7101	6394			1694	1511	3093	97
		8353	10658		255	755	1442	5578	2628
186	-41	15672	18080		16	1578	2886	11207	2393
		12950	12745		248	1740	5541	3254	1963
		906	549			100	449		
		6443	5614		8	222	1939	1482	1963
		2519	2311		110	161	2041		
		3083	4271		130	1258	1112	1772	
57	-1	232726	264518	252	5375	23300	62666	136387	36537
57	-1	232726	264518	252	5375	23300	62666	136387	36537
1		14466	14988		11	2136	7949	4412	480
		2924	3385			1228	1364	414	380
1		11543	11603		11	909	6585	3998	100
		565595	566665	503385	138	14834	19543	2186	26579
		563894	560139	503385	138	13777	14074	2186	26579
		563690	560009	503385	108	13777	13974	2186	26579
		205	130		30		100		

1-9 续表 1-6

项　目	企业单位数(个)	工业总产值(当年价格)	年初存货	年末存货	固定资产原　价	本年折旧
炼焦	8	1119	62	59	4111	631
炼焦	8	1119	62	59	4111	631
核燃料加工	4	1010	60	97	827	49
核燃料加工	4	1010	60	97	827	49
化学原料及化学制品制造业	5112	1216112	179073	208579	656243	54272
基础化学原料制造	258	74945	9616	13052	47568	3718
无机酸制造	18	7514	775	2684	7147	120
无机碱制造	3	497	9	8	3006	19
无机盐制造	47	14523	1748	2018	9686	794
有机化学原料制造	70	15359	1393	2296	7803	469
其他基础化学原料制造	120	37051	5692	6046	19926	2316
肥料制造	166	40395	5465	6411	21186	1697
氮肥制造	9	2781	225	144	780	101
磷肥制造	7	1864	37	29	549	81
钾肥制造	76	20057	3603	3720	11846	880
复混肥料制造	55	10750	1384	1823	6342	442
有机肥料及微生物肥料制造						
其他肥料制造	19	4944	216	695	1670	193
农药制造	52	13950	2666	2403	11139	934
化学农药制造	32	8359	2110	2169	8358	735
生物化学农药及微生物农药制造	20	5592	557	234	2782	200
涂料、油墨、颜料及类似产品制造	1520	377917	57895	67180	156931	15946
涂料制造	995	247190	36770	43781	99336	10234
油墨及类似产品制造	225	63527	10289	11987	27369	2541
颜料制造	133	28851	6369	6657	10682	970
染料制造	45	10411	1126	1102	3649	459
密封用填料及类似品制造	122	27937	3341	3653	15896	1742
合成材料制造	338	81481	15041	15706	126817	3996
初级形态的塑料及合成树脂制造	154	35236	4825	6763	19200	2126
合成橡胶制造	108	28544	2967	4174	14880	898
合成纤维单(聚合)体的制造	23	6282	2508	2341	72346	498
其他合成材料制造	53	11419	4740	2428	20391	474
专用化学产品制造	1105	271015	32444	38589	127852	12084
化学试剂和助剂制造	348	80549	9773	11942	32540	3384
专项化学用品制造	288	69804	10463	11237	25868	2862
林产化学产品制造	69	18212	1092	1115	8509	482
炸药及火工产品制造	7	624	146	49	260	3
信息化学品制造	38	8292	823	2071	21446	1890
环境污染处理专用药剂材料制造	65	22950	3119	3412	12088	861
动物胶制造	18	2499	231	486	784	70
其他专用化学产品制造	272	68086	6798	8278	26357	2533
日用化学产品制造	1673	356409	55945	65238	164750	15897
肥皂及合成洗涤剂制造	376	79049	18362	22306	38622	3930
化妆品制造	873	171698	24902	30307	74969	6871

单位：万元

资产减值损失	公允价值变动收益	所有者权益合计	实收资本						
				国家资本	集体资本	法人资本	个人资本	港澳台资本	外商资本
		1236	6212			1007	5205		
		1236	6212			1007	5205		
		465	315			50	265		
		465	315			50	265		
436	999	851068	793492	110608	10854	150477	306577	118949	96028
10	1	156269	147326	98905	1240	13306	21547	5799	6529
		3501	2891	261		884	1480	265	
		14959	6142	6092			50		
1		9875	9016		122	975	2618	4073	1229
		106672	110776	89992		9588	10632	458	106
9	1	21261	18501	2560	1118	1859	6767	1003	5195
22		17193	20058	1016	476	4781	13253	426	106
		834	887			100	787		
		636	505	62	36	52	355		
7		8719	12265	954	20	3418	7733	34	106
15		5655	5215		350	869	3656	340	
		1350	1185		70	342	722	51	
		11677	19963	635	586	4083	6956	1219	6484
		8349	16740	285	86	3733	5016	1219	6401
		3328	3223	350	500	350	1940		83
179	15	210811	188560	496	2118	35721	96041	35563	18621
113	-23	130535	110442	470	1584	30270	51475	19355	7287
21		49110	49319		397	2381	27773	9000	9769
		13807	13361		50	1275	7201	3839	996
		4910	4570		60	577	2579	1341	12
45	38	12449	10869	26	27	1218	7014	2027	557
9	-20	96946	89753	5878	1696	10408	17389	17390	36992
5	-20	55123	55216	472	263	1941	6126	9522	36893
3		13508	13571		1403	1895	4948	5326	
		15085	15297	5406	30	5759	3096	1006	
		13231	5668			813	3219	1537	99
168	992	154246	138926	1880	1738	44630	55483	24868	10326
111		53177	47679	76	680	20118	13506	9219	4079
9	992	32633	29827	200	463	6307	11301	6375	5181
		5610	5348	362	44	838	3905	200	
		468	388		135	6	247		
5		18153	18974	930		8822	4576	4539	106
4		15417	8221		75	877	7121	146	2
40		884	636			255	381		
		27904	27854	313	341	7408	14446	4389	957
48	12	203926	188908	1798	3001	37549	95907	33684	16971
1		44902	43906	1235	530	10160	21667	6529	3785
4	12	99308	95370	412	386	13842	51738	21301	7691

1-9 续表 1-7

项　　目	企业单位数(个)	工业总产值(当年价格)	年初存货	年末存货	固定资产原　价	本年折旧
口腔清洁用品制造	22	3308	256	440	1301	160
香料、香精制造	124	34299	3203	3841	20266	1947
其他日用化学产品制造	278	68055	9223	8344	29592	2990
医药制造业	495	121100	27156	37525	164956	11993
化学药品原药制造	33	6224	4591	5132	32488	1718
化学药品原药制造	33	6224	4591	5132	32488	1718
化学药品制剂制造	61	20191	5575	6551	43214	4401
化学药品制剂制造	61	20191	5575	6551	43214	4401
中药饮片加工	84	26225	3941	4823	14098	959
中药饮片加工	84	26225	3941	4823	14098	959
中成药制造	85	22316	5121	11330	40721	2120
中成药制造	85	22316	5121	11330	40721	2120
兽用药品制造	49	8404	2824	2791	6358	478
兽用药品制造	49	8404	2824	2791	6358	478
生物、生化制品的制造	94	15074	1763	2650	11149	977
生物、生化制品的制造	94	15074	1763	2650	11149	977
卫生材料及医药用品制造	89	22666	3341	4247	16929	1340
卫生材料及医药用品制造	89	22666	3341	4247	16929	1340
化学纤维制造业	155	45632	5596	6586	23780	2119
纤维素纤维原料及纤维制造	43	13005	1270	1883	7368	659
化纤浆粕制造	17	4742	641	423	2930	193
人造纤维(纤维素纤维)制造	26	8263	630	1460	4439	466
合成纤维制造	112	32628	4326	4703	16411	1460
锦纶纤维制造	15	5851	755	869	1651	209
涤纶纤维制造	28	8287	1306	1394	5153	421
腈纶纤维制造	1	257	4	4	54	6
维纶纤维制造	3	544	21	32	385	31
其他合成纤维制造	65	17687	2240	2403	9169	793
橡胶制品业	1697	470599	76442	92324	199737	25482
轮胎制造	49	11448	1597	2083	12902	823
车辆、飞机及工程机械轮胎制造	20	5855	482	686	9296	479
力车胎制造	9	1515	224	328	499	60
轮胎翻新加工	20	4078	890	1069	3106	283
橡胶板、管、带的制造	193	47787	6534	7708	19942	2430
橡胶板、管、带的制造	193	47787	6534	7708	19942	2430
橡胶零件制造	360	99039	13660	19580	42179	5541
橡胶零件制造	360	99039	13660	19580	42179	5541
再生橡胶制造	92	25958	2962	4217	8575	997
再生橡胶制造	92	25958	2962	4217	8575	997
日用及医用橡胶制品制造	88	21185	4046	4730	9953	955
日用及医用橡胶制品制造	88	21185	4046	4730	9953	955
橡胶靴鞋制造	253	85904	23758	22586	37427	5306
橡胶靴鞋制造	253	85904	23758	22586	37427	5306
其他橡胶制品制造	662	179280	23887	31421	68760	9432
其他橡胶制品制造	662	179280	23887	31421	68760	9432

单位：万元

资产减值损失	公允价值变动收益	所有者权益合计	实收资本						
				国家资本	集体资本	法人资本	个人资本	港澳台资本	外商资本
		1970	1518		60	344	890	225	
41		23825	18492	103	168	5294	10150	1481	1296
3		33921	29622	48	1857	7908	11462	4148	4199
1111		360384	276860	33513	28245	78881	55186	36539	44495
		29695	39832			26010	3443	3295	7084
		29695	39832			26010	3443	3295	7084
		154014	62789		1600	19529	10776	5308	25576
		154014	62789		1600	19529	10776	5308	25576
		17190	13914	365	182	4703	6644	1916	103
		17190	13914	365	182	4703	6644	1916	103
12		69077	61726	19156	154	18395	9628	14363	30
12		69077	61726	19156	154	18395	9628	14363	30
		12064	13929	270	309	2459	4435	3831	2625
		12064	13929	270	309	2459	4435	3831	2625
1092		56445	55289	562	26000	5007	11206	5473	7042
1092		56445	55289	562	26000	5007	11206	5473	7042
7		21899	29381	13160		2778	9055	2353	2035
7		21899	29381	13160		2778	9055	2353	2035
80		25919	27249	650	1747	3641	8556	11390	1264
50		8486	7810			2082	2255	3384	89
		3107	2629			280	981	1368	
50		5379	5181			1802	1274	2016	89
29		17433	19439	650	1747	1559	6301	8007	1175
29		1648	1842		10	298	566	968	
		3910	4429	650	83	250	1613	1833	
		50	50			50			
		552	672				58	614	
1		11273	12445		1654	961	4064	4592	1175
46	69	224176	229499	509	5637	29088	70695	90222	33349
5	-6	11172	10704	10	3710	1588	2261	2813	322
	-1	6293	5829		3710	363	832	924	
		744	580			100	480		
5	-5	4135	4295	10		1125	949	1889	322
		25026	23808		486	2426	11283	9064	550
		25026	23808		486	2426	11283	9064	550
20	82	40121	43420	239	405	6102	12011	15712	8953
20	82	40121	43420	239	405	6102	12011	15712	8953
		7349	6830	50	70	2042	3697	812	160
		7349	6830	50	70	2042	3697	812	160
		12144	10876		157	1086	5595	3887	152
		12144	10876		157	1086	5595	3887	152
13	-1	47426	51256	160	164	3264	12030	27569	8070
13	-1	47426	51256	160	164	3264	12030	27569	8070
8	-6	80938	82604	50	647	12581	23818	30365	15144
8	-6	80938	82604	50	647	12581	23818	30365	15144

1-9 续表 1-8

项　　目	企业单位数(个)	工业总产值(当年价格)	年初存货	年末存货	固定资产原　　价	本年折旧
塑料制品业	12318	3200479	438449	516598	1666016	178922
塑料薄膜制造	1193	306671	38642	48337	135143	14609
塑料薄膜制造	1193	306671	38642	48337	135143	14609
塑料板、管、型材的制造	807	197841	30272	34835	105505	10246
塑料板、管、型材的制造	807	197841	30272	34835	105505	10246
塑料丝、绳及编织品的制造	325	91199	8429	10538	34238	4072
塑料丝、绳及编织品的制造	325	91199	8429	10538	34238	4072
泡沫塑料制造	451	138870	13839	16152	47235	6294
泡沫塑料制造	451	138870	13839	16152	47235	6294
塑料人造革、合成革制造	103	35578	4652	5233	14746	2082
塑料人造革、合成革制造	103	35578	4652	5233	14746	2082
塑料包装箱及容器制造	1223	291318	34816	43769	114364	13211
塑料包装箱及容器制造	1223	291318	34816	43769	114364	13211
塑料零件制造	1927	462869	101793	90918	326979	32589
塑料零件制造	1927	462869	101793	90918	326979	32589
日用塑料制造	2065	552474	55611	65538	278852	28942
塑料鞋制造	548	182738	14832	18397	78630	7937
日用塑料杂品制造	1517	369737	40780	47141	200222	21005
其他塑料制品制造	4224	1123659	150395	201279	608954	66878
其他塑料制品制造	4224	1123659	150395	201279	608954	66878
非金属矿物制品业	6646	1730818	192066	276065	1112440	95351
水泥、石灰和石膏的制造	255	72009	4859	5165	104408	10437
水泥制造	101	26534	3111	2642	82889	8415
石灰和石膏制造	154	45475	1749	2523	21520	2022
水泥及石膏制品制造	541	156119	24843	30692	170928	13675
水泥制品制造	315	103866	17260	21047	119008	9757
砼结构构件制造	56	14068	1586	2043	17831	1635
石棉水泥制品制造	11	2280	42	106	1615	112
轻质建筑材料制造	88	19526	3863	5284	19767	1177
其他水泥制品制造	71	16380	2092	2212	12707	994
砖瓦、石材及其他建筑材料制造	2553	665615	59748	87318	386656	33871
粘土砖瓦及建筑砌块制造	1363	372689	19976	25980	207929	16671
建筑陶瓷制品制造	213	65244	15265	15842	41406	7247
建筑用石加工	696	170829	16142	34211	106379	7352
防水建筑材料制造	43	7861	1617	1313	4073	207
隔热和隔音材料制造	55	11997	1503	2472	7028	656
其他建筑材料制造	183	36995	5245	7499	19841	1738
玻璃及玻璃制品制造	986	214415	35834	40361	121733	10701
平板玻璃制造	104	21765	2563	3321	7954	839
技术玻璃制品制造	139	36276	5009	5483	21490	2123
光学玻璃制造	51	11677	2371	3355	10311	1117
玻璃仪器制造	18	3537	249	314	2665	114
日用玻璃制品及玻璃包装容器制造	306	68565	7870	8891	34645	2554
玻璃保温容器制造	17	3111	239	345	1360	156
玻璃纤维及制品制造	50	10639	1939	2649	8412	497
玻璃纤维增强塑料制品制造	78	16794	9062	8201	9707	1041
其他玻璃制品制造	223	42053	6531	7802	25190	2261

单位：万元

资产减值损失	公允价值变动收益	所有者权益合计							
			实收资本	国家资本	集体资本	法人资本	个人资本	港澳台资本	外商资本
2502	630	1573123	1621140	3934	48770	220622	554596	630213	163006
353	-80	145633	136673	151	3300	22367	50729	39495	20630
353	-80	145633	136673	151	3300	22367	50729	39495	20630
81	8	131661	121891	748	995	12172	40021	61884	6072
81	8	131661	121891	748	995	12172	40021	61884	6072
1	-1	32982	30636	566	733	3329	18516	7041	452
1	-1	32982	30636	566	733	3329	18516	7041	452
48		51035	52842	50	852	8757	20862	17964	4357
48		51035	52842	50	852	8757	20862	17964	4357
		12053	12014		15	2944	4464	3008	1583
		12053	12014		15	2944	4464	3008	1583
1183	-349	115422	118632	79	2270	29654	51215	31122	4292
1183	-349	115422	118632	79	2270	29654	51215	31122	4292
168		270744	305839	802	5690	33348	92554	141697	31750
168		270744	305839	802	5690	33348	92554	141697	31750
67	450	269410	261675	233	8406	39239	92346	81242	40209
2	2	66547	64203	133	3260	12493	27761	14618	5938
65	448	202863	197472	100	5146	26747	64585	66624	34270
600	602	544183	580940	1306	26509	68813	183890	246761	53662
600	602	544183	580940	1306	26509	68813	183890	246761	53662
318	-6	962343	884724	27592	21443	178172	490045	125738	41736
18	11	69367	66572	11053	3340	8171	32752	3096	8160
0		50761	51783	10709	2499	6532	24066	106	7870
18	11	18607	14790	344	841	1639	8686	2990	289
11	-3	161243	163054	5398	2818	41948	79097	31666	2127
4		123220	122248	3923	1840	28564	62931	24990	
7	-3	11026	11362	200	602	1998	7712	850	
		1257	892			617	275		
		15056	16634		20	5728	5223	4663	1000
		10684	11918	1275	356	5041	2956	1163	1127
170	-9	323125	286421	7288	11511	62900	185805	14903	4015
82	-8	177292	149287	5771	7317	25207	109516	968	509
		22212	22958	108	1102	7151	13824	773	1
35	1	90959	83180	88	2786	20367	46618	11031	2291
		4235	4077	110		2213	1704		49
6		5142	5038			905	3282	851	
47	-1	23284	21881	1211	307	7056	10862	1281	1164
89	-2	128979	118373	2129	805	27766	39723	35624	12326
4		8833	8940		250	2232	3487	2517	454
22		20644	18382	430		4174	6758	7017	3
		9726	10231	846		2651	920	5707	108
		978	642		133	130	331	48	
21		38384	32620	303	170	9015	11234	10844	1055
		1238	804		116	179	509		
1		8583	9362	10	50	1111	1448	1288	5455
		14001	13894	540	46	3972	5481	1157	2698
42	-2	26593	23499		40	4303	9556	7047	2554

1-9 续表 1-9

项　　目	企业单位数(个)	工业总产值(当年价格)	年初存货	年末存货	固定资产原　价	本年折旧
陶瓷制品制造	1748	478642	49523	90379	242173	17943
卫生陶瓷制品制造	474	141912	10709	15960	75168	5806
特种陶瓷制品制造	49	13230	2532	2662	5999	494
日用陶瓷制品制造	835	217720	23740	57883	110068	6918
园林、陈设艺术及其他陶瓷制品制造	390	105780	12541	13875	50938	4726
耐火材料制品制造	95	21405	3314	3773	10347	793
石棉制品制造	10	1993	107	119	394	51
云母制品制造	6	1189	178	222	350	41
耐火陶瓷制品及其他耐火材料制造	79	18224	3028	3432	9604	700
石墨及其他非金属矿物制品制造	468	122613	13946	18377	76196	7932
石墨及碳素制品制造	27	5554	685	887	3050	241
其他非金属矿物制品制造	441	117059	13261	17491	73146	7691
黑色金属冶炼及压延加工业	444	121798	11302	14892	61977	7006
炼铁	41	12971	783	520	10222	565
炼铁	41	12971	783	520	10222	565
炼钢	10	3668	337	318	2013	200
炼钢	10	3668	337	318	2013	200
钢压延加工	372	99855	9310	12914	47516	6028
钢压延加工	372	99855	9310	12914	47516	6028
铁合金冶炼	21	5303	873	1140	2227	213
铁合金冶炼	21	5303	873	1140	2227	213
有色金属冶炼及压延加工业	1131	275554	42812	48141	173579	17712
常用有色金属冶炼	135	40334	12453	11796	30992	2468
铜冶炼	25	6028	530	699	6419	271
铅锌冶炼	13	3479	576	749	2107	198
镍钴冶炼	4	1798	7690	6517	1166	74
锡冶炼	15	7290	1553	1501	6513	630
锑冶炼	2	485	140	97	1886	138
铝冶炼	55	16133	1131	1458	10350	913
镁冶炼						
其他常用有色金属冶炼	21	5122	834	776	2550	244
贵金属冶炼	12	3780	139	155	483	56
金冶炼	4	586	34	33	140	16
银冶炼	2	845	35	27	235	22
其他贵金属冶炼	6	2349	70	95	108	18
稀有稀土金属冶炼	22	5335	1813	3189	4881	489
钨钼冶炼	3	509	26	26	46	12
稀土金属冶炼	13	3659	459	1924	2923	165
其他稀有金属冶炼	6	1168	1328	1240	1912	312
有色金属合金制造	107	25150	3443	4170	38038	4495
有色金属合金制造	107	25150	3443	4170	38038	4495
有色金属压延加工	855	200955	24963	28830	99186	10204
常用有色金属压延加工	824	193447	22953	26649	95517	9610
贵金属压延加工	15	3381	1507	1515	2017	455
稀有稀土金属压延加工	16	4128	504	666	1653	138

单位：万元

资产减值损失	公允价值变动收益	所有者权益合计	实收资本						
				国家资本	集体资本	法人资本	个人资本	港澳台资本	外商资本
8	-2	212386	175996	1163	995	30640	107439	25479	10280
		58775	42909	38		12484	26516	685	3186
		5923	6329		5	482	2541	2467	835
5	-3	100483	86358	525	967	12936	54894	13267	3769
3		47204	40400	600	23	4739	23489	9059	2490
		-12869	8442	100	643	431	5055	2213	
		697	388			160	228		
		571	470			60	410		
		-14137	7585	100	643	211	4417	2213	
21		80112	65866	461	1330	6316	40172	12758	4829
		2657	2341			276	2065		
21		77454	63525	461	1330	6040	38107	12758	4829
164	1	65235	58754	443	1090	11699	29355	14198	1969
3		8353	8419		735	1245	5908	532	
3		8353	8419		735	1245	5908	532	
10		1855	1369	300		80	629	360	
10		1855	1369	300		80	629	360	
151	1	52687	46849	143	105	9909	21828	12896	1969
151	1	52687	46849	143	105	9909	21828	12896	1969
		2340	2116		250	465	990	411	
		2340	2116		250	465	990	411	
996	523	180731	176069	12756	728	35006	64343	31301	31935
456	512	22212	15707	3529	162	2811	7624	468	1113
38	58	3637	3337			879	2116	120	222
		1394	1234		102	729	402		
		796	494			25	85		384
1		7015	2923	1729		205	483		507
		1291	1900	1800			100		
376	454	6318	4290			693	3481	116	
41		1762	1529		60	280	956	232	
		1344	416			20	396		
		191	85			20	65		
		200	30				30		
		953	302				302		
		5998	5445		60	3948	1168	269	
		222	168			128		40	
		4328	3697			2960	508	229	
		1448	1580		60	860	660		
449	3	44020	51507	9208	54	12125	4097	8943	17081
449	3	44020	51507	9208	54	12125	4097	8943	17081
92	9	107157	102994	19	453	16102	51058	21621	13741
76	9	100678	96160	19	450	15921	49402	16627	13741
		2955	3402			101	481	2820	
16		3525	3432		3	80	1175	2174	

1-9 续表 1-10

项 目	企业单位数（个）	工业总产值（当年价格）	年初存货	年末存货	固定资产原价	本年折旧
金属制品业	15186	3690946	403192	538479	1650397	186947
结构性金属制品制造	3475	817261	91450	121335	356647	42959
金属结构制造	2792	680504	74061	96756	271225	34678
金属门窗制造	683	136757	17389	24579	85422	8281
金属工具制造	2145	556756	40396	60125	282122	29930
切削工具制造	137	29885	3635	6627	17490	1532
手工具制造	144	30493	2857	3700	16717	1600
农用及园林用金属工具制造	55	11784	743	782	5034	337
刀剪及类似日用金属工具制造	713	210885	5838	6899	110475	11815
其他金属工具制造	1096	273709	27323	42117	132407	14646
集装箱及金属包装容器制造	398	104319	13356	17654	37353	3931
集装箱制造	34	8015	851	1754	2588	301
金属压力容器制造	62	17123	4575	5273	9629	1098
金属包装容器制造	302	79181	7930	10628	25137	2531
金属丝绳及其制品的制造	297	64456	8166	11229	31714	3045
金属丝绳及其制品的制造	297	64456	8166	11229	31714	3045
建筑、安全用金属制品制造	1627	412831	45617	55499	160783	15352
建筑、家具用金属配件制造	1090	250925	25650	32397	84162	8934
建筑装饰及水暖管道零件制造	381	126740	14835	16327	60239	4911
安全、消防用金属制品制造	83	16234	3117	4050	8832	894
其他建筑、安全用金属制品制造	73	18932	2015	2725	7550	614
金属表面处理及热处理加工	1154	277611	24510	37575	148054	13913
金属表面处理及热处理加工	1154	277611	24510	37575	148054	13913
搪瓷制品制造	98	26179	3172	4964	9490	1264
工业生产配套用搪瓷制品制造	9	1938	189	272	994	594
搪瓷卫生洁具制造	58	14005	2305	3232	3215	286
搪瓷日用品及其他搪瓷制品制造	31	10237	679	1461	5282	384
不锈钢及类似日用金属制品制造	3087	788919	89828	115781	360598	44262
金属制厨房调理及卫生器具制造	364	72424	12087	14392	35535	4065
金属制厨用器皿及餐具制造	740	225147	29061	31466	95582	9331
其他日用金属制品制造	1983	491348	48680	69924	229482	30867
其他金属制品制造	2905	642616	86698	114316	263636	32292
铸币及贵金属制实验室用品制造	12	1832	43	73	730	126
其他未列明的金属制品制造	2893	640784	86655	114243	262906	32166
通用设备制造业	6167	1425887	216484	269964	729206	68322
锅炉及原动机制造	113	27902	7548	8273	21620	1653
锅炉及辅助设备制造	66	17406	6146	5936	15513	1006
内燃机及配件制造	20	4509	743	969	3431	396
汽轮机及辅机制造	4	1091	26	121	307	20
水轮机及辅机制造	6	1668	112	120	390	32
其他原动机制造	17	3229	521	1128	1979	199
金属加工机械制造	1335	277487	53139	67862	131286	15697
金属切削机床制造	143	32524	6181	7595	15544	2498
金属成形机床制造	144	32510	8759	9003	12645	1545
铸造机械制造	131	29365	5123	5579	15649	1335
金属切割及焊接设备制造	186	34373	8335	10659	13281	1572
机床附件制造	74	13516	5038	6468	16582	998
其他金属加工机械制造	657	135200	19702	28558	57585	7750

单位：万元

资产减值损失	公允价值变动收益	所有者权益合计	实收资本						
				国家资本	集体资本	法人资本	个人资本	港澳台资本	外商资本
2903	-191	1665790	1363668	5607	29272	263159	603498	351605	110527
513	136	350508	310595	2023	6944	64523	147058	80391	9656
488	158	269915	235186	1906	4633	50549	115297	54033	8768
25	-21	80593	75408	117	2310	13974	31761	26357	888
60	-112	310365	164567	814	2117	35499	68520	39909	17709
0		13560	13507		83	3022	5125	1884	3392
		12025	14137	13	104	3228	5577	2158	3058
		4683	3074	279	633	896	1267		
		137443	30653		29	13414	14803	1900	507
60	-112	142654	103197	523	1269	14939	41748	33967	10751
4		39619	39107	59	1000	6854	16487	7458	7248
2		9194	8573		50	1229	1165	81	6048
1		7697	6414	59	684	1103	3491	893	184
1		22728	24120		267	4522	11830	6485	1016
75		26551	28436	60	494	7408	10011	6054	4409
75		26551	28436	60	494	7408	10011	6054	4409
648	-276	150967	130163	1575	2462	30597	54735	21789	19006
323		84267	71437	38	1433	11951	34034	15790	8192
31	-1	50216	43445	90	652	16245	13793	4664	8002
		9753	8988	1394	227	936	3976	324	2132
294	-276	6731	6294	53	150	1466	2933	1012	680
238	80	145778	122706	604	3092	18440	50348	39706	10516
238	80	145778	122706	604	3092	18440	50348	39706	10516
6	-1	11304	10889			2854	4799	2170	1067
		1018	844				294	550	
6	-1	5068	5033			975	2121	870	1067
		5218	5012			1878	2384	750	
240	-1	374735	305803	269	8354	56438	148458	73612	18672
32		47821	45884	75	1161	9804	19172	14619	1053
7		116666	100759	10	2369	12105	71307	9039	5929
201	-1	210247	159160	183	4824	34529	57979	49954	11691
1120	-17	255964	251404	203	4809	40547	103084	80516	22245
		566	534			119	405	10	
1120	-17	255398	250869	203	4809	40428	102679	80506	22245
604	-10	713718	651683	18228	18361	148784	280721	130341	55247
1		12168	26203	8432	619	8922	5689	2107	434
1		6098	20343	6658	619	7699	2976	1958	434
		3610	3409	1775		290	1344		
		613	567			50	517		
		547	574			206	368		
		1300	1310			678	483	149	
42		138181	120447	1613	2495	27086	52302	26002	10949
		17687	14637		219	4128	5811	3025	1453
2		10885	9332		55	1665	4721	2221	671
		11096	9097	100	219	1909	5449	689	732
32		14926	17130	661	442	4439	8664	2260	664
		18687	12327	247	155	5452	4075	2398	
8		64899	57924	605	1405	9494	23583	15409	7429

1-9 续表 1-11

项　　目	企业单位数(个)	工业总产值(当年价格)	年初存货	年末存货	固定资产原　价	本年折旧
起重运输设备制造	140	61370	11858	14516	21672	2952
起重运输设备制造	140	61370	11858	14516	21672	2952
泵、阀门、压缩机及类似机械的制造	420	92894	21573	26930	46586	4571
泵及真空设备制造	130	28421	6048	8589	14794	1467
气体压缩机械制造	41	9381	3703	4229	3952	416
阀门和旋塞的制造	77	20581	4894	5554	12461	1102
液压和气压动力机械及元件制造	172	34511	6929	8558	15379	1585
轴承、齿轮、传动和驱动部件的制造	216	66465	6063	8415	37771	3592
轴承制造	113	45533	4274	5461	28112	2450
齿轮、传动和驱动部件制造	103	20932	1789	2954	9659	1142
烘炉、熔炉及电炉制造	66	16895	3794	4494	5899	597
烘炉、熔炉及电炉制造	66	16895	3794	4494	5899	597
风机、衡器、包装设备等通用设备制造	1061	245002	44047	54800	102602	11562
风机、风扇制造	204	52685	7045	8903	20581	2256
气体、液体分离及纯净设备制造	104	21041	3960	4843	7989	1006
制冷、空调设备制造	224	47943	6825	9250	20618	2461
风动和电动工具制造	40	10751	1110	1424	4467	513
喷枪及类似器具制造	41	12242	4896	5642	5835	644
包装专用设备制造	163	38647	7046	9063	14793	1489
衡器制造	40	8052	1543	1990	1638	229
其他通用设备制造	245	53640	11623	13685	26681	2964
通用零部件制造及机械修理	2204	479602	49253	64922	307756	22693
金属密封件制造	56	12214	1237	1948	5645	591
紧固件、弹簧制造	901	211975	23464	29312	207912	11781
机械零部件加工及设备修理	872	182188	18133	22226	68204	7589
其他通用零部件制造	375	73225	6420	11437	25996	2733
金属铸、锻加工	612	158270	19210	19752	54016	5007
钢铁铸件制造	449	121307	13973	13793	41932	3856
锻件及粉末冶金制品制造	163	36963	5237	5959	12084	1151
专用设备制造业	6708	1406691	267560	1549457	1227086	90742
矿山、冶金、建筑专用设备制造	189	38370	6431	7873	25555	1868
采矿、采石设备制造	27	5241	1757	1718	4807	262
石油钻采专用设备制造	6	1445	51	195	5179	195
建筑工程用机械制造	77	15292	2808	3600	6987	758
建筑材料生产专用机械制造	55	12349	1403	1836	4630	510
冶金专用设备制造	24	4043	413	525	3953	143
化工、木材、非金属加工专用设备制造	3623	742939	129335	1380317	907937	55800
炼油、化工生产专用设备制造	36	7141	1480	1337	2452	342
橡胶加工专用设备制造	44	10250	1545	2860	5518	420
塑料加工专用设备制造	276	63969	13386	15468	41946	3377
木材加工机械制造	112	17919	3656	4880	7718	608
模具制造	3104	629922	106663	1352362	845836	50512
其他非金属加工专用设备制造	51	13738	2606	3411	4468	541
食品、饮料、烟草及饲料生产专用设备制造	168	49620	9537	10800	18082	2175
食品、饮料、烟草工业专用设备制造	122	37308	3913	4862	11150	1269
农副食品加工专用设备制造	34	9141	4775	5029	4872	725
饲料生产专用设备制造	12	3171	850	910	2060	182

单位：万元

资产减值损　　失	公允价值变动收益	所有者权益合计	实收资本						
				国家资本	集体资本	法人资本	个人资本	港澳台资本	外商资本
12		38348	38213	3175	494	12239	17750	4324	232
12		38348	38213	3175	494	12239	17750	4324	232
77	24	71020	67285	100	1851	22920	23545	10157	8712
		19131	16711		1630	4517	5635	3897	1032
		9699	9203			4747	3303	1103	50
60	24	24426	23951			9580	7700	1977	4695
17		17764	17419	100	221	4076	6908	3180	2935
129	18	30731	35070	1589	2040	5428	11732	6330	7951
80	18	21640	26522	1589	2030	4185	7941	4407	6369
49		9091	8548		10	1243	3790	1923	1582
6		7802	6925			1228	3435	1806	458
6		7802	6925			1228	3435	1806	458
38	-50	169765	131384	601	4153	22793	64949	29445	9443
10	-50	21412	21737	113	2205	4238	9382	5157	642
		19320	21842		56	4939	11969	2918	1960
8		78678	34346		662	5192	12976	13579	1938
10		4673	4737		349	475	2103	835	975
9		4734	5355			1102	2629	685	940
1		13187	12763		415	3041	7417	790	1101
		3778	2653		131	1132	988	402	
		23984	27950	488	335	2675	17487	5078	1887
273	2	192687	177009	2185	4520	32104	76083	47685	14434
		5867	7325			714	2476	3172	963
53	4	92431	82901		1652	12366	30234	30025	8625
73	-1	66781	61194	1558	2201	12184	31842	8875	4536
147	-1	27608	25589	628	666	6840	11531	5614	310
27	-3	53017	49148	532	2189	16065	25238	2488	2635
27	-3	37874	38463	532	1402	14395	17760	2425	1949
1		15143	10685		787	1671	7478	63	686
1510	283	1618782	935936	8261	15325	170123	310002	276505	155721
		26857	27777	1548	149	7366	10987	2660	5069
		2213	4195	1348	50	1755	935	108	
		7391	7644			4099	78		3467
		8092	7766	200	34	460	3026	2444	1601
		5320	4464			552	3804	108	
		3841	3709		65	500	3144		
668	-23	1153013	425420	2232	7224	56104	125581	159186	75093
		4368	3835		48	619	2975		193
		5151	4773	225	256	583	2152	1556	
11		25857	28010	302	974	3990	9692	6852	6200
		8603	8055		89	2373	2613	1239	1742
657	-22	1104686	377061	1705	5795	47233	106768	148656	66905
		4349	3687		62	1307	1382	882	54
		17702	20033	1062	391	7847	6446	1654	2635
		10168	9148	200	323	2322	4437	1523	343
		5921	9339		68	5336	1513	130	2292
		1613	1546	862		189	496		

1-9 续表 1-12

项　目	企业单位数(个)	工业总产值(当年价格)	年初存货	年末存货	固定资产原　价	本年折旧
印刷、制药、日化生产专用设备制造	547	124001	29668	35790	53785	5690
制浆和造纸专用设备制造	32	7502	1444	1976	4013	434
印刷专用设备制造	174	36635	11573	14179	21358	2213
日用化工专用设备制造	52	11976	2562	2655	5121	518
制药专用设备制造	12	3326	1085	1281	916	116
照明器具生产专用设备制造	102	21669	6740	6907	9701	1012
玻璃、陶瓷和搪瓷制品生产专用设备制造	106	26419	3534	4379	6811	682
其他日用品生产专用设备制造	69	16474	2731	4413	5866	713
纺织、服装和皮革工业专用设备制造	278	57479	14375	16928	38778	4151
纺织专用设备制造	110	25598	6317	6461	17440	2145
皮革、毛皮及其制品加工专用设备制造	44	9136	1497	1891	4498	561
缝纫机械制造	70	12046	4472	5991	10146	592
其他服装加工专用设备制造	54	10699	2090	2585	6694	853
电子和电工机械专用设备制造	761	175541	32684	41400	72627	10114
电工机械专用设备制造	199	52115	7729	10631	14076	1868
电子工业专用设备制造	550	117912	23364	29051	55610	7998
武器弹药制造	1	591	58	54	70	11
航空、航天及其他专用设备制造	11	4924	1533	1664	2871	237
农、林、牧、渔专用机械制造	119	28516	2092	2717	16140	1350
拖拉机制造	4	927	71	88	619	50
机械化农业及园艺机具制造	30	6117	640	706	3357	290
营林及木竹采伐机械制造						
畜牧机械制造	7	2254	39	162	1278	270
渔业机械制造	27	8596	562	883	4194	241
农林牧渔机械配件制造	15	3664	217	221	1245	112
其他农林牧渔业机械制造及机械修理	36	6958	562	656	5447	387
医疗仪器设备及器械制造	386	71842	21643	25558	47476	4386
医疗诊断、监护及治疗设备制造	114	18563	7353	8434	11926	1170
口腔科用设备及器具制造	24	3688	874	804	6044	184
实验室及医用消毒设备和器具的制造	20	3645	1471	1289	1163	87
医疗、外科及兽医用器械制造	57	10990	3901	4690	7553	658
机械治疗及病房护理设备制造	38	8219	1991	2754	3203	273
假肢、人工器官及植(介)入器械制造	65	11691	2838	3502	8845	1227
其他医疗设备及器械制造	68	15046	3216	4086	8743	788
环保、社会公共安全及其他专用设备制造	637	118383	21795	28074	46706	5209
环境污染防治专用设备制造	183	32322	4137	6228	11001	1042
地质勘查专用设备制造	1	50			30	0
邮政专用机械及器材制造	1	323	11	18	45	9
商业、饮食、服务业专用设备制造	21	3022	857	748	734	75
社会公共安全设备及器材制造	90	17617	4671	5669	6214	731
交通安全及管制专用设备制造	21	4640	573	583	1881	337
水资源专用机械制造	36	4404	937	925	2263	150
其他专用设备制造	284	56006	10608	13903	24537	2866

单位：万元

资产减值损失	公允价值变动收益	所有者权益合计	实收资本						
				国家资本	集体资本	法人资本	个人资本	港澳台资本	外商资本
265		71413	77546	1845	2593	11623	25794	28326	7366
		3156	2452	153		462	1127	613	98
168		27431	25551	477	2093	5161	9301	6924	1594
2		7421	6814		82	1050	2371	1109	2203
		1935	1612			33	1579		
95		13310	26202	88	73	1367	4514	17479	2681
		10555	7539	1128	95	1865	3267	1185	
		7606	7377		250	1685	3635	1017	790
24	-8	36468	42842	350	639	4795	9346	24211	3502
		18647	23092		100	1841	3314	17220	617
		3665	3430	50	406	409	1107	1459	
		7119	9644	300	3	1660	3652	3312	717
24	-8	7038	6676		130	885	1274	2219	2169
126	-45	104654	115672	58	1428	17405	47367	26775	22639
25	-40	28618	26372		220	7098	15605	1699	1750
101	-5	70725	83270	58	208	10156	27602	24464	20783
		128	513					513	
		5184	5517		1000	151	4160	100	106
		23374	16876	708	1052	2339	9659	2086	1033
		546	460	238		10	212		
		6620	5401		173	1505	2463	642	618
		336	687			110	162		415
		9758	6284		253	388	4200	1444	
		1218	799		44	204	551		
		4896	3245	470	582	122	2071		
113	101	84206	102992	415	1094	34860	31807	13344	21472
6		20000	41743	185	709	23805	8757	3281	5006
1		1018	3004			1376	752	474	403
		3210	3168			92	1625		1451
1		15360	16318	50	100	2628	10471	1326	1743
		5662	5746		50	2108	2762	90	737
101	100	21456	15914	180	129	948	2465	4122	8070
4	1	17501	17099		107	3903	4976	4051	4062
313	258	101094	106778	44	756	27787	43016	18264	16912
4	-3	34755	33206		464	4665	15297	9148	3634
		20	20		20				
		50	50				50		
		1201	1054		20	265	769		
		13200	22560		30	11679	7043	3170	638
155	35	3269	2734	24		1120	1590		
		4892	4668	10	33	951	3040	634	
153	226	43707	42486	10	189	9107	15228	5312	12640

1-9 续表 1-13

项　　目	企业单位数(个)	工业总产值(当年价格)	年初存货	年末存货	固定资产原　价	本年折旧
交通运输设备制造业	2704	606745	77275	100675	356066	33848
铁路运输设备制造	13	3122	90	222	1628	134
铁路机车车辆及动车组制造	1	316			250	12
工矿有轨专用车辆制造	2	440	17	12	242	36
铁路机车车辆配件制造						
铁路专用设备及器材、配件制造	6	380	22	18	338	16
其他铁路设备制造及设备修理	4	1987	52	192	799	69
汽车制造	1852	389166	47242	62587	254936	24027
汽车整车制造	9	1483	914	941	23931	667
改装汽车制造	3	214	152	169	101	9
电车制造	4	319	224	336	160	25
汽车车身、挂车的制造	6	882	9	120	157	25
汽车零部件及配件制造	607	160049	31620	42649	125842	11144
汽车修理	1223	226220	14323	18372	104744	12157
摩托车制造	191	58075	5858	6597	15295	2230
摩托车整车制造	9	1975	376	297	2287	168
摩托车零部件及配件制造	182	56100	5482	6300	13008	2062
自行车制造	175	42459	11895	12904	23138	2551
脚踏自行车及残疾人座车制造	111	30949	9965	10636	20579	2167
助动自行车制造	64	11510	1930	2268	2559	384
船舶及浮动装置制造	413	101338	10660	15827	54195	4326
金属船舶制造	54	16772	3492	3702	11183	1190
非金属船舶制造	38	8817	1328	1420	8535	540
娱乐船和运动船的建造和修理	24	7986	767	4326	11214	694
船用配套设备制造	41	8228	1865	2222	4715	330
船舶修理及拆船	248	57513	3008	3815	17697	1448
航标器材及其他浮动装置的制造	8	2023	200	342	851	124
航空航天器制造	6	1206	56	716	1533	47
飞机制造及修理	2	552	20	683	1262	34
航天器制造	1	102	7	14	15	2
其他飞行器制造	3	552	28	19	257	11
交通器材及其他交通运输设备制造	54	11379	1475	1822	5341	533
潜水及水下救捞装备制造	5	1314	60	69	689	25
交通管理用金属标志及设施制造	28	5288	497	602	2485	251
其他交通运输设备制造	21	4778	918	1151	2167	257
电气机械及器材制造业	10349	2366674	410274	491062	1082960	106614
电机制造	505	131335	32675	33596	54312	4673
发电机及发电机组制造	105	28977	4951	7144	10282	801
电动机制造	161	42190	8358	11728	18473	1345
微电机及其他电机制造	239	60169	19367	14723	25557	2528
输配电及控制设备制造	2611	587774	103731	141445	269346	28734
变压器、整流器和电感器制造	616	147196	26188	43010	70350	6162
电容器及其配套设备制造	142	31138	10532	11250	23286	3079
配电开关控制设备制造	468	107559	18732	23518	41018	5289
电力电子元器件制造	1155	238851	36520	48150	110007	11278
其他输配电及控制设备制造	230	63030	11760	15516	24685	2926

单位：万元

资产减值损失	公允价值变动收益	所有者权益合计	实收资本						
				国家资本	集体资本	法人资本	个人资本	港澳台资本	外商资本
650	240	436352	514774	19921	26641	125744	125517	96995	119957
		14719	14208		238	6069	742	7159	
		150	100		100				
		53	53			53			
		13454	13447			5966	322	7159	
		1062	608		138	50	420		
77	230	271139	339376	15586	18454	83794	82718	49769	89055
		9074	66871	100	11800	33985	165	800	20021
		1805	1864				1859		5
		718	718			50	160		508
		176	163			153	10		
18		147623	168968	1145	446	23712	31992	43729	67943
59	230	111744	100793	14342	6208	25895	48532	5240	577
10	10	28476	26082		4559	9830	9324	2309	60
		9119	9260			6655	2250	355	
10	10	19357	16822		4559	3175	7074	1954	60
		25651	29765		1335	3846	5748	14569	4267
		21988	25738		1235	2210	3892	14135	4267
		3662	4027		100	1636	1856	435	
534		87170	96220	4335	2036	17965	23650	22684	25550
528		382	13585	2706	282	2441	7715	381	60
		10225	7173	562	170	1270	2829	1703	640
		37117	38459		500	7278	672	6052	23958
1		2555	5399	328	85	997	1650	1447	893
5		35502	30566	739	970	5830	10311	12717	
		1390	1038		28	150	475	385	
		1709	1607			290	1089	228	
		580	450			240	210		
		12	60				60		
		1118	1097			50	819	228	
29		7489	7517		20	3949	2246	276	1026
5		611	642			350	140	152	
		2126	2410			293	1670	104	343
24		4752	4465		20	3306	436	20	683
2101	-209	1415139	1348075	29974	34440	272168	563185	342202	106106
76		91669	85386	2656	3328	15636	32588	25480	5698
		19729	16365	805	1654	1845	7518	4025	518
13		33040	29635	9	270	3041	12508	12381	1426
62		38901	39386	1842	1405	10750	12562	9074	3753
747	-30	354639	354313	5265	13992	68869	137140	101551	27496
139	-4	87046	92078	3265	8281	20514	25478	28333	6206
1	-6	21535	22239		240	2223	7210	7898	4668
228		63351	66061	1351	1545	15871	32088	11298	3908
325	-21	145867	140109	618	2845	20163	57925	48188	10370
53	1	36839	33827	30	1082	10099	14440	5834	2343

1-9 续表 1-14

项　　目	企业单位数(个)	工业总产值(当年价格)	年初存货	年末存货	固定资产原　价	本年折旧
电线、电缆、光缆及电工器材制造	1674	445831	57726	72362	222098	23254
电线电缆制造	1312	353398	45173	55391	189096	18409
光纤、光缆制造	40	9675	2025	2720	5310	765
绝缘制品制造	178	42793	6009	8277	17154	2846
其他电工器材制造	144	39964	4520	5975	10539	1233
电池制造	414	105105	21221	32504	65953	6779
电池制造	414	105105	21221	32504	65953	6779
家用电力器具制造	2337	513326	91249	83867	219711	19314
家用制冷电器具制造	83	18190	1850	2235	6159	445
家用空气调节器制造	77	16425	2845	3591	5640	456
家用通风电器具制造	192	39172	6803	8223	12343	1246
家用厨房电器具制造	909	170581	46516	28103	80380	6363
家用清洁卫生电器具制造	84	19452	3257	3918	5109	631
家用美容、保健电器具制造	111	43808	4961	6665	14637	1124
家用电力器具专用配件制造	392	93037	12462	13549	44201	4042
其他家用电力器具制造	489	112661	12554	17584	51243	5007
非电力家用器具制造	353	59794	9008	11699	21603	2086
燃气、太阳能及类似能源的器具制造	291	46682	6718	9047	16732	1713
其他非电力家用器具制造	62	13112	2290	2652	4871	372
照明器具制造	2149	452735	82166	101313	203416	19002
电光源制造	211	50343	12331	15996	27160	2840
照明灯具制造	1259	253414	46447	59166	98706	9364
灯用电器附件及其他照明器具制造	679	148978	23388	26151	77550	6798
其他电气机械及器材制造	306	70774	12497	14276	26521	2772
车辆专用照明及电气信号设备装置制造	73	16823	3616	3941	4778	563
其他未列明的电气机械制造	233	53951	8881	10335	21743	2209
通信设备、计算机及其他电子设备制造业	9045	2651475	492033	616539	1691431	181441
通信设备制造	671	165554	51988	61374	163563	19269
通信传输设备制造	118	31653	15131	17397	58198	9781
通信交换设备制造	38	8725	4761	5600	4758	460
通信终端设备制造	135	28051	10617	11843	31030	2199
移动通信及终端设备制造	231	61068	14643	17839	46021	4412
其他通信设备制造	149	36058	6836	8695	23556	2418
雷达及配套设备制造	11	3964	605	600	574	54
雷达及配套设备制造	11	3964	605	600	574	54
广播电视设备制造	248	73173	22145	18200	24698	3782
广播电视节目制作及发射设备制造	9	2090	1246	490	2495	1174
广播电视接收设备及器材制造	183	61183	17856	12688	19318	2155
应用电视设备及其他广播电视设备制造	56	9900	3043	5023	2884	452
电子计算机制造	952	417673	75340	102423	169288	25536
电子计算机整机制造	60	10615	2020	1047	10158	989
计算机网络设备制造	93	27003	7169	6384	9709	1412
电子计算机外部设备制造	799	380055	66151	94992	149422	23135
电子器件制造	1098	314422	65056	85117	237292	22469
电子真空器件制造	56	23437	2362	3483	6184	781
半导体分立器件制造	70	16559	3568	5356	32033	1025
集成电路制造	134	37214	4704	5406	58603	4276
光电子器件及其他电子器件制造	838	237212	54422	70872	140473	16387

单位：万元

资产减值损失	公允价值变动收益	所有者权益合计	实收资本	国家资本	集体资本	法人资本	个人资本	港澳台资本	外商资本
416	-79	245905	248412	1262	4847	28246	137270	59012	17775
122	-79	208975	211183	296	4016	19960	123621	49485	13806
		5532	5168	388		1546	1405	1324	505
2		17589	18874	478	100	4051	5906	5919	2420
292		13810	13187	100	731	2690	6338	2284	1044
136	13	101973	86749	1022	942	28710	28438	16049	11588
136	13	101973	86749	1022	942	28710	28438	16049	11588
378		267797	230939	342	2251	50089	111555	50016	16686
4		6551	6879		188	1819	2956	1704	212
		6779	8624		180	1574	4314	1956	599
		13915	13445	20	373	3385	5890	1912	1867
281		119879	90507	62	429	23164	47115	16003	3734
47		7737	9135		5	3754	3079	1488	809
1		13841	12860			1614	6041	3473	1732
31		40535	31338	161	378	5642	17318	7682	157
15		58560	58152	99	698	9138	24844	15798	7576
		52740	43775	11450	643	10770	15333	5230	349
		47727	39758	11450	518	10308	12247	4886	349
		5012	4017		125	462	3086	345	
123	-106	262891	259225	7738	7123	61838	88086	74412	20028
80	-78	33989	32988	641	1108	9562	12532	6935	2209
40	-28	141960	143703	219	3579	42718	37286	49176	10726
4		86942	82535	6877	2436	9557	38268	18302	7094
226	-6	37525	39277	240	1313	8009	12775	10452	6487
10		9632	11071			1663	3653	3352	2403
216	-6	27893	28206	240	1313	6346	9121	7100	4085
2556	-639	1883056	2254100	17420	28902	395359	538762	664034	609624
233		33157	260428		4514	112505	91320	38567	13522
45		94110	65567		113	33611	20638	5404	5801
		14147	17541		1980	5223	3930	6142	267
10		22873	50851		2104	19145	16251	12444	908
170		-64550	93781		160	41956	41821	4056	5788
9		-33422	32688		157	12570	8681	10521	759
		-814	651			255	160	235	
		-814	651			255	160	235	
23	-18	34198	46390	2181	253	8427	13516	14422	7591
		2768	3294	2181		143	532	106	332
23	-18	23489	32414		143	4206	9123	13777	5165
		7941	10682		110	4079	3861	539	2094
385	-25	249860	260828	1010	5729	29692	77132	101026	46239
		28577	28446		130	1521	2962	7646	16186
304	24	21152	16311		667	3132	6748	3667	2098
81	-49	200131	216071	1010	4932	25039	67422	89713	27955
720	-34	323162	334285	295	2718	61080	63682	90588	115923
		8219	7698		1626	1134	2173	1531	1234
		26445	26976		8	1780	2994	4796	17397
45		63637	78006		111	6143	9538	31476	30739
675	-34	224861	221605	295	973	52023	48976	52785	66553

1-9 续表 1-15

项　　目	企业单位数(个)	工业总产值(当年价格)	年初存货	年末存货	固定资产原　　价	本年折旧
电子元件制造	3639	1080368	157391	206181	643305	73291
电子元件及组件制造	3253	927440	136169	179122	524630	60329
印制电路板制造	386	152928	21223	27059	118676	12962
家用视听设备制造	1260	311182	59335	69661	190522	15617
家用影视设备制造	338	74600	17596	20724	92663	5729
家用音响设备制造	922	236583	41739	48937	97859	9887
其他电子设备制造	1166	285139	60174	72985	262190	21425
其他电子设备制造	1166	285139	60174	72985	262190	21425
仪器仪表及文化、办公用机械制造业	1917	404409	107007	159912	325659	34077
通用仪器仪表制造	381	83862	19594	25920	27758	3567
工业自动控制系统装置制造	160	34608	7764	9863	10923	1580
电工仪器仪表制造	108	25191	5922	9306	7306	809
绘图、计算及测量仪器制造	18	4012	604	825	896	149
实验分析仪器制造	32	7791	1892	1869	3728	503
试验机制造	24	3897	1008	1161	1247	160
供应用仪表及其他通用仪器制造	39	8363	2404	2896	3657	367
专用仪器仪表制造	213	51514	12013	14177	15062	1960
环境监测专用仪器仪表制造	29	5331	644	947	1497	313
汽车及其他用计数仪表制造	22	3883	1592	1959	1795	155
导航、气象及海洋专用仪器制造	21	9791	3822	4534	1704	161
农林牧渔专用仪器仪表制造	3	149	5	27	110	13
地质勘探和地震专用仪器制造						
教学专用仪器制造	22	7297	995	1320	1677	113
核子及核辐射测量仪器制造						
电子测量仪器制造	67	14595	1895	2305	4780	737
其他专用仪器制造	49	10469	3060	3086	3499	467
钟表与计时仪器制造	691	132840	27136	34658	104928	12416
钟表与计时仪器制造	691	132840	27136	34658	104928	12416
光学仪器及眼镜制造	339	67607	10867	15299	99468	7301
光学仪器制造	65	16455	2968	4310	11811	849
眼镜制造	274	51152	7900	10988	87657	6452
文化、办公用机械制造	245	55465	35743	67797	71651	8053
电影机械制造	11	2864	702	999	925	147
幻灯及投影设备制造	10	1452	185	114	726	47
照相机及器材制造	79	18696	3408	7724	39496	4519
复印和胶印设备制造	43	7472	19733	49516	12209	1697
计算器及货币专用设备制造	58	12792	3506	4286	9566	991
其他文化、办公用机械制造	44	12189	8210	5158	8730	652
其他仪器仪表的制造及修理	48	13121	1655	2061	6792	780
其他仪器仪表的制造及修理	48	13121	1655	2061	6792	780
工艺品及其他制造业	4724	1011706	167572	193989	704749	61836
工艺美术品制造	3529	737366	118577	138685	540460	42778
雕塑工艺品制造	389	77640	14283	16763	50956	6210

单位：万元

资产减值损失	公允价值变动收益	所有者权益合计	实收资本	国家资本	集体资本	法人资本	个人资本	港澳台资本	外商资本
1064	-398	659396	700202	2221	9906	123997	173252	241023	149803
993	-398	550588	583376	965	9110	109440	155106	182674	126080
71		108808	116826	1256	795	14557	18146	58349	23723
63	-179	146091	215328	11223	4376	23985	67917	89220	18607
37		36382	88991	947	959	10156	23622	46582	6726
26	-179	109709	126337	10276	3417	13829	44296	42639	11881
69	15	438004	435988	489	1407	35418	51782	88953	257939
69	15	438004	435988	489	1407	35418	51782	88953	257939
651	-14	309415	376952	4636	2512	60305	94207	169037	46256
2	-7	61079	58841	852	311	21863	26783	4542	4491
		19741	18091		80	4038	10789	2102	1082
1	-7	26131	23385	852	16	11959	7721	845	1992
		1403	1556		15	360	589	495	97
		5784	5580			2873	1352	140	1215
1		3005	3875		50	1827	1529	364	105
		5015	6354		150	805	4804	595	
21		31245	27304	163	74	6417	16509	2116	2024
21		4989	2494			634	1711	149	
		1752	2660	70	2	1439	590		559
		5128	5273			695	3973	605	
		409	423				20	403	
		4182	3330	3	68	938	2211	110	
		8863	7920	50	5	1504	4354	709	1297
		5922	5205	40		1207	3651	140	168
176	2	71628	121098	143	1508	11403	25702	72030	10313
176	2	71628	121098	143	1508	11403	25702	72030	10313
112	-9	55196	68816	786	262	5556	9911	40824	11476
74		18399	18855		50	2664	3113	10290	2737
38	-9	36798	49961	786	211	2892	6798	30534	8739
340		82320	94242	2691	266	13961	11166	48639	17519
		1174	730			150	480		100
		1679	1238		50	560	227		401
340		32033	38448	441	5	7070	3414	17247	10270
		26670	26613		50	323	1613	21010	3618
		12674	16817	2250		1215	4232	9037	83
		8090	10397		161	4644	1200	1345	3048
		7947	6651		92	1106	4135	886	432
		7947	6651		92	1106	4135	886	432
405	-51	628468	690331	5063	15886	97039	191971	308306	72066
365	-50	464156	472333	4009	12354	59480	141500	198933	56057
201	-1	70966	64869	540	6347	3628	16786	35194	2375

1-9 续表 1-16

项　　目	企业单位数（个）	工业总产值（当年价格）	年初存货	年末存货	固定资产原　价	本年折旧
金属工艺品制造	498	94853	13302	14648	51714	4671
漆器工艺品制造	62	12138	1909	2428	6375	499
花画工艺品制造	310	76301	11167	12733	40973	4808
天然植物纤维编织工艺品制造	217	78182	3275	3825	34280	2364
抽纱刺绣工艺品制造	509	95287	9318	10489	75031	7504
地毯、挂毯制造	49	14788	3179	3651	5963	1049
珠宝首饰及有关物品的制造	629	104563	33624	39504	166804	5653
其他工艺美术品制造	866	183614	28521	34644	108363	10020
日用杂品制造	687	154376	32710	36915	80385	8655
制镜及类似品加工	74	11420	1158	1445	6126	363
鬃毛加工、制刷及清扫工具的制造	66	14153	2047	2286	8646	1071
其他日用杂品制造	547	128803	29505	33184	65613	7221
煤制品制造	28	5830	391	557	2388	148
煤制品制造	28	5830	391	557	2388	148
核辐射加工						
核辐射加工						
其他未列明的制造业	480	114134	15895	17832	81516	10256
其他未列明的制造业	480	114134	15895	17832	81516	10256
废弃资源和废旧材料回收加工业	724	146373	11134	23738	72377	5808
金属废料和碎屑的加工处理	326	62816	4880	6305	27925	2708
金属废料和碎屑的加工处理	326	62816	4880	6305	27925	2708
非金属废料和碎屑的加工处理	398	83556	6254	17433	44453	3100
非金属废料和碎屑的加工处理	398	83556	6254	17433	44453	3100
电力、燃气及水的生产和供应业	6262	1020123	17053	23961	2396654	107606
电力、热力的生产和供应业	5323	819271	6144	10385	1999142	87865
电力生产	5254	801105	5848	9718	1944704	85053
火力发电	30	8426	3700	3228	157555	4393
水力发电	5201	776633	1986	4043	1704554	75108
核力发电						
其他能源发电	23	16046	162	2447	82595	5551
电力供应	55	13153	92	282	46572	2227
电力供应	55	13153	92	282	46572	2227
热力生产和供应	14	5014	204	386	7867	586
热力生产和供应	14	5014	204	386	7867	586
燃气生产和供应业	96	30908	2154	2965	33282	2172
燃气生产和供应业	96	30908	2154	2965	33282	2172
燃气生产和供应业	96	30908	2154	2965	33282	2172
水的生产和供应业	843	169944	8756	10611	364231	17569
自来水的生产和供应	701	126759	4352	5704	258653	13729
自来水的生产和供应	701	126759	4352	5704	258653	13729
污水处理及其再生利用	121	39530	3728	4195	102637	3637
污水处理及其再生利用	121	39530	3728	4195	102637	3637
其他水的处理、利用与分配	21	3655	676	712	2941	203
其他水的处理、利用与分配	21	3655	676	712	2941	203

单位：万元

资产减值损失	公允价值变动收益	所有者权益合计	实收资本						
				国家资本	集体资本	法人资本	个人资本	港澳台资本	外商资本
13		44338	48597	232	2068	5720	12820	12986	14772
		5737	5850		120	427	1441	3140	722
59		33983	36868	20	679	3830	10673	18435	3231
4	6	24060	20536		312	2136	16111	1614	362
18	-47	63456	62323	1836	334	3069	17373	29743	9968
		13188	9708	3		4028	2057	494	3126
52		103921	122658	995	1728	22520	31077	53635	12703
18	-8	104507	100926	383	766	14122	33163	43693	8798
1		76355	76121	612	1789	13163	20272	31220	9065
		6324	5136	199	210	1013	3355	359	
		7408	6721	107	115	2497	2631	768	604
1		62623	64264	306	1464	9652	14286	30094	8462
		2526	2354			843	1511		
		2526	2354			843	1511		
39	-2	85431	139523	442	1743	23554	28688	78153	6943
39	-2	85431	139523	442	1743	23554	28688	78153	6943
45	-11	78010	64746	5595	2185	18849	33462	4187	468
40	-8	34649	30021	5560	1484	8186	14736	41	15
40	-8	34649	30021	5560	1484	8186	14736	41	15
5	-3	43361	34725	35	701	10663	18726	4147	453
5	-3	43361	34725	35	701	10663	18726	4147	453
739	4894	1879127	1749021	271673	247281	365940	783270	66348	14510
684	4880	1518617	1467858	221335	170865	293388	726708	44609	10953
684	4880	1475248	1431588	211736	165450	284776	714194	44478	10953
		126035	221082	145862	1229	54252	2063	17675	
683	4880	1300570	1150991	53693	164172	206425	707493	14443	4766
		48644	59515	12181	50	24100	4637	12360	6188
		31683	23729	8588	5404	7549	2087	101	
		31683	23729	8588	5404	7549	2087	101	
		11686	12541	1010	11	1062	10428	30	
		11686	12541	1010	11	1062	10428	30	
		60741	51775	9514	808	27381	7195	4880	1998
		60741	51775	9514	808	27381	7195	4880	1998
		60741	51775	9514	808	27381	7195	4880	1998
55	15	299769	229388	40824	75608	45171	49367	16859	1559
26		190227	152665	17611	66309	25584	31728	9875	1559
26		190227	152665	17611	66309	25584	31728	9875	1559
29	15	105875	74560	23213	9299	18121	16943	6984	
29	15	105875	74560	23213	9299	18121	16943	6984	
		3667	2163			1466	697		
		3667	2163			1466	697		

1-9 续表 2-1

项　　目	营业收入	主营业务收　入	营业成本	主营业务成　本	营业税金及附加	主营业务税金及附加
总　　计	**35085971**	**34911844**	**28174823**	**28011218**	**486710**	**462711**
一、按登记注册类型分组						
内资企业	29346140	29210364	23535135	23409178	423441	402487
国有企业	246411	225594	177358	169069	4967	4439
集体企业	901134	896306	679526	676783	17480	16244
股份合作企业	220285	219972	175704	175268	4013	3948
联营企业	49932	48892	36824	36101	1054	1015
有限责任公司	3580546	3562838	2957409	2941958	42541	39858
股份有限公司	239167	236565	192671	190685	3657	3499
私营企业	23414190	23329275	18769262	18678460	337867	322093
其他企业	694476	690924	546382	540855	11863	11390
港、澳、台商投资企业	4062780	4035422	3265694	3237633	45933	43591
外商投资企业	1677051	1666059	1373995	1364407	17336	16634
二、按企业控股情况分组						
国有及国有控股	363605	337329	269242	258536	6786	6075
三、按轻重工分组						
轻工业	19128694	19039104	15419771	15334263	255656	246394
重工业	15957277	15872740	12755052	12676956	231054	216318
四、按工业行业大中小类分组						
采矿业	480389	479887	339135	338167	14911	14848
煤炭开采和洗选业						
烟煤和无烟煤的开采洗选						
烟煤和无烟煤的开采洗选						
褐煤的开采洗选						
褐煤的开采洗选						
其他煤炭采选						
其他煤炭采选						
石油和天然气开采业	2111	2111	1661	1661	26	24
天然原油和天然气开采	1859	1859	1479	1479	19	17
天然原油和天然气开采	1859	1859	1479	1479	19	17
与石油和天然气开采有关的服务活动	252	252	182	182	7	7
与石油和天然气开采有关的服务活动	252	252	182	182	7	7
黑色金属矿采选业	60912	60912	41551	41551	2923	2923
铁矿采选	57469	57469	39188	39188	2903	2903
铁矿采选	57469	57469	39188	39188	2903	2903
其他黑色金属矿采选	3443	3443	2364	2364	19	19
其他黑色金属矿采选	3443	3443	2364	2364	19	19
有色金属矿采选业	30088	30087	20376	20354	1378	1378
常用有色金属矿采选	19109	19109	12042	12021	1058	1058
铜矿采选	3663	3663	2727	2727	13	13
铅锌矿采选	11601	11600	6475	6454	969	969
镍钴矿采选	212	212	219	219	0	0
锡矿采选						
锑矿采选	985	985	599	599	35	35
铝矿采选						
镁矿采选	425	425	395	395	3	3
其他常用有色金属矿采选	2224	2224	1627	1627	36	36

单位：万元

主营业务利润	其他业务利润	营业费用、管理费用、财务费用合计	#税金	#利息支出	营业利润	投资收益	职工工资和福利费	本年应交增值税	全部从业人员年平均人数（人）
6631897	**183240**	**4692999**	**220458**	**95233**	**2123637**	**-3398**	**6406937**	**1397760**	**3899371**
5543091	126382	3570822	172439	77421	2100151	-5961	4780738	1166608	2967089
53696	7625	57743	2053	3106	3579	2264	60520	9496	29070
211677	5764	142128	6738	4743	75313	3283	213526	33767	128399
41098	729	30599	1365	474	11228	-163	28156	8868	17721
11987	781	9089	372	437	3679	69	11384	2902	6849
602099	21033	462671	24067	11178	160460	-2543	564452	160123	336593
44784	2232	37537	1484	1955	9479	511	40109	10894	24543
4434481	83829	2743767	131859	54187	1776043	-8836	3712028	915113	2331859
143269	4389	87288	4501	1341	60371	-545	150564	25447	92055
794732	41290	798062	34914	10098	37960	2134	1254055	161383	737742
294075	15568	324115	13105	7714	-14473	428	372143	69769	194540
76147	11602	89619	2940	8624	-1870	2180	84935	14927	41814
3570976	88380	2517394	111946	38306	1141961	2340	3677611	747857	2280765
3060921	94860	2175605	108512	56927	981676	-5738	2729325	649903	1618606
127947	595	63332	3578	2461	65211	1709	56282	21384	7902
438		223	5	19	215		254	53	143
373		196	5	19	177		197	39	116
373		196	5	19	177		197	39	116
65		27			38		57	14	27
65		27			38		57	14	27
16591	35	9962	160	359	6665	610	8243	3291	4836
15531	35	9443	159	349	6123	610	7810	3183	4597
15531	35	9443	159	349	6123	610	7810	3183	4597
1061		519	2	10	542		433	107	239
1061		519	2	10	542		433	107	239
8358	49	4401	180	198	4005	23	4002	1462	2923
6033	49	3320	120	154	2762	23	2580	953	1676
924		293	7	2	631		417	90	301
4179	49	2682	103	116	1545	23	1556	727	970
-8		46			-54		118	55	40
							60		45
351		78			273		101	5	85
27		73	2	29	-46		57	35	43
561		147	8	8	414		271	42	192

1-9 续表 2-2

项目	营业收入	主营业务收入	营业成本	主营业务成本	营业税金及附加	主营业务税金及附加
贵金属矿采选	4173	4173	3161	3161	94	94
金矿采选	3432	3432	2655	2655	78	78
银矿采选	621	621	446	446	16	16
其他贵金属矿采选	120	120	60	60	1	1
稀有稀土金属矿采选	6806	6806	5173	5173	226	226
钨钼矿采选	1896	1896	1415	1415	98	98
稀土金属矿采选	2102	2102	1732	1732	48	48
放射性金属矿采选						
其他稀有金属矿采选	2808	2808	2026	2026	81	81
非金属矿采选业	379762	379260	269815	268868	10344	10283
土砂石开采	332606	332311	236912	236353	8462	8412
石灰石、石膏开采	50849	50829	36530	36530	1881	1879
建筑装饰用石开采	107171	107037	81004	80885	2598	2576
耐火土石开采	5217	5212	3137	3137	150	150
粘土及其他土砂石开采	169368	169233	116242	115802	3833	3807
化学矿采选	627	627	368	368	17	17
化学矿采选	627	627	368	368	17	17
采盐	7316	7144	5148	4798	307	296
采盐	7316	7144	5148	4798	307	296
石棉及其他非金属矿采选	39214	39179	27387	27349	1558	1558
石棉、云母矿采选	474	474	380	380	25	25
石墨、滑石采选	1259	1259	877	877	49	49
宝石、玉石开采						
其他非金属矿采选	37481	37446	26130	26092	1484	1484
其他采矿业	7517	7517	5733	5733	241	241
其他采矿业	7517	7517	5733	5733	241	241
其他采矿业	7517	7517	5733	5733	241	241
制造业	33584713	33415812	27160179	27000579	449337	426006
农副食品加工业	608158	604889	473123	471464	11415	10853
谷物磨制	62433	62237	48777	48634	1008	977
谷物磨制	62433	62237	48777	48634	1008	977
饲料加工	64132	63606	50696	50384	1039	1032
饲料加工	64132	63606	50696	50384	1039	1032
植物油加工	49654	49597	39357	39272	617	609
食用植物油加工	40981	40924	32660	32575	521	514
非食用植物油加工	8673	8673	6698	6698	97	95
制糖	6219	6197	4971	4956	67	67
制糖	6219	6197	4971	4956	67	67
屠宰及肉类加工	136777	135022	100726	100301	2506	2442
畜禽屠宰	94972	93899	67750	67448	1904	1843
肉制品及副产品加工	41805	41123	32976	32853	602	598
水产品加工	121848	121452	95940	95625	3144	3051
水产品冷冻加工	68071	67697	54088	53796	1978	1895
鱼糜制品及水产品干腌制加工	29921	29920	23565	23565	840	838

单位：万元

主营业务利润	其他业务利润	营业费用、管理费用、财务费用合计	#税金	#利息支出	营业利润	投资收益	职工工资和福利费	本年应交增值税	全部从业人员年平均人数（人）
918		240	10	20	678		618	144	484
700		179	7	20	520		471	114	378
159		61	3		99		130	23	95
60		1			59		16	7	11
1406		841	50	25	565		805	364	763
383		340	7		43		440	121	461
322		150	18	22	171		187	63	160
702		351	26	3	351		178	180	142
101000	506	48165	3186	1883	53341	1077	42818	16307	29159
88165	370	42308	2290	1507	46227	1077	37289	14288	24671
12511	4	6016	227	279	6499		6149	1753	4180
24123	82	11327	777	360	12878	95	13637	3686	8450
1938	5	522	33	45	1421		702	260	483
49593	279	24442	1253	822	25430	982	16801	8589	11558
242		99			143		32	19	41
242		99			143		32	19	41
2193	-4	1719	56	133	470		1615	354	1977
2193	-4	1719	56	133	470		1615	354	1977
10400	140	4040	841	243	6501		3882	1646	2470
69		12		8	57		43	16	35
333		114	14	7	218		219	17	118
9998	140	3913	827	228	6225		3621	1613	2317
1561	5	581	47	2	985		965	273	589
1561	5	581	47	2	985		965	273	589
1561	5	581	47	2	985		965	273	589
6177955	179245	4489608	208014	70447	1869092	-8865	6236663	1338900	47863
124545	4312	74316	3514	2623	54541	-8	73095	21530	47863
12868	246	5599	321	248	7516	9	4884	1943	3402
12868	246	5599	321	248	7516	9	4884	1943	3402
12640	386	9017	719	151	4009	-32	7627	2716	4572
12640	386	9017	719	151	4009	-32	7627	2716	4572
9751	64	5453	131	125	4362		5130	1744	3063
7854	64	4390	122	75	3529		4554	1399	2721
1897		1063	9	50	834		577	345	342
1174	60	788	71	19	446		1168	297	554
1174	60	788	71	19	446		1168	297	554
32438	2931	19485	822	737	15885		20164	6232	12397
24660	2288	13404	627	589	13543		13488	4266	8016
7779	644	6081	195	147	2342		6676	1966	4381
23501	448	12240	630	272	11709	-43	13647	3848	9186
12670	114	6592	258	101	6193	-43	7926	2088	5286
5582	60	2361	236	102	3281		2761	961	1978

1-9 续表 2-3

项　　目	营业收入	主营业务收　　入	营业成本	主营业务成　　本	营业税金及附加	主营业务税金及附加
水产饲料制造	10946	10946	8246	8246	176	168
鱼油提取及制品的制造						
其他水产品加工	12910	12889	10040	10018	151	150
蔬菜、水果和坚果加工	83328	83256	68584	68549	1308	982
蔬菜、水果和坚果加工	83328	83256	68584	68549	1308	982
其他农副食品加工	83768	83522	64072	63742	1726	1694
淀粉及淀粉制品的制造	13620	13571	11235	11201	205	203
豆制品制造	38579	38436	27993	27865	1003	1002
蛋品加工	3606	3606	3003	3003	49	49
其他未列明的农副食品加工	27963	27909	21840	21673	470	440
食品制造业	642526	640298	514663	512976	8747	8560
焙烤食品制造	159528	158384	127218	126772	2366	2320
糕点、面包制造	66346	65350	52129	51845	1062	1020
饼干及其他焙烤食品制造	93183	93035	75089	74927	1304	1300
糖果、巧克力及蜜饯制造	191678	191399	156631	156420	2334	2320
糖果、巧克力制造	108429	108267	88179	88039	1445	1435
蜜饯制作	83249	83132	68452	68381	889	885
方便食品制造	52141	52084	41727	41546	832	810
米、面制品制造	36401	36380	29496	29486	647	626
速冻食品制造	10522	10496	8043	7994	137	137
方便面及其他方便食品制造	5218	5208	4188	4067	48	48
液体乳及乳制品制造	4992	4992	3761	3752	66	66
液体乳及乳制品制造	4992	4992	3761	3752	66	66
罐头制造	18559	18557	15033	14923	343	333
肉、禽类罐头制造	3830	3829	3073	3073	90	89
水产品罐头制造	3121	3121	2567	2567	41	41
蔬菜、水果罐头制造	8259	8259	6845	6845	136	127
其他罐头食品制造	3349	3349	2549	2439	76	76
调味品、发酵制品制造	109861	109793	89182	89086	1195	1149
味精制造	12144	12142	4529	4529	69	69
酱油、食醋及类似制品的制造	67446	67438	60130	60127	741	713
其他调味品、发酵制品制造	30271	30213	24523	24430	385	366
其他食品制造	105767	105088	81112	80477	1611	1562
营养、保健食品制造	25134	24597	19000	18851	359	332
冷冻饮品及食用冰制造	23719	23623	18371	18245	402	383
盐加工	1343	1343	1131	1131	29	29
食品及饲料添加剂制造	26726	26684	20442	20376	380	379
其他未列明的食品制造	28845	28841	22168	21874	441	438
饮料制造业	215721	214378	166005	165222	4218	4148
酒精制造	3599	3599	2918	2918	84	84
酒精制造	3599	3599	2918	2918	84	84
酒的制造	66937	66553	50553	50400	1828	1787
白酒制造	46418	46326	35298	35242	1308	1266
啤酒制造	375	130	101	57	2	2
黄酒制造	5429	5384	4175	4125	145	145
葡萄酒制造	3742	3742	2904	2904	93	93
其他酒制造	10974	10970	8075	8072	282	282

单位：万元

主营业务利润	其他业务利润	营业费用、管理费用、财务费用合计			营业利润	投资收益	职工工资和福利费	本年应交增值税	全部从业人员年平均人数（人）
			#税金	#利息支出					
2486	104	1512	86	40	1078		1208	380	895
2762	170	1775	49	30	1156		1752	419	1027
13865	75	7875	529	777	6065		10569	2445	7818
13865	75	7875	529	777	6065		10569	2445	7818
18307	102	13859	292	296	4550	59	9906	2305	6871
2193	15	1574	68	92	634		1713	490	1099
9667	83	9629	150	57	121	-1	4856	947	3523
555	1	312	8	30	244		343	123	221
5893	4	2345	67	116	3552	60	2995	745	2028
122991	2895	73241	3318	1647	52645	559	87051	22994	57258
31214	250	19004	1013	300	12460	-69	22979	5816	15266
13053	173	8712	383	203	4513	-1	10071	2451	6850
18161	78	10292	630	97	7947	-69	12908	3365	8416
32902	166	18824	743	424	14244	-141	27361	7017	18152
18898	117	11776	420	222	7240	-142	14858	4435	9321
14004	49	7048	323	203	7005	1	12503	2582	8831
9771	433	6824	387	140	3381	-16	8202	1776	5145
6325	111	4034	312	116	2402	1	5548	1221	3535
2353	312	1680	54	18	986		1823	405	1097
1093	10	1110	20	6	-7	-16	830	151	513
1174	19	917	23	8	276		907	171	582
1174	19	917	23	8	276		907	171	582
3337	160	1696	92	41	1801		2876	466	2327
668	47	477	12	1	239		543	103	370
537	86	436	8	12	187		405	58	319
1296	7	528	54	14	775		1296	254	1144
836	20	256	17	15	600		632	52	494
21320	937	9860	499	520	12397	-107	10585	4060	6984
7546	1	1378	29	5	6169		684	1474	355
8316	832	4925	334	425	4223	-35	5628	1446	3926
5458	105	3557	136	90	2005	-72	4274	1140	2703
23274	928	16116	561	214	8086	892	14142	3688	8802
5461	517	4227	182	90	1751	891	4109	905	2492
5132	84	3177	119	82	2039		2969	735	1933
182		113	1	4	69		209	24	160
5972	10	4816	138	16	1167	1	3178	943	1757
6526	318	3784	121	22	3060		3677	1082	2460
46235	1243	28342	1576	284	19137	-439	34162	8711	22458
608	10	225	30	4	393		419	137	302
608	10	225	30	4	393		419	137	302
14570	497	7863	506	-62	7203		9413	2535	6276
9987	127	4282	302	187	5832	-14	6033	1821	4170
72	201	506	6	-316	-234		128	9	37
1124	147	879	103	2	392		977	164	529
751	1	480	6	1	272		526	44	408
2636	21	1716	90	63	941	14	1749	497	1132

1-9 续表 2-4

项　目	营业收入	主营业务收　入	营业成本	主营业务成　本	营业税金及附加	主营业务税金及附加
软饮料制造	118473	117724	92679	92180	1842	1822
碳酸饮料制造	8540	8479	6450	6428	173	172
瓶(罐)装饮用水制造	67223	66709	51106	50817	915	895
果菜汁及果菜汁饮料制造	9560	9560	8046	8040	74	74
含乳饮料和植物蛋白饮料制造	6417	6417	4974	4974	194	194
固体饮料制造	12859	12696	10386	10234	232	231
茶饮料及其他软饮料制造	13873	13862	11717	11687	255	255
精制茶加工	26712	26503	19854	19724	463	456
精制茶加工	26712	26503	19854	19724	463	456
烟草制品业	5556	5556	4141	4141	205	205
烟叶复烤	552	552	505	505	9	8
烟叶复烤	552	552	505	505	9	8
卷烟制造	49	49	40	40	15	15
卷烟制造	49	49	40	40	15	15
其他烟草制品加工	4956	4956	3596	3596	182	182
其他烟草制品加工	4956	4956	3596	3596	182	182
纺织业	1515697	1511869	1226276	1219085	20526	19954
棉、化纤纺织及印染精加工	369494	367614	304045	303145	5093	4994
棉、化纤纺织加工	246099	244771	203036	202744	3381	3328
棉、化纤印染精加工	123395	122843	101009	100401	1712	1666
毛纺织和染整精加工	134055	133918	107251	107006	2015	1936
毛条加工	10401	10394	7741	7741	197	197
毛纺织	103708	103682	83723	83481	1615	1557
毛染整精加工	19947	19842	15788	15785	203	183
麻纺织	4844	4844	4053	4053	55	55
麻纺织	4844	4844	4053	4053	55	55
丝绢纺织及精加工	24438	24426	19827	19822	564	431
缫丝加工	2637	2637	2211	2211	63	63
绢纺和丝织加工	5217	5217	4161	4161	230	115
丝印染精加工	16584	16572	13455	13450	271	254
纺织制成品制造	332286	331467	272597	267825	4569	4441
棉及化纤制品制造	81437	81103	65845	65552	1189	1188
毛制品制造	11044	11043	9218	9214	160	160
麻制品制造	6497	6497	5485	5485	55	55
丝制品制造	8021	7927	6377	6356	154	152
绳、索、缆的制造	43774	43667	39696	35619	550	529
纺织带和帘子布制造	72636	72567	58482	58162	788	766
无纺布制造	27300	27184	21611	21609	405	403
其他纺织制成品制造	81579	81479	65882	65827	1268	1188
针织品、编织品及其制品制造	650580	649601	518504	517235	8230	8097
棉、化纤针织品及编织品制造	246334	245979	199324	198926	3135	3066
毛针织品及编织品制造	232065	231765	186906	186509	2527	2495
丝针织品及编织品制造	53456	53403	37684	37489	724	711
其他针织品及编织品制造	118725	118453	94590	94312	1844	1824

单位：万元

主营业务利润	其他业务利润	营业费用、管理费用、财务费用合计	#税金	#利息支出	营业利润	投资收益	职工工资和福利费	本年应交增值税	全部从业人员年平均人数(人)
24609	688	17242	940	202	8055	-440	20694	4934	12832
1854	179	1191	70	31	843		1645	336	1225
15526	383	10615	608	236	5294	25	12601	2898	7636
1623	1	1023	82	8	601		1733	391	982
1252	12	715	38	7	549		840	263	553
2331	74	1488	73	-3	917		1745	525	1139
2023	39	2210	69	-78	-148	-465	2131	521	1297
6449	49	3012	100	140	3486	1	3636	1106	3048
6449	49	3012	100	140	3486	1	3636	1106	3048
1211	9	668	26	17	552	14	599	155	442
39		101		1	-62		119	24	83
39		101		1	-62		119	24	83
-6		24	1	7	-30		37	3	28
-6		24	1	7	-30		37	3	28
1177	9	543	25	9	644	14	443	128	331
1177	9	543	25	9	644	14	443	128	331
277867	5280	188873	8442	3777	94275	-553	295500	64656	184983
60988	1519	42760	2203	895	19747	-24	65269	15036	39175
40004	1280	27945	1382	545	13339	-12	37355	10030	21786
20984	239	14815	821	350	6408	-11	27914	5006	17389
25480	581	15320	477	238	10741	-131	32424	5463	19620
2551	93	1415	205	19	1229		1816	456	1240
18903	453	11426	175	202	7930	3	26218	4391	15664
4026	35	2479	98	17	1582	-134	4389	616	2716
736		346	25	6	391		687	142	491
736		346	25	6	391		687	142	491
4377	19	3169	125	11	1227		4725	1037	2814
363		122	13	2	240		303	99	187
1087	-16	906	54	6	166		1519	217	837
2927	35	2141	59	3	821		2903	721	1790
59814	1282	41728	1947	653	19368	-234	59544	12175	37081
14490	186	10051	479	232	4626	-79	13091	2741	8518
1664	10	1191	38	17	483	1	2097	333	1422
981	1	770	39	15	213		1312	255	1031
1366	124	949	34	31	541		1987	265	1031
7646	313	4699	240	105	3260		5995	1373	4015
13858	283	9839	469	114	4302	5	14668	3011	8695
5214	237	4072	136	58	1379	-160	4487	937	2768
14595	128	10159	512	80	4564	-2	15907	3259	9601
126472	1879	85550	3664	1974	42802	-164	132852	30804	85802
44692	568	30585	1263	605	14675	-11	48210	11058	30850
43565	973	28837	1124	1069	15701	-148	56876	11766	36838
15616	29	12470	459	104	3176		9197	3490	5906
22600	310	13659	819	197	9250	-5	18570	4490	12208

1-9 续表 2-5

项　　目	营业收入	主营业务收　　入	营业成本	主营业务成　　本	营业税金及 附 加	主营业务税金及附加
纺织服装、鞋、帽制造业	2418159	2412275	1881584	1877481	43392	41734
纺织服装制造	2299298	2293650	1786148	1782268	41877	40232
纺织服装制造	2299298	2293650	1786148	1782268	41877	40232
纺织面料鞋的制造	82157	81957	67562	67374	1316	1305
纺织面料鞋的制造	82157	81957	67562	67374	1316	1305
制帽	36703	36667	27874	27839	199	197
制帽	36703	36667	27874	27839	199	197
皮革、毛皮、羽毛(绒)及其制品业	1397660	1393430	1113722	1110129	18470	18155
皮革鞣制加工	68377	68287	54051	53946	1035	1032
皮革鞣制加工	68377	68287	54051	53946	1035	1032
皮革制品制造	1286592	1283439	1026503	1023682	16803	16532
皮鞋制造	567079	566279	455394	454752	7056	7010
皮革服装制造	18816	18766	14610	14610	207	207
皮箱、包(袋)制造	494450	493390	393804	392379	6233	6103
皮手套及皮装饰制品制造	84281	83333	67361	66802	1412	1367
其他皮革制品制造	121965	121671	95335	95139	1895	1845
毛皮鞣制及制品加工	23932	23144	17720	17144	311	298
毛皮鞣制加工	3474	3474	2409	2408	38	38
毛皮服装加工	9917	9310	7162	6745	71	71
其他毛皮制品加工	10540	10360	8150	7991	202	189
羽毛(绒)加工及制品制造	18760	18560	15448	15357	321	292
羽毛(绒)加工	9176	9176	7396	7396	156	127
羽毛(绒)制品加工	9584	9384	8052	7961	165	165
木材加工及木、竹、藤、棕、草制品业	575419	574411	454933	453050	10250	9891
锯材、木片加工	186931	186751	148071	147811	3732	3698
锯材加工	92815	92747	74552	74498	1758	1731
木片加工	94116	94003	73519	73313	1974	1967
人造板制造	153606	153374	121554	121288	2684	2605
胶合板制造	53117	53103	43031	43008	1045	1024
纤维板制造	9856	9856	7977	7977	134	121
刨花板制造	14500	14500	11846	11808	371	334
其他人造板、材制造	76134	75915	58700	58494	1134	1127
木制品制造	180774	180212	145219	143964	2438	2273
建筑用木料及木材组件加工	57174	57033	45956	45873	986	899
木容器制造	23231	23062	18693	18567	217	210
软木制品及其他木制品制造	100369	100118	80570	79525	1235	1164
竹、藤、棕、草制品制造	54108	54075	40089	39987	1396	1314
竹、藤、棕、草制品制造	54108	54075	40089	39987	1396	1314
家具制造业	1030847	1027566	842275	840020	12260	11480
木质家具制造	630349	628226	514676	512949	7297	6818
木质家具制造	630349	628226	514676	512949	7297	6818
竹、藤家具制造	18682	18682	15143	15143	412	411
竹、藤家具制造	18682	18682	15143	15143	412	411
金属家具制造	131918	131611	109402	109120	1732	1665
金属家具制造	131918	131611	109402	109120	1732	1665
塑料家具制造	21316	21297	16838	16799	311	304
塑料家具制造	21316	21297	16838	16799	311	304

单位：万元

主营业务利润	其他业务利润	营业费用、管理费用、财务费用合计	#税金	#利息支出	营业利润	投资收益	职工工资和福利费	本年应交增值税	全部从业人员年平均人数（人）
501562	8459	370057	12731	3793	139965	-606	565725	99129	349730
479378	8179	354709	11832	3763	132848	-601	530282	92936	328116
479378	8179	354709	11832	3763	132848	-601	530282	92936	328116
13470	238	10745	697	19	2963	-6	24503	4601	14856
13470	238	10745	697	19	2963	-6	24503	4601	14856
8715	42	4603	203	11	4154		10941	1592	6758
8715	42	4603	203	11	4154		10941	1592	6758
269868	3752	173912	9835	1189	99708	-794	348820	50532	208977
13419	114	7166	506	143	6367	-8	13514	2696	8031
13419	114	7166	506	143	6367	-8	13514	2696	8031
246345	3293	160655	9038	1121	88984	-786	326946	45397	196036
105743	1397	60453	3273	605	46688	6	133986	19034	75199
3960	49	2851	200	16	1157	-1	5572	924	3270
96165	890	69088	4165	597	27966	-279	134661	17817	84187
15328	652	8861	354	58	7120	-10	21440	2634	14356
25149	305	19401	1045	-155	6053	-503	31288	4987	19024
5710	116	3927	182	11	1899		5533	1014	3151
1028	53	770	41	3	311		668	97	586
2495	36	1811	62	2	720		2893	469	1473
2187	27	1347	80	6	867		1971	448	1092
4394	229	2164	109	-85	2459		2828	1426	1759
1677	30	726	48	13	981		960	363	611
2717	199	1438	61	-99	1478		1868	1063	1148
113870	1617	53302	3382	1325	62185	-78	85714	21583	58399
35624	330	13230	900	528	22724	1	24646	6376	17024
16789	144	6772	526	378	10161		12405	3193	8524
18835	186	6458	374	150	12563	1	12242	3183	8500
30139	378	14748	1126	345	15769		21566	6167	15249
9181	102	3458	465	127	5826		7065	1817	5338
1849	49	2191	52	10	-293		1873	538	1161
2485	35	1423	82	53	1097		1922	614	1205
16623	192	7677	528	155	9139		10707	3198	7545
35281	630	20661	1193	361	15250	-31	30974	6775	19536
11316	216	5987	260	86	5545		10191	2125	6080
4297	71	2306	122	22	2061		4126	884	2576
19668	344	12368	811	253	7644	-31	16656	3766	10880
12826	278	4663	163	91	8441	-48	8528	2266	6590
12826	278	4663	163	91	8441	-48	8528	2266	6590
180188	4708	122578	6068	1475	62317	-434	190918	38075	116152
110111	3906	73218	4034	1120	40799	-92	123795	23206	74987
110111	3906	73218	4034	1120	40799	-92	123795	23206	74987
3176	8	2019	196	39	1165		3492	884	2325
3176	8	2019	196	39	1165		3492	884	2325
21639	469	13987	638	117	8122	-293	21974	5223	13517
21639	469	13987	638	117	8122	-293	21974	5223	13517
4232	18	2385	166	52	1864	-6	3542	891	2322
4232	18	2385	166	52	1864	-6	3542	891	2322

1-9 续表 2-6

项　　目	营业收入	主营业务收　　入	营业成本	主营业务成　　本	营业税金及附加	主营业务税金及附加
其他家具制造	228583	227751	186217	186009	2508	2281
其他家具制造	228583	227751	186217	186009	2508	2281
造纸及纸制品业	1419756	1401596	1169851	1155573	17089	16203
纸浆制造	30744	30732	25208	25167	472	471
纸浆制造	30744	30732	25208	25167	472	471
造纸	319657	317922	258164	257166	4213	4060
机制纸及纸板制造	90781	90649	76944	76823	1016	991
手工纸制造	8211	8211	6534	6497	146	134
加工纸制造	220665	219063	174686	173846	3052	2936
纸制品制造	1069355	1052942	886479	873240	12404	11672
纸和纸板容器的制造	650425	648616	541094	538502	7142	6734
其他纸制品制造	418930	404325	345385	334737	5263	4938
印刷业和记录媒介的复制	1599016	1594797	1309327	1302307	20473	19802
印刷	1499023	1495320	1227783	1221567	19193	18528
书、报、刊印刷	161609	161180	129496	129059	2265	2204
本册印制	78132	78032	60262	60099	1319	1307
包装装潢及其他印刷	1259282	1256108	1038025	1032409	15609	15017
装订及其他印刷服务活动	92442	91972	74731	73957	1150	1146
装订及其他印刷服务活动	92442	91972	74731	73957	1150	1146
记录媒介的复制	7550	7505	6813	6783	130	128
记录媒介的复制	7550	7505	6813	6783	130	128
文教体育用品制造业	681280	677436	538550	535820	8576	8377
文化用品制造	101876	101722	81143	80624	1598	1534
文具制造	73490	73362	59009	58555	1162	1105
笔的制造	11860	11842	9264	9245	174	173
教学用模型及教具制造	3775	3775	2708	2708	82	82
墨水、墨汁制造	2964	2964	2310	2310	43	43
其他文化用品制造	9788	9779	7851	7805	136	130
体育用品制造	121446	120671	99653	99357	1320	1280
球类制造	13576	13542	11556	11546	150	118
体育器材及配件制造	46061	45973	37617	37512	406	406
训练健身器材制造	10864	10830	8800	8794	70	69
运动防护用具制造	23855	23586	20618	20535	284	284
其他体育用品制造	27089	26740	21063	20971	410	403
乐器制造	29595	29588	23863	23856	410	409
中乐器制造	2820	2820	2236	2236	30	30
西乐器制造	10159	10153	8375	8370	164	164
电子乐器制造	4888	4888	3512	3512	142	142
其他乐器及零件制造	11729	11727	9739	9738	74	73
玩具制造	404245	401379	316421	314544	4957	4863
玩具制造	404245	401379	316421	314544	4957	4863
游艺器材及娱乐用品制造	24117	24076	17471	17440	293	292
露天游乐场所游乐设备制造	2708	2693	2022	2007	36	36
游艺用品及室内游艺器材制造	21409	21383	15449	15432	256	256
石油加工、炼焦及核燃料加工业	99043	97231	82918	82716	1724	1606
精炼石油产品的制造	96917	95118	81446	81279	1641	1526
原油加工及石油制品制造	90020	88221	75106	74938	1611	1496
人造原油生产	6897	6897	6341	6341	31	31

单位：万元

主营业务利润	其他业务利润	营业费用、管理费用、财务费用合计	#税金	#利息支出	营业利润	投资收益	职工工资和福利费	本年应交增值税	全部从业人员年平均人数(人)
41030	307	30970	1035	146	10368	-44	38115	7871	23001
41030	307	30970	1035	146	10368	-44	38115	7871	23001
244986	6667	158174	7954	2188	93479	4416	211755	52654	125657
5684	74	3030	235	52	2728	-1	4295	1232	2662
5684	74	3030	235	52	2728	-1	4295	1232	2662
57998	1982	36294	1922	511	23686	-72	44062	12672	27042
13171	159	7402	450	196	5928	-27	10031	3572	6680
1549	67	690	43	44	927		1136	241	669
43278	1756	28202	1429	271	16832	-45	32896	8859	19693
181304	4611	118850	5798	1625	67065	4488	163397	38750	95953
108536	2039	68220	3120	919	42355	-504	93720	23686	54998
72768	2573	50629	2678	707	24711	4992	69678	15064	40955
281184	5613	186199	8602	2796	100598	360	235946	61530	145151
262154	6066	173219	7793	2393	95002	217	220652	57791	135515
30155	799	20948	988	403	10006	10	27507	6110	16834
16821	215	9090	535	183	7946	-4	12178	2865	7764
215179	5052	143181	6270	1806	77050	211	180967	48816	110917
18435	-466	11141	748	188	6828	129	14127	3327	8958
18435	-466	11141	748	188	6828	129	14127	3327	8958
595	13	1840	62	215	-1232	15	1167	411	678
595	13	1840	62	215	-1232	15	1167	411	678
134742	3929	107808	5010	1012	30863	-483	191965	21990	121431
19643	528	15422	703	147	4749	-32	19111	3632	11930
13790	268	11244	512	54	2813	-32	14248	2524	8806
2426	25	1416	62	21	1035		1958	561	1383
991		669	53	13	322		806	168	428
611		531	4	1	80		331	88	210
1826	235	1561	73	58	499		1769	291	1103
20482	411	19092	679	223	1801	-224	30505	5414	18357
2111	-4	2295	81	30	-187		3565	558	2099
8135	158	7566	304	70	727	-37	12814	2080	7845
1979	40	1735	48	45	284		1985	392	1165
2861	55	3350	106	29	-434		5102	1179	3094
5396	161	4146	141	50	1411	-187	7039	1205	4154
5327	102	3885	309	20	1544	-213	6982	893	4808
554		378	7		176		383	126	215
1633	2	1285	60	1	349	-53	2766	291	1940
1233		491	14	1	743		982	55	906
1907	101	1731	227	19	277	-160	2851	421	1747
82942	2797	64661	3135	608	21077	-10	129220	11448	82299
82942	2797	64661	3135	608	21077	-10	129220	11448	82299
6349	92	4749	184	14	1693	-4	6147	604	4037
650	38	761	18	6	-72		810	77	471
5699	54	3988	166	8	1765	-4	5337	527	3566
14023	1776	8727	669	325	7073		17466	4146	4304
13427	1776	8052	645	309	7152		17207	4009	4193
12901	1480	7418	643	309	6963		16880	3639	3987
526	296	633	1		189		327	370	206

1-9 续表 2-7

项 目	营业收入	主营业务收　入	营业成本	主营业务成　本	营业税金及附加	主营业务税金及附加
炼焦	1095	1083	972	939	35	32
炼焦	1095	1083	972	939	35	32
核燃料加工	1030	1030	499	499	47	47
核燃料加工	1030	1030	499	499	47	47
化学原料及化学制品制造业	1225739	1218956	977902	972345	16930	16487
基础化学原料制造	74446	74149	57811	57605	1092	1070
无机酸制造	7586	7586	5082	5079	80	78
无机碱制造	500	500	310	310	13	13
无机盐制造	14320	14258	10525	10467	118	118
有机化学原料制造	14895	14845	11958	11937	306	299
其他基础化学原料制造	37145	36962	29936	29812	576	563
肥料制造	39915	39891	31293	31194	652	652
氮肥制造	2781	2781	2120	2120	44	44
磷肥制造	1862	1862	1524	1524	29	29
钾肥制造	19726	19708	15430	15385	364	364
复混肥料制造	10342	10341	7831	7777	175	175
有机肥料及微生物肥料制造						
其他肥料制造	5204	5199	4389	4389	40	40
农药制造	14054	13427	11019	10714	204	204
化学农药制造	8400	7840	6567	6273	119	119
生物化学农药及微生物农药制造	5654	5588	4453	4441	85	85
涂料、油墨、颜料及类似产品制造	384925	380800	313785	310832	4093	4032
涂料制造	252035	249935	204594	203076	2803	2759
油墨及类似产品制造	64279	62808	51991	51004	481	481
颜料制造	29632	29393	25266	24990	252	247
染料制造	10839	10838	8547	8546	165	165
密封用填料及类似品制造	28140	27827	23387	23217	391	380
合成材料制造	79645	79534	66015	65478	1004	986
初级形态的塑料及合成树脂制造	35096	35012	29447	29421	362	344
合成橡胶制造	27793	27779	22339	21926	380	380
合成纤维单(聚合)体的制造	5182	5179	5136	5074	68	68
其他合成材料制造	11574	11565	9094	9057	194	194
专用化学产品制造	273671	272455	222203	221183	3297	3210
化学试剂和助剂制造	82665	82432	68328	67996	919	885
专项化学用品制造	69567	69429	56993	56753	774	774
林产化学产品制造	17930	17895	13060	13012	249	249
炸药及火工产品制造	640	640	498	498	14	14
信息化学品制造	8210	8041	6892	6887	108	108
环境污染处理专用药剂材料制造	23212	22675	17335	17295	403	402
动物胶制造	2643	2620	1954	1875	52	52
其他专用化学产品制造	68805	68724	57144	56868	777	727
日用化学产品制造	359084	358698	275776	275338	6589	6335
肥皂及合成洗涤剂制造	80694	80525	63855	63711	1210	1187
化妆品制造	173220	173168	129377	129170	3575	3401

单位：万元

主营业务利润	其他业务利润	营业费用、管理费用、财务费用合计	#税金	#利息支出	营业利润	投资收益	职工工资和福利费	本年应交增值税	全部从业人员年平均人数（人）
112		532	12	16	-420		107	136	71
112		532	12	16	-420		107	136	71
484		143	13	1	341		152	2	40
484		143	13	1	341		152	2	40
236177	6214	167045	8011	3747	76847	-55	152701	47958	89386
15670	317	8364	545	168	7623	3	7959	2628	4769
2422	35	733	27	6	1723		636	337	377
177		114	27	11	63		38	3	30
3689	106	1806	47	16	1989		1630	553	940
2659	12	1681	98	15	990		1963	457	1235
6722	166	4030	347	120	2858	3	3692	1278	2187
8116	274	4400	206	177	3989	13	5181	1196	3179
620		303	23		317		475	107	203
309	2	137	9	1	174		227	68	128
4019	241	2278	114	127	1982		2668	536	1718
2390	6	1359	37	47	1037	13	1419	272	860
778	25	323	24	2	480		392	213	270
2550	539	2334	171	77	756		2150	501	1239
1524	499	1821	141	66	202		1199	380	678
1026	40	513	29	11	554		951	120	561
66603	2213	47254	2716	717	21561	-20	46598	16522	25974
44250	1435	30557	1824	553	15128	-80	30610	10027	17137
11515	353	8883	404	36	2985	2	7554	3576	3956
4445	45	3318	175	11	1172		3771	1320	2067
2200	140	1341	115	9	1000		1551	392	938
4193	239	3155	199	108	1277	59	3112	1207	1876
14190	117	10494	651	1162	5313	-26	10481	2756	6176
5659	73	4477	177	250	1254	-26	4353	1354	2619
5178	24	3009	395	16	3694		3651	843	2209
1037	3	1519	32	882	-480		786	111	411
2317	17	1489	47	14	844		1691	449	937
49184	1705	36113	1693	520	14775	17	30586	10276	17324
13952	261	9832	446	107	4381	-2	9075	3123	4990
12279	252	8795	420	-2	3736	-8	7913	2697	4546
4642	7	2509	162	117	2139		1868	804	1228
128		111	2	2	17		158	11	116
1153	29	3743	52	4	-2561		1989	411	981
5004	699	2951	121	208	2752		2167	774	950
694	5	274	4		425		311	42	218
11333	451	7898	486	84	3887	27	7105	2415	4295
79865	1050	58086	2029	927	22830	-42	49747	14079	30725
15771	231	11725	478	109	4278		10353	3217	6285
41625	500	31772	863	253	10352	12	26331	7039	16354

1-9 续表 2-8

项目	营业收入	主营业务收入	营业成本	主营业务成本	营业税金及附加	主营业务税金及附加
口腔清洁用品制造	3433	3432	2571	2571	66	65
香料、香精制造	33865	33808	25824	25824	502	502
其他日用化学产品制造	67871	67765	54149	54061	1237	1181
医药制造业	119443	118844	93070	92637	1547	1469
化学药品原药制造	6152	6146	4529	4306	47	47
化学药品原药制造	6152	6146	4529	4306	47	47
化学药品制剂制造	20751	20656	16356	16271	152	151
化学药品制剂制造	20751	20656	16356	16271	152	151
中药饮片加工	25527	25520	20225	20224	306	285
中药饮片加工	25527	25520	20225	20224	306	285
中成药制造	21887	21745	16815	16814	461	419
中成药制造	21887	21745	16815	16814	461	419
兽用药品制造	8646	8529	6964	6964	91	91
兽用药品制造	8646	8529	6964	6964	91	91
生物、生化制品的制造	14303	14300	10515	10508	221	221
生物、生化制品的制造	14303	14300	10515	10508	221	221
卫生材料及医药用品制造	22177	21949	17666	17551	270	254
卫生材料及医药用品制造	22177	21949	17666	17551	270	254
化学纤维制造业	47468	47157	38881	38805	804	802
纤维素纤维原料及纤维制造	14126	13833	11213	11169	373	373
化纤浆粕制造	5023	4955	3883	3876	212	212
人造纤维(纤维素纤维)制造	9102	8878	7330	7293	162	161
合成纤维制造	33342	33323	27668	27636	431	430
锦纶纤维制造	5859	5859	4977	4977	76	76
涤纶纤维制造	8106	8106	6342	6342	140	140
腈纶纤维制造	257	257	192	192	12	12
维纶纤维制造	544	544	399	399	8	8
其他合成纤维制造	18576	18557	15758	15726	195	194
橡胶制品业	478090	476561	395119	392957	7646	6609
轮胎制造	11155	11126	8628	8627	180	179
车辆、飞机及工程机械轮胎制造	5856	5856	4308	4308	99	99
力车胎制造	1544	1539	1255	1255	56	56
轮胎翻新加工	3754	3731	3064	3064	25	24
橡胶板、管、带的制造	49221	48685	39668	39095	782	699
橡胶板、管、带的制造	49221	48685	39668	39095	782	699
橡胶零件制造	98762	98458	83409	82876	2234	1345
橡胶零件制造	98762	98458	83409	82876	2234	1345
再生橡胶制造	25896	25896	20167	20167	386	356
再生橡胶制造	25896	25896	20167	20167	386	356
日用及医用橡胶制品制造	21802	21800	18029	18028	231	227
日用及医用橡胶制品制造	21802	21800	18029	18028	231	227
橡胶靴鞋制造	86904	86872	71257	71072	1783	1773
橡胶靴鞋制造	86904	86872	71257	71072	1783	1773
其他橡胶制品制造	184350	183725	153962	153092	2050	2030
其他橡胶制品制造	184350	183725	153962	153092	2050	2030

单位：万元

主营业务利润	其他业务利润	营业费用、管理费用、财务费用合计	#税金	#利息支出	营业利润	投资收益	职工工资和福利费	本年应交增值税	全部从业人员年平均人数(人)
796	51	453	11	1	393		602	122	325
8813	11	5079	184	369	3745	-65	3394	1497	2164
12859	258	9056	492	195	4061	11	9067	2206	5597
24719	1192	31791	999	1609	-5880	-1539	21948	4730	11772
1732	432	2685	71	79	-520		1735	222	914
1732	432	2685	71	79	-520		1735	222	914
4234	139	9757	160	1034	-5385	-3615	4826	1007	2063
4234	139	9757	160	1034	-5385	-3615	4826	1007	2063
5120	12	3497	137	139	1636		3518	1062	2296
5120	12	3497	137	139	1636		3518	1062	2296
4363	538	5229	320	203	-329	2229	4388	851	2426
4363	538	5229	320	203	-329	2229	4388	851	2426
1488	15	1386	52	49	118	-147	1255	324	779
1488	15	1386	52	49	118	-147	1255	324	779
3583	1	3623	126	28	-38		2666	611	1379
3583	1	3623	126	28	-38		2666	611	1379
4199	55	5615	133	78	-1362	-5	3558	653	1915
4199	55	5615	133	78	-1362	-5	3558	653	1915
7930	551	5482	242	41	2998	2	6725	1602	3897
2310	49	1315	32	2	1045		2048	447	1185
888	14	410	10	1	492		563	140	334
1422	35	904	23	2	553		1486	307	851
5619	502	4168	209	39	1953	2	4677	1155	2712
882	3	489	28		395		600	254	358
1645	13	1023	68	30	634		831	283	502
53		29			24		45	9	30
138		52	1		87		67	34	40
2902	486	2575	113	9	813	2	3133	575	1782
79820	1858	61528	3832	593	20150	-134	96274	19274	56104
2334	157	1481	93	20	1010	-4	2984	501	2036
1457	143	944	75	9	655		2123	327	1495
234		139	2	1	95		232	46	152
644	14	399	15	10	260	-4	629	128	389
9018	380	5880	456	74	3519	245	7227	1700	4394
9018	380	5880	456	74	3519	245	7227	1700	4394
14970	354	12056	772	144	3268	119	18231	4311	10833
14970	354	12056	772	144	3268	119	18231	4311	10833
5475	17	2653	98	103	2839		3016	966	1818
5475	17	2653	98	103	2839		3016	966	1818
3656	29	2722	114	48	964		3996	967	2381
3656	29	2722	114	48	964		3996	967	2381
14801	250	10391	1219	13	4660	-427	24363	3986	13733
14801	250	10391	1219	13	4660	-427	24363	3986	13733
29566	670	26345	1080	191	3891	-67	36458	6843	20909
29566	670	26345	1080	191	3891	-67	36458	6843	20909

1-9 续表 2-9

项　　目	营业收入	主营业务收　　入	营业成本	主营业务成　　本	营业税金及附加	主营业务税金及附加
塑料制品业	3290573	3278848	2712037	2699524	39608	37765
塑料薄膜制造	316700	316104	261080	260511	4227	3916
塑料薄膜制造	316700	316104	261080	260511	4227	3916
塑料板、管、型材的制造	203609	203111	167753	167146	2614	2502
塑料板、管、型材的制造	203609	203111	167753	167146	2614	2502
塑料丝、绳及编织品的制造	91365	91151	74449	74062	1220	1178
塑料丝、绳及编织品的制造	91365	91151	74449	74062	1220	1178
泡沫塑料制造	144877	144241	120309	120042	1521	1448
泡沫塑料制造	144877	144241	120309	120042	1521	1448
塑料人造革、合成革制造	38204	36884	31104	29737	702	697
塑料人造革、合成革制造	38204	36884	31104	29737	702	697
塑料包装箱及容器制造	297880	296263	254198	253402	3373	3198
塑料包装箱及容器制造	297880	296263	254198	253402	3373	3198
塑料零件制造	474272	471922	402175	399530	5595	5232
塑料零件制造	474272	471922	402175	399530	5595	5232
日用塑料制造	560678	559687	456583	455988	7947	7405
塑料鞋制造	185703	185444	148158	148043	3073	2946
日用塑料杂品制造	374975	374243	308425	307945	4874	4459
其他塑料制品制造	1162989	1159487	944387	939107	12410	12191
其他塑料制品制造	1162989	1159487	944387	939107	12410	12191
非金属矿物制品业	1722163	1719758	1387881	1383583	27160	25893
水泥、石灰和石膏的制造	69935	69911	53984	53915	1284	1224
水泥制造	25760	25747	19726	19664	445	398
石灰和石膏制造	44175	44164	34258	34250	839	826
水泥及石膏制品制造	155944	155555	125755	124108	2894	2814
水泥制品制造	103091	102801	84800	83676	1887	1849
砼结构构件制造	14353	14345	11088	11072	282	282
石棉水泥制品制造	2227	2227	1690	1690	66	66
轻质建筑材料制造	20118	20029	15589	15493	315	297
其他水泥制品制造	16155	16153	12588	12176	344	320
砖瓦、石材及其他建筑材料制造	655383	654371	507648	506689	14038	13266
粘土砖瓦及建筑砌块制造	365823	365438	278912	278554	8119	7724
建筑陶瓷制品制造	64853	64789	56269	56263	981	973
建筑用石加工	169189	168961	129120	128899	4160	3810
防水建筑材料制造	8083	7854	5873	5699	99	99
隔热和隔音材料制造	11713	11706	9168	9111	125	108
其他建筑材料制造	35722	35623	28306	28164	554	552
玻璃及玻璃制品制造	218076	217399	178481	177390	2483	2404
平板玻璃制造	22688	22611	18758	18647	220	212
技术玻璃制品制造	36923	36819	29207	29165	445	444
光学玻璃制造	11487	11477	8717	8717	125	125
玻璃仪器制造	3503	3457	2743	2743	73	73
日用玻璃制品及玻璃包装容器制造	67709	67615	55939	55878	803	796
玻璃保温容器制造	3113	3113	2508	2508	41	41
玻璃纤维及制品制造	10945	10826	9145	8525	146	146
玻璃纤维增强塑料制品制造	16282	16258	13465	13342	196	165
其他玻璃制品制造	45428	45223	38000	37865	435	402

单位：万元

主营业务利润	其他业务利润	营业费用、管理费用、财务费用合计	#税金	#利息支出	营业利润	投资收益	职工工资和福利费	本年应交增值税	全部从业人员年平均人数（人）
563373	14463	397501	21848	5467	180334	-1831	584695	129077	353624
54269	1278	35405	2117	458	20141	-329	46743	11739	27271
54269	1278	35405	2117	458	20141	-329	46743	11739	27271
34624	467	23887	1504	472	11204	-64	33018	7151	19516
34624	467	23887	1504	472	11204	-64	33018	7151	19516
16187	149	9502	550	238	6834	-31	12278	3272	7589
16187	149	9502	550	238	6834	-31	12278	3272	7589
24851	585	15161	846	128	10275	72	18840	5956	11330
24851	585	15161	846	128	10275	72	18840	5956	11330
6566	257	4124	296	9	2699		5467	2046	3343
6566	257	4124	296	9	2699		5467	2046	3343
47196	1610	34630	1905	442	14176	-1582	46166	12256	27857
47196	1610	34630	1905	442	14176	-1582	46166	12256	27857
68702	2154	66832	3264	1208	4023	-145	98690	18890	60234
68702	2154	66832	3264	1208	4023	-145	98690	18890	60234
98874	1964	63926	3233	742	36913	525	92199	21631	59743
34987	710	18666	1152	168	17030	4	31048	5931	20711
63888	1254	45260	2082	574	19882	522	61151	15701	39032
212106	5999	144035	8133	1770	74069	-277	231293	46135	136741
212106	5999	144035	8133	1770	74069	-277	231293	46135	136741
314584	5202	175558	11825	4966	144228	119	267358	70023	174194
14922	171	6238	228	239	8854	30	10249	2402	7668
5820	78	2971	126	133	2926		5826	898	5008
9102	93	3268	102	106	5928	30	4423	1504	2660
28995	1179	20679	1370	1018	9494	30	20271	5544	11943
17630	249	13087	810	757	4791	33	12776	3782	7284
3017	22	2352	165	65	687	-3	1823	444	1092
471	1	198	20	5	274		151	79	151
4242	161	2650	263	139	1753		2977	724	1884
3635	747	2393	112	52	1989		2546	515	1532
136464	1740	67686	5028	2283	70517	154	101503	24829	66834
80211	351	31774	2133	1056	48789	126	58872	13082	40470
7842	359	6544	1134	124	1657		11480	3300	6748
36815	687	21901	1414	1003	15601	31	23362	6556	15052
2190	77	1171	46		1097	-30	1079	335	556
2510	7	1646	105	17	871		1676	474	880
6896	258	4651	195	83	2503	26	5035	1083	3128
38401	1078	29898	1517	469	9581	-84	41871	8581	24786
3802	26	3105	133	48	723	-22	3954	802	2421
7339	329	5301	267	137	2367	-20	7273	1495	3724
2716	30	2065	219	5	680		3487	527	1833
805	51	568	9	13	289		438	126	256
10999	41	8044	356	179	2996	-36	12133	2831	7758
564	3	337	27	3	230		419	102	240
2161	91	1605	133	2	647	2	2167	465	1243
2781	56	2996	67	14	-160		3216	563	1915
7235	450	5878	307	68	1807	-8	8785	1669	5396

1-9 续表 2-10

项　　目	营业收入	主营业务收　　入	营业成本	主营业务成　　本	营业税金及 附 加	主营业务税金及附加
陶瓷制品制造	479847	479606	408286	407808	4168	3917
卫生陶瓷制品制造	141657	141573	118659	118541	962	853
特种陶瓷制品制造	13258	13203	11089	11056	131	131
日用陶瓷制品制造	217979	217897	186807	186494	2264	2133
园林、陈设艺术及其他陶瓷制品制造	106952	106934	91730	91717	810	800
耐火材料制品制造	21350	21347	17310	17307	218	217
石棉制品制造	1967	1964	1659	1656	27	27
云母制品制造	1276	1276	1021	1021	10	10
耐火陶瓷制品及其他耐火材料制造	18107	18107	14631	14630	181	180
石墨及其他非金属矿物制品制造	121628	121570	96416	96367	2074	2051
石墨及碳素制品制造	5766	5765	4418	4388	108	108
其他非金属矿物制品制造	115862	115805	91998	91979	1966	1942
黑色金属冶炼及压延加工业	121479	121272	102410	102339	1742	1715
炼铁	12695	12695	10609	10609	290	290
炼铁	12695	12695	10609	10609	290	290
炼钢	4001	3979	3266	3266	58	58
炼钢	4001	3979	3266	3266	58	58
钢压延加工	99512	99327	84433	84362	1322	1296
钢压延加工	99512	99327	84433	84362	1322	1296
铁合金冶炼	5272	5271	4102	4102	71	71
铁合金冶炼	5272	5271	4102	4102	71	71
有色金属冶炼及压延加工业	284132	283244	233177	231093	4170	4122
常用有色金属冶炼	40820	40802	32597	32549	1122	1122
铜冶炼	5967	5957	4384	4384	109	109
铅锌冶炼	3609	3609	2819	2819	90	90
镍钴冶炼	1785	1785	1930	1930	46	46
锡冶炼	7380	7380	6608	6608	75	75
锑冶炼	446	446	382	382	11	11
铝冶炼	16033	16033	11763	11763	740	740
镁冶炼						
其他常用有色金属冶炼	5600	5592	4712	4664	52	52
贵金属冶炼	3699	3699	3109	3109	30	30
金冶炼	586	586	433	433	4	4
银冶炼	845	845	763	763	3	3
其他贵金属冶炼	2268	2268	1912	1912	22	22
稀有稀土金属冶炼	5350	5350	4286	4286	88	88
钨钼冶炼	509	509	488	488		
稀土金属冶炼	3622	3622	2836	2836	84	84
其他稀有金属冶炼	1219	1219	963	963	3	3
有色金属合金制造	27413	27347	22568	22505	350	349
有色金属合金制造	27413	27347	22568	22505	350	349
有色金属压延加工	206850	206046	170617	168644	2581	2535
常用有色金属压延加工	199301	198524	164841	162879	2373	2327
贵金属压延加工	3314	3313	2673	2673	76	76
稀有稀土金属压延加工	4235	4208	3103	3092	133	132

单位：万元

主营业务利润	其他业务利润	营业费用、管理费用、财务费用合计	#税金	#利息支出	营业利润	投资收益	职工工资和福利费	本年应交增值税	全部从业人员年平均人数(人)
68703	521	36395	2176	423	32830	9	75159	21924	52217
22239	86	11381	513	45	10944		19678	5175	11127
1944	114	1746	85	32	313		1905	466	1046
29370	250	14860	1201	246	14760	7	35835	11032	28932
15150	71	8407	377	100	6814	2	17741	5251	11112
3922	29	2045	90	33	1905		3147	900	2194
281		124	5		157		222	83	163
246		206	2	1	39		451	63	360
3395	28	1715	83	32	1708		2474	754	1671
23177	485	12615	1417	502	11047	-20	15157	5844	8552
1304	3	632	68	13	674		948	207	499
21873	483	11983	1349	489	10373	-20	14209	5637	8053
17859	230	10152	937	166	7937	4	13865	5305	8481
1801	6	753	128	58	1054		1371	431	870
1801	6	753	128	58	1054		1371	431	870
737	23	416	41	30	344		541	191	336
737	23	416	41	30	344		541	191	336
14224	190	8490	744	70	5923	4	11177	4428	6923
14224	190	8490	744	70	5923	4	11177	4428	6923
1098	12	493	24	9	616		776	254	352
1098	12	493	24	9	616		776	254	352
49214	1230	31723	1969	711	18720	854	44179	12387	26615
7127	228	3727	413	89	3628	885	4953	1868	2826
1458	20	623	41	10	855	42	1083	227	607
700	1	332	13	23	368		274	134	208
-190		146	2	2	-336		366	10	151
716	1	744	1		-27		710	305	360
53		108	12		-55		97	9	63
3588	70	1179	328	50	2479	843	1711	944	991
802	136	595	16	4	343		712	239	446
565	1	394	7		171		319	60	271
151		123	1		28		114	17	79
77	1	53			25		73	26	102
337		218	7		119		132	18	90
977		635	75	108	342		660	210	435
21		42	1		-21		37	63	21
703		345	63	14	358		514	86	335
254		249	11	95	5		109	61	79
4433	138	4143	197	45	428	-24	4602	1080	2453
4433	138	4143	197	45	428	-24	4602	1080	2453
36113	864	22824	1277	469	14152	-8	33646	9169	20630
34516	854	21703	1246	459	13667	-23	32021	8914	19637
565	4	476	14	7	94		936	92	616
1032	6	646	18	3	391	16	688	163	377

1-9 续表 2-11

项　　目	营业收入	主营业务收　　入	营业成本	主营业务成　　本	营业税金及附加	主营业务税金及附加
金属制品业	3735433	3712750	3064385	3039185	46327	43788
结构性金属制品制造	816272	811378	669328	665063	10375	9827
金属结构制造	682009	677541	562753	558785	8242	7729
金属门窗制造	134263	133837	106575	106278	2133	2098
金属工具制造	556597	549801	454974	449651	5421	5117
切削工具制造	28610	28558	22909	22456	763	742
手工具制造	29983	29706	25401	25278	284	280
农用及园林用金属工具制造	11802	11781	9277	9259	215	209
刀剪及类似日用金属工具制造	209573	205389	165236	162845	1099	936
其他金属工具制造	276629	274366	232150	229814	3060	2950
集装箱及金属包装容器制造	103606	102901	84707	83420	1215	1168
集装箱制造	8096	8095	7070	6694	93	86
金属压力容器制造	17741	17500	14102	14050	273	271
金属包装容器制造	77769	77306	63535	62676	850	811
金属丝绳及其制品的制造	67157	66678	56230	55998	972	941
金属丝绳及其制品的制造	67157	66678	56230	55998	972	941
建筑、安全用金属制品制造	418625	417415	343768	339723	8514	8392
建筑、家具用金属配件制造	255542	254580	218270	214426	2564	2502
建筑装饰及水暖管道零件制造	127786	127748	97280	97159	5291	5250
安全、消防用金属制品制造	16374	16293	12715	12715	261	261
其他建筑、安全用金属制品制造	18924	18794	15504	15423	397	380
金属表面处理及热处理加工	277800	276993	225590	223519	3705	3486
金属表面处理及热处理加工	277800	276993	225590	223519	3705	3486
搪瓷制品制造	25622	25587	20274	20254	377	376
工业生产配套用搪瓷制品制造	1923	1921	1559	1559	9	9
搪瓷卫生洁具制造	13531	13527	10828	10823	199	199
搪瓷日用品及其他搪瓷制品制造	10167	10139	7887	7872	169	168
不锈钢及类似日用金属制品制造	801379	797158	654759	650798	7953	7632
金属制厨房调理及卫生器具制造	72846	72556	58370	57856	1177	1031
金属制厨用器皿及餐具制造	226293	225820	181958	181680	1587	1554
其他日用金属制品制造	502240	498781	414431	411261	5189	5046
其他金属制品制造	668375	664842	554755	550759	7795	6849
铸币及贵金属制实验室用品制造	1933	1931	1501	1500	12	12
其他未列明的金属制品制造	666442	662911	553255	549259	7784	6837
通用设备制造业	1446099	1430230	1168781	1161875	18131	16518
锅炉及原动机制造	30743	30320	25483	25195	384	294
锅炉及辅助设备制造	18801	18509	15595	15396	199	161
内燃机及配件制造	4632	4502	3845	3845	64	64
汽轮机及辅机制造	1076	1076	818	818	14	14
水轮机及辅机制造	1497	1497	1055	1055	19	17
其他原动机制造	4737	4735	4170	4080	88	38
金属加工机械制造	285980	278689	226482	225701	3607	3469
金属切削机床制造	33473	33410	27163	27006	377	376
金属成形机床制造	31434	31408	26459	26324	424	418
铸造机械制造	30307	30290	24541	24467	464	462
金属切割及焊接设备制造	33631	33394	27536	27387	466	452
机床附件制造	19487	12901	10714	10706	202	191
其他金属加工机械制造	137648	137287	110071	109810	1675	1570

单位：万元

主营业务利润	其他业务利润	营业费用、管理费用、财务费用合计	#税金	#利息支出	营业利润	投资收益	职工工资和福利费	本年应交增值税	全部从业人员年平均人数（人）
648836	21941	420660	20008	6320	250117	543	617277	150671	379368
139706	6005	92994	4978	1571	52717	294	126493	32349	76246
113683	5433	76956	4231	1371	42159	335	106214	27338	63430
26023	572	16037	747	201	10558	-41	20279	5011	12816
96364	3100	60915	2380	836	38549	-90	82744	24536	55872
5438	104	4539	320	23	1004	28	5177	1193	3262
4161	310	3437	109	34	1033		5425	936	3514
2321	1	1015	37	3	1307		1704	367	1066
41791	1286	21749	528	358	21329	2	25660	9383	20127
42653	1399	30175	1387	419	13876	-120	44778	12657	27903
18683	795	12889	643	135	6588	-7	17120	3677	10558
1327	15	1154	30	1	188		1093	219	642
3274	322	2325	95	48	1271		2120	597	1309
14082	457	9410	518	87	5129	-7	13908	2861	8607
10464	235	8198	460	277	2501	-7	9804	2693	5685
10464	235	8198	460	277	2501	-7	9804	2693	5685
70638	1538	48009	1845	665	24167	-5	66877	14976	40488
38821	1155	25561	1233	284	14414	-6	43655	10831	27114
25420	154	17717	328	319	7856		17033	2878	9877
3375	128	2610	166	38	892		3375	637	2037
3023	102	2121	117	24	1005		2814	630	1460
51047	1075	33211	1984	521	18911	-203	53799	12362	34101
51047	1075	33211	1984	521	18911	-203	53799	12362	34101
5025	78	3278	83	43	1825	-1	4037	785	2454
355	5	193	3		166		344	75	227
2577	4	2002	63	40	579	-1	1861	437	1044
2094	69	1083	17	3	1080		1832	273	1183
145640	4272	76549	3950	1234	73363	38	125079	30794	77478
14133	508	9023	351	-9	5618		12789	2670	7648
42877	673	15434	470	309	28117	-7	30185	8425	18982
88631	3090	52093	3129	933	39628	45	82106	19699	50848
111270	4844	84616	3685	1039	31498	525	131325	28499	76486
446	1	149	8	-2	297		448	120	273
110824	4843	84467	3678	1041	31200	525	130877	28379	76213
257967	11342	197714	8637	4213	71594	901	225483	65201	126918
4707	557	6726	228	1097	-1461		4047	1051	2287
2928	441	5302	169	1066	-1934		2480	682	1383
595	7	574	26	29	27		476	87	284
244		178			66		170	56	101
327	101	121	4		307		185	39	151
614	9	550	29	2	73		737	187	368
52049	1670	40335	1821	780	13384	-3	48858	11864	27224
6087	49	4426	261	31	1710		5794	1393	3169
5030	108	3767	160	19	1372		4166	1453	2502
5546	40	3249	164	46	2337		4262	1167	2470
6337	242	5828	216	31	751	-6	5953	1372	3426
2106	431	3774	178	317	-1237		3584	905	1852
26943	800	19292	843	336	8451	3	25100	5574	13805

1-9 续表 2-12

项　　目	营业收入	主营业务收　　入	营业成本	主营业务成　　本	营业税金及附加	主营业务税金及附加
起重运输设备制造	61346	59707	50008	49046	651	485
起重运输设备制造	61346	59707	50008	49046	651	485
泵、阀门、压缩机及类似机械的制造	93534	93027	75055	74916	1037	1013
泵及真空设备制造	26428	26052	20273	20183	312	307
气体压缩机械制造	8874	8849	6983	6965	170	159
阀门和旋塞的制造	22075	22055	18127	18119	254	251
液压和气压动力机械及元件制造	36157	36072	29672	29650	300	297
轴承、齿轮、传动和驱动部件的制造	68261	66931	49101	48176	1492	874
轴承制造	47196	46089	32331	31442	1252	639
齿轮、传动和驱动部件制造	21065	20842	16770	16734	240	235
烘炉、熔炉及电炉制造	16798	16727	13302	13275	163	160
烘炉、熔炉及电炉制造	16798	16727	13302	13275	163	160
风机、衡器、包装设备等通用设备制造	249996	247889	203618	201906	2967	2612
风机、风扇制造	53743	53600	44693	44643	581	460
气体、液体分离及纯净设备制造	21585	20945	17020	16189	249	230
制冷、空调设备制造	47214	46678	37577	37214	751	581
风动和电动工具制造	10767	10738	9057	9037	94	94
喷枪及类似器具制造	12347	12032	9560	9485	125	112
包装专用设备制造	38197	38143	31908	31871	428	397
衡器制造	8121	8111	6613	6613	169	169
其他通用设备制造	58022	57643	47191	46853	571	569
通用零部件制造及机械修理	484717	482560	397830	396146	5830	5659
金属密封件制造	13142	13142	11264	11264	57	57
紧固件、弹簧制造	214926	214147	178049	177800	2759	2741
机械零部件加工及设备修理	182482	181557	147692	146552	2039	1980
其他通用零部件制造	74167	73715	60825	60530	974	881
金属铸、锻加工	154724	154379	127902	127516	1999	1953
钢铁铸件制造	118093	117798	98369	98158	1516	1470
锻件及粉末冶金制品制造	36631	36581	29534	29358	483	483
专用设备制造业	1428932	1420359	1150551	1140254	18480	16840
矿山、冶金、建筑专用设备制造	38798	38758	31497	31454	577	544
采矿、采石设备制造	6766	6766	5366	5366	107	107
石油钻采专用设备制造	1116	1116	886	886	21	21
建筑工程用机械制造	14616	14584	11797	11760	238	225
建筑材料生产专用机械制造	12308	12304	10225	10221	169	150
冶金专用设备制造	3991	3988	3223	3221	43	41
化工、木材、非金属加工专用设备制造	754101	749706	615743	610129	8772	8246
炼油、化工生产专用设备制造	7212	7038	6078	5739	84	78
橡胶加工专用设备制造	10192	10188	8159	8157	115	115
塑料加工专用设备制造	64891	64813	52720	52619	718	708
木材加工机械制造	17801	17749	14554	14481	199	199
模具制造	640108	636041	523119	518030	7226	7028
其他非金属加工专用设备制造	13898	13877	11114	11103	430	119
食品、饮料、烟草及饲料生产专用设备制造	49495	49309	38845	38667	971	968
食品、饮料、烟草工业专用设备制造	36025	35927	28541	28502	725	723
农副食品加工专用设备制造	10357	10268	7816	7677	202	200
饲料生产专用设备制造	3114	3114	2489	2489	45	45

单位：万元

主营业务利润	其他业务利润	营业费用、管理费用、财务费用合计	#税金	#利息支出	营业利润	投资收益	职工工资和福利费	本年应交增值税	全部从业人员年平均人数（人）
10394	2075	9523	360	522	2946	-31	10376	2281	5233
10394	2075	9523	360	522	2946	-31	10376	2281	5233
17144	656	14272	456	250	3527	1062	15265	3440	9190
5574	394	4623	145	64	1345		5178	902	3602
1738	66	1487	27	26	317		1692	345	823
3749	16	2971	152	119	793	1068	2622	725	1577
6083	181	5191	132	40	1073	-6	5773	1469	3188
18031	1097	13315	426	212	5813	-4	10440	4602	5868
14157	985	10408	312	79	4733	-1	7065	3905	3867
3874	112	2907	114	132	1080	-3	3376	698	2001
3366	99	2511	182	13	954	-4	2756	850	1466
3366	99	2511	182	13	954	-4	2756	850	1466
44421	1616	36436	1667	503	9601	-38	37038	11513	20642
9166	232	6942	417	137	2456	-18	7840	2365	4610
4434	260	3996	296	38	697		3555	916	1754
9033	433	6957	296	123	2509	-6	7221	1721	3839
1572	50	1156	39	-1	466		1960	392	1025
2523	256	2896	102	1	-117		1665	511	902
5956	103	5295	224	47	763		5239	1455	2900
1369	27	864	15		532		1186	291	697
10369	257	8331	279	158	2296	-13	8371	3862	4915
82255	2591	58783	2853	510	26063	-16	77038	22324	43825
1821	10	1927	60	4	-96		2226	382	1106
34217	964	25547	1362	304	9634	-43	35852	8685	20070
33780	1026	21880	1006	120	12926	16	26274	8448	15023
12438	592	9430	425	83	3600	11	12685	4810	7626
25600	980	15812	645	327	10768	-66	19666	7275	11183
18739	909	11234	473	242	8414	-48	15076	5534	8548
6862	71	4579	172	85	2354	-18	4590	1741	2635
269792	10922	238189	11762	2900	42525	-487	279899	63604	160221
6787	145	5071	208	46	1862	-30	5864	1442	3457
1293	4	1002	17		296		904	281	526
209		414	8		-205		350	148	221
2599	44	1732	77	32	911		2331	592	1305
1960	94	1297	70	10	757		1756	323	1061
726	3	627	35	4	102	-30	523	99	344
134858	5431	118490	6492	1088	21799	-340	160258	35026	92540
1282	46	1103	52	27	224		1112	297	580
1948	76	1529	95		495		2112	354	1065
11739	397	9842	779	62	2294	-31	10596	2590	6374
3116	43	2434	104	32	726		3329	669	1788
114053	4794	101624	5334	952	17223	-309	140417	30358	81169
2721	76	1960	128	15	837		2693	757	1564
9706	172	5470	266	191	4409		6228	1719	3673
6735	94	3188	189	26	3640		4191	1234	2627
2391	64	1741	46	162	714		1524	359	769
581	15	541	32	3	55		514	127	277

1-9 续表 2-13

项　目	营业收入	主营业务收　入	营业成本	主营业务成　本	营业税金及附加	主营业务税金及附加
印刷、制药、日化生产专用设备制造	124478	123885	100775	100164	1673	1625
制浆和造纸专用设备制造	7325	7277	5632	5615	131	131
印刷专用设备制造	35902	35751	28658	28607	548	523
日用化工专用设备制造	12640	12476	10475	10377	130	127
制药专用设备制造	3246	3246	2460	2460	30	30
照明器具生产专用设备制造	22395	22242	17608	17412	424	423
玻璃、陶瓷和搪瓷制品生产专用设备制造	26104	26051	22587	22578	180	174
其他日用品生产专用设备制造	16867	16843	13355	13116	231	218
纺织、服装和皮革工业专用设备制造	58579	58145	47190	46650	593	561
纺织专用设备制造	26020	25629	20944	20615	253	244
皮革、毛皮及其制品加工专用设备制造	9889	9855	7727	7712	117	110
缝纫机械制造	12002	12001	10114	9979	102	102
其他服装加工专用设备制造	10667	10661	8404	8344	121	105
电子和电工机械专用设备制造	183762	182430	148569	146257	3019	2219
电工机械专用设备制造	55387	55241	46107	45382	1255	629
电子工业专用设备制造	122686	121576	97404	95816	1590	1558
武器弹药制造	412	412	575	575		
航空、航天及其他专用设备制造	5276	5201	4483	4483	174	32
农、林、牧、渔专用机械制造	28438	28427	22379	22345	486	420
拖拉机制造	888	888	689	689	13	13
机械化农业及园艺机具制造	6089	6089	4442	4441	71	71
营林及木竹采伐机械制造						
畜牧机械制造	2261	2261	1828	1828	22	22
渔业机械制造	8513	8502	6558	6554	114	98
农林牧渔机械配件制造	3645	3645	2995	2983	37	37
其他农林牧渔业机械制造及机械修理	7041	7041	5866	5848	228	178
医疗仪器设备及器械制造	71022	70060	53642	53194	722	692
医疗诊断、监护及治疗设备制造	17841	17305	13217	13040	191	190
口腔科用设备及器具制造	4294	4286	3628	3623	31	31
实验室及医用消毒设备和器具的制造	3938	3918	3094	3074	44	44
医疗、外科及兽医用器械制造	10162	10160	7202	7202	76	74
机械治疗及病房护理设备制造	8011	7718	5906	5890	52	34
假肢、人工器官及植(介)入器械制造	11802	11702	8826	8626	123	113
其他医疗设备及器械制造	14976	14972	11768	11740	206	206
环保、社会公共安全及其他专用设备制造	120259	119640	91911	91394	1666	1567
环境污染防治专用设备制造	32874	32473	24523	24284	561	551
地质勘查专用设备制造	50	50	39	39		
邮政专用机械及器材制造	323	323	363	363	1	1
商业、饮食、服务业专用设备制造	2969	2969	2088	2087	55	53
社会公共安全设备及器材制造	18896	18896	14280	14267	202	190
交通安全及管制专用设备制造	4412	4294	3447	3362	74	69
水资源专用机械制造	4387	4378	2993	2978	54	54
其他专用设备制造	56350	56256	44178	44014	720	649

单位：万元

主营业务利润	其他业务利润	营业费用、管理费用、财务费用合计	#税金	#利息支出	营业利润	投资收益	职工工资和福利费	本年应交增值税	全部从业人员年平均人数（人）
23895	695	19055	967	660	5534	-176	20673	4848	11591
1531	13	1215	32	9	330		1157	338	562
7315	301	6456	322	215	1160		6075	1305	3461
1993	57	1253	81	24	797		1844	830	1046
756		875	18	156	-118		439	131	236
5273	143	4120	222	101	1296	-176	5353	723	2914
3536	48	2777	167	28	807		2917	885	1840
3491	133	2361	126	127	1263		2889	636	1532
11092	678	8317	367	85	3453	-23	10795	2361	6629
4804	402	3308	189	13	1898		4001	1137	2427
2014	256	1368	40	2	901		2391	405	1462
2057	9	2057	58	16	10	-2	2485	397	1541
2217	11	1584	79	54	644	-21	1918	423	1199
34443	1499	31041	1743	240	4902	-149	35311	9229	19880
9374	510	8128	482	34	1756	-120	8015	2821	4415
24546	973	22113	1184	177	3406	-33	26510	6303	14951
-163		67	2		-230		62		26
686	16	732	75	28	-30	5	724	104	488
5824	120	4391	194	32	1553	-21	3809	1024	2585
188		79	2		109		173	127	132
1569	9	1156	16	11	422		770	288	485
411		187	9		224		162	20	92
1849	2	1760	18	5	91		1393	262	1020
723	9	327	14	5	405		449	99	263
1085	99	883	136	11	301	-21	862	228	593
16136	1410	23057	544	188	-5511	-88	16982	3535	8950
4083	1020	9179	180	6	-4077	1	4851	933	2035
636	49	819	17	1	-135		753	161	528
800		715	15		85	-3	556	110	366
2881	54	3535	58	27	-600	-1	2657	646	1343
1621	194	2460	36	33	-646	-187	1449	253	803
3012	86	3139	131	37	-41	100	3956	818	2344
3104	9	3210	107	85	-97	1	2759	614	1531
27051	771	23297	982	371	4524	339	19979	4420	10916
7988	411	6670	271	213	1729	1	5120	1142	2578
11		9			3		9	1	5
-42		52	11	2	-93		88	10	40
830	10	606	16		233		506	117	307
4471	27	4929	134	40	-431		3073	698	1859
856	44	865	74	36	35		645	102	416
1351	24	953	68	9	423		753	179	389
11586	255	9215	409	71	2626	338	9786	2174	5322

1-9 续表 2-14

项　　目	营业收入	主营业务收　入	营业成本	主营业务成　本	营业税金及附加	主营业务税金及附加
交通运输设备制造业	625043	617624	491305	487289	9090	8579
铁路运输设备制造	3374	3374	2549	2549	53	50
铁路机车车辆及动车组制造	316	316	204	204	6	6
工矿有轨专用车辆制造	440	440	334	334	4	4
铁路机车车辆配件制造						
铁路专用设备及器材、配件制造	427	427	287	287	10	7
其他铁路设备制造及设备修理	2192	2192	1723	1723	32	32
汽车制造	403631	400147	308761	307771	6240	5794
汽车整车制造	3292	2447	2300	2300	33	33
改装汽车制造	214	214	196	196	1	1
电车制造	319	319	202	202	3	3
汽车车身、挂车的制造	861	861	650	650	13	13
汽车零部件及配件制造	167698	167018	135938	135428	2083	1767
汽车修理	231249	229289	169475	168995	4107	3976
摩托车制造	57158	57098	51089	48838	755	748
摩托车整车制造	1985	1985	1784	1784	36	36
摩托车零部件及配件制造	55173	55114	49306	47054	719	712
自行车制造	43985	42310	38635	38518	324	324
脚踏自行车及残疾人座车制造	32404	30783	28551	28474	242	242
助动自行车制造	11580	11527	10084	10044	82	82
船舶及浮动装置制造	104351	102247	80467	79900	1512	1457
金属船舶制造	15870	15795	12807	12806	135	117
非金属船舶制造	8793	8693	6434	6417	222	222
娱乐船和运动船的建造和修理	7642	7642	5410	5410	274	242
船用配套设备制造	8180	8078	6184	6165	55	55
船舶修理及拆船	61635	59807	47892	47361	794	790
航标器材及其他浮动装置的制造	2232	2232	1741	1741	31	31
航空航天器制造	1195	1195	953	953	6	6
飞机制造及修理	534	534	487	487	2	2
航天器制造	102	102	67	67	1	1
其他飞行器制造	559	559	399	399	3	3
交通器材及其他交通运输设备制造	11349	11252	8851	8761	201	200
潜水及水下救捞装备制造	1278	1278	917	917	31	31
交通管理用金属标志及设施制造	5316	5276	4147	4120	107	106
其他交通运输设备制造	4755	4699	3787	3724	63	63
电气机械及器材制造业	2485764	2473715	2029526	2016973	29001	27213
电机制造	138585	137602	116491	115639	1571	1556
发电机及发电机组制造	32219	31964	27065	26806	437	434
电动机制造	43155	42707	36311	35962	412	411
微电机及其他电机制造	63211	62930	53115	52871	722	712
输配电及控制设备制造	607420	603458	489545	485359	8390	7043
变压器、整流器和电感器制造	153935	152514	125075	124131	1830	1643
电容器及其配套设备制造	32857	32627	26957	26043	914	370
配电开关控制设备制造	113259	112788	92786	92620	1203	1154
电力电子元器件制造	244586	243105	194848	193428	3341	2934
其他输配电及控制设备制造	62783	62426	49880	49137	1103	943

单位：万元

主营业务利润	其他业务利润	营业费用、管理费用、财务费用合计	#税金	#利息支出	营业利润	投资收益	职工工资和福利费	本年应交增值税	全部从业人员年平均人数（人）
125402	6271	108257	3939	2748	23416	157	107705	24570	59250
811	81	568	10	1	324		539	109	315
106	80	183	1		3		146	7	108
103		51	1		52		51	2	41
132	1	127	2	1	6		123	11	44
470		208	6		262		220	89	122
88282	3958	77152	2947	2510	15088	145	67013	17180	36857
114	693	3458	22	1010	-2652		949	161	381
18		39			-21		27	18	18
113	30	231	4		-88		107	5	55
201		126	1	1	75		176	13	85
30773	1002	30303	1171	617	1472	-223	29970	6863	16146
57064	2233	42995	1749	882	16302	367	35785	10119	20172
7543	88	5249	244	-5	2382		7544	1895	4726
165	3	206	9	5	-38		263	17	182
7378	86	5043	236	-10	2421		7282	1879	4544
4907	429	5753	176	35	-417		8994	1281	6118
3339	567	4357	152	29	-450		6757	929	4748
1568	-138	1396	24	6	34		2238	352	1370
21022	1641	17165	504	204	5498	15	21359	3688	10090
2995	733	2566	110	121	1161	8	3587	621	1561
1923	212	1712	41	27	423		1269	333	775
2026	1	2106	88	16	-79	7	2074	100	982
1881	90	1666	70	7	304		1566	383	859
11738	605	8708	191	33	3635		12435	2199	5774
460		407	4		53		428	52	139
236		417	3		-181		262	57	111
46		263	2		-218		144	19	43
34		34	1		1		31	8	26
156		121	1		36		88	30	42
2600	74	1952	56	4	722	-3	1994	359	1033
330		254	3		76	-3	177	8	135
1063	18	1028	28	1	53		1238	126	610
1208	56	670	25	2	594		579	225	288
446264	15548	354601	14904	5152	107211	-1959	477562	107698	292047
23636	1419	21296	1077	215	3759	-22	25175	6206	14803
4910	325	4069	99	45	1166		4047	1111	2268
6384	400	6693	432	105	90	2	8598	1911	5046
12341	695	10533	545	66	2503	-25	12530	3184	7489
114585	5616	101698	3798	1132	18503	-786	131379	24032	80885
27783	1545	25276	976	1	4052	-10	37912	6284	22807
6317	124	5149	149	44	1292	-8	5720	1539	3423
20640	497	19364	601	336	1773	2	21275	4095	13280
47379	2573	41297	1511	360	8655	-1032	53801	8883	34117
12466	877	10611	561	391	2731	262	12671	3231	7258

1-9 续表 2-15

项　　目	营业收入	主营业务收　　入	营业成本	主营业务成　　本	营业税金及附加	主营业务税金及附加
电线、电缆、光缆及电工器材制造	501511	500330	410516	409025	5489	5330
电线电缆制造	407637	406621	334235	332940	4631	4528
光纤、光缆制造	9901	9900	8343	8262	72	69
绝缘制品制造	44095	44020	35196	35121	405	359
其他电工器材制造	39879	39789	32742	32701	381	374
电池制造	107684	106325	90638	90279	957	951
电池制造	107684	106325	90638	90279	957	951
家用电力器具制造	527459	525924	434318	430392	5048	5005
家用制冷电器具制造	18130	18088	17944	14908	257	254
家用空气调节器制造	16839	16817	14476	14426	148	142
家用通风电器具制造	40528	40470	33460	33425	411	410
家用厨房电器具制造	173874	172924	142774	142239	1656	1642
家用清洁卫生电器具制造	19541	19391	16197	16130	222	221
家用美容、保健电器具制造	51050	51043	39215	39205	259	258
家用电力器具专用配件制造	96334	96226	77590	77519	846	843
其他家用电力器具制造	111162	110966	92663	92541	1250	1235
非电力家用器具制造	61536	61411	48724	48631	700	648
燃气、太阳能及类似能源的器具制造	47606	47494	37552	37473	554	503
其他非电力家用器具制造	13930	13917	11172	11158	146	145
照明器具制造	470176	467435	384674	383171	5828	5681
电光源制造	56512	56434	47947	47449	1021	943
照明灯具制造	264939	264043	213394	212843	3000	2965
灯用电器附件及其他照明器具制造	148726	146958	123334	122880	1807	1772
其他电气机械及器材制造	71394	71229	54619	54478	1018	1000
车辆专用照明及电气信号设备装置制造	16851	16849	13056	13031	207	199
其他未列明的电气机械制造	54543	54380	41563	41446	811	800
通信设备、计算机及其他电子设备制造业	2768874	2753104	2255422	2242097	28874	26335
通信设备制造	167957	166685	133415	132027	1682	1479
通信传输设备制造	31103	31000	22156	21862	311	299
通信交换设备制造	8059	7945	6120	6086	102	101
通信终端设备制造	28114	28096	22987	22802	309	306
移动通信及终端设备制造	64254	63626	53983	53309	576	402
其他通信设备制造	36428	36019	28170	27968	384	370
雷达及配套设备制造	3796	3796	2893	2893	22	22
雷达及配套设备制造	3796	3796	2893	2893	22	22
广播电视设备制造	79088	78978	64792	64617	726	726
广播电视节目制作及发射设备制造	8476	8476	7469	7469	33	33
广播电视接收设备及器材制造	61156	61096	49883	49736	624	624
应用电视设备及其他广播电视设备制造	9456	9406	7440	7413	70	70
电子计算机制造	417674	416034	350957	349169	3114	2667
电子计算机整机制造	10750	10626	9124	9102	202	199
计算机网络设备制造	32232	32008	26159	26027	336	334
电子计算机外部设备制造	374692	373400	315674	314041	2576	2134
电子器件制造	327350	322930	264417	261206	2858	2782
电子真空器件制造	24362	24304	20700	20665	240	237
半导体分立器件制造	17074	16657	13817	13812	289	288
集成电路制造	36893	36760	26300	26106	673	672
光电子器件及其他电子器件制造	249022	245210	203600	200624	1656	1584

单位：万元

主营业务利润	其他业务利润	营业费用、管理费用、财务费用合计	#税金	#利息支出	营业利润	投资收益	职工工资和福利费	本年应交增值税	全部从业人员年平均人数(人)
89065	2557	57255	2972	1077	34367	-703	83297	23212	51111
71806	2230	41518	2130	992	32518	-697	66749	18789	41738
1690	28	2193	40	35	-475		2577	648	1156
8773	108	7557	586	27	1323		7747	2266	4459
6796	191	5987	217	23	1001	-6	6223	1509	3758
15434	467	17937	523	316	-2037	-10	24323	3889	13791
15434	467	17937	523	316	-2037	-10	24323	3889	13791
92932	2331	69997	3060	1385	25266	-193	93864	25133	58847
2935	186	2038	112	22	1082		2481	625	1443
2233	119	2784	109	13	-432		2688	707	1402
6867	120	4637	266	104	2349		6564	1473	4338
29953	1278	20775	820	477	10456	-208	29555	10608	19695
3110	111	3140	92	44	81	47	3351	746	1888
12004	12	10531	229	32	1485	-45	10608	1213	5857
18005	96	10237	828	365	7864		14817	4998	9783
17826	410	15855	605	329	2380	12	23799	4764	14441
12355	365	9816	318	202	2905		12138	2319	6569
9737	349	8101	240	136	1986		9992	1794	5144
2618	16	1715	78	66	919		2146	525	1425
82255	2410	65718	2693	761	18947	-226	94301	20359	58535
9041	183	8557	378	40	668	-168	11857	2145	7028
50155	1258	39200	1475	393	12212	-56	56181	11278	34256
23060	969	17962	840	328	6067	-2	26264	6936	17251
16002	383	10884	464	64	5501	-18	13084	2549	7506
3704	146	2765	123	2	1084		3908	676	2498
12299	237	8118	340	63	4418	-18	9177	1873	5008
516232	20192	485074	17771	5549	51350	-11533	597413	109699	353159
35300	1018	44693	1444	598	-8375	-195	47863	6142	26991
9850	143	9472	547	70	520	-180	9461	1554	4423
1879	98	2132	74	26	-155		2217	344	1180
5212	281	6708	259	90	-1216	1	7828	860	4926
10530	291	18271	297	262	-7450		18810	2136	10941
7828	206	8110	267	150	-76	-15	9547	1248	5521
889		678	12	3	211		851	89	468
889		678	12	3	211		851	89	468
14831	850	14557	608	157	1124	12	15655	2676	9823
975		841	13		134		1518	71	895
11933	827	11241	541	131	1518	12	11174	2279	7278
1924	23	2475	53	26	-528		2962	326	1650
64709	4871	60263	1551	743	9317	-117	72777	13345	42033
1378	77	2438	77	107	-982		2461	477	1510
5589	255	4989	178	20	855		5579	1383	2689
57741	4539	52836	1296	616	9444	-117	64737	11485	37834
63623	2724	69609	1968	1064	-3263	-119	69580	12179	41365
6152	107	4491	145	15	1767		5980	1226	3098
2848	405	2786	34	1	466		3544	610	2377
10165	148	11080	320	108	-767		9179	1649	5329
44459	2064	51252	1469	941	-4729	-119	50877	8695	30561

1-9 续表 2-16

项　　目	营业收入	主营业务收入	营业成本	主营业务成本	营业税金及附加	主营业务税金及附加
电子元件制造	1133684	1129525	927387	923509	12149	10912
电子元件及组件制造	979408	975427	798354	794807	11224	9995
印制电路板制造	154277	154097	129033	128702	925	917
家用视听设备制造	323398	321003	266609	265184	4163	3841
家用影视设备制造	76260	75977	63257	62793	1453	1443
家用音响设备制造	247139	245026	203352	202391	2709	2398
其他电子设备制造	315927	314154	244951	243491	4161	3906
其他电子设备制造	315927	314154	244951	243491	4161	3906
仪器仪表及文化、办公用机械制造业	429140	424663	341886	339164	5644	4665
通用仪器仪表制造	83400	82621	62941	62597	1069	1027
工业自动控制系统装置制造	35303	34983	27098	26944	399	398
电工仪器仪表制造	24850	24708	18169	18076	362	357
绘图、计算及测量仪器制造	4123	4121	3385	3376	27	27
实验分析仪器制造	7951	7767	5958	5939	55	55
试验机制造	3684	3661	2707	2668	132	97
供应用仪表及其他通用仪器制造	7489	7380	5625	5594	94	93
专用仪器仪表制造	47024	46402	33769	33448	518	508
环境监测专用仪器仪表制造	5351	5264	3553	3524	87	87
汽车及其他用计数仪表制造	3828	3818	3249	3249	45	45
导航、气象及海洋专用仪器制造	3473	3451	2545	2536	37	36
农林牧渔专用仪器仪表制造	149	149	116	116	4	4
地质勘探和地震专用仪器制造						
教学专用仪器制造	7225	7206	5996	5994	56	52
核子及核辐射测量仪器制造						
电子测量仪器制造	16343	15938	10298	10243	197	193
其他专用仪器制造	10655	10576	8012	7785	94	92
钟表与计时仪器制造	139907	138694	114528	113264	1429	1395
钟表与计时仪器制造	139907	138694	114528	113264	1429	1395
光学仪器及眼镜制造	87065	86775	72279	72262	775	758
光学仪器制造	16033	15921	12814	12803	168	158
眼镜制造	71032	70854	59465	59459	607	601
文化、办公用机械制造	58166	56697	48364	47717	761	707
电影机械制造	2824	2824	2204	2200	63	63
幻灯及投影设备制造	1451	1451	966	952	16	16
照相机及器材制造	20701	20455	17932	17869	152	138
复印和胶印设备制造	7993	7800	6968	6803	194	194
计算器及货币专用设备制造	12974	12672	9985	9842	183	178
其他文化、办公用机械制造	12223	11496	10310	10051	154	119
其他仪器仪表的制造及修理	13578	13474	10007	9876	1092	269
其他仪器仪表的制造及修理	13578	13474	10007	9876	1092	269
工艺品及其他制造业	1018888	1014764	825178	816022	13695	13233
工艺美术品制造	742179	738902	600132	594168	9853	9579
雕塑工艺品制造	79913	79028	66870	63126	1279	1229

单位：万元

主营业务利润	其他业务利润	营业费用、管理费用、财务费用合计	#税金	#利息支出	营业利润	投资收益	职工工资和福利费	本年应交增值税	全部从业人员年平均人数(人)
199984	6866	164576	8062	1985	42274	-1058	238386	47391	140932
175163	5879	142757	7395	1613	38284	-467	209513	42868	123869
24821	987	21818	667	372	3990	-591	28873	4523	17063
66944	1757	69983	1605	602	-1282	-320	70167	12903	45057
24536	-118	31960	443	65	-7542	-1	19128	2505	12728
42407	1875	38023	1161	537	6260	-319	51039	10399	32329
69953	2107	60716	2522	397	11344	-9736	82134	14974	46490
69953	2107	60716	2522	397	11344	-9736	82134	14974	46490
82389	5230	94756	3089	1015	-7136	4498	145280	17755	91973
19349	524	18239	723	155	1634	10	15668	4227	7848
7792	191	6691	264	103	1292	8	6645	1914	3188
6296	63	5416	282	46	943	2	4070	1163	2258
719		852	7		-133		875	176	439
1973	164	2357	17	3	-220		1655	445	855
898	7	977	77	1	-72		720	198	342
1672	99	1947	77	3	-176		1703	332	766
12677	484	10400	315	68	2762		9595	2185	4716
1737	-46	1383	25	3	309		1000	215	481
542	140	949	18	25	-267		769	140	433
962	13	1244	32	2	-268		993	107	475
29		18			11		27	2	25
1160	22	928	28	7	253		763	168	433
5508	275	3498	119	25	2286		3602	1036	1591
2739	80	2380	93	7	438		2442	517	1278
24366	1580	27076	920	85	-1131	-64	52607	4384	33745
24366	1580	27076	920	85	-1131	-64	52607	4384	33745
13905	1046	21082	766	103	-6131	4552	46157	2926	33585
2966	154	3567	64	32	-447	-15	3436	375	2059
10940	892	17516	702	71	-5684	4567	42721	2551	31526
8792	1520	16068	301	587	-5755		19069	3244	10737
563	5	439	8	1	129		442	74	271
499		368	8	1	131		362	36	250
2467	566	6589	164	174	-3556		7744	1300	4445
938	38	1975	31		-1000		4679	853	2710
2999	449	3257	57	27	191		3326	681	1793
1327	464	3440	35	385	-1649		2516	300	1268
3300	76	1891	64	17	1485		2184	788	1342
3300	76	1891	64	17	1485		2184	788	1342
192430	6149	149236	6191	2295	49343	-388	241643	36928	149149
140084	4063	110838	4534	1880	33310	-254	185605	25922	114848
15104	1000	11522	466	125	4582	-1	18473	3105	10766

1-9 续表 2-17

项　　目	营业收入	主营业务收　入	营业成本	主营业务成　本	营业税金及附加	主营业务税金及附加
金属工艺品制造	92353	91956	75556	75007	1113	1086
漆器工艺品制造	11876	11827	9398	9282	220	219
花画工艺品制造	76876	76760	62361	62311	855	844
天然植物纤维编织工艺品制造	78500	78456	63226	63136	824	813
抽纱刺绣工艺品制造	96636	95854	75355	74918	1575	1565
地毯、挂毯制造	15308	15198	13367	13270	132	132
珠宝首饰及有关物品的制造	106725	106509	84406	84016	1398	1278
其他工艺美术品制造	183993	183314	149594	149102	2457	2413
日用杂品制造	154100	153759	125008	124468	1792	1734
制镜及类似品加工	11511	11480	9335	9297	140	137
鬃毛加工、制刷及清扫工具的制造	14528	14527	11208	11194	209	208
其他日用杂品制造	128061	127752	104465	103977	1443	1390
煤制品制造	5869	5869	4722	4722	94	94
煤制品制造	5869	5869	4722	4722	94	94
核辐射加工						
核辐射加工						
其他未列明的制造业	116740	116234	95317	92664	1958	1825
其他未列明的制造业	116740	116234	95317	92664	1958	1825
废弃资源和废旧材料回收加工业	148617	148231	115303	114458	3143	3005
金属废料和碎屑的加工处理	62911	62845	49887	49506	1547	1464
金属废料和碎屑的加工处理	62911	62845	49887	49506	1547	1464
非金属废料和碎屑的加工处理	85706	85385	65416	64952	1597	1541
非金属废料和碎屑的加工处理	85706	85385	65416	64952	1597	1541
电力、燃气及水的生产和供应业	1020869	1016146	675508	672472	22462	21857
电力、热力的生产和供应业	818492	815174	527903	526157	19109	18607
电力生产	801073	797774	515165	513440	18730	18231
火力发电	10220	8244	7428	7428	356	115
水力发电	774676	773712	492365	490658	18241	17982
核力发电						
其他能源发电	16178	15817	15372	15354	134	134
电力供应	13136	13118	9234	9213	337	335
电力供应	13136	13118	9234	9213	337	335
热力生产和供应	4282	4282	3504	3504	42	42
热力生产和供应	4282	4282	3504	3504	42	42
燃气生产和供应业	30811	30772	24753	24711	333	312
燃气生产和供应业	30811	30772	24753	24711	333	312
燃气生产和供应业	30811	30772	24753	24711	333	312
水的生产和供应业	171566	170199	122853	121604	3020	2938
自来水的生产和供应	126563	125540	91360	90827	2565	2484
自来水的生产和供应	126563	125540	91360	90827	2565	2484
污水处理及其再生利用	41449	41105	28767	28051	376	375
污水处理及其再生利用	41449	41105	28767	28051	376	375
其他水的处理、利用与分配	3555	3555	2726	2726	79	79
其他水的处理、利用与分配	3555	3555	2726	2726	79	79

单位：万元

主营业务利润	其他业务利润	营业费用、管理费用、财务费用合计	#税金	#利息支出	营业利润	投资收益	职工工资和福利费	本年应交增值税	全部从业人员年平均人数（人）
16843	1377	13048	720	116	5172	48	22010	3524	13481
2340	5	1741	48	55	604		2700	407	1869
14041	254	8265	398	110	6030	-1	18523	2348	12243
14583	46	8711	123	345	5918	10	22720	3274	13665
20174	376	13858	837	128	6693	-90	19883	3458	12336
2541	149	2037	76	61	653		3267	596	1829
21521	258	24387	562	460	-2608	-183	35307	3134	20883
32938	599	27269	1304	480	6267	-37	42723	6078	27776
28780	893	19933	916	143	9740	-2	31783	5116	20529
2206	28	1811	75	18	422	-7	1986	473	1322
3151	2	2145	53	29	1008		2199	430	1482
23423	863	15977	787	96	8309	5	27598	4213	17725
1101	2	454	21	17	649		758	208	435
1101	2	454	21	17	649		758	208	435
22464	1191	18012	719	254	5644	-132	23497	5681	13337
22464	1191	18012	719	254	5644	-132	23497	5681	13337
31697	451	14147	923	507	18001	30	17943	4736	10940
12478	326	5549	316	204	7255	48	6393	1854	3963
12478	326	5549	316	204	7255	48	6393	1854	3963
19219	125	8598	607	303	10746	-18	11550	2882	6977
19219	125	8598	607	303	10746	-18	11550	2882	6977
325994	3400	140059	8866	22325	189335	3757	113992	37476	71818
273956	1663	107030	7665	18627	168589	3835	87922	31185	56785
269581	1541	102682	7547	18470	168440	3835	84728	30375	54677
1146	534	6912	75	2846	-5232		3971	395	723
267730	953	89125	6580	13799	179558	3835	78568	28977	53332
705	54	6645	893	1825	-5886		2189	1003	622
3637	47	3094	52	149	590		1971	658	1366
3637	47	3094	52	149	590		1971	658	1366
738	75	1255	66	8	-442		1223	151	742
738	75	1255	66	8	-442		1223	151	742
6031	212	3987	133	314	2257		3922	1290	2066
6031	212	3987	133	314	2257		3922	1290	2066
6031	212	3987	133	314	2257		3922	1290	2066
46007	1524	29042	1068	3385	18489	-78	22148	5002	12967
32592	916	20556	844	2232	12952	30	17303	4389	10860
32592	916	20556	844	2232	12952	30	17303	4389	10860
12582	608	7923	190	1091	5267	-108	4480	471	1875
12582	608	7923	190	1091	5267	-108	4480	471	1875
833		563	34	62	269		365	142	232
833		563	34	62	269		365	142	232

1-10 各市全部工业

市别	企业数（个）	工业总产值	固定资产原价	所有者权益	实收资本					
						国家资本	集体资本	法人资本	个人资本	港澳台资本
总计	**194329**	**688672195**	**266058307**	**216601464**	**142261110**	**14287732**	**2092589**	**37222965**	**18121873**	**40587361**
广州市	28214	109562758	47305597	44437869	28589557	7640541	193376	7463518	2409528	5072811
深圳市	29474	162682177	49129247	49077808	28292876	2468398	280730	8946788	3259908	7437050
珠海市	4600	25493556	10046992	8826068	6391252	490587	27615	1023235	526992	2184281
汕头市	8778	15514762	7466113	6520807	3602334	104276	58386	864334	1234409	534890
佛山市	29578	110932379	41049136	23875386	11363088	213017	294282	3603125	2132221	2678912
韶关市	2604	7018235	5459178	3110400	1990811	316680	59287	851221	334255	386189
河源市	1425	5322985	2022734	2446832	1308241	36061	59536	370961	165302	515919
梅州市	3730	3954280	3329778	2529259	1932690	94814	53620	1057623	489597	153492
惠州市	7573	27592883	12691967	9006083	8377567	975816	124922	1316910	639845	2894464
汕尾市	1113	2845119	1953107	1372649	1219879	35116	19926	346520	118004	674490
东莞市	24921	73122902	31383012	25311869	21038884	548799	334198	2886363	1396365	10239862
中山市	13517	39094958	11871411	9915351	6944617	108170	121489	1428151	811826	2449350
江门市	8545	28452407	11008382	8126043	5968663	391628	116376	1126271	936172	2299164
阳江市	4002	5495321	1724735	1518501	599904	20368	6077	182187	234140	75848
湛江市	3483	12213531	5802705	4110892	2605210	285783	75421	995191	344363	609092
茂名市	4140	13194411	5861977	3159283	2930183	74638	53033	2189783	534379	52724
肇庆市	4046	10294657	4602607	3349492	2332087	159311	39163	554815	462277	737715
清远市	2768	16724297	5044415	3389734	2640073	183198	76660	527002	558283	927771
潮州市	5353	6345115	2700908	2302252	1477543	48902	34613	383482	685147	253414
揭阳市	5321	9971146	3974534	3185208	1938104	41247	35244	812305	744185	240413
云浮市	1144	2844318	1629774	1029678	717548	50382	28634	293180	104675	169509

1-11 各市规模以上工业

市别	企业单位数（个）		工业总产值（当年价格）	工业销售产值（当年价格）		工业增加值	资产总计	流动资产合计
		亏损企业			出口交货值			
总计	**52603**	**10856**	**654246120**	**635472287**	**238963063**	**176129398**	**457501482**	**247532876**
广州市	7442	1725	105149110	103134403	22092456	29876507	91648730	43871519
深圳市	8930	2707	158542764	153055264	91706204	42072034	111894328	71501662
珠海市	1395	544	24966832	24345810	12604293	5165611	23268450	14903105
汕头市	2339	156	13305053	12801259	2959450	3500472	9523319	4274776
佛山市	7997	701	106584742	103178221	22606883	30273298	53910849	28825787
韶关市	507	168	6704270	6584545	625064	1814679	6947414	2521733
河源市	419	167	5195623	5000963	1250539	1813307	3901641	1513576
梅州市	454	78	3335614	3274081	423923	1252997	3955315	1508287
惠州市	1875	671	26002646	25481498	14720370	6146734	19078518	9305182
汕尾市	277	42	2578102	2493070	1159021	737758	2256386	756066
东莞市	5954	1949	66328201	65669754	38057115	16889812	51144153	29492879
中山市	5078	647	37665365	36055361	13257204	9539589	22699889	12921117
江门市	3164	539	27095481	25916774	6309786	7125372	17274934	8841772
阳江市	623	10	4480517	4321002	1604844	1230509	2143184	1121707
湛江市	798	146	11398492	10923500	1151631	4385263	8008647	3176450
茂名市	737	28	11997755	11896778	600290	2995938	4856959	1512910
肇庆市	1035	127	9640539	9328777	1582088	2447551	6482077	3216208
清远市	774	280	16460551	15634618	2224230	4081735	7065564	3036419
潮州市	1008	41	5213764	5136635	1413278	1430037	3939145	1755025
揭阳市	1416	50	8856604	8578268	1754358	2369222	5100560	2402634
云浮市	381	80	2744095	2661706	860039	772172	2401419	1074064

主要经济指标

单位：万元

外商资本	主营业务收入	主营业务成本	主营业务税金及附加	其他业务利润	营业费用、管理费用、财务费用合计	税金	利息支出	营业利润	全部从业人数（人）
29948590	**668628387**	**568371300**	**7158344**	**2111721**	**54860045**	**1055443**	**4259294**	**40495985**	**18833181**
5809784	108639888	88019964	2622544	534606	11676711	188564	758725	6842431	2124305
5900003	157238626	131410386	890978	556714	14390813	108891	981047	9818041	3848397
2138541	25604582	22496652	54313	144959	1967527	34251	135735	1821578	530617
806039	14917829	12208506	125879	14130	1195486	40812	64488	1207007	554197
2441531	107319651	93858472	1316331	204816	7191963	133121	454913	5582457	2162394
43178	6642959	5727571	194134	13456	571845	15769	116325	116581	187401
160461	5113420	3980489	42660	3201	340406	7531	31991	786618	148026
83545	3784856	2865199	231559	14897	353845	12523	51334	349208	177766
2425611	26965828	23947332	41764	85047	1970004	38071	233926	1087560	866661
25824	2721890	2319860	14829	405	206910	4283	36137	114619	164104
5633296	72735686	65242516	174161	288810	5793683	136885	291598	1847895	3776556
2025631	35727959	31342576	123267	77864	2684224	73609	160156	1964261	1467205
1099052	26923413	23133944	492331	95192	2359877	136169	384133	1315395	801362
81283	5337744	4411635	23436	14424	295707	9075	22337	669795	209970
295360	11017051	7470802	262016	14387	565687	15535	95764	2789754	211706
25626	13502940	12255601	221265	21221	539325	13157	66637	494171	230759
378805	9785434	8418444	66873	-3148	697974	21572	75315	610780	323348
367158	15990567	13597212	157620	12387	718583	12828	88302	1701780	277655
71985	6262965	5302920	25181	1293	498640	17388	86841	386469	289823
64710	9683569	8015218	61392	11209	613642	28402	88538	813874	364034
71168	2711531	2346003	15814	5853	227196	7008	35054	175711	116895

企业主要经济指标

单位：万元

#应收帐款	#存货	产成品	流动资产年平均余额	固定资产合计	固定资产原价	累计折旧	固定资产净值	固定资产净值年平均余额	负债合计
74662178	**69610723**	**22892056**	**237195865**	**160020916**	**245291724**	**102272278**	**143019446**	**145277274**	**262782024**
9920793	11054940	3751238	42702210	30777980	45244307	17300728	27943579	27378994	49694345
26256801	19720261	6905820	69494994	28305100	46027103	20336698	25690405	26750317	66686934
4151338	2844173	1077793	12706602	6489003	9528686	3423843	6104843	5784854	15282452
1113959	1190508	456177	4290404	4091698	6563298	2766494	3796804	3672146	3839351
7974146	8089571	3017783	27308819	21350199	39187969	20950772	18237197	20596558	31692003
412632	812133	209821	2630725	3602264	4857135	1827100	3030035	2945925	4288114
317628	404195	84955	1396591	1469137	1764573	430459	1334114	1240102	1729736
319173	411099	75778	1462640	1986383	2703968	840935	1863034	1702804	2010818
2953486	2998458	897704	8805803	8663603	11617973	3393518	8224455	8160428	11593153
287407	197348	63644	714877	1377741	1772305	557599	1214705	1235128	1064844
10067333	10361173	2598723	29017283	17839775	27349214	10766071	16583143	16092076	29392320
4490041	3924269	1145473	11807205	7408155	11155983	5023740	6132243	6141718	13690030
2285115	2770047	911064	7861990	7003155	10253164	3859965	6393199	6162407	9866576
211235	215255	56798	1171521	898043	1236064	485135	750928	608618	1164635
623808	942074	355221	3051415	4263792	5388741	2491199	2897542	4077313	4503327
324988	577667	153984	1780357	3018324	5130470	2376053	2754418	2763886	2229901
925831	921399	331499	2995725	2657106	4100871	1845950	2254921	2295200	3570130
791593	938995	384419	2884239	3441886	4454886	1322289	3132597	2970550	4149622
474007	408522	128003	1778546	1942105	2080090	626056	1454034	1498475	2283295
505772	526516	208062	2275997	2364120	3398109	1155493	2242616	2222230	2567013
255091	302119	78101	1057923	1071349	1476815	492181	984634	977547	1483425

1-11 续表 1

市 别	流动负债合计		长期负债合计	所有者权益合计				
		应付账款			实收资本			
						国家资本	集体资本	法人资本
总 计	**217870034**	**82848562**	**40046654**	**194719458**	**121779809**	**13100515**	**1405130**	**33537344**
广州市	39325609	12134991	9866721	41954385	26272164	7510952	128497	6896718
深圳市	55657468	25882827	10360706	45207394	25090875	2439086	221556	8212690
珠海市	13551703	3666334	1702919	7985999	5309995	454035	18777	886965
汕头市	3183785	901100	562783	5683968	2953132	80337	26445	748601
佛山市	28269040	8969086	3019638	22218845	10035498	202209	270614	3277266
韶关市	3202051	504424	1016136	2659300	1589599	283535	17681	779346
河源市	1283764	473247	354168	2171904	1053765	17201	4542	322506
梅州市	1395247	249866	575939	1944497	1423990	77610	14411	924514
惠州市	8895070	3981792	2619305	7485364	6699384	360933	72963	1181900
汕尾市	591996	235836	442486	1191542	1057948	22129	11007	294933
东莞市	26589800	13985449	2514911	21751834	16883199	539362	256244	2456714
中山市	11604352	4794634	985169	9009859	6050954	105119	99803	1253331
江门市	7818892	2537755	1504360	7408359	5320765	354219	87903	944039
阳江市	962939	326933	169890	978549	398779	18711	2757	131223
湛江市	3538253	635021	538747	3505321	2100235	155515	57774	804605
茂名市	1799654	536486	382609	2627058	2518319	62444	29957	2123401
肇庆市	2857798	950878	614790	2911947	1912795	130608	14887	469243
清远市	3044847	1001288	1046054	2915942	2185565	170860	28996	483407
潮州市	1753631	403394	527804	1655850	945608	34185	5735	344963
揭阳市	1677019	375225	834691	2533547	1366405	36423	18295	738415
云浮市	867116	301997	406829	917994	610837	45045	16287	262564

1-11 续表 2

市 别	税金	财务费用		营业利润	投资收益	补贴收入	营业外收入	营业外支出
			利息支出					
总 计	**834986**	**4236732**	**4164061**	**38372348**	**256703**	**883851**	**1492514**	**7816140**
广州市	166813	707326	747115	6604513	323915	75989	277859	352081
深圳市	88935	1177893	972716	9912398	157181	398208	569925	965505
珠海市	29888	118206	133727	1875344	45678	14479	62928	964061
汕头市	31503	104511	62337	1057994	-3758	3969	11390	68225
佛山市	101246	605325	448163	5320799	-182432	45467	151360	568982
韶关市	13540	108209	113046	49135	9403	2433	13936	29538
河源市	5948	29636	30518	771937	1914	120	3586	336655
梅州市	8305	50095	46606	272329	-5453	4846	15569	21479
惠州市	27781	159448	230916	978563	7491	50268	41979	695400
汕尾市	3819	39809	35235	88694	77	1250	1071	2795
东莞市	66772	75155	278468	1393898	19919	28935	171718	181556
中山市	67328	161644	157443	1907856	-80327	24229	36101	167063
江门市	129019	317415	377675	1238891	47382	83012	27923	92624
阳江市	6891	21832	20634	547712	-22063	1343	9652	4766
湛江市	12046	87699	93381	2670292	7334	126136	36492	1871823
茂名市	5742	64611	61408	323671	3050	1423	15347	226684
肇庆市	18859	94425	70392	528647	-7328	4952	13636	104514
清远市	9074	88760	82463	1660896	-65543	7508	11815	900502
潮州市	14044	92092	85261	280251	1210	1582	5221	26289
揭阳市	21890	97201	83941	719918	4024	2875	10073	157223
云浮市	5543	35440	32618	168611	-4971	4827	4933	78375

单位：万元

个人资本	港澳台资本	外商资本	主营业务收入	主营业务成本	主营业务税金及附加	其他业务收入	其他业务利润	营业费用	管理费用
10430756	**35551406**	**27754657**	**633716543**	**540360082**	**6695633**	**7812538**	**1928481**	**19678984**	**26251330**
1501650	4647561	5586787	104244867	84647623	2549525	1828772	511726	5424991	4809250
2126802	6733066	5357676	153024181	127885889	860227	1645344	518070	5023125	7350684
332800	1702991	1914427	25095726	22059134	50441	425213	140413	816210	906417
836206	489393	772150	12735818	10488300	82270	42358	9467	348279	461332
1402217	2556359	2326834	103007450	90251782	1264910	831704	189136	2815698	3333943
103457	368440	37140	6332001	5534466	185889	141355	11640	86230	333271
82438	471194	155883	4998394	3901494	38599	9047	2682	111406	181581
201189	124629	81638	3177999	2402292	220462	142463	14205	80516	166050
292973	2470739	2319877	25385809	22679526	27812	873554	81430	758135	859329
43794	660281	25804	2470702	2135380	8797	2733	217	33718	97874
587123	8112672	4931083	65360828	59358401	96802	416236	228375	1282812	3369964
542908	2157124	1892668	34256414	30088745	113496	414053	70508	968051	1369260
703420	2166205	1064981	25587155	22019125	456683	546194	87563	828659	1080224
94469	70936	80683	4343136	3630510	18370	18796	10941	66979	117079
199176	601765	281400	10211075	6853890	246814	64549	13042	132639	287490
238685	43124	20709	12310779	11328635	196899	138914	17613	107750	280206
248932	689432	359693	9131206	7934715	57184	139196	-6301	192006	328311
264996	880310	356998	15728079	13432012	146670	89519	11309	204128	376076
279409	221543	59774	5133984	4363204	18891	6408	1118	160797	168569
285374	226297	61601	8567810	7093573	41829	19277	10313	180722	254178
62741	157346	66855	2613131	2271388	13063	16855	5015	56136	120243

单位：万元

利润总额	应交所得税	亏损企业亏损总额	利税总额	本年应付工资总额	本年应付福利费总额	本年应交增值税	本年进项税额	本年销项税额	全部从业人员年平均人数（人）
32725983	**5006509**	**4963852**	**61366924**	**49417640**	**4365285**	**21945308**	**50492922**	**58590622**	**14933810**
6930269	983288	1072933	14004431	8089617	794166	4524637	11187895	13337403	1719873
9853512	1453279	712403	14790592	14990222	924102	4076853	9795646	9666248	3204468
1025502	170709	242528	1492957	1316718	80420	417014	1972518	2027039	464675
1001376	107082	19612	1480766	995368	84956	397119	1123855	1421627	400324
4762045	621182	145609	10611161	6075238	849076	4584206	8761879	10427727	1794206
44741	61458	328125	541250	370352	55951	310620	633110	913598	153532
439030	61120	46230	674984	273234	8248	197354	198911	309771	130572
264595	48049	30956	690196	238395	33101	205140	298146	485644	108855
376821	120130	469377	1073509	1614715	94287	668876	1831461	1763040	639699
88293	14018	19201	147662	320794	9240	50573	121773	151529	137621
1430566	349215	718759	2684307	6417584	412560	1156939	3772531	3528620	2786088
1712616	310456	157215	2958925	3274757	266149	1132813	3083514	3350672	1276514
1236375	177763	173942	2683852	1800756	341274	990793	2387287	3044930	680629
531662	46431	2098	713137	321138	20815	163104	400321	592297	118397
839748	234197	259177	1393356	385218	35030	306794	919031	1118685	153100
113140	34928	352030	1647358	325341	41847	1337319	592620	1928209	125317
429269	42891	71480	810843	785734	136739	324390	675756	901527	257473
713437	39164	77697	1259636	620670	62712	399529	1325941	1569197	248793
261846	36513	2573	548712	502831	53064	267975	454805	599302	184127
579635	67243	9022	947780	511656	46351	326316	753030	1170919	247087
91507	27393	52888	211512	187301	15200	106943	202895	282638	102460

1-12 各市规模以上

市别	企业单位数(个)	亏损企业	工业总产值(当年价格)	工业销售产值(当年价格)	出口交货值	工业增加值	资产总计	流动资产合计
总计	**1516**	**405**	**111444979**	**110090933**	**13138954**	**33476582**	**118979582**	**41359039**
广州市	402	124	33562155	33505581	2114086	8296218	43293614	14372816
深圳市	281	55	28342298	27623267	8665327	11566197	29227307	13325660
珠海市	43	10	5329926	5270536	868601	1413809	5295682	3179785
汕头市	43	11	1594808	1586441	117845	469813	1831804	415421
佛山市	75	15	5881438	5847261	139562	1553398	6101712	1399298
韶关市	80	24	4052433	4020086	149254	1077150	4454802	1365151
河源市	28	11	563537	523300	7226	266344	745700	362583
梅州市	40	16	980487	1010187	7622	529728	1131557	483878
惠州市	55	22	4511155	4335759	408520	1370902	5212550	891786
汕尾市	14	7	461934	457239	95	133312	944768	124127
东莞市	23	2	5450395	5290194	182275	1551070	5091255	1306328
中山市	11	2	1383953	1383687	169038	333694	1246664	301654
江门市	109	22	2325666	2308700	113231	667312	2800213	814035
阳江市	28	5	321065	315676	10995	76006	289277	72836
湛江市	79	28	3837105	3836671	80282	1133161	2296879	829469
茂名市	51	8	8342040	8333014	15758	1971348	3140791	755095
肇庆市	35	8	1137481	1109499	72906	271006	1337809	409248
清远市	35	14	1042429	1019350		281985	1138239	249261
潮州市	29	6	834321	832781		261637	1402566	217216
揭阳市	29	6	957125	957817	2556	279888	1380815	323146
云浮市	26	9	533229	523889	13776	171326	615579	160250

1-12 续表 1

市别	流动负债合计	应付账款	长期负债合计	所有者权益合计	实收资本	国家资本	集体资本	法人资本
总计	**42109002**	**11532563**	**23730174**	**52811132**	**33228716**	**12660506**	**65695**	**16345587**
广州市	13840559	3301804	7313671	21995029.9	12819387	7445925	3545	4413055
深圳市	9883922	3631849	7294839	11962701.7	6990506	2402192	29068	3259473
珠海市	3016600	1276324	281395	1991249.3	991430	443640	1831	339600
汕头市	456966	139778	318573	1047787.4	680955	70556		214455
佛山市	2049443	614995	1389833	2661920.2	1586284	132902	546	1345004
韶关市	2204728	263128	659694	1576568.3	817519	252533	1831	553506
河源市	322338	27569	129814	292841.9	157442	14189	14	143240
梅州市	402462	49891	93720	625204.8	491570	74335		404978
惠州市	1433425	247989	1961194	1817851.7	1961902	335848		933593
汕尾市	283803	71374	398102	259139.1	264025	22129	710	241187
东莞市	1691700	549571	948188	2450943.8	1352984	502889	2615	815333
中山市	424594	144948	239672	581376.3	326796	20167		293660
江门市	1141441	186851	665727	980368.5	716357	342278	7572	206238
阳江市	106516	24677	61031	90775.9	60971	16862	305	42938
湛江市	1320235	232150	224650	747335.1	866618	145517	445	523464
茂名市	1183915	327792	218123	1738471.2	1936303	61343	15336	1854755
肇庆市	440747	113530	225321	670085	325537	126200		157202
清远市	462540	96703	272685	402979.3	288084	152932	1201	118688
潮州市	753110	94981	427504	221942.4	126893	34063	173	92658
揭阳市	427289	81876	481046	470950.8	297740	34842	204	261482
云浮市	262671	54786	125392	225609.4	169414	29166	300	131077

国有控股工业主要经济指标

单位:万元

#应收帐款	#存货	产成品	流动资产年平均余额	固定资产合计	固定资产原价	累计折旧	固定资产净值	固定资产净值年平均余额	负债合计
7980499.9	**9864334**	**3376836**	**41946020**	**54518365**	**83270963**	**32638848**	**50632115**	**50513242**	**66168450**
1764580.6	3102444	804625	14165162	15371265	23263106	8980812	14282294	13995836	21298583
4164336.2	3058867	1441549	13814049	11052362	19019277	8544980	10474297	10661372	17264605
269413.6	708143	532402	3024593	1438043	2554132	1128774	1425358	1433148	3304432
124476.8	93308	24117	423701	1178807	2021515	859021	1162494	1147986	784017
210047.2	397495	71752	1387228	3907146	5812193	2153575	3658618	3507679	3439792
192200.8	525785	109160	1527169	2553619	3552169	1380886	2171283	2100980	2878234
12722.7	17463	9569	356114	260533	382816	142500	240317	234637	452858
47051.1	153496	17557	471607	544894	829876	349871	480004	489018	506352
174551.9	261647	76519	1090768	3928688	4777739	890269	3887470	3927379	3394699
47236.6	26216	17007	105890	740689	909109	196817	712292	658601	685629
142214.4	360143	34712	1309537	3158560	5130431	2063196	3067235	3033118	2640311
71409.1	80607	19783	296288	758224	1138179	394059	744120	718984	665288
192848.5	182435	40901	698765	1759590	2556103	815978	1740125	1731694	1819845
11022.7	15903	4215	77538	190005	302966	121865	181102	178715	198501
167550.4	272601	48870	865288	1344565	1956522	1044379	912143	1180477	1549544
143236.2	347342	44230	1006861	2281363	4056803	1974006	2082798	2121836	1402320
89433.6	119709	60294	424206	769086	1193990	500458	693532	658992	667724
49498.1	44919	11835	239533	767924	1029465	334813	694652	680963	735259
40693.1	13974	106	235017	1134911	944236	246079	698157	719009	1180624
44084.1	45077	1128	269467	1002985	1262448	281740	980708	985328	909864
21892.2	36761	6505	157239	375107	577888	234770	343118	347491	389970

单位:万元

个人资本	港澳台资本	外商资本	主营业务收入	主营业务成本	主营业务税金及附加	其他业务收入	其他业务利润	营业费用	管理费用
637689	**821223**	**2698016**	**110458773**	**90266070.5**	**2629802**	**1964255**	**441627**	**2385465**	**3609638**
191207	254585	511070	34104824	28941874.3	1269430	844866	235990	873899	1426928
184151	186098	929523	26921658	17956787.2	497363	339328	67317	755545	828487
11242	156677	38440	5943794	4920658.9	25045	244629	54490	421344	161379
27949	29641	338354	1574159	1430194.9	5635	8850	2132	11851	48016
68862	37887	1083	5808528	5327594.8	76544	96471	14341	32262	90602
8512		1138	3802620	3325618.7	158242	69593	5445	32635	213254
			518676	301409.2	6029	527	216	9161	30651
12257			941310	531187.5	210219	124727	9158	20722	75636
150	23871	668441	4303606	3705300.4	7830	19327	7284	79755	59269
			447682	399514.4	2429	2147	599	1110	13631
	32147		5286034	4861396.6	16285	30717	20739	22709	63483
3867	9102		1336816	1214734.7	7527	8375	2208	19696	18711
72001	40137	48130	2294538	1937679.7	23559	11552	2873	28428	92226
865			318603	287394.9	1946	2860	1343	2877	10328
9069	26887	161236	3745487	2848569.4	128526	41207	3638	20488	110154
3997	872		8573639	8297810.4	167176	104787	11778	18753	174156
42135			1208148	1093668.5	5162	4600	1799	16327	46937
163	14500	600	1018870	889948.5	8010	4798	440	8386	40112
			834038	712598.9	3945	873	344	794	32381
1211			956337	850495.4	5008	937	582	2165	26510
50	8821		519405	431633.2	3894	3084	-1087	6561	46786

1-12 续表 2

市　别	税金	财务费用	利息支出	营业利润	投资收益	补贴收入	营业外收入	营业外支出
总　计	**127864**	**1312141**	**1661562**	**9453099**	**311257**	**327298**	**516677**	**2462893**
广州市	61611	364344	469708	1450973	222061	22970	125043	81847
深圳市	13640	223161	370550	5416423	65809	156913	280927	607273
珠海市	5512	35852	26147	489624	821	1499	30021	70054
汕头市	1880	19546	19909	120063	1068	1961	5003	15786
佛山市	2134	87967	93718	202620	8104	-5811	18946	15586
韶关市	8933	78201	88082	-39228	5523	382	5479	21438
河源市	558	16554	15002	150290	48	-217	974	14901
梅州市	3241	13721	12510	98548	2985	923	2416	11828
惠州市	3201	84619	149528	381865	3613	28328	2434	548548
汕尾市	948	30415	29360	-7404	44	998	607	816
东莞市	1842	55103	60181	272497	5113	-2097	4896	21885
中山市	373	14967	16020	63901	365	-1482	1551	7784
江门市	7803	74142	74689	145730	588	-596	5979	9785
阳江市	467	5647	5813	11987	63	-200	446	1194
湛江市	5560	13977	38102	620375	3912	121191	18521	823511
茂名市	2910	40125	44742	-105223	1681	302	4290	175707
肇庆市	2114	24811	21950	30528	-10634	-259	2799	4280
清远市	1456	24188	23514	50368	200	-526	1251	2213
潮州市	1624	58293	57726	25603	89	-391	2241	3625
揭阳市	481	34183	34261	36638	123	-149	2087	2536
云浮市	1579	12326	10051	36919	-320	3557	768	22296

1-13 各市规模以上集体

市　别	企业单位数(个)	亏损企业	工业总产值(当年价格)	工业销售产值(当年价格)	出口交货值	工业增加值	资产总计	流动资产合计
总　计	**1024**	**159**	**5659492**	**5490835**	**2019021**	**1685677**	**3801533**	**1552821**
广州市	181	38	568843	560152	167186	157263	501233	262621
深圳市	14	4	66010	65853	7644	25811	102351	32804
珠海市	18	4	187315	178680	113655	76106	371707	95043
汕头市	43	5	169776	158994	37390	45832	102906	35160
佛山市	104	10	1137180	1102611	402148	335453	411921	172559
韶关市	14	3	36790	36496	7571	12468	14012	7855
河源市	5	1	10787	11286	5501	3821	5282	2700
梅州市	16	5	48597	46993	3029	14406	48685	14921
惠州市	36	15	108843	109513	41182	34803	138649	60483
汕尾市	19	3	201647	200337	182843	57095	53603	22636
东莞市	224	36	984656	970133	487125	317891	1049723	382155
中山市	116	9	826896	813561	467536	216780	280977	141833
江门市	61	13	351247	342876	11777	97096	217420	95508
阳江市	4		13785	13146	4610	3771	3698	2778
湛江市	17	1	83622	72173	1284	23562	167967	59732
茂名市	43		98418	96691	7341	30447	51528	26579
肇庆市	13	1	62292	61669	38285	16736	61423	14645
清远市	20	6	406541	359713	550	111050	82174	49998
潮州市	5	1	27275	27275		7233	22013	9211
揭阳市	58	1	184078	181160	29449	48485	69597	41442
云浮市	13	3	84894	81523	2917	22076	44667	22159

单位:万元

利润总额	应交所得税	亏损企业亏损总额	利税总额	本年应付工资总额	本年应付福利费总额	本年应交增值税	本年进项税额	本年销项税额	全部从业人员年平均人数(人)
7824849	**1783302**	**1919746**	**16767401**	**5504132**	**636597**	**6312750**	**8785047**	**13264781**	**778411**
1739275	390398	598311	4535141	1642517	253850	1526436	4456420	5276582	194952
5122709	728921	55172	7038234	2067664	206877	1418162	877995	1769291	185579
450700	90056	24013	646519	147523	7456	170774	703079	835811	40504
112322	22585	4543	200702	87103	7161	82746	103916	182919	27122
208354	111480	2706	568661	280708	29937	283763	202236	476722	30984
-49277	46267	266871	334584	215793	36107	225620	419296	632182	57909
136198	39660	13093	189232	35045	2482	47005	11407	56956	10377
93045	29782	20211	399956	62831	6555	96692	93209	179070	15365
-132287	43502	222285	266734	103978	11064	391191	449049	539491	21646
-6567	3893	13818	23807	23248	1654	27946	34713	63192	5878
258605	110221	13332	561120	175792	16082	286230	235991	430954	11408
56417	28437	374	142851	58863	5145	78908	46151	84831	11698
141542	46191	17252	296060	105362	9355	130959	139491	264503	30613
11065	3660	1886	30254	22457	1717	17242	18646	35554	8973
-182659	10915	241742	65499	136031	16052	119631	488805	572408	36151
-274815	8719	331380	1050672	115570	7962	1158311	246007	1404178	21961
15727	11822	31079	67197	67513	6215	46308	61063	97892	25006
49085	14534	23325	112498	44462	2801	55403	56432	111259	13821
23922	8924	1008	76831	28965	2933	48965	40674	63320	7346
36170	14430	5072	106620	43077	2238	65442	63243	126868	10828
15316	18906	32275	54229	39630	2958	35018	37226	60799	10290

工业企业主要经济指标

单位: 万元

#应收帐款	#存货		流动资产年平均余额	固定资产合计	固定资产原价	累计折旧	固定资产净值	固定资产净值年平均余额	负债合计
		产成品							
391128.5	**321842**	**122227**	**1527272**	**1604968**	**2592498**	**1186901**	**1405597**	**1377076**	**2262426**
72412	68248	35492	263522	181747	336982	180405	156577	162479	303130
6213.4	10161	5559	30968	65306	83399	30864	52535	54591	72987
6135	7354	984	87619	192412	306007	125300	180707	168535	161762
12444.1	8043	4663	35424	59252	97284	40858	56425	50631	40024
24855.4	35525	18378	181792	159901	359467	224021	135446	131209	274826
1858	1585	935	6477	5085	6837	2085	4752	4119	6012
1360.5	501	13	3428	1651	2820	1169	1651	1659	2570
4092.3	4437	1308	11849	30978	35779	12156	23623	26634	25377
7428.2	17617	2198	56931	59645	88381	33955	54426	55386	99091
2264.6	2582	1770	21712	30486	48347	22852	25496	27803	15446
122075.3	35097	10429	395803	491933	701097	288317	412780	391722	637722
43835.4	50138	5712	135641	84309	152458	69673	82785	82535	150924
19316.8	29274	8460	85439	48715	92352	46879	45473	46183	106720
456.3	324	152	3326	920	1398	481	916	963	2290
31612	7956	2363	59608	36093	43062	17455	25607	28865	161804
4143	10318	7562	24777	22780	32323	11826	20497	20266	32573
4886.7	1745	570	13093	46429	57486	14120	43366	46561	46797
9197.4	17258	11443	40129	31264	45705	15189	30516	26704	38387
2245	608	314	7969	12421	14751	2738	12013	8967	14880
13155.4	8677	3548	40489	27302	60955	34056	26900	27073	40997
1141.7	4394	373	21278	16339	25608	12502	13106	14192	28109

1-13 续表 1

市　别	流动负债合　计	应付账款	长期负债合　计	所有者权益合计	实收资本	国家资本	集体资本	法人资本
总　计	**1781600**	**332876**	**361008**	**1539107**	**668301**	**4156**	**405823**	**108332**
广州市	283492	48246	14506	198102	63256	39	51693	11265
深圳市	59898	8639	12359	29364	11945		10939	
珠海市	120565	33579	40192	209946	7264		6021	1242
汕头市	35143	10029	4276	62882	36370	1886	11679	4682
佛山市	231839	18721	33899	137096	49658		30658	14754
韶关市	4608	1199	1398	8000	4619		4296	30
河源市	2012	511	361	2713	2510		1523	943
梅州市	15664	7088	9660	23308	5203	46	4489	
惠州市	71129	15602	16415	39558	61362		50151	11200
汕尾市	11223	3342	2121	38157	28503		10009	11914
东莞市	443461	63872	121987	412001	243679	100	96276	36827
中山市	139101	26205	7659	130053	12109	6	9430	1069
江门市	80793	22218	20114	110700	23207	1346	15213	4823
阳江市	1162	191	1128	1408	552		552	
湛江市	144641	22789	15882	6163	52825	300	47399	3610
茂名市	25273	13443	4123	18955	12208	421	8886	2201
肇庆市	36775	11499	9820	14626	7027		7016	
清远市	24494	9369	13853	43787	17837		13525	3118
潮州市	6508	1563	8373	7133	2368		2097	271
揭阳市	24520	6796	15649	28599	14967	13	13904	386
云浮市	19302	7977	7236	16558	10832		10067	

1-13 续表 2

市　别	税金	财务费用	利息支出	营业利润	投资收益	补贴收入	营业外收入	营业外支出
总　计	**14201**	**55366**	**38489**	**274806**	**-3942**	**8588**	**12163**	**55781**
广州市	1627	7048	5929	19350	13	3564	1226	1103
深圳市	53	2080	2065	3807	-383		307	293
珠海市	731	1487	1738	15458	-73		538	10136
汕头市	1048	1758	970	15102			39	1186
佛山市	1875	7660	4992	41009	-3959	1075	536	5701
韶关市	79	166	160	3421			7	29
河源市	20	15	3	586			23	1
梅州市	104	171	169	3648		23		
惠州市	528	2280	805	747	-646	1748	258	1119
汕尾市	129	1420	1322	6170	33	69	3	72
东莞市	2900	18897	10584	38232	1132	1494	7844	853
中山市	1755	1743	907	31829		388	496	4258
江门市	1480	3946	3359	20997	-118	48	697	1042
阳江市	93	92	92	1071			9	9
湛江市	73	656	551	9463			28	6261
茂名市	103	958	446	12539	44	113	62	173
肇庆市	426	274	125	3637			1	1805
清远市	24	1442	1357	31097	0		24	20023
潮州市	122	333	288	994			0	21
揭阳市	870	1941	1630	13153	15	66	60	1597
云浮市	163	1002	997	2498			4	100

单位：万元

			主营业务收入	主营业务收入	主营业务成本	主营业务税金及附加	其他业务收入	营业费用	管理费用
个人资本	港澳台资本	外商资本							
42245	**87122**	**20623**	**5395110**	**4517391**	**170450**	**24312**	**9817**	**117453**	**319062**
166	93		571491	495624	2772	4844	2559	12759	36496
756	250		66542	51421	591	424	213	4803	6518
			179954	114646	658	123	21	13354	14540
18123			161527	125404	1750	259	156	7365	8161
4247			1107101	990971	84725	3525	1755	12276	28944
249	45		36422	27072	1465	1	0	1935	2672
44			11286	9078	250	23	23	338	1023
668			44879	38540	434			971	1114
11			109390	88804	803	1595	1034	4065	14866
	6581		199945	163830	614			3259	7632
10055	79798	20623	917233	733563	9122	7951	2628	14742	115942
1250	355		753278	669292	6004	3031	967	6610	43474
1825			335075	279577	9059	211	89	6621	10767
			13094	10723	116	5		506	616
1517			74674	47641	1770	784	32	4233	2844
700			93901	70788	1405	270	8	4421	2436
11			61450	53840	427	203	-36	1521	2169
1195			379086	311560	46540	102	70	9580	8902
			27275	24253	212			502	972
664			181036	148871	1435	798	301	6225	6942
765			70473	61896	299	162		1368	2033

单位：万元

利润总额	应交所得税	亏损企业亏损总额	利税总额	本年应付工资总额	本年应付福利费总额	本年应交增值税	本年进项税额	本年销项税额	全部从业人员年平均人数（人）
234973	**28982**	**33093**	**570670**	**826734**	**43988**	**165247**	**258745**	**347035**	**409016**
23051	3577	3364	42948	123661	3637	17125	48865	61149	63371
3438	766	340	6833	20870	1746	2803	3247	4768	6029
5787	1250	288	10190	49953	1728	3745	1481	2114	23173
13955	513	188	20654	12387	923	4949	11982	15922	5700
32627	4269	431	187676	57714	6163	70324	43552	63510	22397
3399	125	32	7457	2149	303	2593	1642	3916	1426
607	33	26	1073	4478	34	216	346	562	2583
3671	153	446	6101	3500	341	1996	3984	5878	2270
988	337	4128	4224	28724	952	2433	4569	6975	12431
6203	163	59	7623	30490	816	806	3892	4293	10554
47277	4810	19051	67457	286611	13163	11058	25713	30812	154923
28455	5003	1274	43915	134034	6238	9457	23229	28238	68520
20582	3470	2209	39003	20668	3208	9362	33558	43136	9039
1071	97		1945	1435	208	758	1293	2047	398
3230	76	15	7142	3985	629	2142	3019	3677	4053
12585	1004		18505	8077	637	4515	7526	12035	4179
1833	95	1	5031	4990	553	2771	4631	7027	1609
11142	1104	512	66477	12576	569	8795	12330	18466	4771
974	70	13	2826	2079	443	1641	2414	4044	825
11697	1633	647	19030	13779	1487	5898	14390	19767	7973
2402	434	72	4562	4573	210	1862	7083	8701	2792

1-14 各市股份制工业

市别	企业单位数(个)	亏损企业	工业总产值(当年价格)	工业销售产值(当年价格)	出口交货值	工业增加值	资产总计	流动资产合计
总计	**23497**	**3631**	**213858780**	**208167301**	**36967359**	**57121579**	**156589987**	**85318824**
广州市	3477	664	30168004	29953656	2773573	7413659	37115204	13458447
深圳市	4341	1114	44858435	43442055	16805510	12254902	40859246	29814643
珠海市	497	170	5955190	5828875	1368355	1466921	5510553	3848736
汕头市	1392	64	6968719	6650944	1524962	1803333	4541724	2208581
佛山市	4415	306	54313080	52878227	7033974	15558691	25213400	14644359
韶关市	281	86	4591708	4513522	152954	1249614	4659188	1682220
河源市	168	56	2100750	2010079	28145	848161	1383286	647327
梅州市	217	31	1886882	1887235	126365	813120	2499882	1016591
惠州市	495	154	2193797	2163440	438367	556441	1607028	823300
汕尾市	133	9	449500	411355	40388	116267	236704	150137
东莞市	1334	283	8572549	8422380	1020531	2280774	5491061	3813025
中山市	2214	161	11342633	10994242	1934441	2819953	6886775	3926964
江门市	1265	194	8263120	7763281	818939	2118925	4440293	2345552
阳江市	340	3	1971570	1882694	734408	557666	930103	474223
湛江市	416	73	3554287	3400068	236966	1086137	2324691	1149426
茂名市	331	15	9874769	9819347	243283	2375536	3064339	913652
肇庆市	424	38	2960447	2839606	181205	754902	2009713	996180
清远市	361	136	6125702	5827437	201804	1470503	2104821	1038173
潮州市	468	9	2429900	2397292	716247	697030	2213068	828458
揭阳市	752	28	4406848	4249199	524454	1215959	2869614	1230032
云浮市	176	37	870891	832367	62487	226743	629296	308801

1-14 续表 1

市别	流动负债合计	应付账款	长期负债合计	所有者权益合计	实收资本	国家资本	集体资本	法人资本
总计	**74846049**	**22637751**	**15312564**	**64275752**	**33846640**	**8172536**	**491287**	**16340508**
广州市	12354894	2722121	5985624	18588557	11573562	6951655	15053	3229980
深圳市	21411790	8099043	4254014	15028778	7593146	547405	124372	4859995
珠海市	3521267	1430125	135526	1845740	757922	124105	1526	348601
汕头市	1521822	330424	133102	2836558	1028716	28767	8010	380821
佛山市	14697005	4501140	790961	9509274	2775457	29823	155958	1237381
韶关市	2292424	303683	611377	1735008	849915	181178	5238	581405
河源市	467707	76693	199317	698971	311685	4502	1575	242089
梅州市	730015	120036	434725	1301650	938936	45221	8399	706615
惠州市	1004641	283440	128697	463672	345817	4469	4792	99410
汕尾市	120286	62244	8655	89294	63283	300	60	29940
东莞市	3486497	1115604	139471	1810104	920258	4340	45259	445173
中山市	3671203	1129728	178111	2154388	1066296	81360	47247	474715
江门市	2591428	605640	266678	1270021	896256	51933	26651	338234
阳江市	434702	128372	79609	413235	147822	5095	2205	72439
湛江市	1064467	265368	146501	1080295	701028	15629	3351	540601
茂名市	1223854	398185	176526	1626541	1753755	22777	19116	1564932
肇庆市	901445	281271	153886	903599	430053	33183	6902	212628
清远市	1150702	316150	356294	584011	413614	39001	7902	193339
潮州市	1053264	200257	412969	746579	385656		1372	169455
揭阳市	870556	160532	588238	1383508	754929	911	2990	523780
云浮市	276080	107698	132283	205971	138536	881	3310	88976

企业主要经济指标

单位：万元

#应收帐款	#存货		流动资产年平均余额	固定资产合计	固定资产原价	累计折旧	固定资产净值	固定资产净值年平均余额	负债合计
		产成品							
22973562	**23488949**	**9560250**	**80911445**	**47045516**	**71059711**	**30487302**	**40572410**	**41307353**	**92314235**
2772155	3450460	1143645	13025563	10566048	15830285	5994453	9835832	9739062	18526647
10118737	7937571	3637552	28115919	7369316	10106948	3594028	6512921	6369996	25830468
601101	923791	571561	3601542	757058	1213655	496507	717149	714881	3664813
533851	611168	212900	2188491	1687744	2518375	992917	1525458	1452587	1705166
3821475	4182259	1730227	13844517	8950300	17079837	9792257	7287580	8704022	15704125
252668	642806	158887	1803162	2398371	3303849	1303167	2000682	1938172	2924180
60209	64308	30321	622968	470152	563179	127287	435892	406734	684315
169087	270907	47595	973267	1150973	1552495	471554	1080942	910891	1198232
261650	240129	71301	732417	620493	637295	200007	437288	516627	1143356
36905	60383	22053	137654	81266	115252	46795	68457	76206	147410
971200	1169695	423200	3489994	1198093	1773508	672163	1101345	1052132	3680958
1135950	1046687	407132	3315427	2315942	2925465	1602376	1323089	1317634	4732387
542573	745250	283079	2132938	1647327	2633474	1122383	1511091	1373688	3170272
98151	93996	30245	496725	396759	528062	199664	328398	265333	516868
233315	348170	149671	1047121	889733	1308233	563052	745180	827101	1244396
211185	446235	103267	1214952	1937187	3404437	1639361	1765076	1824495	1437797
299568	335190	164413	941637	761014	1163730	463505	700225	677102	1106114
246331	325306	145065	927768	898724	1116125	273821	842304	779588	1520810
273228	198792	66958	840380	1302710	1143658	290219	853439	884121	1466490
245535	283174	123286	1151707	1395419	1801944	518813	1283132	1275757	1486106
88689	112673	37895	307298	250887	339904	122974	216931	201225	423325

单位：万元

个人资本	港澳台资本	外商资本	主营业务收入	主营业务收入	主营业务成本	主营业务税金及附加	其他业务利润	营业费用	管理费用
8063578	**342298**	**436433**	**208342793**	**173437572**	**2830364**	**2261318**	**618769**	**7597179**	**9382818**
1285015	4382	87476	30643692	26328847	784202	542722	181193	785547	1346693
1829344	118027	114005	42666718	31277500	183766	390257	179333	2833137	3371856
282603	1087		6474719	5396898	29969	234649	63144	497707	251238
595500	11939	3679	6638496	5349079	46415	14389	3895	190657	232094
1091010	114594	146693	52886047	45866685	772596	477756	100640	1833637	1774497
76592		5503	4282586	3712119	170606	77831	3969	48889	202648
63126	393		1997939	1368910	25736	2407	1360	45521	62555
173660	250	4791	1813462	1237554	215055	74076	4669	50748	102912
227963	150	9033	2179867	1921337	11414	8948	1807	43382	86766
32983			411437	361336	3284	233	108	9946	18851
386229	29335	9921	8443036	7403366	33670	48291	15596	279437	428279
391441	27580	43952	10706005	9312980	47664	126246	15683	313577	398413
455975	20958	2506	7688167	6778294	105630	42718	14880	181445	304442
67515	568		1909911	1599446	9786	7861	5011	22646	58526
136418		5030	3402318	2557499	101755	41154	7029	57578	119671
146266	525	139	10118820	9525065	174990	124242	8565	71412	173900
173427	2513	1400	2745393	2267872	26290	21520	1841	91781	121982
166929	6443		5873435	4919403	51766	7732	2502	86839	118737
210992	3420	416	2397515	2036695	11248	3618	135	50921	69757
226224	135	890	4254983	3517270	18624	8842	3721	80010	109576
44370		1000	808248	699420	5897	5828	3691	22364	29425

1-14 续表 2

市别	税金	财务费用	利息支出	营业利润	投资收益	补贴收入	营业外收入	营业外支出
总计	**254982**	**2555294**	**1794407**	**11826137**	**98907**	**244848**	**481985**	**2920731**
广州市	41378	453325	436274	1126271	232713	28412	112706	96048
深圳市	23573	959932	388170	2787862	66530	134135	162324	791552
珠海市	8143	42753	26585	313609	14369	11068	24529	24529
汕头市	17829	54408	24260	566451	-4036	1630	2427	29437
佛山市	36882	332746	214069	2766549	-106486	20689	87128	342047
韶关市	10054	71630	82822	484	13490	1265	5723	22017
河源市	2474	22420	18670	471005	1863	61	1213	172032
梅州市	4470	27610	26097	184253	-5119	2494	10790	4720
惠州市	2736	14537	13334	106291	3322	3323	1579	8465
汕尾市	956	3377	2425	10580		57	60	135
东莞市	8360	58499	47778	226330	7418	6626	10254	28205
中山市	14949	70816	61726	659082	-65186	8440	6980	66043
江门市	43479	118163	162509	299793	770	12388	8179	51399
阳江市	3462	10156	9178	224095	286	1160	3898	1407
湛江市	5480	40999	36404	536886	5671	3121	13103	464849
茂名市	3458	47711	46333	133164	-2253	1178	10503	211495
肇庆市	7032	36700	26207	207710	-8238	1739	7559	27106
清远市	3023	37892	32499	639292	-59292	4804	3241	443897
潮州市	6056	74879	68990	134249	1025	959	1340	2976
揭阳市	9381	63996	58310	387013	2839	632	6691	110732
云浮市	1808	12750	11769	45169	-781	668	1759	21643

1-15 各市规模以上私营

市别	企业单位数(个)	亏损企业	工业总产值(当年价格)	工业销售产值(当年价格)	出口交货值	工业增加值	资产总计	流动资产合计
总计	**21658**	**2974**	**107050765**	**103219617**	**13025182**	**28657369**	**53563792**	**32669703**
广州市	3802	653	14121466	13841910	1906313	3713854	8637186	5763168
深圳市	3984	1079	16481089	15574199	2788373	4195887	10702781	8153447
珠海市	343	117	1258314	1237636	247522	293809	965197	657099
汕头市	1301	41	4976214	4770882	719873	1280267	3027079	1231347
佛山市	3414	184	26200196	25201692	1546504	7486207	10644851	5242236
韶关市	174	55	685805	660627	44698	206603	444302	223765
河源市	145	36	1631290	1583679	50022	581423	629872	230047
梅州市	161	10	568254	546978	146829	165890	336554	180539
惠州市	425	123	1189287	1155709	170145	320050	829616	526437
汕尾市	113	5	356361	332624	29128	93057	170650	110053
东莞市	994	184	5705769	5625039	702010	1566473	3332997	2482359
中山市	2046	116	8559055	8318230	1330628	2104602	3613970	2364005
江门市	1322	133	5930159	5691330	672705	1553535	2344146	1388530
阳江市	457	1	2302904	2198842	1042365	665609	1009271	531903
湛江市	394	42	1667079	1613505	160095	461055	820377	371608
茂名市	359	5	1367036	1325879	272552	410728	567243	236071
肇庆市	524	33	3174406	3085471	130645	792842	1499266	812066
清远市	271	97	4986934	4752242	168802	1158111	1471662	790328
潮州市	497	10	1559261	1525918	417268	410157	873444	517259
揭阳市	787	23	3913659	3776584	456493	1015403	1361607	705097
云浮市	145	27	416229	400641	22212	112057	281719	152341

单位：万元

利润总额	应交所得税	亏损企业亏损总额	利税总额	本年应付工资总额	本年应付福利费总额	本年应交增值税	本年进项税额	本年销项税额	全部从业人员年平均人数（人）
9620062	**1430835**	**1432601**	**21180295**	**13978366**	**1445926**	**8729869**	**20491589**	**25035592**	**4251305**
1404055	230269	427626	3381870	1847459	179695	1193613	3629701	4206278	488866
2281127	382496	82214	3999052	4347306	380163	1534159	4265042	4255793	917000
337641	54690	32771	509324	274883	14775	141714	841781	898138	103471
537028	57048	5476	769009	532461	44102	185566	648216	796924	214324
2416632	282031	30406	5536140	2933499	359414	2346911	4767010	5688940	873375
-1616	45264	259508	398052	208369	37498	229062	487546	702017	63110
300236	42416	9689	424069	48411	4165	98098	63951	139141	22796
187297	30686	5580	538938	112208	13503	136586	189440	312335	45556
105428	6488	15030	177594	150771	8928	60751	195326	217338	74303
10562	974	700	20610	67754	2042	6763	30411	31015	37571
222422	39657	41533	475546	618704	63955	219453	939960	1047833	289603
542127	102266	13136	931819	967525	90163	342028	1240648	1435784	371729
263734	35412	69709	646146	528097	105758	276783	780718	978304	202905
228030	21892	44	317485	158872	12804	79670	195133	270672	57995
88358	9330	29759	329379	154378	8893	139266	288576	387941	60661
-68912	14016	329408	1321680	163653	25081	1215602	449172	1662683	60477
176466	13509	28685	322818	199176	32416	120062	235650	327141	75476
143362	11805	33383	319350	142149	18221	124221	530367	611429	57662
134474	18366	337	262907	243332	19047	117185	209628	268498	88584
286443	28789	2529	443295	235570	21715	138228	422673	699589	117804
25167	3433	15080	55214	43791	3589	24150	80641	97800	28037

工业企业主要经济指标

单位：万元

#应收帐款	#存货		流动资产年平均余额	固定资产合计	固定资产原价	累计折旧	固定资产净值	固定资产净值年平均余额	负债合计
		产成品							
9585623	**9638433**	**3771269**	**30153358**	**16770189**	**25792615**	**10521462**	**15271154**	**15280882**	**32476387**
1511064	1716047	657469	5436405	2117760	2800183	881213	1918970	1927868	5624427
2680995	2763671	1082365	7336135	1761036	2257163	699633	1557529	1508387	6820933
189796	207302	60581	617867	227711	283149	84830	198319	194857	626778
312706	297254	137260	1258937	1561858	2163610	740453	1423157	1312351	976436
1505018	1440041	594669	4838535	4886362	9598810	5037221	4561589	4864174	6300716
48002	70464	26292	221003	146986	176012	42416	133596	137330	270199
26401	34454	14520	207546	285337	330456	62450	268006	262830	270820
56842	41626	13549	168058	130241	176264	54089	122175	122887	176389
178839	143859	45545	460293	256417	347632	111681	235951	230184	535706
28635	37824	18223	100101	56744	74103	22834	51270	54962	99148
730238	682203	247825	2157546	639943	905205	310274	594930	557257	2260311
781548	627917	191748	2217395	878444	1430049	606858	823191	831870	2752876
437971	450484	190350	1215080	777433	1082256	386529	695727	691092	1507700
114928	89001	28925	537280	419420	564077	240760	323317	221058	502632
110251	145923	81187	350059	314185	383843	84920	298923	283532	406481
60267	72063	33613	224868	249724	382194	159872	222322	207266	237254
255551	258919	110540	749837	519023	661122	277424	383698	407931	913309
181383	226490	109968	722036	548869	682662	165694	516968	508395	1021116
182205	136698	51273	506728	320132	415891	116181	299710	313060	375297
162487	144744	56250	689085	568311	945779	392113	553666	564114	623043
30494	51451	19118	138567	104254	132158	44018	88140	79476	174817

1-15 续表 1

市别	流动负债合计	应付账款	长期负债合计	所有者权益合计	实收资本	国家资本	集体资本	法人资本
总计	**28913293**	**9273950**	**2638636**	**21087405**	**9519419**	**16370**	**67344**	**3665521**
广州市	5074932	1448623	434355	3012759	1774003	347	506	645439
深圳市	6265288	2672876	423781	3881849	2063691	1698	8543	724275
珠海市	585496	181699	39951	338419	171303			57304
汕头市	832682	209190	76708	2050644	821306	2631	1721	260481
佛山市	5848068	1509658	320323	4344135	914373	200	2304	380310
韶关市	224344	61440	41958	174103	88199		1137	24395
河源市	204198	39214	47699	359052	122218	800		90870
梅州市	131727	43310	30901	160165	94632			21519
惠州市	467298	162468	59653	293910	218788		180	6558
汕尾市	83912	33752	12452	71503	51233		60	17793
东莞市	2128365	754520	95304	1072686	485671	1375	26619	197721
中山市	2488266	737743	101438	861094	405690	683	8995	183608
江门市	1274223	393885	156276	836446	538932	3500	7266	249244
阳江市	430568	120605	71443	506639	125131			51210
湛江市	329336	77116	72223	413897	190888		655	84989
茂名市	161900	51898	60839	329989	187105		786	50412
肇庆市	697664	258826	154731	585957	263580		177	128871
清远市	780244	272173	213991	450546	302882	4960	2817	111844
潮州市	345126	99750	28747	498147	232276		188	79522
揭阳市	436511	108774	162452	738564	411754	125	2233	273402
云浮市	123144	36431	33411	106902	55766	50	3158	25756

1-15 续表 2

市别	税金	财务费用	利息支出	营业利润	投资收益	补贴收入	营业外收入	营业外支出
总计	**158060**	**634454**	**456793**	**6215858**	**-140265**	**72451**	**102638**	**994683**
广州市	17291	102838	74915	508585	37374	15614	20189	58756
深圳市	13004	94896	63489	584732	10951	19860	35649	20744
珠海市	2797	9883	7663	28648	-186	6090	3487	9885
汕头市	10896	35001	10794	418457	-403	1138	1002	14926
佛山市	19777	87812	61778	1515208	-78563	4803	9097	141720
韶关市	1055	6080	3965	31098	6889	940	207	1657
河源市	1396	7815	5972	267567	1860	41	822	105780
梅州市	1213	3266	2908	40071	742	197	1517	1975
惠州市	1918	6401	5655	35456	167	1928	531	8110
汕尾市	484	3797	2467	9613		38	51	146
东莞市	5063	33090	26905	140403	-537	1173	3461	15813
中山市	8780	50349	43212	468410	-74239	5364	6219	9626
江门市	43202	67870	55951	312606	465	8337	1459	11192
阳江市	4099	10648	9797	283482	325	213	6206	1538
湛江市	2026	16918	10238	209977	3662	723	3852	149769
茂名市	1377	12202	9070	153294	3536	169	858	15859
肇庆市	6594	24252	16798	258199	176	1680	2127	37858
清远市	1623	20784	16856	524504	-53126	2736	1494	305340
潮州市	3911	14467	10235	91720	218	449	824	1517
揭阳市	10658	21027	14581	309180	478	584	2776	71846
云浮市	895	5061	3545	24649	-55	376	812	10626

单位：万元

个人资本	港澳台资本	外商资本	主营业务收入	主营业务收入	主营业务成本	主营业务税金及附加	其他业务利润	营业费用	管理费用
5616119	**97153**	**56911**	**103291094**	**88337592**	**756294**	**399506**	**122787**	**2716485**	**4066473**
1124050	1658	2003	14044834	12313024	100014	74458	23586	416475	627483
1293924	13004	22247	15807984	13622404	44483	96597	33959	481261	915497
113999			1227661	1054382	4834	7745	3336	48119	80414
519917	33366	3190	4774619	3704500	27200	8895	2977	148347	155228
494350	12149	25060	25174103	21749579	232208	54805	22289	487680	800253
61858	709	100	660756	537006	12980	4027	405	21342	35242
30548			1577290	1209396	24337	1457	638	28635	36580
72793		320	539145	459260	2755	2590	1305	18236	16861
212051			1182302	1046494	9371	6059	670	28609	60134
33379			332646	293974	2057	6	-57	8161	14238
250690	9162	103	5592682	4917308	19924	21259	6125	196309	281077
195803	14689	1911	8052044	6974988	35314	71264	6206	237986	302230
272153	6359	410	5720897	4902463	90165	16225	5450	207502	240129
72727	1087	107	2224934	1857010	11684	8434	6764	25012	64337
105244			1590726	1277302	11046	5404	2172	37336	42046
135843		64	1325903	1037398	17468	2745	1994	43609	36828
133341	1103	89	2992526	2532152	26738	8818	331	86592	115866
179838	3423		4795424	4062194	52401	2756	731	72777	90893
151900	250	416	1525488	1307024	8155	73	52	33900	42353
134907	194	893	3775995	3165389	18902	4905	3361	78801	94402
26803			373136	314347	4259	986	495	9797	14384

单位：万元

利润总额	应交所得税	亏损企业亏损总额	利税总额	本年应付工资总额	本年应付福利费总额	本年应交增值税	本年进项税额	本年销项税额	全部从业人员年平均人数（人）
5234886	**539605**	**227937**	**9497486**	**7885157**	**747149**	**3506305**	**10855689**	**12642773**	**3031618**
523007	62752	51501	1116772	1006754	80397	493751	1724694	1888886	410497
627648	64942	64398	1023549	1847474	100226	351418	1949513	2071312	606733
28018	4636	11618	65702	105770	6907	32851	146376	158574	46637
405266	37976	2192	545979	411185	32673	113513	414044	533115	174243
1306576	129714	9000	2698150	1430805	174454	1159366	2651753	3108545	469179
37436	3570	5356	80051	32899	5713	29634	52796	77895	16875
162636	5766	5434	246018	27963	1903	59045	38182	78604	16554
40552	1963	946	68557	54229	8701	25250	43973	64035	29442
29225	3845	10102	74862	124088	7742	36266	110255	128761	65363
9556	817	137	17562	57312	1280	5949	18505	20922	30031
128686	24361	25046	294951	446829	52475	146341	594988	672750	203792
395872	67816	8481	664754	777639	63949	233568	841357	1017555	304306
307544	31663	10754	596802	454121	90016	199093	580073	705541	172226
288685	30269	7	393049	181687	13115	92680	232705	321760	69805
64436	4269	3110	115633	75715	4355	40151	174273	194046	42788
138386	9083	1066	233979	92509	18258	78125	68730	138803	46427
223873	14682	2114	366816	228387	34892	116205	240378	318390	82277
169614	5091	13977	313000	104326	11276	90985	404108	449606	40957
91590	10044	107	163645	174258	15175	63901	156847	196588	72022
241131	23864	1259	384895	225802	21988	124862	379867	453475	115955
15151	2482	1332	32762	25407	1655	13353	32271	43611	15509

1-16 各市规模以上“三资”

市别	企业单位数（个）	亏损企业	工业总产值（当年价格）	工业销售产值（当年价格）	出口交货值	工业增加值	资产总计	流动资产合计
总计	**20258**	**6295**	**377957172**	**366273428**	**196730102**	**101911633**	**250944583**	**146466094**
广州市	2638	862	67755889	66017303	18781045	20517249	46869741	27572967
深圳市	4301	1516	107623016	103778157	74570868	28032845	64392237	39927009
珠海市	852	361	18105546	17623039	11101107	3451236	16665934	10766182
汕头市	392	63	3655665	3541323	1218624	1005728	3035328	1536114
佛山市	1884	296	39554654	37871741	14831545	11192497	21240917	11795005
韶关市	112	52	1301994	1271670	406049	334827	1420508	628205
河源市	162	82	2264089	2192936	1162783	677972	2068966	757267
梅州市	135	26	940809	886952	250955	301946	809753	346084
惠州市	1192	464	22117995	21633186	14201021	5117619	15559508	8054644
汕尾市	93	24	1388593	1353182	928308	410305	1001244	447982
东莞市	4087	1579	51633387	51282350	36338872	13001552	39995099	24066588
中山市	1620	415	21205345	20018918	10323965	5438926	13274135	7866140
江门市	1223	285	14550707	13959931	5215648	3811211	9627171	5416401
阳江市	101	3	1471846	1431830	504897	379705	617911	408966
湛江市	124	35	6110150	5881320	714458	2812315	4124094	1478513
茂名市	108	5	586614	567325	274103	170022	317985	192981
肇庆市	319	72	4386991	4243951	1319376	1145739	2971812	1677891
清远市	264	102	7850190	7406019	2015602	2025857	3704046	1590868
潮州市	274	21	1701093	1678947	621953	448687	1011266	638586
揭阳市	280	12	2512102	2418637	1164051	650209	1075335	719892
云浮市	97	20	1240499	1214710	784874	348128	1161596	577810

1-16 续表

市别	流动负债合计	应付账款	长期负债合计	所有者权益合计	实收资本	国家资本	集体资本	法人资本
总计	**123921290**	**55049010**	**16150624**	**108743128**	**76800496**	**2962094**	**443991**	**10032282**
广州市	23830686	8639582	2732533	20075691	13151799	311348	54521	2562971
深圳市	32116815	17047938	4846693	26934069	16136882	1705151	73426	2258084
珠海市	9664440	2111722	1396796	5585892	4350232	280080	9533	398752
汕头市	1153148	419772	161248	1712280	1433956	13639	4548	168669
佛山市	10685584	3618490	1006658	9444732	5855125	65925	73736	925600
韶关市	418516	120399	252645	708000	542228	23736	822	116368
河源市	598999	359814	77833	1332963	657587	220	350	22624
梅州市	331408	79656	36791	439938	371164	62	502	165728
惠州市	7305125	3544568	1954182	6243968	5697574	28709	15340	861956
汕尾市	174663	99013	28382	792446	693209		229	13475
东莞市	20947867	12249501	1437601	17454141	14649942	395049	113933	1112840
中山市	6736002	3301304	519166	5891189	4612025	15338	40708	499682
江门市	3997325	1661475	584831	4861636	3670386	10040	40407	299251
阳江市	309074	136436	14695	293912	172379	218		16530
湛江市	1635612	193062	149836	1952932	1016931	38848	6699	109460
茂名市	139479	58499	38035	139909	92732	680		26674
肇庆市	1349940	475189	179022	1415200	1181051	4189	729	112859
清远市	1400731	529608	431834	1846256	1465878	46500	6301	163983
潮州市	389583	128653	38366	582952	399782	122	1808	93663
揭阳市	405372	129128	73094	579402	344707	1443		46229
云浮市	330922	145202	190383	455623	304929	20799	400	56880

工业企业主要经济指标

单位：万元

#应收帐款	#存货		流动资产年平均余额	固定资产合计	固定资产原价	累计折旧	固定资产净值	固定资产净值年平均余额	负债合计
		产成品							
48004947	**42097882**	**12297419**	**141312931**	**84747323**	**132622681**	**56827945**	**75794736**	**77916231**	**142201455**
6696891	6962492	2422421	26886390	16207112	23366929	9013486	14353443	13980017	26794050
15765058	11165021	3176989	39710571	17219703	30596384	15077082	15519301	16853620	37458168
3512905	1838547	484346	8836560	5104293	7336507	2555507	4781000	4492849	11080042
457106	437935	196146	1534947	1204728	2234220	1109125	1125096	1150776	1323049
3521843	3299404	1130284	11289611	8244096	15356562	8363520	6993042	7937067	11796185
118155	120505	35332	607997	652596	740163	248570	491593	484158	712508
243372	325027	51913	667338	721559	849139	187840	661299	585972	736003
114920	119291	21902	348629	374492	555691	188753	366938	370486	369815
2592435	2652771	811854	7659245	6767390	9259934	2699069	6560865	6439067	9315540
196917	107764	22213	438816	516417	690670	290365	400305	463929	208798
8669460	8800586	2110644	23943853	13353390	20786018	8411079	12374939	11995289	22540958
2954322	2522019	674648	7412325	3996589	6506285	2780627	3725658	3769358	7382946
1427464	1738314	523499	4834070	3523296	5102819	2018840	3083979	3013238	4765535
69241	84114	17715	444752	175767	226384	76063	150321	126151	323999
226439	414208	134146	1483259	2548003	2994360	1510032	1484327	2524263	2171162
43052	55757	23144	185507	112495	161989	57916	104073	109499	178076
487618	441268	107827	1541113	1083325	1862219	947664	914555	981961	1556612
466885	534655	215968	1567992	1862916	2354150	693296	1660854	1580467	1857790
128487	154864	42331	660931	269261	400781	151242	249539	261625	428315
168968	170012	63986	689951	331325	632003	303305	328698	325729	495933
143409	153330	30109	569073	478571	609477	144564	464913	470709	705973

单位：万元

个人资本	港澳台资本	外商资本	主营业务收入	主营业务收入	主营业务成本	主营业务税金及附加	其他业务利润	营业费用	管理费用
1072186	**35032837**	**27257106**	**364429771**	**313589630**	**3168793**	**5195437**	**1195900**	**11125521**	**14776590**
85358	4641291	5496310	66413168	51875937	1726850	1208707	296156	4487314	3147698
261756	6610793	5227674	104437967	91458049	543274	1203641	331589	2126732	3829487
45536	1701904	1914427	17725874	15890332	15864	158451	70530	302458	612646
32128	447557	767415	3508319	3025940	21074	22416	3864	99902	150097
173811	2436343	2179710	37714244	33271208	293153	325815	73622	843743	1284057
2330	367686	31287	1245704	1128506	5620	57674	5153	19690	57620
7709	470802	155883	2200926	1857034	3938	6171	1160	53928	94646
4055	124289	76527	881171	733417	1024	11580	3282	21252	41231
12317	2469789	2309463	21525089	19292865	5727	855406	76130	685469	715556
	653700	25804	1342272	1151194	2095	445	-397	18261	54016
140311	7987441	4900368	51015881	46601349	30158	346358	202594	946776	2719807
86114	2123078	1847106	18753103	16542357	42786	271048	50019	553591	794673
115206	2143476	1062007	13685296	11669733	286774	497490	69791	530105	622510
5490	69564	80576	1427967	1184089	2116	5679	2084	36337	29267
16133	584634	261155	5197884	2983080	128532	12079	2110	49924	95844
3081	41727	20570	559369	460324	2443	1462	1005	9923	13670
18657	686413	358204	4068221	3615667	12363	115420	-8978	67467	137409
20652	871444	356998	7437005	6382020	29082	78747	8541	82803	189356
27122	217710	59358	1674552	1389079	2521	2097	582	100267	56793
10771	225854	60411	2408383	1985194	11713	7110	4416	66562	86743
3649	157346	65855	1207376	1092255	1687	7640	2646	23018	43465

1-16 续表 2

市 别	税金	财务费用	利息支出	营业利润	投资收益	补贴收入	营业外收入	营业外支出
总 计	**482542**	**1003526**	**1727979**	**23355058**	**141687**	**616705**	**874197**	**4368962**
广州市	110354	193906	241122	5277619	79756	38823	135375	214764
深圳市	62803	133777	496666	6788922	85844	259853	385593	154204
珠海市	20281	66306	97430	1515665	31202	3386	37086	927105
汕头市	8433	29046	23180	281397	-435	1259	4177	15277
佛山市	56020	191835	156115	2004667	-67890	29971	45457	178460
韶关市	2079	14927	12481	38170	-4743	715	6370	2420
河源市	2889	-185	4877	211157	1	275	1560	110467
梅州市	1893	8378	7108	79126	-2297	1395	2705	6001
惠州市	23024	109930	183940	775110	4358	45829	38317	673115
汕尾市	1687	3335	1463	76449		126	398	1724
东莞市	52911	-59837	159134	996397	8484	23988	148097	135408
中山市	45640	61671	70798	1004713	-6802	13021	23891	88928
江门市	60547	110577	131240	666318	45884	70454	17189	34168
阳江市	1396	3580	3372	202724	-22470	251	2187	1495
湛江市	4034	26612	43043	1977659	-96	113952	7318	1281298
茂名市	263	4640	3886	64691	37	243	2505	2723
肇庆市	7911	36213	25243	169171	532	2977	3226	52589
清远市	5150	30378	31200	852162	-6584	3229	7289	388116
潮州市	5806	9522	10034	101174	92	824	1371	18655
揭阳市	7603	16536	11844	194430	673	2230	1537	34677
云浮市	1820	12380	13803	77336	-3859	3905	2550	47370

1-17 各市规模以上大中型

市 别	企业单位数(个)	亏损企业	工业总产值(当年价格)	工业销售产值(当年价格)	出口交货值	工业增加值	资产总计	流动资产合计
总 计	**6563**	**1439**	**438666492**	**426529736**	**194432472**	**115806129**	**314394403**	**167982634**
广州市	793	164	76415061	74941498	17241091	22230213	70665474	31066863
深圳市	1472	288	130217957	125960041	82406196	34037391	84886124	54923722
珠海市	212	54	18657386	18114884	10967348	3712912	17434405	11902834
汕头市	131	5	5184866	5043698	1519872	1391857	4110862	1791216
佛山市	770	63	59373027	57703212	17977107	16802852	33176636	18141732
韶关市	66	28	4734507	4667754	447612	1263062	5030556	1752940
河源市	62	23	2313342	2193038	996949	754806	2319834	937007
梅州市	49	15	1818574	1806944	169407	802123	2081820	855467
惠州市	309	112	20159528	19724765	12280937	4595403	13467542	6312971
汕尾市	35	5	1882623	1848942	960106	563872	1763292	495491
东莞市	1281	426	46035876	45669601	29462618	11684822	35252265	18936634
中山市	527	89	21760159	20525700	9829273	5582520	12800980	7317533
江门市	312	65	14492353	13811859	4295693	3811496	10612942	5138559
阳江市	42	1	1541050	1461559	394819	462407	900205	519771
湛江市	79	20	4676739	4597498	536053	1372457	3474144	1458041
茂名市	36	7	9238591	9188900	90869	2179135	3393362	889093
肇庆市	107	21	4464136	4314406	924545	1117279	3326466	1561330
清远市	120	36	9394948	8793829	1965306	2429443	4341142	1671282
潮州市	50	3	1685126	1655270	558628	461806	1166988	534813
揭阳市	73	4	3068974	2973402	735803	874503	2781320	1149365
云浮市	37	10	1551669	1532936	672241	445178	1408046	625972

单位：万元

利润总额	应交所得税	亏损企业亏损总额	利税总额	本年应付工资总额	本年应付福利费总额	本年应交增值税	本年进项税额	本年销项税额	全部从业人员年平均人数（人）
20283418	**2774219**	**3211075**	**33869317**	**30865501**	**2490276**	**10417106**	**26498244**	**27895901**	**9148164**
5316809	664295	596057	10060345	5612780	542194	3016686	7120222	8447828	1027612
7226036	951657	609554	10007219	10178913	521909	2237908	5211817	4856093	2217181
652758	99121	207708	905776	954678	61540	237154	1099166	1064165	329893
271122	18751	11394	420133	275630	24114	127937	300948	366081	110939
1839032	192876	111096	3641702	2424416	423603	1509517	3343022	3694818	731334
38091	8188	41961	75894	91687	8716	32182	102168	123024	61356
102528	14222	21240	168039	186595	2333	61573	117831	120152	89596
74111	10559	4803	113632	82330	13028	38498	78673	124341	42118
185150	69709	444658	715027	1353794	77927	524150	1568458	1396768	525374
75242	8948	4811	91349	185984	4623	14012	52730	52554	77771
1040038	220120	624822	1780508	5236839	309867	710312	2673936	2111862	2265691
939096	151476	137768	1624113	1749600	131399	642231	1457404	1395628	683708
704436	82523	94959	1517079	1011581	181706	525869	1287284	1575546	391664
181020	9646	190	219530	96732	3782	36394	113455	183350	32713
704070	214089	211046	947769	101077	10157	115168	496013	565355	41386
64753	5173	401	90644	51627	5134	23448	66289	97914	27292
122859	11372	37465	262532	431404	83644	127309	302503	386510	129393
467979	14334	29567	689556	407374	38892	192496	660783	750570	165984
84796	7926	1207	191488	173143	23810	104170	157874	203588	62200
164191	15132	688	267897	161966	14074	91993	201730	263792	77484
29301	4105	19682	79086	97353	7827	48097	85938	115963	57475

工业企业主要经济指标

单位：万元

#应收帐款	#存货		流动资产年平均余额	固定资产合计	固定资产原价	累计折旧	固定资产净值	固定资产净值年平均余额	负债合计
		产成品							
51537139	**46263032**	**15289396**	**162837810**	**106907719**	**164775246**	**68619114**	**96156132**	**97774241**	**179654039**
6548052	7322809	2406086	30407817	24052302	35749819	13794623	21955196	21433087	37524350
20996002	14278649	5193154	54121285	20107735	32077689	14209022	17868668	18971084	50314292
3303426	1958821	757916	9931303	4089698	6376052	2547156	3828896	3771722	11880217
517879	602417	218568	1792945	1698624	2934441	1321531	1612911	1594603	1584905
4853567	5279079	2052264	17610687	12474262	22482375	12252834	10229541	11922008	19693551
269075	609225	130890	1880496	2658507	3684855	1476766	2208089	2109850	3119464
192091	290762	48839	849011	714716	897238	242921	654317	583789	941816
166943	282916	28472	856483	1041245	1453481	490075	963406	873543	1033041
2093525	2079856	639133	6145066	6402810	8413731	2356108	6057623	6055700	8268049
217331	122089	35764	475428	1159800	1474265	440574	1033691	1038112	780801
6456884	6947881	1747146	19028285	13231405	20308949	7872337	12436611	12100099	19549403
2638699	2235733	627310	6690931	3998058	6183922	2421436	3762485	3724710	7571106
1276887	1653527	540398	4623016	4614498	6826596	2607721	4218875	4016609	6114083
93103	108035	29417	499329	347443	509070	183149	325922	303126	584496
337240	475833	178297	1455836	1699556	2383642	1185904	1197738	1537751	2327509
171912	408451	75991	1144634	2296111	4111445	2016848	2094597	2133392	1385797
422622	471519	176801	1482380	1464619	2439677	1198753	1240924	1268240	1647412
470683	580826	219013	1609698	2322245	3015386	920209	2095177	1985514	2467213
157427	155407	46170	525252	464764	698103	261272	436832	448300	582621
206660	249028	110796	1087956	1426387	1827374	493944	1333430	1298232	1408605
147132	150172	26973	619973	642933	927137	325933	601204	604772	875308

1-17 续表 1

市　　别	流动负债合　　计	应付账款	长期负债合　　计	所有者权益合计	实收资本	国家资本	集体资本	法人资本
总　计	**149868078**	**58778016**	**27949209**	**134740364**	**80345287**	**11058638**	**596463**	**23918319**
广州市	28827249	8867919	8405139	33141124	19149610	7151220	24596	4974368
深圳市	43168998	20498974	6771579	34571832	17849714	1673571	118094	6599605
珠海市	11154943	2805877	724961	5554187	3231351	408691	7712	455018
汕头市	1265408	347398	305765	2525957	1222394	43613	240	350375
佛山市	17234489	5980731	2276475	13483085	6255485	122399	181962	2162424
韶关市	2242066	330728	826273	1911092	1059933	212405	1141	582101
河源市	782296	316612	120631	1378018	559184	4539		116234
梅州市	717677	131420	297746	1048779	855941	11996	3000	651208
惠州市	6240716	2813394	2001650	5199493	4455127	161709	15301	1061447
汕尾市	362946	131925	398311	982491	870450	6289	3243	249079
东莞市	17717208	9657710	1755489	15702862	11355726	505816	95375	1777357
中山市	6806935	3029612	601282	5229874	3308489	23837	37257	696977
江门市	4763764	1536377	1048455	4498859	3161851	313675	40253	461926
阳江市	471334	209635	84300	315708	139260	8685	305	54519
湛江市	1936852	314010	356133	1146634	1130368	105942	42865	596009
茂名市	1245953	356648	139550	2007565	2035722	31186	535	1940295
肇庆市	1321101	396708	316591	1679054	1002494	106195	6389	256971
清远市	1826068	573074	625570	1873929	1420441	91809	10393	277707
潮州市	491247	126587	91174	584367	295098	17718	1353	119502
揭阳市	819692	177433	587335	1372715	626404	24831	3919	376528
云浮市	471136	175245	214801	532738	360245	32514	2530	158668

1-17 续表 2

市　　别	税金	财务费用	利息支出	营业利润	投资收益	补贴收入	营业外收入	营业外支出
总　计	**457837**	**2878534**	**2903112**	**25953822**	**164002**	**422654**	**1042307**	**4936652**
广州市	115403	519922	604150	5502669	261335	45768	210852	217914
深圳市	62395	1005932	722553	8696402	60608	181799	432821	894495
珠海市	17384	59317	67393	1510509	39429	6003	30495	632688
汕头市	7857	52478	38658	451343	-3065	1799	7615	30275
佛山市	62083	432643	319820	3080524	-135489	17865	123057	397152
韶关市	9965	73456	86791	-59817	2022	552	9760	25933
河源市	2797	13636	16423	352851	38	-33	2073	132058
梅州市	5166	27812	26090	152907	-2081	1300	9493	12921
惠州市	16263	110004	182432	798264	4617	8227	33969	618031
汕尾市	2393	32096	30309	74022	44	1017	651	2346
东莞市	39805	-7446	186017	1180942	16696	464	90931	102518
中山市	37190	95109	88969	1100055	-83070	12799	20225	75115
江门市	42764	179045	239643	698255	45991	9698	19056	59929
阳江市	1323	8739	8823	217336	-22203	1017	2385	1986
湛江市	6929	44075	62369	657675	3903	122153	19786	798457
茂名市	3037	36367	38997	-11967	2134		5453	179441
肇庆市	4979	51399	42519	130468	-7636	2682	4749	55401
清远市	6479	53579	53490	965501	-19311	5755	9023	566220
潮州市	4271	17750	16451	104521	1024	418	2402	21345
揭阳市	7164	58086	54729	241571	2565	-184	5246	56539
云浮市	2189	14534	16487	109792	-3549	3554	2265	55888

单位：万元

个人资本	港澳台资本	外商资本	主营业务收入	主营业务收入	主营业务成本	主营业务税金及附加	其他业务利润	营业费用	管理费用
4046860	**21789878**	**18935129**	**426484540**	**362571971**	**4956176**	**6399367**	**1487030**	**14883507**	**16846670**
589728	2965374	3444324	76102599	60204268	2340069	1498261	413601	4624269	3311638
959785	4186827	4311833	125832687	104622508	783884	1412407	437747	4246067	5572158
142888	975428	1241614	18847743	16594866	38375	354152	115162	617677	536368
195919	138683	493564	4993759	4205908	24543	16923	4321	127446	177562
641170	1481425	1666105	57628789	50507733	578555	639578	128448	2019024	1875851
3016	252754	8516	4431990	3928362	162214	100981	8568	43121	222873
8676	324601	105135	2192285	1716886	9409	3741	845	52463	86918
79688	68237	41812	1722885	1189928	211861	128547	9727	41428	108242
91859	1396021	1728791	19634371	17625826	10570	837443	74912	635830	526673
10304	587396	14139	1827411	1568771	4754	944	-164	18068	63878
254751	5392175	3330252	45479484	41378338	55996	266660	149241	896217	2088596
232685	1178613	1139121	19393559	17007891	56032	279666	45353	637598	702279
315474	1384278	646247	13528862	11597485	244477	489231	67629	471658	570620
29106	33959	12685	1480093	1213301	4054	7450	2682	31584	35188
71606	123450	190495	4505293	3472139	123838	47533	8947	41995	149745
48571	10997	4139	9594473	9181134	170304	127757	15675	42470	204055
76075	391611	165252	4281211	3909776	17690	106570	-9532	69127	152054
78755	649339	312439	8888481	7515131	97067	56282	8860	98155	223658
92478	49727	14320	1653221	1366390	4501	5071	681	89840	61102
111320	91698	18107	2970157	2446188	13710	8430	2468	58219	103736
13007	107286	46240	1495187	1319142	4273	11742	1860	21253	73481

单位：万元

利润总额	应交所得税	亏损企业亏损总额	利税总额	本年应付工资总额	本年应付福利费总额	本年应交增值税	本年进项税额	本年销项税额	全部从业人员年平均人数（人）
22345987	**3635248**	**3120408**	**41539850**	**32953278**	**2914989**	**14237687**	**31143714**	**35884217**	**8268843**
5802785	835946	690772	11669318	6105996	637104	3526465	7995483	9763021	938742
8346296	1238690	364013	12422144	11891530	755273	3291964	7272382	6885703	2139452
945536	152874	74638	1245284	871223	54544	261372	1321793	1321187	282727
427431	58023	2583	636463	352200	24927	184489	420603	564158	128111
2675961	371291	80429	5192458	3340789	559346	1937942	4237788	5059109	887906
-73412	46837	294815	323267	258813	37634	234464	469062	686551	96972
222873	47275	23560	315087	170864	2768	82805	100487	147934	75664
148701	40388	19372	498793	113975	18913	138231	178710	309862	37817
224386	79183	333970	766132	1067572	65061	531176	1438455	1329340	380634
73390	12621	14098	117368	213770	6247	39224	85605	114210	78894
1186593	279950	358016	2031831	4364297	284308	789242	2246223	2020563	1722981
968827	184158	74508	1685026	1615560	118811	660167	1465858	1468565	623340
707464	120220	93539	1507329	852752	166449	555388	1281776	1640856	298482
196373	12928	1243	253719	108051	5242	53293	124010	166670	34826
-119862	14480	223558	113773	213604	20824	109797	559208	598054	73887
-183815	15383	330424	1187231	155561	14821	1200742	412205	1621160	38434
68998	22824	56870	204088	410610	65877	117400	304713	389191	120440
394756	28158	44252	726798	419331	47531	234975	774408	900329	152952
86922	15601	843	169173	153036	12787	77751	138588	202939	44355
192666	36653	4428	346881	158363	7814	140506	209137	534855	57601
53118	21765	34476	127687	115382	8708	70297	107221	159960	54626

1-18 各市规模以下工业

指标名称	企业单位数(个)	工业总产值(当年价格)	年初存货	年末存货	固定资产原价	本年折旧	资产减值损失
总 计	**141726**	**34426075**	**4579314**	**7159972**	**20766584**	**1868562**	**23328**
广州市	20772	4413648	547410	601647	2061290	168223	878
深圳市	20544	4139413	1117405	2648487	3102144	231416	7112
珠海市	3205	526724	157437	204218	518306	44608	385
汕头市	6439	2209709	101123	128879	902815	71256	134
佛山市	21581	4347637	469950	523630	1861166	197185	2853
韶关市	2097	313966	30340	34472	602043	25801	161
河源市	1006	127362	13162	21705	258161	13948	646
梅州市	3276	618666	31297	42551	625810	31120	1229
惠州市	5698	1590237	230696	490462	1073994	83477	632
汕尾市	836	267017	10397	10180	180803	6240	388
东莞市	18967	6794701	1150853	1587246	4033797	578311	5158
中山市	8439	1429593	221628	243363	715428	54643	991
江门市	5381	1356926	164138	206665	755217	67121	748
阳江市	3379	1014803	16596	16333	488672	44922	
湛江市	2685	815039	43672	55237	413964	32936	24
茂名市	3403	1196656	52772	61062	731506	62478	439
肇庆市	3011	654118	54840	72187	501737	29512	925
清远市	1994	263746	25657	36990	589529	33403	410
潮州市	4345	1131351	85290	94048	620818	40929	35
揭阳市	3905	1114542	41324	49334	576425	41641	133
云浮市	763	100223	13328	31278	152959	9392	46

1-18 续表

指标名称	营业收入	主营业务收入	营业成本	主营业务成本	营业税金及附加	主营业务税金及附加	主营业务利润
总 计	**35085971**	**34911844**	**28174823**	**28011218**	**486710**	**462711**	**6631897**
广州市	4422200	4395021	3386559	3372341	75278	73019	950183
深圳市	4274299	4214444	3562080	3524497	35998	30751	706110
珠海市	513187	508856	439749	437518	4005	3872	68383
汕头市	2183179	2182011	1722402	1720206	44413	43609	425715
佛山市	4324558	4312202	3620443	3606690	55852	51421	682974
韶关市	312872	310957	194213	193105	8400	8245	109765
河源市	115391	115026	79441	78994	4099	4061	31946
梅州市	607828	606857	463590	462907	11154	11097	133371
惠州市	1583350	1580019	1270355	1267806	14210	13952	298473
汕尾市	251444	251188	184574	184480	6071	6033	61246
东莞市	7402695	7374858	5928024	5884115	82911	77359	1457814
中山市	1476173	1471546	1268880	1253831	10697	9772	234318
江门市	1346261	1336258	1124824	1114819	36617	35648	202455
阳江市	1007088	994608	789532	781125	5513	5065	208417
湛江市	807124	805976	618189	616912	15249	15202	175975
茂名市	1193800	1192161	932045	926966	25613	24366	253649
肇庆市	656067	654228	485756	483729	9853	9689	162211
清远市	263341	262488	166570	165199	11060	10950	89427
潮州市	1129540	1128981	940330	939716	6540	6290	183225
揭阳市	1116491	1115760	922018	921645	19761	19563	174601
云浮市	99083	98400	75250	74615	3418	2751	21639

企业主要经济指标

单位：万元

公允价值变动收益	所有者权益合计	实收资本						
			国家资本	集体资本	法人资本	个人资本	港澳台资本	外商资本
5670	**21882006**	**20481302**	**1187217**	**687459**	**3685621**	**7691117**	**5035955**	**2193933**
111	2483484	2317393	129589	64880	566800	907877	425250	222998
-2266	3870414	3202002	29312	59174	734098	1133106	703984	542327
3	840070	1081257	36552	8838	136270	194192	481290	224114
-30	836839	649203	23939	31942	115734	398203	45496	33890
967	1656540	1327590	10809	23667	325859	730005	122553	114697
-9	451100	401212	33145	41606	71875	230799	17749	6038
-35	274927	254476	18860	54994	48455	82864	44724	4578
109	584762	508700	17204	39209	133109	288408	28863	1907
-66	1520719	1678183	614883	51959	135010	346872	423725	105735
-7	181108	161931	12987	8918	51587	74210	14209	20
80	3560035	4155685	9437	77954	429649	809241	2127191	702213
13	905492	893663	3051	21685	174820	268918	292226	132963
7	717684	647898	37409	28474	182231	232753	132960	34072
	539952	201125	1658	3320	50964	139671	4912	600
	605571	504975	130268	17647	190586	145187	7327	13960
437	532225	411864	12194	23076	66382	295695	9601	4916
6345	437545	419292	28704	24276	85572	213346	48283	19112
3	473792	454508	12338	47665	43596	293287	47462	10161
-2	646402	531935	14717	28879	38519	405739	31872	12211
-3	651661	571700	4825	16949	73890	458811	14116	3109
14	111685	106710	5337	12347	30616	41934	12163	4314

单位：万元

其他业务利润	营业费用、管理费用、财务费用合计			营业利润	投资收益	职工工资和福利费	本年应交增值税	全部从业人员年平均人数（人）
		#税金	#利息支出					
183240	**4692999**	**220458**	**95233**	**2123637**	**-3398**	**6406937**	**1397760**	**3899371**
22880	735145	21751	11610	237918	2799	765786	152988	404432
38644	839111	19955	8331	-94357	-5505	1032198	150665	643929
4546	126694	4363	2008	-53766	1147	115629	22685	65942
4663	281364	9309	2152	149013	-3642	215060	64481	153873
15680	436996	31874	6749	261657	888	603734	178585	368188
1816	44134	2229	3280	67447	64	44512	13328	33869
520	17783	1582	1473	14682	-645	23026	3223	17454
692	57184	4218	4728	76879	1249	80055	23210	68911
3617	193092	10291	3011	108997	-495	365947	36886	226962
188	35509	464	903	25925	69	41230	2935	26483
60436	1065753	70113	13130	453997	-5460	1821453	387327	990468
7355	185269	6281	2713	56405	-158	278845	68954	190691
7629	133579	7150	6458	76504	-18	183446	37555	120733
3482	89817	2184	1703	122083		105855	42411	91573
1346	57859	3489	2383	119462	131	75700	31696	58606
3609	86758	7415	5229	170500	746	186581	40128	105442
3153	83232	2713	4923	82133	5580	110083	32991	65875
1078	49620	3754	5839	40885	-13	39409	14968	28862
176	77182	3344	1580	106219		154216	47244	105696
896	81541	6512	4597	93956	-4	147768	41937	116947
837	15378	1465	2436	7099	-133	16405	3563	14435

1-19 2008年全省个体工业经营户情况表

地 区	个体经营户数(个)	有证照	从业人数(人)	有证照
全 省	**384189**	**206098**	**4100707**	**2684837**
广州市	37806	17969	551512	319177
深圳市	22692	10499	310223	210125
珠海市	2600	1734	19823	15799
汕头市	29434	12138	365954	162728
佛山市	35918	25170	396072	315617
韶关市	10848	4814	41575	24411
河源市	5772	2295	24757	13370
梅州市	16559	5922	56032	26051
惠州市	20117	14191	320872	266430
汕尾市	11499	5771	167950	107906
东莞市	29440	19417	406554	326332
中山市	21424	17927	240761	219903
江门市	13369	11859	131571	123862
阳江市	9771	5261	59442	41148
湛江市	13762	5784	81020	43450
茂名市	21150	9892	136045	81730
肇庆市	12503	6870	73933	55918
清远市	13281	5124	81513	39350
潮州市	20304	8779	215428	120462
揭阳市	28936	9025	345922	106886
云浮市	7004	5657	73748	64182

1-20　规模以上工业主要产品产量

产品名称	计量单位	生产量
天然原油	吨	13877190
天然气	万立方米	607807
铁矿石原矿	吨	14618171
铜金属含量	吨	5860
铅金属含量	吨	141200
锌金属含量	吨	189437
锡金属含量	吨	570
锑金属含量	吨	5990
钨精矿折合量(折三氧化钨６５%)	吨	2834
钼精矿折合量(折纯钼４５%)	吨	190
硫铁矿石(折含硫35%)	吨	2974435
原盐	吨	220398
小麦粉	吨	1471313
大米	吨	617583
饲料	吨	16923904
其中：配合饲料	吨	8461463
混合饲料	吨	4133332
精制食用植物油	吨	2908817
成品糖	吨	1246169
鲜、冷藏肉	吨	308663
冷冻水产品	吨	341561
糕点	吨	234373
饼干	吨	626619
糖果	吨	288688
巧克力	吨	11899
速冻米面食品	吨	74143
方便面	吨	340726
乳制品	吨	391597
1.液体乳	吨	298145
2.固体乳制品	吨	93452
罐头	吨	249000
味精(谷氨酸钠)	吨	99075
酱油	吨	1785091
蜂蜜营养制品	吨	3720
冷冻饮品	吨	69755
食品添加剂	吨	305346
发酵酒精(折96度,商品量)	千升	134369
饮料酒	千升	3492445
其中：白酒(折65度,商品量)	千升	99755
啤酒	千升	3347844
黄酒	千升	1565
软饮料	吨	12743223
其中：碳酸饮料类(汽水)	吨	2069210
包装饮用水类	吨	5924199
果汁和蔬菜汁饮料类	吨	1519792

1-20 续表 1

产品名称	计量单位	生产量
精制茶	吨	13758
卷烟	万支	12222369
1.一类卷烟	万支	382552
2.二类卷烟	万支	1307603
3.三类卷烟	万支	7130469
4.四类卷烟	万支	1723911
5.五类卷烟	万支	1677834
纱	吨	414734
1.棉纱	吨	298481
2.棉混纺纱	吨	27792
3.化学纤维纱	吨	88461
布	万米	244656
其中：色织布(含牛仔布)	万米	42384
其中：棉布	万米	151254
棉混纺布	万米	61026
化学纤维布	万米	32376
印染布	万米	552167
绒线(俗称毛线)	吨	22814
毛机织物(呢绒)	万米	133
亚麻布(含亚麻≥55%)	万米	48
生丝	吨	1852
帘子布	吨	146020
无纺布(无纺织物)	吨	294256
服装	万件	641147
1.针织服装	万件	379495
2.梭织服装	万件	261623
轻革	平方米	87815081
皮革鞋靴	万双	124111
其中：皮革面旅游(运动)鞋靴	万双	30058
皮革服装	件	3084132
手提包(袋)、背包	万个	121443
其中：天然皮革制手提包(袋)、背包	万个	28374
天然毛皮服装	件	163304
锯材	立方米	384083
人造板	立方米	6526409
其中：胶合板	立方米	1621907
纤维板	立方米	3330746
刨花板	立方米	795109
人造板表面装饰板	平方米	17975503
木制地板	平方米	55830056
其中：实木木地板	平方米	19101984
复合木地板	平方米	12632898

1-20　续表 2

产品名称	计量单位	生产量
家具	件	200613282
其中：木质家具	件	75306945
竹、藤家具	件	4770231
金属家具	件	83543729
塑料家具	件	2241734
软体家具	件	15031187
纸浆(原生浆及废纸浆)	吨	1647413
其中：木浆	吨	50477
废纸纸浆	吨	275418
机制纸及纸板(外购原纸加工除外)	吨	12246230
其中：未涂布印刷书写用纸	吨	725718
其中：新闻纸	吨	643963
涂布类印刷用纸	吨	264106
卫生用纸原纸	吨	43873
包装用纸及纸板	吨	1873692
纸制品	吨	10338613
其中：瓦楞纸箱	吨	4425330
纸制餐具	吨	48241
纸制文具及办公用品	吨	67376
卫生用纸制品	吨	553615
单色印刷品	令	6715947
多色印刷品	对开色令	73438533
本册	万本	395661
光盘复制品	万张	139391
文具盒(铅笔盒)	万个	7049
圆珠笔	万支	20396
木杆铅笔	万支	14856
运动专用鞋	双	29584714
钓鱼用品和器材	千元	199524
中乐器	把(件)	50000
西弦乐器	把	5910710
西管乐器	支	270836
西乐键盘乐器	架	94240
电子乐器	台	2947476
玩具	千元	39097287
原油加工量	吨	29236385
汽油	吨	4595114
煤油	吨	1885944
柴油	吨	11871418
润滑油	吨	364614
燃料油	吨	3767295
石脑油	吨	3066460
溶剂油	吨	128438
润滑脂	吨	6952
液化石油气	吨	2146607

1-20 续表 3

产品名称	计量单位	生产量
石油焦	吨	1500284
石油沥青	吨	1686724
焦炭	吨	1361394
其中：机焦	吨	1361394
硫酸(折100%)	吨	1749943
盐酸(氯化氢,含量31%)	吨	441295
烧碱(折100%)	吨	253916
其中：离子膜法烧碱(折100%)	吨	182341
纯碱(碳酸钠)	吨	346428
乙烯	吨	2015457
纯苯	吨	385530
浓硝酸	吨	528
合成氨(无水氨)	吨	88211
农用氮、磷、钾化学肥料总计(折纯)	吨	676633
1.氮肥(折含N100%)	吨	57489
2.磷肥(折五氧化二磷100 %)	吨	329150
3.钾肥(折氧化钾100%)	吨	289994
合成复合肥料(实物量)	吨	1115595
其中：磷酸铵肥(实物量)	吨	468009
化学农药原药(折有效成分100%)	吨	32483
涂料	吨	1955507
其中：建筑涂料	吨	347903
油墨	吨	185454
颜料	吨	277218
染料	吨	26333
初级形态的塑料	吨	4562578
其中：聚乙烯树酯	吨	1560384
聚丙烯树脂	吨	1332384
聚氯乙烯树脂	吨	222421
聚苯乙烯树脂	吨	167612
ABS树脂	吨	28471
合成橡胶	吨	283385
合成纤维单体	吨	1371699
合成纤维聚合物	吨	715958
其中：聚脂	吨	514444
化学试剂	吨	312564
催化剂	吨	219728
建工建材用化学助剂	吨	146205
松香	吨	180955
空白光盘	万片	11088607
肥(香)皂	吨	219055
合成洗涤剂	吨	1988757
其中：合成洗衣粉	吨	988107
液体洗涤剂	吨	369552

1-20 续表 4

产品名称	计量单位	生产量
护肤用化妆品	千元	5842973
护发用化妆品	千元	1004946
美容、修饰类化妆品	千元	6490884
牙膏(折65克标准支)	万支	372675
香精	吨	33767
化学药品原药	吨	43324
其中：抗菌素(抗感染药)	吨	3677
消化系统用药	吨	10074
中成药	吨	126924
其中：中成药丸剂	吨	12207
中成药冲剂	吨	39239
中成药胶囊	吨	12827
生物化学药品	千克	766667
化学纤维	吨	527006
其中：人造纤维(纤维素纤维)	吨	61531
合成纤维	吨	412651
其中：锦纶纤维	吨	67398
涤纶纤维	吨	275426
丙纶纤维	吨	32442
氨纶纤维	吨	22712
橡胶轮胎外胎	条	44458901
其中：子午线轮胎外胎	条	10904273
其中：载货汽车橡胶轮胎外胎	条	463268
乘用车橡胶轮胎外胎	条	4698789
摩托车充气橡胶轮胎外胎	条	268508
胶鞋类	万双	36612
塑料制品	吨	11619586
1.塑料薄膜	吨	1564564
其中：农用薄膜	吨	34141
2.塑料板、片	吨	591592
3.塑料管及其附件	吨	1197799
4.塑料条、棒、型材	吨	222469
5.塑料丝、绳及编织品	吨	327261
6.泡沫塑料	吨	663958
7.塑料人造革、合成革	吨	489121
8.塑料包装箱及容器	吨	840578
9.塑料零件	吨	935972
10.日用塑料制品	吨	2002060
11.建筑用塑料制品	吨	487589
12.其他塑料制品	吨	2296600
水泥熟料	吨	78220925
其中：窑外分解窑水泥熟料	吨	43311357
水泥	吨	95483267
其中：1.通用水泥	吨	84609001
2.专用水泥	吨	628279
3.特性水泥	吨	10245988

1-20 续表 5

产品名称	计量单位	生产量
商品混凝土	立方米	35017229
水泥混凝土排水管	千米	6703
水泥混凝土压力管	千米	682
水泥混凝土电杆	根	1490527
预应力混凝土桩	米	42004192
石膏板	万平方米	1884
砖	万块	244621
瓦	万片	29180
瓷质砖	平方米	1559306519
炻瓷砖	平方米	15466872
细炻砖	平方米	10954081
炻质砖	平方米	12910456
陶质砖	平方米	388493102
天然大理石建筑板材	平方米	5802185
天然花岗石建筑板材	平方米	9955261
平板玻璃	重量箱	75433110
钢化玻璃	平方米	25182032
其中：车辆用钢化安全玻璃	平方米	1703119
夹层玻璃	平方米	15377170
中空玻璃	平方米	2651399
日用玻璃制品	吨	1559095
玻璃保温容器	万个	2744
玻璃纤维纱	吨	90473
玻璃纤维增强塑料制品	吨	29804
卫生陶瓷制品	件	29320970
日用陶瓷制品	万件	391429
耐火材料制品	吨	204490
石墨及炭素制品	吨	46672
生铁	吨	6973501
其中：炼钢生铁	吨	6802301
粗钢	吨	10921854
钢材	吨	22744245
1.铁道用钢材	吨	35
2.大型型钢	吨	495790
3.中小型型钢	吨	514939
4.棒材	吨	130058
5.钢筋	吨	5610343
6.线材(盘条)	吨	2811423
7.特厚板	吨	315501
8.厚钢板	吨	1011287
9.中板	吨	1215783
10.热轧薄板	吨	190298

1-20　续表 6

产品名称	计量单位	生产量
11.冷轧薄板	吨	2681171
12.中厚宽钢带	吨	635090
13.热轧薄宽钢带	吨	1416203
14.冷轧薄宽钢带	吨	828639
15.热轧窄钢带	吨	396316
16.冷轧窄钢带	吨	722300
17.镀层板(带)	吨	1669761
其中：镀锌板(带)	吨	758319
镀锡板(带)	吨	125326
18.涂层板(带)	吨	290858
19.电工钢板(带)	吨	121263
20.无缝钢管	吨	175800
21.焊接钢管	吨	1229622
22.其它钢材	吨	281766
钢材中：用外购国产钢材再加工生产的钢材	吨	2268853
用进口钢材再加工生产的钢材	吨	15570852
铁合金	吨	17484
十种有色金属	吨	437067
精炼铜(电解铜)	吨	60833
铅	吨	128583
锌	吨	247303
锑品	吨	348
黄金	千克	9411
白银(银锭)	千克	186458
单一稀土金属	千克	445937
单晶硅	千克	20000
铝合金	吨	219711
铜材	吨	954219
铝材	吨	3913710
其中：铝棒材	吨	250807
铝型材	吨	1419465
金属切削工具	万件	17760
金属集装箱	立方米	33673112
金属丝	吨	478187
锁具	万把	56468
搪瓷制品	吨	58714
不锈钢日用制品	吨	1197593
电站锅炉	蒸发量吨	65
工业锅炉	蒸发量吨	1662
发动机	台	1346073
其中：汽车用发动机	台	73355
汽轮机	千瓦	212050
水轮机	千瓦	92035
其中：电站水轮机	千瓦	90945

1-20 续表 7

产品名称	计量单位	生产量
金属切削机床	台	27964
其中：数控金属切削机床	台	13717
金属成形机床	台	17332
金属成形机床	吨	18373
铸造机械	台	30412
电焊机	台	124130
起重机	吨	36506
电梯、自动扶梯及升降机	台	35329
其中：电梯	台	24626
泵	台	22225024
气体压缩机	台	19869140
其中：制冷设备用压缩机	台	12442639
阀门	吨	57247
液压元件	件	38831
气动元件	件	10405476
滚动轴承	万套	16962
齿轮	吨	104422
风机	台	5844578
鼓风机	台	237941
电动手提式工具	台	20802760
包装专用设备	台	10976
衡器(秤)	台	16115715
减速机	台	209603
金属紧固件	吨	204072
弹簧	吨	119565
铸铁件	吨	1616198
铸钢件	吨	262663
锻件	吨	73878
粉末冶金零件	吨	12913
采矿专用设备	吨	19555
水泥专用设备	吨	2994
混凝土机械	台	57018
金属轧制设备	吨	3815
塑料加工专用设备	台	101079
模具	套	3252995
粮食加工机械	台	160278
饲料生产专用设备	台	3879
印刷专用设备	台	26100
缝纫机	台	3437208
小型拖拉机	台	27758
农作物收获机械	台	1973
场上作业机械	台	832
环境污染防治专用设备	台(套)	9867
其中：大气污染防治设备	台	2522
其中：除尘设备	台	2522

1-20　续表 8

产品名称	计量单位	生产量
水质污染防治设备	台(套)	4821
固体废弃物处理设备	台	95
汽车	辆	899254
1.乘用车	辆	883755
(1)基本型乘用车(轿车)	辆	819298
1升<排量≤1.6升	辆	410852
1.6升<排量≤2.0升	辆	154366
2.0升<排量≤2.5升	辆	248927
2.5升<排量≤3.0升	辆	
3.0升<排量≤4.0升	辆	5153
(2)多功能乘用车(MPV)	辆	32169
(3)运动型多用途乘用车(SUV)	辆	32288
2.客车	辆	1124
(1)大型客车(车长>10米)	辆	8
(2)中型客车(7米<车长≤10米)	辆	175
(3)轻型客车(车长≤7米)	辆	941
3.载货汽车	辆	14375
改装汽车	辆	14733
摩托车整车	辆	9384719
两轮脚踏自行车	辆	15489373
其中：普通型自行车	辆	1667096
运动型自行车	辆	742416
电动自行车	辆	247107
民用钢质船舶	载重吨	1134596
船舶修理	载重吨	3780596
发电机组(发电设备)	台	54438
发电机组(发电设备)	千瓦	1004542
交流电动机	千瓦	4635691
变压器	台	77431695
变压器	千伏安	52827633
高压开关板	面	59742
低压开关板	面	1500859
高压开关设备(11万伏以上)	台	17069
通信及电子网络用电缆	对千米	12724494
电力电缆	千米	3182517
光缆	芯千米	6062019
绝缘制品	吨	261855
铅酸蓄电池	千伏安时	28904343
碱性蓄电池	只(自然只)	323429645
锂离子电池	只(自然只)	1080996272
原电池及原电池组(折R20标准只)	万只	1290317
太阳能电池	千瓦	38663
家用电冰箱	台	8363065

1-20 续表 9

产品名称	计量单位	生产量
家用冷柜(家用冷冻箱)	台	1377941
房间空气调节器	台	41222110
家用电风扇	台	146819286
家用吸排油烟机	台	12455697
家用电热烹调器具	个	152848113
其中：电饭锅	个	122274039
家用电热烘烤器具	个	108071127
电冷热饮水机	台	9113812
家用电炉灶	个	86128418
其中：微波炉	台	42099348
电磁炉	台	41005898
家用食品加工电动器具	个	27076467
家用洗衣机	台	3163467
家用电热水器	台	11091807
家用吸尘器	台	26260150
家用燃气用具	台	43370714
其中：家用燃气灶具	台	18054651
家用燃气热水器	台	9346391
太阳能热水器	台	78681
电光源	万只	302910
其中：白炽灯泡	万只	72895
荧光灯	万只	13749
灯具及照明装置	套(台、个)	1157154800
数字程控交换机	线	19711526
电话单机	部	151488606
传真机	部	2008320
移动通信基站设备	信道	5675024
移动通信手持机(手机)	台	145848903
电子计算机整机	台	13392080
其中：微型计算机设备	台	13391717
其中：笔记本计算机	台	7161763
服务器	台	197319
显示器	台	25324854
扫描仪	台	491095
打印机	台	30888402
外存储设备及部件	台(个)	200466330
1.硬盘存储器	台	62044628
3.光盘存储器	台	143479733
4.半导体存储盘	个	6050722
彩色显像管	只	11937000
半导体分立器件	万只	5097652
集成电路	万块	1354558
光电子器件	万只	4471300
电子元件	万只	110143637

1-20　续表 10

产品名称	计量单位	生产量
印制电路板	平方米	109769212
彩色电视机	台	41372354
其中：显像管彩色(CRT)电视机	台	15748214
液晶(LCD)电视机	台	9703999
等离子(PDP)电视机	台	280341
投影电视机	台	1866
家用摄录像机	台	15042009
数字激光音、视盘机	台	85376991
组合音响	台	100634703
半导体存储器播放器(含MP3、MP4)	个	70155905
工业自动调节仪表与控制系统	台(套)	3039987
电工仪器仪表	台	14723729
工业仪表	台(个)	20871257
分析仪器及装置	台(套)	15249
试验机	台	7209
环境监测专用仪器仪表	台	3429
汽车仪器仪表	台	9623918
钟	只	77160968
表	只	137273929
光学仪器	台(个)	1115754
眼镜成镜	副	156978635
照相机	台	36877228
其中：数码照相机	台	36116656
复印和胶版印制设备	台	1926427
雕塑工艺品	千元	1376767
金属工艺品	千元	2335658
漆器工艺品	千元	223148
花画工艺品	千元	1259861
天然植物纤维编织工艺品	千元	3693725
抽纱刺绣工艺品	千元	331307
手工地毯、挂毯	平方米	900959
机制地毯、挂毯	平方米	13265707
贵金属首饰	千元	46568803
伞类制品	把	32414375
发电量	万千瓦小时	25392845
其中：火力发电量	万千瓦小时	19680549
水力发电量	万千瓦小时	2341571
核能发电量	万千瓦小时	3132454
风力发电量	万千瓦小时	49732
煤气生产量	万立方米	1098441
天然气供应量	万立方米	48927
液化石油气供应总量	万吨	693797
自来水生产量	万立方米	880613

1-21 各市规模以上

产品名称	计量单位	全省总计	广州市	深圳市	珠海市
天然原油	吨	13877190		10449388	
天然气	万立方米	607807		74272	
硫铁矿石	吨	2974435			
饲料	吨	16923904	2245235	957237	529750
精制食用植物油	吨	2908817	767624	708985	74626
成品糖	吨	1246169	22564		11982
啤酒	千升	3347844	1060744	452155	318054
精制茶	吨	13758	1516		
卷烟	万支	12222369	10566369	1656000	
纱	吨	414734	30257		905
布	万米	244656	62811	155	2449
服装	万件	641147	88426	35998	15119
皮革鞋靴	万双	124111	19250	6589	1602
人造板	立方米	6526409	609842	30768	
家具	件	200613282	16525064	18056931	735977
机制纸及纸板	吨	12246230	957324		287012
纸制品	吨	10338613	1295635	1435360	222161
玩具	千元	39097287	1494777	4185904	291052
原油加工量	吨	29236385	11606343		
汽油	吨	4595114	1559842		
柴油	吨	11871418	4900362		
乙烯	吨	2015457	219775		
化学肥料	吨	676633	83408		
化学农药原药	吨	32483	403		
涂料	吨	1955507	410600	228563	2996
初级形态的塑料	吨	4562578	1011579	366222	75675
合成橡胶	吨	283385	19523	14166	809
合成纤维聚合物	吨	715958	211634		212253
合成洗涤剂	吨	1988757	1579631	12934	1850
化学药品原药	吨	43324	16532	22	453
中成药	吨	126924	47512	5473	289
化学纤维	吨	527006	28746		57933
橡胶轮胎外胎	条	44458901	10573175	30759371	
塑料制品	吨	11619586	1118774	1531785	176877
水泥	吨	95483267	9513146		696382
平板玻璃	吨	75433110	8757637	8993460	
日用玻璃制品	吨	1559095	283676	107228	
卫生陶瓷制品	件	29320970	132318		
日用陶瓷制品	万件	391429	4607	10008	79
生铁	吨	6973501	1039101		1511419
钢材	吨	22744245	7259492	124692	961072
十种有色金属	吨	437067	30469		
铅	吨	128583			
锌	吨	247303			
黄金	千克	9411			
铝合金	吨	219711	47866	4090	
铝材	吨	3913710	70640	78540	8940
金属集装箱	立方米	33673112	530900	8327397	
不锈钢日用制品	吨	1197593	24056	17071	1958
金属切削机床	台	27964	7689	4630	753

工业主要产品产量

汕头市	佛山市	韶关市	河源市	梅州市	惠州市	汕尾市
		911863				
373541	4296003	160364	98052	13000	220672	2408
19114	4633			633	6540	2660
		23122			10924	
152259	699242	24413			71870	45680
177	6492		64			
9912	84187	16947				
16115	80135	3539	1721	123	3222	
34267	59460	1577	6334	461	23904	10766
34	15022	101	441		10860	181
	1090019	285777	505603	354929	352309	
1297969	38100475	1120201	146990	3971650	5542735	47562
260665	614356	55890		24833	20161	
172764	1257090	31862	18846	367801	89070	31252
5755577	7909315	2325023	321518	112875	555535	691922
					5090	
					840867	
27707	210475	3770				
453	7232					
3902	524953	352		66451	63848	4005
122236	111519				717278	
	5940				44942	
	66737					
6321	3200	200			7010	
668	4549	131	153	317		
2035	24931	563	4770	3671	1626	
4958	81938		2208		14986	
				1425020	370426	
334394	2929919	30777	62131	5901	442366	37968
	7772301	4252597	1479361	13064979	11208475	
448	848012				3125	
	12715713					
127	1712	273	1863	5243	3740	
		3968180		9984		
2898	4124307	4093939	1023356	32242	76947	
		375554		23077		
		124427				
		245421		1882		
		221				
	28200					
4519	2233743	8957			21494	
	2087498				7293465	
22725	273949				16403	
396	7588			1200	71	

1-21 续表 1

产品名称	计量单位	全省总计	广州市	深圳市	珠海市
气体压缩机	台	19869140	12461819	4586	1715234
风机	台	5844578	175085	1370249	
电动手提式工具	台	20802760	3257452		
水泥专用设备	吨	2994			
金属轧制设备	吨	3815	3794		
模具	台	3252995	136640	178913	2406
缝纫机	台	3437208	843417	139650	2180877
环境污染防治专用设备	台	9867	6166	698	
汽车	辆	899254	885208	278	
轿车	辆	819298	819298		
客车	辆	1124	1124		
摩托车整车	辆	9384719	4385702	16242	57725
民用钢质船舶	载重吨	1134596	1054355		322
发电设备	千瓦	1004542			
原电池及原电池组	万只	1290317	277791	77481	1064
家用电冰箱	台	8363065	1050376	61994	
房间空气调节器	台	41222110	4928071	799010	14454805
家用电风扇	台	146819286	1330422	15307320	
家用吸排油烟机	台	12455697	620732	33145	
电饭锅	个	122274039	921592	2318770	146446
家用电热烘烤器具	个	108071127	4087307	24379694	11506850
微波炉	台	42099348		2219770	
家用洗衣机	台	3163467		108974	
家用电热水器	台	11091807	103242	165917	15031
家用燃气灶具	台	18054651	207937	67798	170466
数字程控交换机	线	19711526	22402	19051082	632042
电话单机	部	151488606	1525095	58440225	14121860
传真机	部	2008320	215269	1295537	68510
移动通信基站设备	信道	5675024	244930	5430094	
移动通信手持机	台	145848903	620498	56422769	21111789
电子计算机整机	台	13392080	191481	11605155	
其中：笔记本计算机	台	7161763	92241	7010671	
显示器	台	25324854	347459	9515450	52111
打印机	台	30888402	29872	14279744	3994804
彩色显像管	只	11937000		9587000	
集成电路	万块	1354558	96394	803559	300757
光电子器件	万只	4471300	140042	1309159	41935
电子元件	万只	110143637	766063	9219399	6875645
彩色电视机	台	41372354	2078863	19821282	1318200
数字激光音、视盘机	台	85376991	1499330	15608337	12882
组合音响	台	100634703	6493671	41800008	325178
汽车仪器仪表	台	9623918	8812340	82816	1028
钟	只	77160968	28242670	18033342	
表	只	137273929	546453	76043475	26438235
眼镜成镜	副	156978635	53031847	9265286	
照相机	台	36877228	3140396	6379209	8853515
复印和胶版印制设备	台	1926427		1240496	9434
发电量	万千瓦小时	25392845	4279662	5742245	1773965
煤气生产量	万立方米	1098441	217551		
自来水生产量	万立方米	880613	195647	124072	39167

汕头市	佛山市	韶关市	河源市	梅州市	惠州市	汕尾市
	96647					
	864320	700				
		29288				
		21				
450	182933		919526		1530870	
	185607				188	
512	218				270	
	13768					
29024	479420			39245	40042	
	74623					
		133100		55650		
	96957	14705		5653	152954	
	4147670					
	13731697					
	32577606				4921785	
	5439431					
879981	40914960					
169692	34176720			935301	3337779	
	38690078					
	1853574					
	6212336					
	9735019					
	6000					
	654521		3022740		28638981	
			429004			
	313000		520096		56699027	
	84144				188750	
	27000				31851	
	20320			1717	1314322	
	2350000					
	6213				18157	
58572	229736		11931		324200	8363
95918	66154		16155	241602	1227759	11373
	539017		524125		9399923	
	1821679				22181468	
	450103				13625483	
	19314					
762000	2425260		737103	257270	51354	
143600	10520	7720000	4198074	799175	2901156	
	1017971		2387285		325000	
	11493141				70253	
818061	644381	1138136	200827	949557	417093	643229
		880890				
30386	90388	10126	6048	8852	38006	5378

1-21 续表 2-1

产品名称	计量单位	东莞市	中山市	江门市	阳江市
天然原油	吨				
天然气	万立方米				
硫铁矿石	吨				
饲料	吨	2865740	278816	768065	695488
精制食用植物油	吨	821528	38510		137245
成品糖	吨			8551	2481
啤酒	千升	249034	6840		
精制茶	吨				
卷烟	万支				
纱	吨	18444	19967	74663	
布	万米	18873	15836	20734	
服装	万件	130412	138948	36244	375
皮革鞋靴	万双	42573	7562	3651	2
人造板	立方米	96094		946200	393582
家具	件	86141648	7165150	10612713	799389
机制纸及纸板	吨	8079906	503371	402242	85592
纸制品	吨	3176066	1015609	229025	60077
玩具	千元	7586732	3874254	130659	112585
原油加工量	吨				
汽油	吨				
柴油	吨				
乙烯	吨				
化学肥料	吨			8508	8514
化学农药原药	吨	13154	1320	1393	
涂料	吨	217639	160171	188785	
初级形态的塑料	吨	245368	225134	5531	
合成橡胶	吨	81936	1396	21786	
合成纤维聚合物	吨	5982	716	206795	
合成洗涤剂	吨	58725	182208	134975	
化学药品原药	吨		31	3995	
中成药	吨	1619	2521		10059
化学纤维	吨	19999	17208	179551	
橡胶轮胎外胎	条	94359			
塑料制品	吨	2218697	961929	247632	33869
水泥	吨	1579964	71696	8947934	1844232
平板玻璃	吨	24832405	14508169	16796026	
日用玻璃制品	吨	167974	54050	47435	
卫生陶瓷制品	件		656538	91773	
日用陶瓷制品	万件	3104	421	40242	
生铁	吨				312112
钢材	吨	220087	336634	1426344	475762
十种有色金属	吨				3811
铅	吨				
锌	吨				
黄金	千克			1448	
铝合金	吨	39426	15900	14783	
铝材	吨	158777	35645	148286	
金属集装箱	立方米	6434684		8999168	
不锈钢日用制品	吨	86431	15173	285055	7730
金属切削机床	台	4976	544		

湛江市	茂名市	肇庆市	清远市	潮州市	揭阳市	云浮市
3427802						
533535						
			1318			2061254
1475844	679796	147722	641861	62900	284165	127245
233471	92125		709		413	
1068418	59308	5407	31132	2280		
99678		167875				
43			251	4485	730	
31542	12336	20311	68247		27015	
971	736	795	3884		12556	
529	577	6923	7203	6283	31270	6072
14	106	3867	11475	781		
594762	396971	389987	463526		16040	
3064661	726449	1954342	3558546	792805	141963	110061
132151	117109	150855	442320	1253		111190
138404	34083	14822	523449	129257	78560	17418
	83973	144181	2866838	9630	644937	
4505335	13124707					
838430	2191752					
2103926	4867130					
	954815					
286838	32443	2381				12589
1599	1339	2897	2479		214	
18070	25351	8945	7271	4367	8990	10250
67243	1480305	10493	2714	98	121183	
	89553	3334				
		3186		217	8439	
	1676		26			
8924		6867	683			
3586	1188	670	2190	2711	10222	1288
		30589	8048		80842	
560600	268508	407442				
99857	59142	9398	434342	176973	655916	50940
2900912	1863495	4728898	19679159			5879737
					1545413	
	2247	33172		4356	7372	
	77487		505919	15141223		
12640	2290		724	295015	7899	1442
		21325	64651			46729
	142476		1159799	70162	1214037	
			4156			
			4156			
		7743				
		825	67452			1169
3162		482273	656349		2385	
		5746		88811	248719	103765
		117				

1-21 续表 2-2

产品名称	计量单位	东莞市	中山市	江门市	阳江市
气体压缩机	台	4699031	824495	67328	
风机	台	9878	283823	86612	
电动手提式工具	台	17366941	149079		
水泥专用设备	吨				
金属轧制设备	吨				
模具	台	214565	37230	1255	
缝纫机	台	302			
环境污染防治专用设备	台	1969			
汽车	辆				
轿车	辆				
客车	辆				
摩托车整车	辆	22135	2143	4296645	
民用钢质船舶	载重吨		2609		532
发电设备	千瓦	390242			
原电池及原电池组	万只	317754	1578	36088	
家用电冰箱	台	32368	3070657		
房间空气调节器	台	151164	6793373	363563	
家用电风扇	台	14853575	68388036	8877375	
家用吸排油烟机	台		6362389		
电饭锅	个	4840835	14983945	1733714	
家用电热烘烤器具	个	17457344	8485464	3249853	
微波炉	台	5300	1184200		
家用洗衣机	台		245600	913841	
家用电热水器	台	1106988	2325030	783263	
家用燃气灶具	台	469374	6757588	646469	
数字程控交换机	线				
电话单机	部	42392109			
传真机	部				
移动通信基站设备	信道				
移动通信手持机	台	10161724			
电子计算机整机	台	17443	1305107		
其中：笔记本计算机	台				
显示器	台	13983968	19314		
打印机	台	4305982	7430000	848000	
彩色显像管	只				
集成电路	万块	74600	3984	10081	21720
光电子器件	万只	1737883	461551	79535	
电子元件	万只	70885093	93326	10561	1402
彩色电视机	台	4948141	2352753		
数字激光音、视盘机	台	42610177	1488136	154982	
组合音响	台	33016884	4878297	45079	
汽车仪器仪表	台	560080	148340		
钟	只	22314353			
表	只	13001447	5471794		
眼镜成镜	副	84399549	4982041		
照相机	台	6619066	105066	216582	
复印和胶版印制设备	台	538128	138369		
发电量	万千瓦小时	2385733	408213	2032269	37372
煤气生产量	万立方米				
自来水生产量	万立方米	185872	62031	9574	5441

湛江市	茂名市	肇庆市	清远市	潮州市	揭阳市	云浮市
		386165	2667746			
			2994			
		60	22691		25456	
			86865		302	
			34			
		6000	10396			
		2155				
				425550		
		21673	27342	102205		157072
		427				
105408		457759				
55471291		62505				
					285123	
					41478	
380000						
			2690000		3075	
			70193			
		19093				
		61353	7039			
18920	30825	9272327	213	11287136	6971	16795
				390050		
					4337616	
				1569656		
712781	609841	185285	511628	727472	709531	465564
4281	7007	17305	13704	10650	12425	4254

1-22 规模以上工业主要产品生产能力

产品名称	计量单位	年初生产能力	年末生产能力
天然原油	吨	15744600	15764600
卷烟	万支	17670550	18253352
棉纺锭／纺纱量	锭／吨	1007788	1010495
气流纺锭／纺纱量	头／吨	579898	580030
棉布织机／布	台／万米	104527	108268
原油加工能力／原油加工量	吨	29608000	29608000
焦炭	吨	920000	2020000
农用氮、磷、钾化学肥料总计(折纯)	吨	982633	1004633
化学纤维	吨	656247	662408
水泥熟料	吨	102640141	102484940
其中：窑外分解窑熟料	吨	49747371	51728460
立窑熟料	吨	47133895	46065885
预热器窑熟料	吨	2100000	2100000
湿法窑熟料	吨	270000	270000
中空窑熟料	吨	60000	60000
水泥	吨	133663519	134274188
平板玻璃	重量箱	78020055	72491958
其中：浮法玻璃	重量箱	66118686	63796125
平拉玻璃	重量箱	3420379	3145181
生铁	吨	8596360	8596360
粗钢	吨	13602246	15156296
钢材	吨	26770463	27841457
铁合金	吨	22600	22600
金属切削机床	台	29697	28441
汽车	辆	912300	997300
其中：基本型乘用车(轿车)	辆	860000	930000
家用电冰箱	台	11765269	13321726
房间空气调节器	台	59998533	61213369
家用洗衣机	台	3681500	4231500
移动通信手持机(手机)	台	137059572	178960450
电子计算机整机	台	13837168	14221321
其中：微型计算机设备	台	13836168	14220321
彩色电视机	台	48018255	47549090
发电设备容量总计／发电量	万千瓦／万千瓦小时	4752	4794

第 2 篇

能　源

2-1　分产业能源消费量

指标名称	能源消费总量（等价值）	其中:		
		煤炭（万吨）	石油（万吨）	电力（亿千瓦时）
消费量合计	**23476.17**	**13298.16**	**5351.00**	**3506.78**
加工转换投入(-)产出(+)量	**-52.34**	**-8743.08**	**-417.94**	**2106.88**
损 失 量	**752.07**	**7.56**	**4.82**	**208.37**
其中：运输和输配损失	752.07	7.56	4.82	208.37
终端消费量	**22671.76**	**4547.52**	**4928.24**	**3298.41**
(一)第一产业	438.37	58.36	102.65	74.45
1.农、林、牧、渔业	438.37	58.36	102.65	74.45
(二)第二产业	15123.85	4384.98	2451.19	2237.51
1.工　　业	14892.36	4382.69	2401.07	2190.62
＃用作原料、材料	1127.88	400.23	648.79	
2.建 筑 业	231.49	2.29	50.12	46.89
(三)第三产业	4350.59	29.72	1743.33	526.46
1.交通运输、仓储和邮政业	2351.06	1.78	1510.92	39.5
2.批发、零售业和住宿、餐饮业	937.83	27.94	181.31	191.09
3.其他	1061.70		51.1	295.87
(四)生活消费	2758.94	74.46	631.07	459.99
1. 城　　镇	1795.99	40.38	444.54	268.58
2. 乡　　村	962.95	34.08	186.53	191.41

2-2 分行业能源消费总量和原煤、电力消费量

行业	能源消费总量(万吨标准煤)	原煤消费量(万吨)	电力消费量(亿千瓦小时)
消费总量	**23476.17**	**12661.63**	**3506.78**
农、林、牧、渔业	**438.37**	**58.36**	**74.45**
工业合计	**15671.53**	**12521.81**	**2398.99**
采矿业	**149.64**	**11.93**	**13.89**
煤炭开采和洗选业	2.60	3.53	
石油和天然气开采业	76.71		0.57
黑色金属矿采选业	21.53	1.69	3.96
有色金属矿采选业	13.83	1.40	3.28
非金属矿采选业	34.85	5.31	6.08
其他采矿业	0.12		
制造业	**13380.59**	**4511.64**	**1868.80**
农副食品加工业	232.33	110.77	28.25
食品制造业	147.24	53.78	20.95
饮料制造业	99.45	41.90	11.67
烟草制品业	7.49	1.94	1.33
纺织业	801.16	572.01	101.13
纺织服装、鞋、帽制造业	290.72	86.08	51.02
皮革、毛皮、羽毛(绒)及其制品业	183.26	9.83	43.82
木材加工及木、竹、藤、棕、草制品业	90.52	12.73	20.40
家具制造业	110.19	1.66	26.19
造纸及纸制品业	727.18	776.23	102.99
印刷业和记录媒介的复制	128.06	4.97	25.72
文教体育用品制造业	175.59	2.69	40.80
石油加工、炼焦及核燃料加工业	1131.29	89.54	31.13
化学原料及化学制品制造业	932.51	160.24	89.30
医药制造业	101.89	53.13	13.56
化学纤维制造业	62.59	5.47	10.43
橡胶制品业	105.94	28.89	19.47
塑料制品业	620.65	67.13	144.10
非金属矿物制品业	2792.26	2011.76	223.30
黑色金属冶炼及压延加工业	1108.52	231.80	84.40
有色金属冶炼及压延加工业	330.73	66.60	52.19
金属制品业	545.74	39.97	113.17
通用设备制造业	206.55	17.82	42.71
专用设备制造业	168.49	7.46	39.50
交通运输设备制造业	217.74	2.75	47.31
电气机械及器材制造业	667.93	10.12	149.98
通信设备、计算机及其他电子设备制造业	1131.76	4.52	281.81
仪器仪表及文化、办公用机械制造业	104.25	0.09	24.59
工艺品及其他制造业	141.64	35.85	24.56
废弃资源和废旧材料回收加工业	16.91	3.91	3.02
电力、燃气及水的生产和供应业	**2141.31**	**7998.24**	**516.30**
电力、热力的生产和供应业	1978.84	7992.56	477.92
燃气生产和供应业	33.66	5.68	1.36
水的生产和供应业	128.81		37.02
建筑业	**231.49**	**2.29**	**46.89**
交通运输、仓储及邮政业	**2376.30**	**1.78**	**39.50**
批发和零售贸易餐饮业	**937.83**	**27.94**	**191.09**
其他行业	**1061.70**		**295.87**
生活消费	**2758.94**	**49.45**	**459.99**

2-3　工业企业分行业分品种消费量

行　业	原　煤(万吨)	洗精煤(万吨)	其他洗煤(万吨)	煤制品(万吨)	焦　炭(万吨)	焦炉煤气(亿立方米)
总　计	**12521.81**	**308.73**	**16.43**	**427**	**449.60**	**3.82**
采矿业	**11.93**				**2.56**	
煤炭开采和洗选业	3.53					
石油和天然气开采业						
黑色金属矿采选业	1.69				2.46	
有色金属矿采选业	1.4					
非金属矿采选业	5.31				0.10	
其他采矿业						
制造业	**4511.64**	**306.01**	**16.43**	**114.99**	**443.72**	**3.82**
农副食品加工业	110.77	0.09	0.03	0.74	0.38	
食品制造业	53.78	0.01		1.4	0.05	
饮料制造业	41.9			1.55	0.31	
烟草制品业	1.94					
纺织业	572.01	3.57	0.28	3.35	0.82	
纺织服装、鞋、帽制造业	86.08			1.03		
皮革、毛皮、羽毛(绒)及其制品业	9.83	0.26		1.4	0.07	
木材加工及木、竹、藤、棕、草制品业	12.73			6.9		
家具制造业	1.66	0.13		0.02	0.74	
造纸及纸制品业	776.23	0.02	0.07	1.67	2.22	
印刷业和记录媒介的复制	4.97		0.02	0.22		
文教体育用品制造业	2.69			0.01		
石油加工、炼焦及核燃料加工业	89.54	23.37				
化学原料及化学制品制造业	160.24	0.04	0.18	0.94	0.92	
医药制造业	53.13	0.8			0.01	
化学纤维制造业	5.47					
橡胶制品业	28.89		0.04	0.41	0.06	
塑料制品业	67.13	0.52	0.04	2.36	0.17	
非金属矿物制品业	2011.76	3.01	13.42	87.22	3.54	
黑色金属冶炼及压延加工业	231.8	191.8	0.05	0.14	385.24	3.82
有色金属冶炼及压延加工业	66.6	1.27	1.96	0.2	27.72	
金属制品业	39.97	0.24	0.18	1.49	5.17	
通用设备制造业	17.82	0.01	0.16	2.35	13.11	
专用设备制造业	7.46	0.03			0.22	
交通运输设备制造业	2.75	0.02		0.01	0.52	
电气机械及器材制造业	10.12	0.4		0.03	1.06	
通信设备、计算机及其他电子设备制造业	4.52			1.49	0.03	
仪器仪表及文化、办公用机械制造业	0.09			0.01	0.01	
工艺品及其他制造业	35.85	80.42			0.17	
废弃资源和废旧材料回收加工业	3.91			0.05	1.18	
电力、燃气及水的生产和供应业	**7998.24**	**2.72**		**312.01**	**3.32**	
电力、热力的生产和供应业	7992.56	2.72		312.01	3.32	
燃气生产和供应业	5.68					
水的生产和供应业						

2-3 续表 1

行 业	其他煤气(亿立方米)	天然气(亿立方米)	原 油(万吨)	汽 油(万吨)	煤 油(万吨)	柴 油(万吨)	燃料油(万吨)
总 计	**97.10**	**44.05**	**3041.39**	**72.89**	**9.66**	**566.7**	**973.3**
采矿业		**3.18**	**14.66**	**0.81**	**0.10**	**16.27**	**1.91**
煤炭开采和洗选业						0.01	
石油和天然气开采业		3.18	14.66	0.02	0.02	6.35	1.56
黑色金属矿采选业				0.17		3.08	
有色金属矿采选业				0.15	0.06	0.92	0.15
非金属矿采选业				0.39	0.02	5.91	0.2
其他采矿业				0.08			
制造业	**93.65**	**3.89**	**3026.73**	**69.40**	**9.55**	**534.41**	**597.05**
农副食品加工业			0.09	0.95	0.11	7.96	8.74
食品制造业		0.13		0.9	0.12	7.94	9.51
饮料制造业		0.04	0.03	0.6	0.01	3.87	15.37
烟草制品业	0.01	0.02		0.04		0.75	
纺织业	0.01	0.03		7.35	0.23	25.47	29.08
纺织服装、鞋、帽制造业		0.03		3.06	0.16	22.59	10.93
皮革、毛皮、羽毛(绒)及其制品业		0.01	0.04	1.96	0.13	10.01	8.65
木材加工及木、竹、藤、棕、草制品业				0.5	0.02	2.54	0.41
家具制造业		0.01	0.01	1.67	0.05	8.28	2.69
造纸及纸制品业	0.02	0.03	0.01	2.7	0.22	13.77	14.09
印刷业和记录媒介的复制	0.01	0.04		2.32	0.1	17.45	4.89
文教体育用品制造业	0.01	0.01		1.33	0.13	17.07	5.29
石油加工、炼焦及核燃料加工业			3026.31	0.14	2.39	1.28	27.04
化学原料及化学制品制造业		0.02		4.97	1.59	23.07	51.06
医药制造业	0.02	0.02	0.01	0.66	0.01	5.31	7.43
化学纤维制造业		0.02		0.68	0.01	7.15	6.86
橡胶制品业		0.04		0.88	0.04	3.38	8.33
塑料制品业		0.02		4.45	0.17	34.18	20.93
非金属矿物制品业		1.1	0.09	2.6	0.92	72.86	190.49
黑色金属冶炼及压延加工业	87.23	0.02		0.93	0.02	18.73	4.83
有色金属冶炼及压延加工业	5.85	0.74	0.06	0.65	0.14	15.03	18.22
金属制品业	0.01	0.26	0.01	5.42	1.59	40.11	30.29
通用设备制造业	0.45	0.07	0.01	2.51	0.36	11.64	6.87
专用设备制造业		0.02	0.02	2.41	0.1	12.4	5.95
交通运输设备制造业	0.01	0.33	0.01	2.64	0.13	19.68	5.7
电气机械及器材制造业		0.36		6.55	0.33	49.5	37.16
通信设备、计算机及其他电子设备制造业		0.45	0.01	8.09	0.17	64.05	51.67
仪器仪表及文化、办公用机械制造业		0.06	0.02	0.91	0.19	8.32	5.16
工艺品及其他制造业	0.02	0.01		1.3	0.07	8.69	9.17
废弃资源和废旧材料回收加工业				0.23	0.04	1.33	0.24
电力、燃气及水的生产和供应业	**3.45**	**36.98**		**2.68**	**0.01**	**16.02**	**374.34**
电力、热力的生产和供应业	3.09	35.74		1.81		12.5	372.99
燃气生产和供应业	0.36	1.24		0.27		0.99	0.79
水的生产和供应业				0.6	0.01	2.53	0.56

2-3 续表 2

行 业	液 化 石油气 (万吨)	炼厂 干气 (万吨)	其他石 油制品 (万吨)	热力 (万百万 千瓦焦)	电力 (亿千 瓦时)	其他能源 (万吨 标准煤)	能源合计 (万吨 标准煤)
总 计	**160.83**	**81.11**	**896.63**	**4738.19**	**2398.99**	**208.94**	**15671.53**
采矿业	**0.02**		**0.01**		**13.89**	**1.27**	**149.64**
煤炭开采和洗选业						0.06	2.60
石油和天然气开采业					0.57	0.03	76.71
黑色金属矿采选业					3.96		21.53
有色金属矿采选业	0.02				3.28		13.83
非金属矿采选业			0.01		6.08	1.18	34.85
其他采矿业							0.12
制造业	**158.77**	**78.96**	**888.99**	**4485.18**	**1868.80**	**117.19**	**13380.59**
农副食品加工业	0.25	3.73	0.03	229.45	28.25	68.11	232.33
食品制造业	1.42		0.10	314.68	20.95	1.05	147.24
饮料制造业	0.41		0.01	233.43	11.67	0.55	99.45
烟草制品业	0.01			4.42	1.33	0.01	7.49
纺织业	0.98		0.03	356.05	101.13	2.95	801.16
纺织服装、鞋、帽制造业	0.71		0.02	49.16	51.02	1.60	290.72
皮革、毛皮、羽毛(绒)及其制品业	0.17			0.06	43.82	0.04	183.26
木材加工及木、竹、藤、棕、草制品业	0.02		0.02	16.02	20.40	3.42	90.52
家具制造业	0.99		0.02		26.19	0.55	110.19
造纸及纸制品业	1.02		0.02	878.85	102.99	3.69	727.18
印刷业和记录媒介的复制	1.13		0.11		25.72	0.02	128.06
文教体育用品制造业	1.42			10.48	40.80	0.20	175.59
石油加工、炼焦及核燃料加工业	2.74	75.15	576.92	1489.65	31.13	0.02	1131.29
化学原料及化学制品制造业	8.18	0.05	308.25	364.03	89.30	1.32	932.51
医药制造业	0.06		0.05	9.13	13.56	1.02	101.89
化学纤维制造业	0.01			54.11	10.43	0.01	62.59
橡胶制品业	0.06		0.56	10.21	19.47	0.10	105.94
塑料制品业	0.99		0.48	4.73	144.10	1.72	620.65
非金属矿物制品业	69.81	0.03	1.09	28.63	223.30	29.05	2792.26
黑色金属冶炼及压延加工业	24.96		0.02	277.25	84.40	0.11	1108.52
有色金属冶炼及压延加工业	12.63		0.05	5.78	52.19	0.31	330.73
金属制品业	10.13		0.14	13.01	113.17	0.08	545.74
通用设备制造业	2.03		0.18	1.14	42.71	0.21	206.55
专用设备制造业	0.57		0.21	0.01	39.50	0.01	168.49
交通运输设备制造业	6.15		0.06	36.50	47.31		217.74
电气机械及器材制造业	8.53		0.38	91.80	149.98	0.09	667.93
通信设备、计算机及其他电子设备制造业	1.88		0.04	6.60	281.81	0.14	1131.76
仪器仪表及文化、办公用机械制造业	0.13				24.59	0.04	104.25
工艺品及其他制造业	1.31		0.15		24.56	0.76	141.64
废弃资源和废旧材料回收加工业	0.07		0.05		3.02	0.01	16.91
电力、燃气及水的生产和供应业	**2.04**	**2.15**	**7.63**	**253.01**	**516.30**	**90.48**	**2141.31**
电力、热力的生产和供应业		2.15	7.63	253.01	477.92	90.47	1978.84
燃气生产和供应业	2.03				1.36		33.66
水的生产和供应业	0.01				37.02	0.01	128.81

2-4 规模以上工业企业

产品名称	计量单位	工业生产消费量	加工转换投入合计	火力发	供 热
原煤	吨	90729193	82819424	80015358	2652192
洗精煤	吨	2913123	2900930	23146	20965
其他洗煤	吨				
煤制品	吨	3107896	3107896	2974288	133607
型煤	吨				
水煤浆	吨	3078355	3078355	2944747	133607
煤粉	吨	29541	29541	29541	
焦炭	吨	3062213	214349	32401	59126
其他焦化产品	吨				
焦炉煤气	万立方米	38077			
高炉煤气	万立方米	849868	50030	10854	39177
其他煤气	万立方米	75287			
天然气	万立方米	201356	201155	190684	33
液化天然气	吨	1199394	1199394	11981667	
原油	吨	30263098	30215597		
汽油	吨	6814	135	135	
煤油	吨	4			
柴油	吨	138957	105331	104617	661
燃料油	吨	4039153	3605032	3445870	87555
液化石油气	吨	445431	414356		
炼厂干气	吨	771616	61947	7597	54350
其他石油制品	吨	6883666	1204297	73020	16991
热力	百万千焦	23490641	1520614	1520614	
电力	万千瓦时	2657796			
其他燃料	吨标准煤	1354686	1203158	1201743	1415
煤矸石	吨	1768617	1768617	1768617	
生物质能	吨标准煤	639613	363855	363855	
工业废料	吨标准煤	106260	209500	209500	
城市固体垃圾	吨标准煤	277467	277467	277467	
能源合计	吨标准煤	142236615	119786216	69238931	2296572

能源加工转换投入产出量

原煤入洗	炼　焦	炼　油	制　气	天然气液化	加工煤制品	能源加工转换产出	回收利用
			150346		1528		
	1819237				1037582		
						1376366	
						1713	
						1374653	
			122822			1361394	
						68814	
						38485	
							849868
						76066	16877
			10438				
			1227				
		30215597					
						4595114	
						1885944	
			53			11871418	
		63794	7813			2482006	
		411835	2521			1731172	
						652298	
		1114212	75			8795133	
						52685587	792138
						21257405	
							8135
							8135
	1623334	45307264	385199		934915	75096023	1110152

2-5 规模以上工业企业能源购进、消费与库存

能源名称	计量单位	年初库存量	本年购进量		本年消费量					期末库存量
			实物量	金额(千元)	合计	1.工业生产消费	用于原材料	2.非工业生产消费	合计中：运输工具消费	
原煤	吨	6194938	120786122	78606358	119766890	119497662	4001452	269226		7427409
洗精煤	吨	223722	2298212	3363054	3041159	3040916	114	244		197410
其他洗煤	吨	442	31406	19573	31220	31220				626
煤制品	吨	76097	4290334	2477164	4270028	4269710	703	317		98428
型煤	吨	4938	119180	61216	118167	117970	467	197		5814
水煤浆	吨	60310	3893115	2217366	3892987	3892987				59851
煤粉	吨	10752	262069	190262	244584	244500	228	85		31886
焦炭	吨	344881	2973489	5664279	4445400	4445296	83874	105		217239
其他焦化产品	吨	1196	49582	81868	48239	48239				2832
焦炉煤气	万立方米		93	266	38170	38169		1		
高炉煤气	万立方米				849868	849868				
其他煤气	万立方米		5152	35416	80489	80368	21	121		
天然气	万立方米		287261	4599777	266062	263489	162	2573		
液化天然气	吨	42695	1221016	4597637	1244761	1243563	3712	1198	8	20808
原油	吨	902839	30420313	154442409	30396604	30396345	29	259		1048047
汽油	吨	5189	698055	4098751	628216	290300	8243	337926	284575	4515
煤油	吨	1260	83404	499363	845623	82159	31232	2404	554	1937
柴油	吨	172847	4010918	22482553	5003326	4429690	80182	573306	431931	165670
燃料油	吨	585089	9049031	37692968	9616447	9505733	114065	110713	1833	526497
液化石油气	吨	56407	2088390	12237349	1995364	1966909	9817	28453	373	62259
炼厂干气	吨		35144	138884	810704	810704		…		
其他石油制品	吨	256098	81327968	33590933	10051740	10051657	6244361	84		126132
热力	百万千焦		38400666	1719695	47341303	46369068		972235		
电力	万千瓦时		16963873	125909182	20329179	19586751		742428		
其他燃料	吨标准煤	13443	1091213	597533	1869806	1869070	158606	736		19684
煤矸石	吨		1856215	260147	1864671	1864671	19048			
生物质能	吨标准煤	5459	202806	109744	753500	753025	81	475		9715
工业废料	吨标准煤		256687	78278	265529	265460	2471	69		
城市固体垃圾	吨标准煤	541	237824	101706	445073	445073	151322			343
能源合计	吨标准煤				212124811	209407845		2716974		

2-6　规模以上工业企业分地区综合能源消费量

地　　区	综合能源消费量（万吨标准煤）	原煤消费量（万吨）	电力消费量（千瓦时）
总　计	**13320.17**	**11976.69**	**2032.92**
广　州	2492.96	2357.26	376.63
深　圳	1434.17	536.79	338.49
珠　海	518.77	730.21	56.81
汕　头	234.61	333.33	48.12
佛　山	1423.98	684.80	270.85
韶　关	611.87	637.97	54.27
河　源	77.48	57.44	24.81
梅　州	353.72	560.13	27.12
惠　州	656.53	141.93	71.84
汕　尾	134.75	276.03	9.25
东　莞	1452.68	1854.46	274.58
中　山	330.90	168.66	91.79
江　门	707.69	1092.23	100.33
阳　江	75.06	40.15	18.11
湛　江	333.21	373.21	26.69
茂　名	872.52	256.26	37.29
肇　庆	255.46	179.27	46.77
清　远	573.69	676.77	74.37
潮　州	251.00	287.06	22.17
揭　阳	226.39	312.52	35.56
云　浮	302.75	420.20	27.07

2-7　规模以上工业企业水消费

指标名称	企业单位数（个）	水消费数量（万立方米）	水消费金额（万元）
取水总量	51518	1403677.47	763587.12
1.地表水	1659	1135828.10	260743.54
2.地下水	1966	18572.24	7101.76
3.自来水	49700	243606.13	492747.89
4.管道供应的未经达标处理的水	63	4119.37	2909.85
5.中水	7	123.91	70.41
6.海水	6	1056.48	13.66
7.其他水	611	371.23	11.47
重复用水	2152	299864.60	

附录

主要指标解释

主要指标解释

一、工业企业生产经营和财务状况

工业　指从事自然资源的开采，对采掘品和农产品进行加工和再加工的物质生产部门。具体包括：对自然资源的开采，如采矿、晒盐、森林采伐等(但不包括禽兽捕猎和水产捕捞)；对农副产品的加工、再加工，如粮油加工、食品加工、轧花、缫丝、纺织、制革等；对采掘品的加工、再加工，如炼铁、炼钢、化工生产、石油加工、机器制造、木材加工等，以及电力、自来水、煤气的生产和供应等；对工业品的修理、翻新，如机器设备的修理、交通运输工具(包括小卧车)的修理等。

1984 年以前农村的村及村以下办工业归属农业，1984 年以后划归工业。

工业统计调查单位　工业统计调查单位为分两类：独立核算法人工业企业和工业产业活动单位。

(1)独立核算法人工业企业　是指从事工业生产经营活动的单位。独立核算法人工业企业应同时具备以下条件：依法成立，有自己的名称、组织机构和场所，能够承担民事责任；独立拥有和使用资产，承担负债，有权与其他单位签订合同；独立核算盈亏，并能够编制资产负债表。

(2)工业产业活动单位　是指在一个场所从事一种或主要从事一种工业生产活动的经济单位。它包括独立核算工业企业按主营业务活动(即工业生产活动)划分的主营业务活动单位和非工业企业所属的工业生产活动单位(即原非独立核算工业生产单位)。工业活动单位，一般应同时具备以下三个条件：具有一个场所，从事一种或主要从事一种工业活动；单独组织工业生产、经营或业务活动；单独核算收入和支出。

轻工业　指主要提供生活消费品和制作手工工具的工业。按其所使用的原料不同,可分为两大类：以农产品为原料的轻工业，是指直接或间接以农产品为基本原料的轻工业，主要包括食品制造、饮料制造、烟草加工、纺织、缝纫、皮革和毛皮制作、造纸以及印刷等工业；以非农产品为原料的轻工业，是指以工业品为原料的轻工业，主要包括文教体育用品、化学药品制造、合成纤维制造、日用化学制品、日用玻璃制品、日用金属制品、手工工具制造、医疗器械制造、文化和办公用机械制造等工业。

重工业　是指为国民经济各部门提供物质技术基础的主要生产资料的工业。按其生产性质和产品用途，可以分为下列三类：采掘(伐)工业，是指对自然资源的开采，包括石油开采、煤炭开采、金属矿开采、非金属矿开采和木材采伐等工业；原材料工业，指向国民经济各部门提供基本材料、动力和燃料的工业，包括金属冶炼及加工、炼焦及焦炭化学、化工原料、水泥、人造板以及电力、石油和煤炭加工等工业；加工工业，是指对工业原材料进行再加工制造的工业，包括装备国民经济各部门的机械设备制造工业、金属结构、水泥制品等工业，以及为农业提供的生产资料如化肥、农药等工业。

根据上述划分原则，修理业中以重工业产品为修理作业对象的划为重工业，反之划为轻工业。

工业总产值（当年价格）　指工业企业在本年内生产的以货币形式表现的工业最终产品和提供工业劳务活动的总价值量。

1.工业总产值计算应遵循三条原则：（1）工业生产的原则。即凡是企业在本年内生产的最终产品和提供的劳务，均应包括在内。其中的最终产品，不管是否在本年内销售，只要是本年内生产的，就应包括在内。凡不是工业生产的产品，均不得计入工业总产值。（2）最终产品的原则。即企业生产的成品价值必须是本企业生产的，经检验合格不需再进行任何加工的最终产品。企业对外销售的半成品也应视为最终产品计入工业总产值。而在本企业内各车间转移的半成品和在制品只能计算其期末期初差额价值。（3）“工厂法”原则。即以法人工业企业作为一个整体计算工业总产值，是其本年内生产的最终产品和提供劳务的总价值量。

2.工业总产值包括三部分：生产的成品价值、对外加工费收入、自制半成品在制品期末期初差额价值。

（1）成品价值：指企业在本年内生产，并在本年内不再进行加工，经检验合格、包装入库的已经销售和准备销售的全部工业成品（包括半成品）价值合计。成品价值中包括企业生产的自制设备及提供给本企业在建工程、其他非工业部门和生活福利部门等单位使用的成品价值，但不包括用订货者来料加工的成品（半成品）价值。

工业总产值是按现行价格计算的。成品价值按成品实物量乘以本年不含应交增值税（销项税额）的产品实际销售平均单价计算。会计核算中按成本价格转账的自制设备和自产自用的成品，按成本价格计算生产成品价值。

（2）对外加工费收入：指企业在报告期内完成的对外承做的工业品加工（包括用订货者来料加工生产）的加工费收入和对外工业品修理作业所收取的加工费收入和对内非工业部门提供的加工修理、设备安装等收入。对外加工费收入按不含应交增值税（销项税额）的价格计算。

对于以对外加工生产为主，对外加工费收入所占比重较大的企业，如果对外加工费收入出现跨年度支付的情况，为保证总产值生产口径计算的准确性，则应将对外加工费收入按实际情况调整，记录本年应实际收取的对外加工费收入。

（3）自制半成品在制品期末期初差额价值。为了使工业总产值与工业中间投入中的物耗价值一致，以便同口径地计算工业增加值，规定本指标的计算原则是：凡是企业会计产品成本核算中计算半成品、在制品成本，则工业总产值中必须包括自制半成品在制品期末期初差额价值。反之则不包括。

自制半成品在制品期末期初差额价值等于自制半成品在制品期末价值减去期初价值后的余额，如果期末价值小于期初价值，该指标为负值，企业在计算产值时，应按负值计算，不能作为零处理。

新产品产值 新产品是指采用新技术原理、新设计构思研制、生产的全新产品，或在结构、材质、工艺等某一方面比原有产品有明显改进，从而显著提高了产品性能或扩大了使用功能的产品。本报表中的新产品产值既包括经政府有关部门认定并在有效期内的新产品，也包括企业自行研制开发，未经政府有关部门认定，从投产之日起一年之内的新产品。

工业产品本年生产量 指工业企业在本年内生产的并符合产品质量要求的实物数量，包括商品量和自用量两部分。

1.产品生产量计算应遵循三条原则:

（1）产品质量标准：产品必须符合规定的质量标准或订货合同规定的技术条件，才可统计生产量。工业产品质量标准一律按国家标准或部颁标准执行。没有国家标准或部颁标准的产品，应按企业主管机关的标准或订货合同规定的技术条件执行，不得擅自更改标准或降低标准，不合格的产品不能计算生产量。

（2）统计时间：本年生产量反映的是本年内的工业生产成果，凡本年内生产的产品都应计算在内，即截止本年最后一天检验合格并办理了入库手续的产品，其中规定要求包装的产品必须包装好才能计算其生产量。至于本年最后一天以哪一个班次作为截止计算产量的班次则由企业主管机关规定，并应与会计核算的结算时间一致。结算时间一经确定，就要严格执行，不得随意提前或移后。

（3）准确度量：准确度量是计算产品产量的重要一环，企业应配备必要的计量设备，对产量进行实际度量，不得随意估算，对确有困难不得不推算的某些产品，一定要按照主管部门规定的推算方法计算，使之尽量接近实际。

2.产品生产量包括的内容:

（1）企业各车间（主要车间、辅助车间、附属品车间及副产品车间）用自备原材料生产的全部产品产量，不论是要销售的商品量还是本企业的自用量，均应统计生产量。

（2）凡用订货者来料加工生产的产品，并且加工企业只收取加工费的，如果订货者是境内非工业企业和境外企业，其产品生产量由加工企业统计；如果订货者是境内工业企业，产品生产量由委托企业（即发包企业）统计，加工企业（即承包企业）不统计。

（3）经正式鉴定合格的新产品、自产自用的生产设备、未正式投入生产以前试生产的合格品以及基本建设附产的合格品，都应包括在产品生产量中。

（4）用进口原材料或关键零件生产的产品，或用进口整套散装零件及用进口组装件加工、装配的产品，不论是在国内销售还是外商经销，生产量均统计在国内同种产品生产量中。

（5）在我国国土范围内的外商投资和港、澳、台商投资工业企业生产的产品，其生产量全部统计在国内同种产品生产量中。

工业产品生产能力 一般指产品的综合生产能力，但也有些产品指其主要设备的能力。在填报时分为两种情况:

(1)产品年末生产能力：指在一个企业范围内生产某种产品的综合平衡能力，是生产某种产品的全部设备(包括主要生产设备、辅助生产设备、起重运输设备、动力设备及有关的厂房和生产用建筑物等)在原材料、燃料动力供应充分，劳动力配备合理，设备正常运转的条件下，可能达到的年生产量。

(2)设备能力：指某种设备的单位时间内可能生产的产品数量，也就是说，某种设备在单位时间内的工作量，即一般所称的设备效率，或设备生产率，它不考虑与其他设备的平衡问题。

工业销售产值(当年价格) 是以货币形式表现的，工业企业在本年内销售的本企业生产的工业产品或提供工业性劳务价值的总价值量。工业销售产值包括的内容为:

1.销售成品价值：指企业在报告期内实际销售（包括本期生产和非本期生产）的全部成品、半成品的总价值，即按报告期产品的实际销售数量乘以不含增值税（销项税额）的产品实际销售平均单价计算。销售成品价值中包括企业生产的自制设备及提供给本企业在建工程、其他非工业部门和生活福利部门等单位使用的成品价值，但不包括用订货者来料加工，并且只收取加工费的成品（半成品）价值。

2.对外加工费收入：指企业在报告期内完成的对外承接的工业品加工（包括用定货者来料加工的产品）的加工费收入；对外工业品修理作业可收取的加工费收入和对内非工业部门提供的加工修理、设备安装等收入。对外加工费收入按不含增值税（销项税额）的价格计算。

对于以对外加工生产为主，对外加工费收入所占比重较大的企业，如果对外加工费收入出现跨年度支付的情况，为保证总产值生产口径计算的准确性，则应将对外加工费收入按实际情况调整，记录本年应实际收取的对外加工费收入。

出口交货值 指工业企业交给外贸部门或自营（委托）出口（包括销往香港、澳门、台湾），用外汇价格结算的产品价值，以及外商来样、来料加工、来件装配和补偿贸易等生产的产品价值。在计算出口交货值时，要把外汇价格按交易时的汇率折成人民币计算。

工业增加值 指工业企业在报告期内以货币形式表现的工业生产活动的最终成果，是企业全部生产活动的总成果扣除了在生产过程中消耗或转移的物质产品和劳务价值后的余额，是企业生产过程中新增加的价值。

计算工业增加值通常采用两种方法。

一是“生产法”，即从工业生产过程中产品和劳务价值形成的角度入手，剔除生产环节中间投入的价值，从而得到新增价值的方法。公式为:

工业增加值＝工业总产值－工业中间投入＋本期应交增值税

二是“收入法”，即从工业生产过程中创造的原始收入初次分配的角度，对工业生产活动最终成果进行核算的一种方法，其计算公式为：

工业增加值＝固定资产折旧＋劳动者报酬＋生产税净额＋营业盈余

资产总计 指企业拥有或控制的能以货币计量的经济资源，包括各种财产、债权和其他权利。资产按其流动性(即资产的变现能力和支付能力)划分为：流动资产、长期投资、固定资产、无形资产、递延资产和其他资产。

流动资产 指企业可以在一年内或者超过一年的一个生产周期内变现或者耗用的资产，包括现金及各种存款、短期投资，应收及预付款项、存货等。

应收账款 指企业因销售商品、产品、提供劳务等，应向购货单位或接受劳务单位收取款项。

存货 指企业在生产经营过程中为销售或耗用而储备的各种资产，包括原材料、周转材料、包装物、低值易耗品、在产品、自制半成品、产成品等。

产成品 指企业报告期末已经加工生产并完成全部生产过程，可以对外销售的制成产品。

固定资产 指企业使用期限超过一年的房屋、建筑物、机器、机械、运输工具以及其他与生产、经营有关的设备、器具、工具等。不属于生产经营主要设备的物品，单位价值在 2000 元以上，并且使用年限超过 2 年的，也应当作为固定资产。

固定资产原价 指企业在建造、购置、安装、改建、扩建、技术改造某项固定资产时所支出的全部货币总额。

固定资产折旧 指对固定资产由于磨损和损耗而转移到产品中去的那一部分价值的补偿。一般根据固定资产原价(选用双倍余额递减法计提折旧的企业，为固定资产账面净值)和确定的折旧率计算。“累计折旧”：指企业在报告期末提取的历年固定资产折旧累计数。

固定资产净值 固定资产净值指固定资产原价减去累计折旧后的净额。

负债合计 指企业所承担的能以货币计量，将以资产或劳务偿付的债务，偿还形式包括货币、资产或提供劳务。负债一般按偿还期长短分为流动负债和长期负债。

流动负债合计 指企业在一年内或超过一年的一个营业周期内需要偿还的债务，包括短期借款、应付票据、应付账款、预收账款、应付工资、应交税金、应付利润、预提费用等。

长期负债合计 指企业偿还期在一年以上或者超过一年的一个营业周期以上的债务，包括长期借款、长期应付款、应付债券等。

所有者权益合计 指企业投资人对企业净资产的所有权。企业净资产为企业全部资产与企业全部负债的差额，包括实收资本、资本公积、盈余公积、未分配利润等。

实收资本 指企业投资者实际投入的资本(或股本)，包括货币、实物、无形资产等各种形式的投入。实收资本按投资主体可分为国家资本、集体资本、法人资本、个人资本、港澳台资本和外商资本。

国家资本 指有权代表国家投资的政府部门或机构、直属事业单位对企业形成的资本金。

集体资本 指由本企业职工等自然人集体投资或各种机构对企业进行扶持形成的集体性质的资本金。

法人资本 指法人以其依法可支配的资产投入企业形成的资本金。

个人资本 指自然人实际投入企业的资本金。

港澳台资本 指我国香港、澳门和台湾地区投资者实际投入企业的资本金。

外商资本 指外国投资者实际投入企业的资本金。

营业收入 是指企业在销售产品（商品）或提供劳务等经营业务中实现的收入。一般可分为主营业务收入（或基本业务收入）和其他业务收入（或附营业务收入）两部分。

主营业务收入 是企业销售产品的销售收入和提供劳务等经营业务取得的业务收入。

主营业务税金及附加 是指企业销售产品和提供劳务等主要经营业务应负担的城市维护建设税、消费税、资源税和教育费附加。

主营业务成本 是指企业销售产品和提供劳务等主要经济业务的实际成本。

主营业务利润 指企业销售产品和提供工业性劳务等主要经营业务收入扣除其成本、费用、税金后的利润。

营业费用 指企业在销售商品过程中发生的各项费用以及为销售本企业商品而专设的销售机构（含销售网点、售后服务网点等）的经营费用。包括运输费、装卸费、包装费、保险费、广告费、业务费、差旅费、招待费、社保费等。

管理费用 指企业为组织和管理企业生产经营所发生的管理费用，包括企业的董事会和行政管理部门在企业经营管理中发生的，或者应当由企业统一负担的各项管理费用。包括行政管理部门职工工资、福利费、差旅费、办公费、会议费、印刷费、水电费、社保肥、招待费、技术转让费等。

财务费用 指企业为筹集生产经营所需资金而发生的费用，包括企业生产经营期间发生的利息支出（减利息收入）、汇兑损失（减汇兑收益）以及相关的手续费等。

营业利润 指企业从事生产经营活动所产生的利润，即主营业务利润加其他业务利润扣除管理费用、财务费用后的净额。

利润总额 指企业在生产经营过程中各种收入扣除各种耗费后的盈余，反映企业在报告期内实现的亏盈总额，包括营业利润、补贴收入、投资净收益和营业外收支净额。

应交所得税 指企业按税法规定，应从生产经营等活动的所得中交纳的税金。

本年应交增值税 指企业按税法规定，从事货物销售或提供加工、修理修配劳务等增加货物价值的活动本期应交纳的税金。计算公式为：

本年应交增值税=销项税额-(进项税额-进项税额转出)-出口抵减内销产品应纳税额-减免税款+出口退税

本年进项税额 指工业企业在报告期内购入货物或接

受应税劳务而支付的、准予从销项税额中抵扣的增值税额。

本年销项税额 指工业企业在报告期内销售货物或提供应税劳务应收取的增值税额。

利税总额 指企业利润总额、产品销售税金及附加和应交增值税之和。

全部从业人员年平均人数 指企业在年内各月平均拥有的全部从业人员。计算公式为:

$$\text{全部从业人员年平均人数}=\frac{\text{1至12月各月全部从业人员平均人数之和}}{12}$$

或:

$$\text{全部从业人员年平均人数}=\frac{\text{1至12月各月月初、月末全部从业人员之和}}{24}$$

二、能源

能源生产总量 指一定时期内全国(地区)一次能源生产量的总和,是观察全国(地区)能源生产水平、规模、构成和发展速度的总量指标。一次能源生产量包括原煤、原油、天然气、水电、核能及其他动力能(如风能、地热能等)发电量。不包括低热值燃料生产量、生物质能、太阳能等的利用和由一次能源加工转换而成的二次能源产量。

能源消费总量 指一定时期内全国(地区)生产和生活消 费的各种能源的总和,是观察能源消费水平、构成和增长速度的总量指标,能源消费总量包括原煤和原油及其制品、天然气、电力。不包括低热值燃料、生物质能和太阳能等的利用 。能源消费总量分为三部分,即终端能源消费量、能源加工转换损失量和损失量。

(1)终端能源消费量 指一定时期内全国(地区)生产和生活消费的各种能源在扣除了用于加工转换二次能源消费量和损失量以后的数量。

(2)能源加工转换损失量 指一定时期内全国(地区)投入加工转换的各种能源数量之和与产出各种能源产品之和的差额。它是观察能源在加工转换过程中损失量变化的指标。

(3)能源损失量 指一定时期内能源在输送、分配、储存过程中发生的损失和由客观原因造成的各种损失量。不包括各种气体能源放空、放散量。